1 MONTH OF
FREE
READING

at

www.ForgottenBooks.com

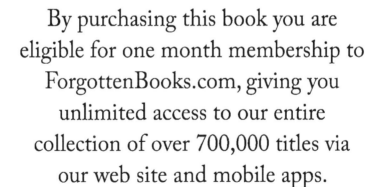

By purchasing this book you are eligible for one month membership to ForgottenBooks.com, giving you unlimited access to our entire collection of over 700,000 titles via our web site and mobile apps.

To claim your free month visit:

www.forgottenbooks.com/free649883

ISBN 978-0-260-08978-6
PIBN 10649883

This book is a reproduction of an important historical work. Forgotten Books uses
state-of-the-art technology to digitally reconstruct the work, preserving the original format
whilst repairing imperfections present in the aged copy. In rare cases, an imperfection in
the original, such as a blemish or missing page, may be replicated in our edition. We do,
however, repair the vast majority of imperfections successfully; any imperfections that
remain are intentionally left to preserve the state of such historical works.

IMPRIMERIE BAILLY, DIVRY ET COMP., PLACE SORBONNE, 2

HISTOIRE

DE

LA PAPAUTÉ

PENDANT

LES SEIZIÈME ET DIX-SEPTIÈME SIÈCLES,

PAR L. RANKE,

Traduite de l'allemand par J.-B. Haiber;

PUBLIÉE, AUGMENTÉE D'UNE INTRODUCTION ET DE NOMBREUSES NOTES
HISTORIQUES ET CRITIQUES, CONTINUÉE JUSQU'A NOS JOURS,

PAR A. DE SAINT-CHERON.

DEUXIÈME ÉDITION, CORRIGÉE ET CONSIDÉRABLEMENT AUGMENTÉE
D'APRÈS LA DEUXIÈME ÉDITION ALLEMANDE.

TOME II.

PARIS.

SAGNIER ET BRAY, LIBRAIRES-ÉDITEURS,

RUE DES SAINTS-PÈRES, 64.

1848

HISTOIRE
DE LA PAPAUTÉ

PENDANT

LES XVIe ET XVIIe SIÈCLES.

QUATRIÈME LIVRE.

CHAPITRE UNIQUE.

ÉTAT ET COUR DE L'ÉGLISE ROMAINE. — RÈGNES
DE GRÉGOIRE XIII ET DE SIXTE V.

Le catholicisme avait recouvré de nouvelles forces,
et plein de cette énergie que les derniers événements
lui avaient rendue, il s'avançait à la rencontre du protestantisme pour le combattre et avec l'espérance de le
vaincre.

En les comparant l'un à l'autre, on trouve que le
premier possédait déjà un immense avantage, en ce
qu'il avait un point central et un chef qui dirigeait chacun de ses mouvemens. En effet, le Pape pouvait non-
seulement réunir pour un but commun les efforts de

toutes les souverainetés catholiques, mais encore il gouvernait par lui-même un État devenu assez puissant pour apporter aussi une large part dans la réunion de toutes ses forces.

L'État de l'Église apparaît donc maintenant à nos yeux avec une nouvelle et bien plus grande importance.

Cet État avait été fondé lorsque les Papes cherchaient à élever leurs familles aux dignités princières, à se procurer à eux-mêmes une autorité absolue sur les puissances temporelles, et spécialement sur celles d'Italie. Ils n'avaient encore atteint ni l'un ni l'autre résultat dans la mesure où ils l'avaient cherché, et maintenant de nouvelles tentatives de ce genre étaient devenues impossibles. D'une part, une loi particulière défendait l'aliénation des diocèses de l'Église romaine ; d'une autre, les Espagnols étaient restés trop puissants en Italie pour qu'on osât rivaliser de nouveau avec eux. Mais, comme compensation, le pouvoir spirituel avait rencontré un appui véritablement imposant dans les progrès de l'État dont les ressources financières pouvaient procurer une grande influence sur le développement général des affaires. Avant d'aller plus loin, arrêtons-nous ici un instant, et fixons attentivement nos regards sur l'administration de la Papauté, telle qu'elle se forma peu à peu pendant le cours du seizième siècle.

§ I. — Administration de l'État de l'Église.

Un domaine bien situé, riche, magnifique, était tombé en partage aux Papes. Les récits animés du seizième siècle ne peuvent trouver d'expression pour en vanter la fécondité. Quelles belles plaines environnent Bologne et traversent toute la Romagne ; et en suivant les Apennins, comme on découvre de délicieux et fertiles tableaux ! « Nous voyagions, disaient les ambassadeurs de Venise, nous voyagions de Macerata à Tolentino, à travers les plus admirables campagnes. Coteaux et plaines, tout était surchargé de grains : pendant plus de trente milles on n'aurait pu trouver un pied de terrain inculte. Il nous paraissait impossible que l'on parvînt à recueillir toute cette récolte, et plus encore à la consommer. » La Romagne produisait annuellement 40,000 stères de grains au delà de ses besoins. Ces grains étaient particulièrement recherchés, et après qu'on en avait pourvu les contrées montagneuses d'Urbin, de Toscane, de Bologne, on en expédiait encore 35,000 stères par mer. Tandis que la Romagne et la Marche fournissaient Venise [1], les domaines de Viterbe et le Patrimoine, sur l'autre mer, fournissaient Gênes et même quelquefois Naples. Pie V, dans une de ses bulles de l'an 1566, glorifie la grâce divine par laquelle Rome, qui autrefois ne pouvait subsister sans les grains étrangers, était arrivée, non-seulement à suffire à ses propres besoins, mais à porter de son superflu à ses voisins et aux étrangers [2]. En l'année 1589, par exemple, on évalue la seule exportation des grains de l'État de l'Église à une valeur de 500,000 scudi par an [3]; plusieurs autres localités étaient célèbres encore par leurs produits particuliers : ainsi l'on vantait le chanvre de Pérouse, le lin de Faenza et le lin et le chanvre de Viterbe [4]. Cesena produisait du vin que l'on exportait par eau. Ri-

---

[1] Badoer : *Relatione*, 1591.

[2] « Jurisdictio consulum artis agriculturæ urbis »— 9 sept. 1566. — *Bullar.*, Cocquel., t. IV, II, p. 314.

[3] Giovani Griti : *Relatione*, 1589.

[4] *Voyage de Montaigne*, t. II, p. 488.

mini avait son huile, Bologne son pastel, San-Lorenzo
sa manne. Le vin de Montefiascone était renommé dans
le monde entier. Les chevaux de la Campanie pouvaient
presque rivaliser avec les chevaux napolitains ; et les environs de Nettuno et de Terracina offraient les plus belles
chasses, surtout aux sangliers. On ne manquait pas davantage de beaux lacs poisonneux ; on possédait des
salines, des fabriques d'alun, des carrières de marbre ;
enfin, tout ce qu'on peut souhaiter pour le bien-être de
la vie se trouvait réuni dans le domaine papal.

On se mêlait aussi à tout le commerce extérieur. Ancône se livrait à de florissantes entreprises. « C'est un
admirable endroit, disaient les ambassadeurs dont nous
parlions plus haut ; un endroit tout rempli de marchands et principalement de Grecs et de Turcs. On nous
a assuré que quelques-uns d'entre eux ont fait l'année
passée une affaire de 500,000 ducats. » En l'an 1549,
on y trouvait deux cents familles grecques bien établies,
possédant une église et se livrant toutes au commerce ;
le port était rempli de caravanes du Levant. On y voyait
en quantité des Arméniens, des Turcs, des Florentins,
des habitants de Lucques, des Vénitiens, des Juifs d'O-
rient et d'Occident. Les marchandises qu'on y échan-
geait consistaient en soie, laines, cuirs, plomb de Flandre, draps. Le luxe prit de l'accroissement, les loyers
des maisons montèrent, le nombre des médecins et des
instituteurs fut augmenté, et leurs traitements s'élevèrent en proportion [1].

Mais ce que l'on met bien au-dessus de l'activité et
du savoir commercial des habitants de l'État de l'Église,
c'est la bravoure qu'on leur attribue, à divers degrés,

---

[1] Saracini, *Notizie istoriche della città d'Ancona.* Rom., 1675, p. 362.

suivant les usages des différentes localités. Ainsi l'on trouve les Pérugiens vigilants et braves au service; les Romagnols vaillants, mais imprévoyants; ceux de Spolète féconds en stratagèmes; les Bolonais courageux, mais peu soumis à la discipline; ceux de la Marche enclins au pillage; ceux de Faenza propres à soutenir une attaque et à harceler l'ennemi dans sa retraite; ceux de Forli, les premiers pour l'exécution des manœuvres, et enfin les habitans de Fermo, surtout remarquables dans le maniement de la lance [1]. « Au surplus, disait encore un de nos ambassadeurs vénitiens, tout ce peuple sauvage par nature est très-apte à la guerre. Aussitôt que ces hommes ont quitté leurs foyers, on peut les employer à toute opération militaire, aux siéges comme aux batailles rangées; ils supportent facilement les fatigues des camps [2]. » Venise devait toujours ses meilleures troupes à la Marche et à la Romagne; aussi, l'amitié du duc d'Urbin était-elle regardée comme très-importante pour la république, et toujours des capitaines venus de ces contrées se trouvaient à son service, et même, ajoutait-on, au service de tous les princes de la terre. On ne pouvait oublier que c'est de là que partit la fameuse compagnie de Saint-Georges, avec laquelle Alberic de Barbiano détruisit les troupes mercenaires étrangères et renouvela la gloire des armées italiennes. Enfin c'était la même race d'hommes que celle dont la souche contribua tant à la fondation et à l'établissement de l'Empire romain [3]. Dans nos temps modernes, sans doute de pareils éloges paraissent exagérés; cependant le dernier prince guerrier qui se soit servi de ces troupes

[1] Landi : *Questiones Forcianæ, Napoli,* 1536. Un livre plein de renseignements sur l'état de l'Italie à cette époque.

[2] Soriano, 1570.

[3] Lorenzo Priuli : _Relatione_, 1586.

hors de leur pays leur a accordé sans hésiter, dit-on, la préférence sur les autres troupes italiennes, et sur une bonne partie de ses troupes françaises.

Ces riches contrées, ces valeureuses populations étaient maintenant sous la puissance paisible et religieuse des Papes; occupons-nous des bases fondamentales et de l'organisation de cet État ecclésiastique tel qu'il s'est développé sous le gouvernement de la Papauté.

L'État reposait, comme tous les États italiens en général, sur une restriction plus ou moins grande de cette indépendance municipale qui, durant le cours des siècles, s'était considérablement étendue.

Pendant le quinzième siècle encore, les *Priori* de Viterbe assis sur leurs siéges de pierre devant la porte de l'hôtel-de-ville, recevaient le serment du podestat qui leur était envoyé par le Pape ou son représentant [1].

On vit aussi la ville de Fano, lorsqu'en 1463 elle se soumit immédiatement au Siége romain, faire d'avance ses conditions. Ces conditions consistaient à se réserver pour *tout l'avenir*, non-seulement l'indépendance, mais le droit d'élire son podestat, sans même avoir besoin de confirmation ultérieure; l'affranchissement de toutes nouvelles charges pendant vingt ans, et le bénéfice de la vente du sel, ainsi que plusieurs autres priviléges [2].

Même un souverain aussi puissant que César Borgia ne put refuser de concéder des priviléges aux villes dont sa principauté était composée; il fut même obligé de céder à Sinigaglia des revenus qui, jusqu'à ce jour, avaient toujours appartenu au prince [3].

---

[1] Feliciano Bussi : *Istoria di Viterbe*, p. 59.
[2] Amiani : *Memorie istoriche della città di Fano*, t. II, p. 4.
[3] Siena : *Storia di Sinigaglia*. App , n° VI.

A bien plus forte raison, Jules II fut-il obligé d'agir de la même manière, lui dont l'ambition était de paraître comme le libérateur des peuples, le destructeur de toute tyrannie. Il rappela lui-même aux habitants de Pérouse que les années de sa jeunesse s'étaient écoulées dans leurs murs ; et lorsqu'il en chassa Baglione, il se contenta d'y ramener les émigrés, de rendre à la magistrature pacifique des Priori sa puissance, de donner de plus forts traitements aux professeurs de l'Université, et il ne toucha en aucune façon aux anciennes libertés. Longtemps encore après, cette ville ne paya aucun impôt, si ce n'est une redevance de quelques milliers de ducats ; et sous Clément VII, on remarque une évaluation du nombre de troupes qu'elle peut mettre en campagne, comme si c'était une ville complétement indépendante [1].

Bologne n'était pas plus asservie. En tout temps, elle avait maintenu, outre les formes de l'indépendance municipale, plusieurs attributions essentielles. Elle administrait, par exemple, ses revenus librement. Cette ville avait ses propres troupes, et le légat du Pape recevait d'elle un traitement.

Jules II, qui, dans la guerre contre les Vénitiens, s'était emparé des villes de la Romagne, n'en soumit aucune sans accéder à des conditions restrictives, ou sans accorder de nouveaux priviléges déterminés ; et toujours, depuis cette époque, elles insistèrent sur les capitulations qu'elles avaient consenties. Sous le titre de liberté ecclésiastique, elles désignaient la relation de droit public dans laquelle elles étaient entrées [2].

---

[1] Soriano : *Relatione di Fiorenza*, 1533.

[2] Rainaldus en fait mention, mais très-brièvement. Sur Ravenne, *Hieronymi Rubei historiarum Ravennatum*, lib. VIII, p. 660.

En résumé, si on considère cette organisation de l'État de l'Église romaine, on lui trouve une grande ressemblance avec l'État Vénitien. Dans l'un comme dans l'autre, l'autorité souveraine était restée jusqu'à ce jour entre les mains des communes, qui le plus souvent s'étaient soumises et gouvernaient d'autres petites communes. A Venise, ces municipalités régnantes se mirent sous la domination des nobles à des conditions très-minutieusement déterminées, sans perdre leur indépendance, sous tous les rapports. Dans l'État de l'Église, elles tombèrent sous l'administration de la Curie, et la cour formait un corps à Rome comme les nobles à Venise. Il est vrai, pendant la première moitié de ce siècle, la prélature n'est pas en elle-même une qualité indispensable aux emplois les plus importants; on trouve à Pérouse des vice-légats qui sont laïques, et dans la Romagne il paraît presque de règle qu'un gouverneur non dans les ordres soit chargé de diriger l'administration. Les laïques acquirent même souvent le plus grand pouvoir et un crédit illimité, comme Jacopo Salviati, sous Clément VII. Mais en général ils faisaient partie de la Curie, étaient parents du Pape, et par cela seul membres de cette corporation. Alors les villes n'aimaient point les gouverneurs laïques et demandaient des prélats; il leur paraissait plus honorable d'obéir à des ecclésiastiques élevés en dignité. Comparée à une principauté allemande et à ses assemblées des États, une principauté italienne paraît, au premier coup d'œil, comme placée hors la loi. Mais il y avait là aussi, en réalité, une organisation remarquable dans laquelle les droits de chacun trouvaient leur place; par exemple, ceux des nobles d'une ville contre l'autorité souveraine; ceux des bourgeois contre les nobles, ceux des

communes inférieures contre les communes principales, ceux des paysans contre les villes. Ce qui est surprenant et ce qu'on ne peut guère expliquer, c'est qu'on
n'en vint presque nulle part en Italie à des priviléges
provinciaux. Des assemblées provinciales furent tenues,
à la vérité, dans l'État de l'Église, et furent désignées
par le titre bien significatif de *Parlements*. Mais, comme
elles étaient en quelque sorte contraires aux mœurs du
pays et au caractère italien, elles ne purent jamais arriver à une action durable et féconde.

Si seulement cette organisation municipale se fût développée, comme elle paraissait en avoir la possibilité
et être en voie de le faire, avec les limites de l'autorité
souveraine d'un côté, les droits positifs, le grand pouvoir des communes de l'autre, et le grand nombre des
priviléges individuels, elle aurait produit d'une manière
forte et stable un état politique qui se serait conservé
par certains priviléges et par l'équilibre des divers intérêts.

Il est à remarquer qu'à Rome on est allé moins loin
sous ce rapport qu'à Venise. La raison en est dans la
différence originelle des formes du gouvernement. A
Venise, c'était une corporation héréditaire se gouver-
nant elle-même et regardant les droits du gouvernement
comme sa propriété. La Curie romaine, au contraire,
était excessivement mobile; après chaque nouveau conclave, de nouveaux éléments entraient dans l'administration, et les compatriotes des Papes récemment élus
obtenaient chaque fois une grande part aux affaires. A
Venise, chaque élection pour un emploi, procédait de
la corporation elle-même. A Rome, elle dépendait de
la faveur du chef. Là, les gouverneurs étaient contenus
par des lois sévères, par une surveillance active et par

un rigoureux esprit de corps. Ici, la personnalité de
chaque fonctionnaire était comprimée, moins par la
crainte de la punition que par l'espérance d'un avancement qui dépendait beaucoup de la faveur et de la bienveillance du souverain, et pouvait être bien plus arbitraire.

Le gouvernement papal s'était réservé, dès le commencement de son organisation, un pouvoir beaucoup
plus indépendant.

De là sans aucun doute un résultat très-remarquable,
si l'on compare les concessions faites aux villes par la
cour romaine et celles faites par Venise ; cette comparaison est facile surtout pour Faenza qui s'était rendue
aux Vénitiens peu d'années avant qu'elle n'échût au
Pape, et qui fit avec tous deux des capitulations [1]. Dans
chacun d'elles, Faenza avait réclamé, par exemple,
contre l'introduction de tout nouvel impôt, sans l'approbation de la majorité du grand conseil ; les Vénitiens
consentirent sans aucune hésitation ; le Pape y ajouta
cette clause : « *En tant qu'il ne me plaira pas autrement, et par des motifs importants et raisonnables.* » Il
est, je pense, inutile d'en dire davantage, et il suffira
de parler encore d'une seule différence entre les deux
États. Les Vénitiens avaient consenti tout d'abord à ce
que les jugements criminels fussent tous rendus par le
podestat et sa Curie : le Pape l'accorda sans doute aussi,
en général, mais il y ajoute ceci : « que dans les cas de
lèse-majesté ou de crimes semblables qui pouvaient occasionner un scandale public, l'autorité du gouverneur
devrait intervenir. » On voit que le gouvernement papal

---

[1] *Istorie di Faenza, fatica di Giulio Cesare Tonduzzi, Faenza*, 1675, contiennent les capitulations faites avec les Vénitiens en 1501, et celles consenties
par Jules II, 1510.

se réservait une influence plus forte et plus complète du pouvoir souverain [1]. On ne peut nier, au surplus, que les villes lui facilitaient grandement cette extension d'autorité. Dans les villes soumises, les classes moyennes, les bourgeois qui vivaient de leur revenu, les marchands et les artisans, se tenaient à la vérité paisibles et soumis, mais les patriciens et les nobles, qui avaient entre les mains le pouvoir municipal, étaient dans une perpétuelle agitation. Ils n'exerçaient aucune industrie, se souciaient fort peu de l'agriculture, et n'étaient remarquables ni par la supériorité de leur éducation, ni par leur habileté à manier les armes, ne s'occupaient que de leurs dissensions et de leurs animosités. Les anciens partis des familles Guelfes et Gibelines étaient loin d'être anéantis ; les dernières guerres qui avaient amené des conquêtes, tantôt d'un côté et tantôt d'un autre, avaient entretenu cet esprit d'inimitié. On connaissait et l'on classait toutes les familles qui appartenaient à l'une ou à l'autre faction. A Faenza, à Ravenne, à Forli, les Gibelins étaient les plus forts ; les Guelfes dominaient à Rimini. Cependant, dans chacune de ces villes, les partis opposés se maintenaient. A Cesena, à Imoli, ils étaient d'égale force. Une guerre sourde se couvait dans l'ombre, sous les apparences d'une grande tranquillité ; chacun prenait soin avant tout d'empêcher ses adversaires de s'élever [2]. Les chefs avaient à leur disposition des partisans de la plus basse classe, des hommes déterminés, de ces *Bravi* vagabonds qui recherchent ceux

---

[1] Paul III indique lui-même les moyens qu'il employa, quand il dit (1547) : « Ceux qui viennent nouvellement au papat viennent pauvres, obligés de promesses, et la dépense qu'ils font pour s'asseurer dans les terres de l'Église, monte plus que le profit des premières années. » Le cardinal de Guise au roy de France, dans Ribier, II, 77.

[2] *Relatione della Romagna.* (Bibl. Alt.)

qu'ils savent avoir des ennemis à redouter, ou des injures à venger ; ces hommes impudents étaient toujours prêts, pour de l'argent, à exécuter un meurtre.

De cette inimitié générale, il résulta qu'aucun parti n'ayant confiance dans le parti opposé, et ne voulant pas lui accorder la jouissance du pouvoir, les villes elles-mêmes soutinrent moins fortement leurs priviléges. Si un gouverneur ou un légat arrivait dans la province, on ne cherchait point à savoir s'il respecterait les droits municipaux, mais on demandait s'il était Guelfe ou Gibelin. On ne peut se faire une idée de la joie que donnait aux uns la réponse qu'il appartenait à leur parti, ni de la douleur que cette réponse causait aux autres. Les hommes les plus considérés se joignaient à lui tout d'abord, cherchaient à lui plaire, montraient un grand zèle pour les intérêts de l'État, approuvant toutes les mesures prises en vertu de ces intérêts. Malheureusement toutes ces démonstrations patriotiques n'avaient pour but que de s'insinuer dans ses bonnes grâces, de le gagner par des flatteries, et d'en arriver à persécuter le parti qu'ils haïssaient [1].

Les barons campagnards étaient dans une autre position. Pauvres, mais généreux et ambitieux, tenant leur maison ouverte à tout venant, ils faisaient tous sans exception une dépense qui dépassait de beaucoup leurs moyens. Ils avaient toujours dans les villes des partisans qui n'y regardaient pas quand il s'agissait de faire pour eux quelque action illégale ou violente ; mais où ils mettaient leur soin principal, c'était à se maintenir en bonne intelligence avec leurs paysans qui possédaient

---

[1] *Relatione di Mons. Rev. Gio. P. Ghisilieri al P. Gregorio XIII, tornando egli dal Presidentato di Romagna.* Nous voyons dans Tonduzzi (*Storia di Faenza*, p. 673), que Ghisilieri vint dans la province en 1578.

la plus grande partie du sol, sans pour cela posséder de grandes fortunes. Dans les pays méridionaux, on fait sans doute aussi grand cas de la naissance, du rang, de la prérogative du sang, mais la différence entre les conditions est loin d'être aussi forte que dans les pays septentrionaux. Cette différence, en Italie, n'excluait jamais la familiarité la plus intime. Aussi les rapports des paysans et des barons ressemblaient à une subordination toute fraternelle. On n'aurait pu dire, par exemple, si les sujets étaient plus prompts à obéir, que les chefs à leur porter secours. Il y avait encore dans ces rapports quelque chose de patriarcal [1]; le baron cherchait à éviter avant tout que ses paysans ne recourussent à l'autorité souveraine, car il voulait reconnaître le moins possible la suzeraineté du siége papal. Quant aux vassaux, ils regardaient cette suzeraineté bien moins comme un droit que comme la conséquence malheureuse d'une passagère nécessité politique.

Il y avait encore çà et là, particulièrement dans la Romagne, des corps de paysans tout à fait libres [2]. C'étaient de grandes familles, descendant d'une seule souche, maîtresses dans leur village, toutes armées, et principalement exercées à l'arquebuse à croc; du reste, assez généralement abruties. On pourrait les comparer aux communes grecques ou slavonnes, telles qu'on les voit aujourd'hui dans l'île de Candie, dans la Morée et la Dalmatie, qui maintinrent leur indépendance sous les Vénitiens ou qui la reconquirent sur les Turcs. Ces paysans se joignirent aussi dans l'État de l'Église aux diverses factions. Les Cavina, les Scardocci, les Solaroli

---

[1] *Relatione della Romagna.*
[2] Les paysans avaient souvent secoué la domination des villes. Ghisilieri.

étaient Gibelins. Les Manbelli, les Cerroni et les Serra
étaient Guelfes. Les Serra avaient sur leur territoire une
montagne qui servait d'asile aux proscrits et aux criminels. Les Cerroni, les plus puissants de tous, éten-
daient leurs domaines jusque sur l'État florentin ; ils
étaient divisés en deux branches, les Rinaldi et les Ra-
vagli, qui, malgré leur parenté, étaient en lutte perpétuelle. Ils formaient une espèce d'alliance héréditaire
non-seulement avec les familles distinguées des villes,
mais aussi avec les jurisconsultes qui appuyaient l'une
ou l'autre faction dans leurs différends. Dans toute la
Romagne, il n'y avait point de famille puissante qui ne
pût être lésée ou blessée par ces paysans. Aussi les Vénitiens avaient toujours quelques relations amicales avec
quelques-uns de leurs chefs, afin d'être assurés de leur
secours en cas de guerre.

Si, au lieu d'être divisés entre eux, comme on vient
de le dire, ces hommes avaient été intimement unis,
il aurait été difficile aux prélats romains de faire prévaloir l'autorité souveraine. Mais leur désunion était la
principale raison de la force du gouvernement. Aussi
un gouverneur de la Romagne écrivait-il à Grégoire XIII :
« Rien n'est difficile à gouverner comme un peuple
étroitement uni ; rien n'est facile, au contraire, comme
de gouverner celui qui vit au milieu de perpétuelles
inimitiés [1]. » Outre tous ces partis, dont nous avons
déjà parlé, il s'en éleva encore un autre en faveur du
gouvernement. C'étaient les gens paisibles, qui désiraient le repos, classe moyenne, qui n'était pas entraî-
née par les factions. A Fano, elle forma entre tous ses
membres une alliance qu'on appela la *Sainte-Union*.

---

[1] Ghisilieri.

La charte de fondation s'exprime en ces termes : « Ceux qui aiment la paix ont été forcés de se réunir ainsi, pour s'opposer aux meurtres et aux pillages qui désolent la ville, et qui atteignent non-seulement ceux qui sont acteurs dans ces scènes cruelles, mais encore ceux qui, paisibles, veulent simplement manger leur pain à la sueur de leur front. » On s'unissait par un serment prêté dans l'église ; on jurait de maintenir la tranquillité dans la ville, au prix même de sa vie[1], et le gouvernement, qui les favorisait, leur accorda le droit de porter des armes. On rencontre des membres de cette corporation dans toute la Romagne, sous le nom de *Pacifici*, et peu à peu ils en vinrent à former une espèce de magistrature plébéienne. Le gouvernement n'avait pas seulement des partisans parmi les bourgeois des villes, mais aussi parmi les paysans des campagnes. Les Manbelli tenaient pour la cour du légat ; ils faisaient venir des bandits pour les aider à garder les frontières, ce qui leur donnait parmi leurs voisins une grande considération ; mais ce qui aida surtout le gouvernement, ce furent les rivalités de voisinage, les luttes des communes rivales, et beaucoup d'autres événements intérieurs de cette nature.

Ainsi, au lieu de la légalité, de la tranquillité et de la stabilité qui devaient caractériser le développement de cette constitution de municipalités italiennes, nous ne voyons qu'une vive agitation des factions : l'influence gouvernementale domine tant que ces factions sont divisées, mais une violente réaction des municipalités

---

[1] Cette ligue peut être comparée à la Hermandad. Amiani, *Memorie di Fano*, t. II, p. 146, contient leur formule, qui se fonde sur la sentence : « Beati pacifici, quia filii Dei vocabuntur. » C'est de là que vint sans doute leur nom dans d'autres villes.

contre le gouvernement se déclare, lorsqu'elles viennent à rester unies ; c'est tour à tour, enfin, force à la loi, force contre la loi.

Aussitôt après l'avénement de Léon X, les Florentins, qui avaient en grande partie le gouvernement en leurs mains , firent valoir les droits de la curie romaine d'une manière très-oppressive. On vit successivement arriver à Rome les ambassadeurs de chaque ville pour demander un allégement à leurs charges. Ravenne ne craignit pas de déclarer hautement qu'elle était prête à se livrer aux Turcs, plutôt que de tolérer plus longtemps le régime oppresseur qui pesait sur elle [1]. Les anciens seigneurs réussirent souvent à s'emparer de la direction des affaires, pendant toutes les vacances du Saint-Siége , et ce ne fut qu'avec des peines infinies que les Papes vinrent à bout de les chasser. Les villes , de leur côté, craignaient fortement d'être aliénées de nouveau ; tantôt c'était un cardinal, tantôt un parent du Pape, tantôt un prince voisin, qui, pour une somme donnée à la cour romaine , cherchait à s'approprier les droits de gouvernement sur l'une ou l'autre ville. Ces pauvres villes ainsi disputées tenaient soigneusement à Rome des agents et des ambassadeurs, afin d'apprendre, dès leur origine, des plans de ce genre qu'elles s'efforçaient de faire avorter avant qu'ils fussent mis à exécution. En général, cela leur réussissait. Quelquefois aussi, elles étaient forcées d'en arriver à une résistance ouverte contre les autorités et les troupes papales. A Faenza , pendant l'été de 1521, une bataille fut livrée dans les rues par les bourgeois contre les Suisses de Léon X. Les Suisses, après avoir été repoussés, parvinrent à se ras-

---

[1] Marino Zorzi : *Rel. di* 1517.

sembler sur la place; mais toutes les issues étant barri-
cadées, ils furent trop heureux qu'on les laissât partir
sans leur faire de mal ; et pendant de longues années ,
Faenza célébra la commémoration de cette journée par
des fêtes religieuses [1]. Jesi , ville de peu d'importance ,
le 25 novembre 1528 , eut le courage d'attaquer dans
son palais le vice-gouverneur qui exigeait des honneurs
qu'on refusait obstinément de lui rendre. Les bourgeois
et les paysans s'étant réunis , cent Albanais qui étaient
dans le voisinage furent pris à solde , et le vice-gouverneur et tous ses fonctionnaires s'enfuirent. « Ma patrie,
dit le chroniqueur très-catholique de cette ville , ayant
recouvré sa liberté primitive , résolut de fêter tous les
ans ce jour solennel avec les deniers publics [2]. »

On conçoit facilement que ces soulèvements ne pouvaient amener d'autre résultat que de faire accabler plus
que jamais les villes par des forces supérieures , et d'attirer sur elles des vengeances et la perte de leurs libertés.
Souvent même le gouvernement n'hésita pas à profiter
du prétexte de ces violences contre lui , pour enlever
à d'autres villes des débris importants de leurs anciennes libertés , et achever de les soumettre entièrement.

Ancône et Pérouse particulièrement présentent des
exemples remarquables de la manière dont ce fait arrivait.

Ancône ne payait au Pape qu'une redevance annuelle ;
plus la ville devint florissante , plus cet impôt parut in-
suffisant ; on évalua à la cour les revenus d'Ancône à
50,000 scudi , et l'on trouva intolérable que la noblesse

---

[1] Tonduzzi : *Istorie di Faenza*, p. 609.
[2] Baldassini : *Memorie istoriche del antichissima città di Jesi. Jesi*, 1744,
p. 256.

seule de cette cité se partageât cet argent. Or, comme la ville se soustrayait à de nouveaux impôts, en même temps qu'elle s'emparait d'un château sur lequel elle avait des droits, on en arriva à des inimitiés ouvertes. Les fonctionnaires du Pape firent prendre le bétail des pâturages d'Ancône, afin de recouvrer par là le montant de leurs impôts. C'était ce qu'on appelait droit de représailles.

Clément VII pourtant ne s'en contenta pas ; il n'attendit qu'une occasion favorable pour se rendre maître absolu de cette ville, et les ruses ne lui manquèrent pas pour atteindre ce but. Il ordonna de construire un fort à Ancône, et donna pour prétexte que les Turcs, après les succès remportés par eux en Égypte, à Rhodes et sur toute la Méditerranée, se jetteraient sans doute bientôt sur l'Italie. Ancône, dont le port renfermait toujours beaucoup de navires turcs, serait particulièrement exposée, si elle n'était protégée par de bonnes fortifications. Il envoya donc Antonio Sangallo pour élever une forteresse. Les travaux avancèrent rapidement ; bientôt une petite troupe l'occupa : c'était le moment attendu et préparé par le Pape. Au mois de septembre 1532, le gouverneur de la Marche, monsignor Bernardino della Barba, prêtre à la vérité, mais guerrier de sentiments et d'habitudes, parut un jour à la tête d'une brillante armée fournie par la jalousie des voisins ; il s'empara d'une porte de la ville, s'avança immédiatement sur la place du marché, et fit défiler ses troupes devant le palais. Les Anziani, désignés depuis peu de temps par le sort, l'habitaient paisiblement avec les insignes de leur haute dignité. Monsignor della Barba entra avec une nombreuse suite militaire, et leur signifia, sans grands ménagements, que le Pape voulait avoir le gouverne-

ment absolu d'Ancône. Aucune résistance raisonnable
n'était possible. Les jeunes nobles cependant firent venir
en toute hâte de la campagne quelques troupes qui leur
étaient dévouées ; mais que pouvaient-ils entreprendre,
puisque indépendamment de son armée, supérieure en
nombre, l'autorité papale avait encore l'avantage des
fortifications. Les plus âgés, redoutant d'amener, par
la résistance, le pillage et la destruction de la ville, se
rendirent, et se résignèrent à subir un sort qui ne pouvait être évité.

Les Anziani quittèrent donc le palais ; et peu après
arriva Benedetto delli Accolti, le nouveau légat du Pape,
qui avait promis 20,000 scudi par an à la Chambre
apostolique pour exercer le droit de gouvernement à
Ancône.

La situation était bien changée ; il fallut livrer toutes
les armes ; soixante-quatre nobles de haute distinction
furent exilés ; on accorda aux roturiers et aux habitants
de la province une part dans les emplois ; la justice ne
fut plus rendue suivant les anciennes lois.

Malheur à ceux qui s'élevaient contre ces ordonnances ! Quelques chefs suspects de conjuration furent arrêtés, condamnés et décapités ; le lendemain on étendit
un tapis sur la place du marché, on y déposa les cadavres avec un flambeau qui brûlait auprès de chacun
d'eux, et on les laissa ainsi exposés pendant tout le
jour.

A la vérité, Paul III accorda plus tard quelques sou-
lagements ; mais la servitude n'en existait pas moins ;
et il était bien éloigné de songer à leur rendre aucune
de leurs anciennes libertés [1] ; il se servit au contraire du

---

[1] Saracinelli : *Notizie istoriche della città d'Ancona.* Roma, 1675, II, XI,
p. 335.

même Bernardino della Barba pour détruire celles d'une autre de ses villes.

Le Pape avait augmenté de moitié le prix du sel. Pérouse se crut autorisée par ses priviléges à résister à ce nouvel impôt. Le Pape prononça l'interdit. Les bourgeois, réunis dans les églises, se choisirent une magistrature *de vingt-cinq défenseurs*, et déposèrent les clefs des portes de la ville devant un crucifix placé au milieu du marché. Les deux partis firent des préparatifs.

Une ville aussi importante se soulevant contre l'autorité souveraine, excita un mouvement général qui aurait pu avoir de graves conséquences, si l'Italie avait été agitée par la guerre; mais tout étant paisible, aucun État n'osait lui fournir les secours sur lesquels elle avait compté.

Pérouse, qui sans doute n'était pas sans puissance, se trouvait bien loin de posséder les forces suffisantes pour résister à une armée comme celle de Pierre-Louis Farnèse, composée de 10,000 Italiens et 3,000 Espagnols. Indépendamment de cette infériorité, le gouvernement des Vingt-cinq ajouta encore à ces malheureuses chances, en se montrant plutôt injuste et violent que prudent et protecteur. Il n'avait pas même su tenir prêt l'argent pour la solde des troupes amenées par un Baglione. Leur unique allié, Ascanio Colonna, qui s'opposa aussi au même impôt, se contenta de donner la chasse au bétail sur les terres de l'Église, et ne se décida à leur prêter aucun secours sérieux.

La ville fut donc obligée de se rendre de nouveau, le 3 juin 1540, après avoir joui bien peu de temps de la liberté. Ses députés en longs habits de deuil, la corde au cou, se présentèrent devant le portique de Saint-Pierre, et se prosternèrent aux pieds du Pape pour implorer sa clémence. Le pardon, à la vérité, leur fut accordé, mais leurs anciens priviléges, mais leur liberté, tout était détruit, et on ne les leur rendit pas. Ce Bernardino della Barba vint à Pérouse pour y organiser un gouvernement semblable à celui qu'il avait établi à Ancône. Il fallut livrer les armes, enlever les chaînes qui avaient servi à barricader les rues ; et les maisons des *Vingt-cinq*, qui s'étaient enfuis à temps, furent rasées au niveau du sol. Une forteresse fut élevée sur l'emplacement où avaient demeuré les Baglioni, et les bourgeois furent contraints de contribuer à la dépense. On leur donna un magistrat particulier, dont le nom seul indiquait le but dans lequel il était institué ; il s'appelait *Conservateur de l'obéissance à l'Église*. Plus tard, le Pape lui rendit le titre de *Prior*, mais seulement le titre, et non les droits qui y étaient attachés [1]. Ascanio Colonna fut en même temps enveloppé par la même armée, et bientôt chassé de toutes ses places fortes.

Le pouvoir papal, dans tout l'État de l'Église, se trouva extrêmement agrandi par tant de succès ; les villes et les barons n'osèrent résister plus longtemps. Les communes libres avaient été assujéties les unes après les autres ; le Saint-Siége pouvait employer toutes les ressources du pays pour arriver à ses fins. Nous allons examiner maintenant de quelle manière il s'y prit.

---

[1] Mariotti : *Memorie istoriche civili ed ecclesiastiche della città di Perugia e suo contado, Perugia*, 1806, raconte authentiquement et d'une manière détaillée ces événements, p. 113-160. Il en fait mention aussi plus loin, par exemple t. III, p. 634.

§ II. — Finances de la Papauté.

Il s'agit avant tout de nous rendre un compte fidèle du système des finances papales; système qui eut une grande importance non-seulement dans cet État, mais dans toute l'Europe, à cause de l'exemple qu'il présenta.

Si le commerce de banque, au moyen âge, fut redevable de son perfectionnement surtout à la nature des revenus de la Papauté, qui, payables dans le monde entier, devaient être expédiés de tous côtés à la Curie, il n'est pas moins digne de remarque que le système des dettes de l'État, dans lequel nous sommes tous aujourd'hui enveloppés, qui est en même temps la condition et le lien de tout mouvement commercial, a d'abord été mis systématiquement en pratique dans l'Église romaine.

Quelque droit qu'on ait eu de se plaindre des exactions de la cour de Rome, pendant le quinzième siècle, il faut avouer cependant que peu de chose du produit de ces exactions arrivait dans les mains du Pape. Pie II, qui jouissait de l'obéissance universelle de l'Europe, avait été obligé, lui et son entourage, de se restreindre à un repas par jour, à cause du défaut d'argent. Il fut forcé d'emprunter les 200,000 ducats dont il avait besoin pour la guerre projetée contre les Turcs; et quant à ces expédients mesquins, dont beaucoup de Papes se sont servis, soit pour obtenir une coupe d'or remplie de ducats, ou bien de riches fourrures offertes par quelque prince, ou évêque, ou grand-maître qui avait affaire à la cour, ils prouvent surtout à quelle extrémité se trouvait réduite l'administration romaine.

L'argent arrivait à la cour, sinon en masse aussi prodigieuse qu'on l'a prétendu, au moins en sommes considérables ; mais là il filtrait par mille canaux divers. Il
était absorbé surtout par les emplois qu'on avait coutume de vendre depuis longtemps. Ces emplois pour la
plupart étaient fondés sur des droits de casuel ou épi-
cès. On avait laissé trop de jeu à l'industrie des fonctionnaires, aussi le Pape n'en retirait rien que le prix
de la vente lorsque les emplois étaient vacants.

Le Pape voulait-il procéder à une entreprise coû-
teuse, il lui fallait avoir recours à des resources extraordinaires. Les jubilés et les indulgences lui étaient dans
ces circonstances particulièrement favorables. La piété
des fidèles lui avait bientôt, par ce moyen, fourni un
revenu net. Pour disposer d'une somme plus importante, il n'avait qu'à créer de nouveaux emplois et à
les vendre. Singulière espèce d'emprunt dont l'Église
acquittait richement les intérêts, en augmentant les
taxes déjà si élevées. Ce mode d'emprunt était depuis
longtemps en usage. D'après un registre de la maison
Chigi, il y eut, en l'année 1471, 650 emplois vénaux
dont on évaluait le revenu environ à 100,000 scudi [1].
Ce sont presque tous des procuratores, des correctores,
des registratores, des notaires, des écrivains, même
des coureurs et des portiers dont le nombre, en crois-
sant, augmentait toujours les frais d'une bulle ou d'un
bref. Ces emplois ne servaient vraiment qu'à cela, leurs
occupations ne signifiaient rien ou peu de chose.

On conçoit que les Papes qui suivirent étant engagés
si profondément dans les affaires de l'Europe, saisirent
avidement un moyen si commode de remplirs leurs

---

[1] *Gli ufficii piu antichi. Ms. Bibliotheca Chigi*, n° ii, 50. Il y a 651 emplois
et 98,340 scudi *fin alla creatione di Sisto IV.*

caisses. Sixte IV se servit pour cet objet du conseil de son protonotaire Sinolfo ; il érigea un jour des colléges entiers dont il vendait les places pour quelques centaines de ducats. On rencontre parfois en ce genre des choses singulières ; par exemple, un collége de cent Janissaires qui furent nommés pour 100,000 ducats, assignés sur les revenus des bulles et des annates[1]. Sixte IV vendait tout : les notariats, les pronotariats, les places de procurateurs près de la Chambre apostolique : il poussa les choses si loin qu'on le regarda comme l'inventeur de ce système, quand il n'avait fait que le développer, il est vrai très-largement.

Innocent VIII qui, dans ses embarras pécuniaires, alla jusqu'à mettre sa tiare en gage, fonda un nouveau collége de vingt-six secrétaires pour 60,000 ducats et d'autres emplois en abondance. Alexandre VI nomma 80 écrivains de brefs, dont chacun avait 750 scudis à payer. Jules II y ajouta 100 écrivains des archives pour le même prix.

En attendant, les sources dans lesquelles puisaient toutes ces centaines de fonctionnaires étaient loin d'être inépuisables. Nous avons vu comment presque tous les États chrétiens firent d'heureuses tentatives pour limiter les exigences de la cour papale. Ces réactions eurent lieu précisément à l'époque où les Papes se virent contraints à des dépenses extraordinaires causées par d'immenses entreprises.

Ce fut donc un bonheur pour eux, quand ils en arrivèrent à administrer l'État comme ils administraient

---

[1] Il y avait aussi des Stradiotes et des Mameluks, dont on se défit plus tard. « Adstipulatores, sine quibus nullæ possent confici tabulæ. » Onuphrius Panvinius. Selon le registre *Ufficii antichi* cette création n'aurait rapporté que 40,000 ducats.

l'Église, et quelque douce et modérée que fût d'abord leur administration, ils en tirèrent pourtant un grand nombre de nouveaux revenus.

Lorsque Jules II assigna les annates aux écrivains ci-dessus mentionnés, il y ajouta aussi des revenus sur la douane et la caisse de l'État. Il établit un collége de 141 présidents de l'*Annona*, qui fut entièrement doté par les caisses de l'État. Il employa par conséquent l'excédant des revenus de son pays à fonder des emprunts. Ce qui paraissait aux autres puissances un mérite distingué dans ce Pape, c'est qu'il pouvait trouver de l'argent tant qu'il en voulait. C'était la base de sa politique.

Mais Léon X avait des besoins d'argent bien plus grands encore que ceux de Jules II. Comme ce dernier, il était engagé dans de fréquentes guerres, mais il était plus prodigue que lui, et dans une plus absolue dépendance de ses parents. Ceci était à tel point que François Vettori, en parlant de lui, disait : « qu'il serait plus facile à une pierre de voler d'elle-même dans l'air, qu'à ce Pape de garder mille ducats à la fois. » On se plaignait amèrement de ce qu'il avait dépensé les revenus de trois Papautés, ceux de son prédécesseur, qui lui avait laissé un trésor considérable, ceux de la sienne et ceux de son successeur, auquel il laissa les dettes exorbitantes. Il ne se contenta pas de vendre des emplois existants, sa grande nomination de cardinaux lui valut encore une somme considérable. Il continua à suivre hardiment cette route et à créer de nouvelles charges, uniquement pour les vendre. Lui seul en a fondé plus de 1,200 [1]. La seule affaire de tous ces Portionarii,

---

[1] *Sommario di la Relation di M. Minio*, 1520.

Scudieri, Cavalieri di S. Pietro, comme on les appelait, était de payer un capital dont, en vertu de leur titre, ils percevaient les intérêts leur vie durant. Ces emplois n'avaient aucune autre importance, sinon d'augmenter la valeur des intérêts par quelques petites prérogatives. On ne peut donc véritablement considérer ces fondations que comme un emprunt sur rentes viagères. Léon retira de cette manière environ 900,000 scudis ; les intérêts qui étaient très-considérables, puisqu'ils se montaient annuellement au huitième du capital[1], furent acquittés, au moins pour une certaine partie, par une légère augmentation des taxes de l'Église, mais principalement par les trésors des provinces nouvellement conquises, c'est-à-dire par l'excédant des recettes des administrations municipales, par les produits des fabriques d'alun, par ceux de la vente du sel et de la douane de Rome. Léon porta le nombre des places à 2,150. On évalue leur revenu annuel à 320,000 scudis qui pesaient à la fois sur l'Église et sur l'État.

Malgré les abus blâmables de cette prodigalité, Léon X pouvait cependant y avoir été entraîné par les brillants résultats qu'elle produisait, au moins pour le moment. Si la ville de Rome devint à cette époque si extraordinairement florissante, on en était redevable surtout à cette administration financière. Il n'y avait aucune ville au monde où l'on pût placer si avantageusement ses capitaux. Les nouvelles créations et concessions, les vacances, firent naître au sein de la Curie un tel mouvement d'affaires, que chacun put facilement trouver les moyens de se former une douce existence.

---

[1] Les 612 *portionarii di ripa — aggiunti all collegio dei presidenti* — payaient 286,200 ducats et recevaient annuellement 38,816 ducats ; les 400 cavalieri di San-Pietro payaient 400,000 ducats et recevaient annuellement 50,610 ducats.

L'effet favorable de ce système financier permit encore de ne pas imposer de nouvelles taxes. Entre tous les États, celui de l'Église, et Rome entre toutes les villes, payaient alors les plus légères impositions. On avait déjà plus d'une fois fait valoir aux Romains que toutes les autres villes rendaient à leur seigneur de lourds impôts et de lourdes gabelles, tandis que le Pape au contraire ne cessait d'enrichir ses sujets. Un secrétaire de Clément VII, qui bientôt après donna la description du conclave où ce Pape fut élu, exprime ainsi son étonnement sur le peu de dévoucment du peuple romain au Saint-Siége : « Depuis Terracine jusqu'à Plaisance, l'Église possède une belle et grande partie de l'Italie; sa domination s'étend bien loin, et pourtant de si riches pays, des villes si florissantes, qui, sous une autre domination, seraient obligés d'entretenir à leurs frais de grandes armées, payent à peine au Pape de quoi fournir seulement aux dépenses de l'administration [1]. »

Mais cette situation ne pouvait se prolonger au delà du temps où cesserait l'excédant des caisses de l'État. Léon X ne trouvait déjà plus à réaliser tous ses emprunts. Aluise Gaddi lui avait avancé 32,000 ducats, Bernardo Bini 200,000, Salviati, Ridolfi, tous ses parents et ses serviteurs avaient fait tout leur possible pour lui procurer de l'argent, encouragés par sa jeu-

---

[1] Vianesius Albergatus : *Commentaria Rerum sui temporis* (précisément rien autre que cette description du conclave) : « Opulentissimi populi et ditissimæ « urbes, quæ si alterius ditionis essent, suis vectigalibus vel magnos exercitus « alere possent, Romano Pontifici vix tantum tributum pendunt, quantum in « prætorum magistratuumque expensam sufficere queat. » Dans la relation de Zorzi, 1517, les revenus de Pérouse, de Spolette, de la Marche et de la Romagne, pris ensemble, sont évalués, d'après une donnée de François Armellin, à 120,000 ducats. La moitié de ces revenus rentrait dans les caisses de la Chambre apostolique. « Di quel somma la mità è per terra per pagar i legati e altri « offici, e altra mità a il papa. » Malheureusement il y a beaucoup de fautes dans la copie de la relation qui se trouve dans Sanuto.

nesse qui leur donnait l'espoir de le voir s'acquitter, et par sa générosité naturelle qui leur donnait l'assurance d'une récompense brillante. Mais tous ces calculs furent cruellement déçus ; sa mort subite les ruina tous complétement, et laissa les finances dans un état d'épuisement qui se fit vivement sentir à ses successeurs.

La haine générale que s'attira le pauvre Adrien fut surtout causée par le besoin d'argent. Forcé de chercher les moyens de s'en procurer, il imagina de créer un impôt direct qui devait se monter à un demi-ducat par feu[1]. Cet impôt produisit une impression d'autant plus fâcheuse qu'on était peu habitué à de pareilles exigences.

Clément VII ne put se passer davantage d'impôts indirects, et les murmures s'élevèrent violemment contre le cardinal Armellin que l'on regardait comme l'inventeur de ces impôts. C'était surtout le taux du droit d'entrée sur les vivres qui excitait le plus de mécontentements. Il fallut pourtant s'y soumettre[2]. Mais la situation était devenue tellement grave qu'il devint nécessaire d'avoir encore recours à de nouvelles ressources.

Jusqu'à ce jour on avait donné aux emprunts la forme d'emplois vénaux ; mais en 1526, à cette époque décisive où Clément VII préparait ses armes contre Charles V, il adopta pour la première fois l'emprunt pur et simple.

Avec les fonctions vénales, le capital était perdu par la mort du possesseur, si toutefois la famille ne l'acquérait pas de nouveau de la Chambre apostolique. Clément VII, pressé par la nécessité, emprunta un capital

---

[1] « Hieronymo Negro a M. Antonio Micheli, 7 april 1523. » *Lettere di principi*, t. 1, p. 114.

[2] Foscari : *Relatione*, 1526.

de 200,000 ducats qui, à la vérité, ne rapportait pas
des intérêts aussi élevés que les emplois, intérêts cependant considérables puisqu'ils étaient de dix pour
cent, et qu'en outre ils se transmettaient aux héritiers.
Cet emprunt était fait par un *monte non vacabile*, le
monte della fede. Les intérêts en furent assignés sur la
douane. Le *monte* présenta aussi une plus grande sûreté,
puisqu'on avait accordé en même temps aux créanciers
une part dans l'administration de la douane. Mais on
ne s'éloigna pourtant pas de l'ancienne forme, les
Montistes formèrent encore un collége; et quelques
souscripteurs versèrent la somme à la Chambre, en la
plaçant individuellement sur la tête des membres du
collége.

Peut-on prétendre que les créanciers de l'État, en
tant qu'ils ont un droit aux revenus publics et au produit du travail de tous, par là même participent au
pouvoir de l'État? On parut le croire à Rome, et les ca-
pitalistes ne prêtèrent leur argent qu'à la condition
d'une semblable participation.

Ainsi, comme on va le voir, ceci fut le commencement des opérations financières les plus étendues. Ce
fut avec beaucoup de modération que Paul III continua
ce système. Il se contenta de diminuer les intérêts du
monte Clementino, et comme il réussit à pouvoir as-
signer de nouveaux intérêts, il doubla presque le capital. Il n'établit cependant pas un nouveau *monte;* il
créa 600 nouveaux emplois qui peuvent l'avoir indem-
nisé de cette réserve. Mais la mesure par laquelle il s'est
rendu remarquable dans l'histoire des finances de l'État
de l'Église consistait en toute autre chose.

Nous avons parlé des murmures qui s'élevèrent lorsqu'on augmenta le prix du sel; il renonça à ce surcroît

de taxe, mais il introduisit à la place, avec la promesse
formelle de la supprimer plus tard, l'imposition directe
du *sussidio*. C'était le même impôt que celui qui était
levé alors dans tant de pays de l'Europe méridionale ;
on le retrouve en Espagne sous le nom de *servicio*, à
Naples sous celui de *donative*, à Milan sous celui de
mensuale, et ailleurs encore sous d'autres désignations.
Dans l'État de l'Église, il fut originairement établi pour
trois ans et fixé à 300,000 scudis. On commençait à
Rome par fixer la contribution de chaque province, les
parlements provinciaux s'assemblaient ensuite pour la
répartir selon les différentes villes, puis celles-ci la ré-
partissaient à leur tour sur la ville et les campagnes.
Personne ne pouvait y échapper. La bulle ordonnait
expressément que tous les sujets laïcs de l'Église romaine, même avec droits d'*exemption* ou de *priviléges*,
payassent leur quote-part de cette contribution, sans
exempter les marquis et les barons, pas plus que les vassaux et les fonctionnaires[1].

Mais elle ne fut pas payée sans de vives réclamations ;
surtout lorsqu'on put voir qu'au lieu de la supprimer on
la prorogeait toujours de nouveau, de trois ans en trois
ans, si bien qu'elle ne fut jamais abolie. La rentrée
ne s'en fit jamais complétement[2]. Bologne qui avait été
taxée à 30,000 scudis, eut assez de prudence pour s'en
racheter à perpétuité, moyennant une somme qu'elle
paya sur-le-champ. Parme et Plaisance furent aliénées
et ne payèrent plus. Fano peut servir d'exemple pour la
manière dont cet impôt se prélevait dans les autres vil-

---

[1] *Bullar.*, année 1537 ; il déclare à l'ambassadeur français « la débilité du
revenu de l'Église (y compris l'état) dont elle n'avoit point maintenant 40 écus
de rente par an de quoi elle puisse faire état. » Dans Ribier, I, 69.

[2] Bulle : *Decens esse censemus*, 5 sept. 1543. Bull. Cocq., IV, I, 225.

les : elle refusa quelque temps le paiement sous prétexte d'avoir été taxée trop haut. Paul III remit donc un jour les termes échus, à la condition d'employer la même somme au rétablissement des murs de la ville. Plus tard, on lui remit un tiers de sa quote-part pour le même usage. Néanmoins ses arrière-descendants se plaignirent encore de ce que leur taxe était trop élevée. Les communes rurales de leur côté ne cessaient de se plaindre de la quotité qui leur avait été assignée par la ville. Elles faisaient de continuelles tentatives pour se soustraire aux ordres du conseil ; et si le conseil défendait son autorité, les communes se montraient disposées à se soumettre au duc d'Urbin. Mais il est inutile de parler davantage de ces petits intérêts, il suffit de reconnaître que la rentrée du *sussidio* [1] n'alla pas beaucoup au-dessus de la moitié. En l'année 1560, tout le montant en était estimé à 165,000 scudis.

Quoi qu'il en soit, ce Pape avait augmenté prodigieusement les revenus de l'État de l'Église. Sous Jules II ils étaient estimés à 350,000 scudis, sous Léon à 420,000, sous Clément VII, en l'année 1526, à 500,000 scudis ; immédiatement après la mort de Paul III ils furent évalués à 706,473 scudis, dans un état authentique que l'ambassadeur vénitien Dandolo se procura de la Chambre apostolique.

Malgré cette prospérité financière, les Papes qui suivirent ne virent pas leur position bien améliorée. Jules III se plaint dans une de ses instructions de ce que son prédécesseur a aliéné tous les revenus, à l'exception sans doute du *sussidio* qui ne pouvait l'être, puisqu'il n'était

---

[1] Bulle de Paul III. *Cupientes indemnitati :* 15 *april* 1559. Bullar. Cocq., IV, I, 358.

censé imposé que pour trois ans; il se plaint en outre d'avoir trouvé pour 500,000 scudis de dettes flottantes[1].

Lorsque, malgré cette pénurie d'argent, Jules III déclara la guerre aux Farnèse et aux Français, il s'attira les plus grands embarras, et quoique les Impériaux lui eussent fourni un secours d'argent considérable pour l'époque, ses lettres ne cessaient d'exprimer des lamentations. « Je comptais, dit-il quelque part, je comptais obtenir 100,000 scudi à Ancône, et je n'ai pas obtenu 100,000 bajocchi; je n'ai reçu de Bologne que 50,000 scudi au lieu de 120,000. Les banquiers de Gênes et de Lucques ne m'ont pas eu plutôt fait de belles promesses qu'ils les ont aussitôt rétractées. Celui qui possède un seul carlin le retient et ne veut pas le mettre en jeu[2]. »

Le Pape voulant conserver son armée fut obligé à des mesures beaucoup plus efficaces. Il se décida à établir un nouveau *monte*, et la manière dont il s'y prit fut celle qui dans la suite a été presque toujours pratiquée.

Il constitua un nouvel impôt qui consista en une taxe de deux carlins sur le *rubbio* de farine; toutes les déductions faites, il en retira 30,000 scudi, et il en assigna la somme pour les intérêts d'un capital qu'il emprunta aussitôt: c'est ainsi que fut fondé le *monte della farina*. On peut remarquer combien ce système se rapproche des opérations financières qui avaient eu lieu antérieurement. Comme on avait créé des emplois auxquels étaient assignés les revenus de la Curie, revenus qu'il fallait augmenter, uniquement afin de pouvoir vendre ces emplois et en retirer la somme dont on avait

---

[1] « Instruttione per voi, Monsignore d'Imola : ultimo di marzo 1551. » *Informationi politiche*, tome XII.

[2] *Il Papa a Giovamb. di Monte*, 2 april 1552.

besoin pour le moment, de même on augmenta les revenus de l'État par un nouvel impôt dont on ne se servait pourtant que comme de l'intérêt d'un grand capital
que l'on n'aurait pu obtenir autrement. Tous les Papes
qui suivirent procédèrent de la même manière : tantôt
ces *monti* étaient *non vacabili* comme celui de Clément;
tantôt ils étaient *vacabili,* c'est-à-dire que l'obligation
du paiement de l'intérêt cessait à la mort dn créancier;
dans ce cas, les intérêts étaient encore plus élevés.
Paul IV établit le *monte novennalle de Frati* sur un impôt
auquel il obligea les Ordres religieux réguliers; Pie IV
imposa la livre de viande d'un quatrin et se servit du
produit de cet impôt pour fonder le *monte Pio non vacabile,* qui lui rapporta alors 170,000 scudi. Pie V imposa encore d'un nouveau quatrin la livre de viande et
il établit le *monte lega.*

Si l'on fixe ses regards sur tous ces faits, on en voit
immédiatement sortir l'importance générale de l'État
de l'Église. Quels sont les besoins qui forcèrent les Papes
à exécuter cette singulière espèce d'emprunt dont le
résultat était de jeter sur leur pays une charge aussi
lourde? Ce sont les besoins du catholicisme en général.
Comme c'en était fait pour la Papauté des tendances
purement politiques, il n'y avait plus que les nécessités
religieuses que l'on pût vouloir satisfaire. L'appui donné
aux puissances catholiques dans leur lutte contre les protestants, dans leurs entreprises contre les Turcs, fut toujours le sujet de toutes ces nouvelles opérations financières. Le *monte* de Pie V fut appelé *monte lega,* parce
que le capital qu'il rapporta fut employé à la guerre
contre les Turcs, entreprise par ce Pape allié avec l'Espagne et Venise. Ce système de finances se développa
toujours davantage, car c'était toujours en s'imposant

de nouvelles charges que la Papauté contribuait à la défense des intérêts du catholicisme. Et voilà précisément pourquoi il était si important pour la mission religieuse des Papes qu'ils possédassent une souveraineté temporelle.

Ils ne se contentèrent pas seulement de la fondation des *monti*, ils n'avaient garde aussi de laisser tomber l'usage des anciennes ressources financières. Ils établissaient donc continuellement de nouveaux emplois ou *cavalierate* avec des priviléges particuliers, soit que les honoraires fussent également couverts par de nouveaux impôts, ou que la valeur de l'argent qui baissait alors sensiblement fournît des sommes plus considérables à la Chambre apostolique [1].

Il arriva de là que les revenus des Papes, après une baisse de courte durée qui avait été occasionnée, sous Paul IV, par les guerres de ce pontife, ne cessèrent plus d'augmenter. Ils s'élevèrent de nouveau, sous Paul, à 700,000 scudi. Sous Pie IV on les évalua à 898,482. Paul Tiepolo, après une absence de neuf années, est étonné de les trouver, en l'année 1576, augmentés de 200,000 scudi et élevés à 1,100,000 scudi : ce qu'il y avait de singulier, mais au surplus il n'en pouvait être autrement, c'est que les Papes, en réalité, n'en percevaient pas davantage. Les aliénations croissaient en même temps que les impôts. On a calculé que Jules III a aliéné du revenu 54,000 scudi, Paul IV 45,960, et Pie IV, qui se servait de tous les moyens, de 182,550. Pie V porta aussi le nombre des emplois vénaux jusqu'à trois mille cinq cents, sans parler bien entendu des

---

[1] C'est ainsi que vers 1580 beaucoup de *luoghi di monte* étaient à 100 au lieu de 130; les intérêts des *vacabili* furent abaissés de 14 à 9, ce qui faisait une économie considérable sur le tout.

monti qui ne sont pas comptés dans le nombre des emplois [1]. Sous ce Pape, la somme des aliénations s'éleva jusqu'à quatre cent cinquante mille. Elle s'agrandit encore, et en l'année 1576, elle était arrivée à 530,000 scudi. Malgré toutes les augmentations du revenu, il fut toujours diminué de moitié à peu près par les aliénations [2].

Les registres des revenus des Papes de cette époque présentent un aspect vraiment remarquable. Après avoir désigné à chaque article la somme que le fermier s'était engagé à verser (les contrats avec eux étaient en général de neuf ans), on indiquait combien sur cette somme il avait été aliéné. La douane de Rome, par exemple, rapporta en 1576 et dans les années suivantes la somme considérable de 133,000 scudi, mais sur lesquels 111,170 étaient assignés; il y avait encore d'autres déductions, et la Chambre n'en retirait pas plus de 13,000 scudi.

Quelques gabelles sur les grains, la viande et le vin étaient absorbées par les *monti;* pas un *bajocco* ne revenait à la Chambre de plusieurs caisses provinciales appelées trésoreries, comme par exemple de celles de la Marche et de Camerino ; ces caisses avaient à subvenir aussi aux besoins des provinces. Cependant on leur ajoutait souvent encore le *sussidio.* On fit même de si fortes assignations sur les mines d'alun de Tolfa, qui étaient antérieurement une des principales sources de revenus,

---

[1] *Lista degli uffici della corte romana*, 1560. Bibl. Chigi N., II, 50. Plusieurs autres listes de diverses années.

[2] Tiepolo calcule qu'on dépense outre cela 100,000 scudi pour des traitements, 270,000 pour des citadelles et des nonciatures, de sorte qu'il reste toujours encore 200,000 scudi de disponibles pour le Pape. Il suppute que les Papes ont perçu 1,800,000 scudi sous le prétexte des besoins pour la guerre contre les Turcs, et qu'ils n'y ont employé cependant que 340,000 scudi.

que ceux-ci en furent diminués de quelques milliers de scudi [1].

Le Pape avait surtout recours à la daterie pour ses dépenses et celles de sa cour. La daterie avait deux sortes de revenus : les uns étaient spécialement religieux, c'étaient les compositions, c'est-à-dire les paiements déterminés pour lesquels le dataire accordait des recours, des réserves et d'autres irrégularités canoniques lors du passage d'un bénéfice à un autre. Paul IV les avait beaucoup diminués par la sévérité avec laquelle il procéda ; cependant elles augmentèrent de nouveau insensiblement. Les autres revenus étaient plus temporels, ils rentraient dans les *monti vacabili*, lors de la vacance et de nouvelles concessions de *cavalierate* et d'emplois vénaux. Ils croissaient dans la même proportion que ceux-ci [2]. Mais vers l'année 1570, ces deux espèces de revenus ensemble ne s'élevèrent pas plus haut qu'il ne fallait pour couvrir tout juste les plus indispensables dépenses de la maison papale.

L'État romain se trouvait maintenant tombé dans une situation bien différente. Il s'était vanté précédemment d'être le moins imposé parmi tous les États italiens, et aujourd'hui il portait le poids d'un grand nombre de charges, et même de plus lourdes que tous les autres États [3], et ses habitants se plaignaient hautement. Il restait aussi peu de vestiges de l'ancienne indépendance municipale ; l'administration devenait toujours plus régulière et plus envahissante. Les droits du gouvernement avaient été

---

[1] Par exemple : « Entrata della reverenda camera apostolica sotto il pontificato di N. S. Gregorio XIII. Fatta nell' anno 1576. » Ms. Gothana, nº 219.

[2] Selon Mocenigo, 1560, la daterie rapportait antérieurement entre 10,000 et 14,000 ducats par mois. Sous Paul IV elle ne rapportait plus que 3000 à 4000 ducats.

[3] Tiepolo : *Relatione di Roma in tempo di Pio IV e Pio V.*

fréquemment cédés autrefois aux cardinaux et prélats
favorisés qui en retiraient de grands bénéfices : les compatriotes des Papes, comme les Florentins sous les Médicis, les Napolitains sous Paul IV, les Milanais sous
Pie IV, avaient toujours joui des meilleures places.
Pie V abolit cet abus. Cependant loin de diriger eux-
mêmes l'administration, ils l'avaient toujours cédée à
un *doctor juris* [1] : Pie V établit lui-même ce doctor, et
fit rentrer dans les caisses de la Chambre le bénéfice
qui était accordé à ces favorisés. Tout devint par là plus
régulier et plus stable. On avait institué à une époque
antérieure une milice provinciale, et 16,000 hommes
étaient inscrits sur les rôles. Pie IV avait formé aussi un
corps de cavalerie légère, et Pie V abolit l'un et l'autre.
Il licencia la cavalerie et laissa tomber la milice. Toute
sa force armée se montait à peine à 500 hommes, dont
la masse était composée de 350 Suisses, pour la plupart
fixés à Rome. Si on n'avait pas eu à défendre les côtes
contre l'invasion des Turcs, il est à croire qu'on eût fini
par perdre toute habitude militaire. Cette population
autrefois si guerrière parut vouloir devenir entièrement
pacifique. Les Papes désiraient administrer le pays
comme un grand domaine dont la rente profiterait, en
partie sans doute, à leur maison, mais serait pourtant
principalement employée aux besoins de l'Église.

On verra dans ce qui va suivre qu'ils rencontrèrent
ici encore de grandes difficultés.

---

[1] Tiepolo : *Relatione di Roma in tiempo di Pio IV e V.*

§ III. — Les règnes de Grégoire XIII et de Sixte V. — Grégoire XIII.

Grégoire XIII — Hugues Buoncompagno de Bologne, — distingué comme jurisconsulte et parvenu aux honneurs par ses services dans des fonctions temporelles, était naturellement gai et aimant la vie : il avait un fils qui lui était né, il est vrai, avant qu'il eût reçu la prêtrise, mais toutefois hors de mariage *. Quoiqu'il ait mené depuis cette époque une conduite exemplaire, il ne se montra jamais trop rigide, et il témoignait plutôt sa désapprobation pour un certain genre outré de sévérité; il parut vouloir suivre de préférence l'exemple de Pie IV, dont il fit immédiatement rentrer les ministres aux affaires, plutôt que celui de son prédécesseur 1. Mais par ce Pape, on voit tout ce que peut produire la pensée dominante d'une époque. Cent ans auparavant il eût régné comme un Innocent VIII ; maintenant, au contraire, un homme avec les habitudes de Grégoire ne pouvait plus se soustraire aux austères exigences religieuses de son siècle.

Il y avait à la cour un parti qui avait pris à tâche de maintenir et de défendre avant tout cette austérité. C'étaient des Jésuites, des Théatins et leurs amis, les Frumento et Corniglia, l'intrépide prédicateur François Tolet, et le dataire Contarell. Ils s'emparèrent d'autant plus rapidement de l'esprit du Pape qu'ils se tenaient étroitement unis. Ils lui représentaient que la considération dont avait joui Pie V provenait principalement de la dignité et de la moralité de sa conduite.

---

* Voir la note nº 1, à la suite du quatrième livre.
1 On s'attendait à le voir gouverner autrement que ses prédécesseurs : « Mi- « tiori quadam hominumque captui accommodatiori ratione. » *Commentarii de rebus Gregorii XIII.* (Ms. Bibl. Alb.)

Dans toutes les lectures qu'ils lui faisaient, il n'était question que de la sainte vie de ce pontife, de la gloire de ses réformes et de ses vertus. Enfin ils parvinrent à diriger l'ambition de Grégoire XIII dans une voie toute religieuse [1].

Il avait fortement à cœur d'avancer son fils, de l'élever aux dignités de prince. Mais ses amis lui firent une affaire de conscience de la première dignité qu'il lui accorda ; — il le nomma gouverneur du château Saint-Ange et gonfalonnier de l'Église ; — ils n'auraient pas toléré la présence de Giacomo à Rome pendant le jubilé de 1575 ; ce fut seulement après son expiration, qu'ils consentirent à son retour, et encore uniquement parce que le chagrin du jeune ambitieux devenait préjudiciable à sa santé. Alors Grégoire le maria, et permit à la république de Venise de le nommer son *Nobile,* et au roi d'Espagne de le choisir pour général de ses hommes d'armes. Cependant il avait soin de le maintenir dans de justes bornes. Giacomo ayant pris un jour sur lui de délivrer de la prison un de ses amis d'université, le Pape l'exila de nouveau, et voulut même lui enlever tous ses emplois ; il en fut empêché par les prières de sa jeune épouse qui vint se jeter aux pieds du Pontife. Mais c'en était fait pour longtemps de la réalisation de plus grandes espérances. Ce n'est que dans les dernières années du Pape que Giacomo reprit quelque influence sur son père, mais elle ne s'exerçait ni dans les affaires importantes de l'État ni d'une manière illimitée. Quand on lui demandait sa protection, il haussait les épaules.

---

[1] *Relatione della corte di Roma a tempo di Gregorio XIII* (Bibl. Corsini, 714), 20 *febr.* 1574, est très-instructive à ce sujet. L'auteur dit de la disposition du Pape : « Non è stato scrupoloso nè dissoluto mai e le son dispiaciute le cose mal « fatte. »

S'il en était ainsi pour le fils, combien, à plus forte raison, les autres parents devaient-ils avoir moins de participation à des faveurs irrégulières et à l'exercice du pouvoir. Grégoire admit deux de ses neveux dans le cardinalat; Pie V avait fait aussi la même chose; mais il refusa même une audience au troisième qui avait les mêmes prétentions; il le força de s'éloigner dans l'espace de deux jours. Le frère du Pape s'était aussi mis en route pour recevoir sa part de la bonne fortune survenue à sa famille; il était déjà arrivé jusqu'à Orvieto, lorsqu'il y trouva un envoyé de la cour qui lui intima l'ordre de s'en retourner. Les larmes en vinrent aux yeux du vieillard, et il ne put s'empêcher de faire encore un peu de chemin vers Rome; mais alors, sur un second ordre, il revint à Bologne [1].

On ne peut pas accuser ce Pape de népotisme et d'avoir illégalement favorisé sa famille. Un cardinal nouvellement nommé lui ayant dit qu'il ne cesserait d'être reconnaissant envers sa maison et les neveux de Sa Sainteté, celle-ci frappa avec ses mains sur le bras du fauteuil, et s'écria : « Vous devez être reconnaissant envers Dieu et le Saint-Siége. »

Tant il était engagé dans la voie religieuse ! Il chercha non-seulement à atteindre, mais à surpasser la piété de Pie V [2]. Pendant les premières années de son Pontificat, il disait la messe trois fois par semaine, et jamais il n'a négligé de la dire le dimanche. Sa conduite était non-seulement irréprochable, mais édifiante.

Jamais Pape n'a rempli plus fidèlement que Gré-

---

[1] Le bonhomme se plaignait de ce que la Papauté de son frère lui était plus nuisible qu'utile, parce qu'elle le forçait à faire une dépense plus grande que le secours que lui donnait Grégoire.

[2] *Secunda Relazione dell' ambasciatore di Roma Cl. M. Paolo Tiepolo Cav.* 3 *Maggio* 1576.

goire XIII certains devoirs de sa dignité. Il tenait une liste exacte des hommes de tous les pays propres à l'épiscopat : à chaque proposition, il se montrait très-bien informé, voulant diriger avec un soin scrupuleux la nomination à ces importantes fonctions.

Avant tout, il s'efforça de propager l'instruction ecclésiastique dans toute sa pureté. Il favorisa avec une générosité extraordinaire le succès des colléges des Jésuites. Il fit des dons considérables à la maison des profès de Rome; il acheta des édifices, ferma des rues et consacra des revenus pour établir le collége comme nous le voyons encore aujourd'hui; il était disposé pour vingt salles dites auditoires, et pour 360 petites chambres d'étudiants : on l'appela le séminaire de toutes les nations; pour indiquer cette pensée qui embrassait le monde entier, on fit prononcer, à l'époque de la première fondation, vingt-cinq discours en différentes langues, et chaque discours eut sa traduction latine [1]. Le *collegium germanicum* était menacé de tomber en décadence par le manque de revenus; le Pape lui donna non-seulement le palais S. Apollinaire et les revenus de S. Stephano sur le mont Celio, il lui assigna aussi 10,000 scudi sur la Chambre apostolique. On peut regarder Grégoire comme le véritable fondateur de cet établissement, d'où l'on envoya en Allemagne, depuis cette époque, d'année en année, un grand nombre de défenseurs du catholicisme. Il institua aussi un collége anglais, et trouva moyen de le doter. A Vienne et à Gratz il soutenait les colléges sur sa cassette particulière, et il n'y avait peut-être pas d'école de Jésuites dans le monde entier qui n'eût à se louer d'une manière

---

[1] *Disparcio Donato*, 13 Gen. 1582.

ou d'une autre de sa générosité. D'après le conseil de
l'évêque de Sitia, il institua encore un collége grec. Des
jeunes gens de treize à seize ans devaient y être reçus,
non-seulement de tous les pays qui étaient encore sous
la domination chrétienne, comme Corfou et Candie,
mais encore de Constantinople, de la Morée et de Salo-
nique : on leur donna des professeurs grecs ; ils étaient
revêtus de caftans et du bonnet vénitien : on voulait les
élever tout à fait à la manière des Grecs, afin qu'ils eussent constamment dans la pensée qu'ils étaient destinés à
retourner dans leur patrie. On devait leur laisser leur
rite aussi bien que leur langue, et les instruire dans la
foi selon les dogmes du concile dans lequel l'église
grecque et l'église latine avaient été réunies [1].

A cette sollicitude qui embrassait tout le monde catholique, Grégoire ajouta la réforme du calendrier. Le
concile de Trente en avait manifesté le désir ; elle était
devenue indispensable par suite des décrets du concile
qui déplaçaient les grandes fêtes et leur rapport avec les
saisons de l'année. Toutes les nations catholiques prirent part à cette réforme. Un Calabrais, d'ailleurs peu
connu, Luigi Lilio, s'est acquis une renommée immortelle, en indiquant la méthode la plus facile pour remédier aux inconvénients résultant des décrets du concile ;
son projet fut communiqué à toutes les universités,
entre autres à celles d'Espagne, Salamanque et Alcala :
les avis venaient de tous côtés. Une commission à Rome,
dont le membre le plus actif et le plus savant était notre
compatriote Clavius [2], soumit alors ce projet à un nouvel examen et rédigea l'arrêté définitif. Le savant cardinal Sirlet eut la plus grande influence sur tout ce tra-

---

[1] *Dispaccio Antonio Tiepolo*, 16 *Marzo* 1577.
[2] Erythraeus : « In quibus Christophor. Clavius principem locum obtinebat. »

vail. On y procéda avec un certain mystère : le nouveau calendrier ne fut montré à personne, pas même aux ambassadeurs, avant d'avoir été approuvé par les différentes cours [1]. Alors Grégoire le publia solennellement. Il célébra cette réforme comme une preuve de la grâce immense de Dieu envers son Église [2].

Mais tous les travaux de ce Pape n'étaient pas d'une nature aussi pacifique. D'abord il souffrait de ce que les Vénitiens avaient fait la paix avec les Turcs, puis de ce que le roi d'Espagne lui-même, Philippe II, avait aussi conclu une trève avec eux. Si cela eût dépendu de lui, la *Ligue* qui a remporté la victoire de Lépante n'aurait jamais été dissoute. Les troubles qui éclatèrent dans les Pays-Bas et en France, la lutte des partis en Allemagne, ouvrirent un champ immense à son activité. Il était surtout infatigable en projets contre les protestants. Les révoltes que la reine Élisabeth avait à combattre en Irlande, étaient presque toujours entretenues par Rome. Le Pape ne cachait pas son désir de susciter une guerre générale contre l'Angleterre. Chaque année ses nonces négociaient à ce sujet avec Philippe II et avec les Guise. Il ne serait pas sans intérêt de rapprocher et de comparer toutes ces négociations et ces tentatives, le plus souvent inconnues de ceux contre lesquels elles étaient dirigées, et qui ont enfin amené la grande expédition de l'*Armada*. Grégoire poussa ces négociations avec le zèle le plus ardent. La Ligue de France, qui devint si menaçante pour Henri III et pour Henri IV, prend son origine dans les relations de ce Pape avec les Guise [*].

---

[1] *Dispaccio Donato*, 20 D^e 1581. 2 *Giugno* 1582. Il vante le cardinal comme un « uomo veramente di grande litteratura. »

[2] Bulle du 13 février 1582, § 12. *Bull. Cocq.*, iv, 4, 10.

[*] Voir la note n° 2.

S'il était vrai maintenant que Grégoire XIII imposa
des sacrifices à l'État pour l'entretien de sa famille, on
voit cependant aussi qu'il n'en consacrait pas moins les
ressources du pays à des entreprises de leur nature vastes
et coûteuses. Il n'a pas hésité à dépenser une somme
considérable pour cette insignifiante expédition de
Stukley, qui échoua en Afrique. Il envoya un jour à
Charles IX 400,000 ducats, provenant d'une subven-
tion des villes de l'État romain. Il aida très-souvent
d'un secours d'argent l'empereur et le grand-maître des
chevaliers de Malte. Mais des sommes énormes avaient
aussi une destination plus pacifique. On a calculé que
l'appui qu'il a donné à de nombreux jeunes gens pour
faire leurs études lui a coûté deux millions [1]. Combien
devaient encore lui coûter seulement les vingt-deux
colléges de Jésuites qu'il avait fondés !

Ne devait-il pas se trouver assez souvent très-embar-
rassé, les revenus de l'État, malgré leur augmentation,
n'offrant cependant jamais un excédant disponible.

Peu de temps après son intronisation, les Vénitiens
essayèrent de le déterminer à faire un emprunt. Grégoire écouta avec une attention soutenue la proposition
détaillée de l'ambassadeur : lorsqu'il vit enfin où celui-
ci voulait en venir, il s'écria : « Où suis-je, monsieur
l'ambassadeur? La congrégation s'assemble tous les jours
pour procurer de l'argent, et ne trouve pas de moyen
convenable [2]. »

---

[1] Évaluation de Baronius. Possevin dans Ciacconius, *Vitæ Pontificum IV*,
37. Lorenzo Priuli calcule qu'il a employé annuellement 200,000 scudi à des
opere pie. Ce qu'il y a de plus détaillé et de plus authentique à ce sujet, ce
sont les extraits que Cocquelines communique à la fin des Annales de Maffei, et
qu'il a tirés des relations du cardinal de Como et de Musotti.

[2] *Dispaccio 14 marzo* 1573. C'est une « congregatione deputata sopra la pro-
« visione di danari. »

L'administration publique de Grégoire XIII·acquit une importance supérieure. On en était déjà venu à condamner les aliénations ainsi que la perception de nouveaux impôts : on reconnut très-bien ce qu'il y a de dangereux et même de ruineux dans un tel système. Grégoire chargea la congrégation de lui procurer de l'argent, mais ni par des concessions spirituelles, ni par de nouveaux impôts, ni par la vente des revenus de l'Église.

Quel autre moyen pouvait-on imaginer? Les mesures que l'on prit et les effets qu'elles produisirent ensuite sont très-remarquables.

Grégoire qui partait toujours du point de vue d'une idée absolue du droit, pensait que la principauté de l'Église possédait encore beaucoup de priviléges qu'il lui suffisait de faire valoir pour obtenir de nouvelles ressources [1]. Il n'était pas d'avis de respecter les priviléges qui étaient contraires au droit. Il abolit entre autres, sans aucune considération, le privilége que possédaient les Vénitiens d'exporter avec certaines faveurs des grains de la Marche et de Ravenne. « Il est juste, disait-il, que l'étranger paie autant d'imposition que l'indigène [2]. » Comme ils ne se conformèrent pas à ces dispositions, il fit ouvrir de force leurs magasins à Ravenne, en fit vendre le contenu aux enchères et arrêter les propriétaires. Cependant ces premiers actes sont encore peu de chose, ils indiquent seulement le chemin qu'il voulait suivre. Mais voici qui est bien plus important : il crut apercevoir dans la noblesse de son pays une foule d'abus que l'on pouvait abolir dans l'intérêt de la caisse de l'État; le secrétaire de la Chambre, Rudolf

---

[1] Maffei : *Annali di Gregorio XIII*, t. 1, p. 104. Il calcule que l'État de l'Église n'a fourni qu'une recette nette de 160,000 scudi.

[2] *Disp. Antonio Tiepolo*, 12 Ap. 1577.

Bonfiglivolo, proposa une vaste extension et rénovation des droits de suzeraineté auxquels personne n'avait encore pensé. Il déclara qu'une grande partie des châteaux et des biens des barons de l'État de l'Église était dévolue au Pape, les uns par l'extinction de la ligne qui avait été réellement investie, les autres parce qu'ils n'avaient pas acquitté le cens qu'ils s'étaient engagés à payer [1]. Rien ne pouvait venir plus à propos au Pape qui avait déjà acquis quelques biens semblables par dévolution ou pour de l'argent. Il se mit immédiatement à l'œuvre. Dans les montagnes de la Romagne, il enleva Castelnuovo aux Isei de Césène, et Corcona aux Sassatelli d'Imola. Lonzano situé sur un beau coteau, Savignano dans la plaine, furent confisqués aux Rangone de Modène. Afin d'éviter le procès dont la Chambre le menaçait, Albert Pio céda volontairement Bertinoro ; mais elle ne s'en contenta pas ; elle lui enleva aussi Veruchio et d'autres localités. Tous les jours de la fête saint Pierre, il vint pour acquitter l'impôt de ses terres, mais on ne consentit jamais à l'accepter de nouveau. Ces choses se passèrent seulement dans la Romagne. On procéda de la même manière dans les autres provinces. On réclama non-seulement les biens dont les possesseurs ne remplissaient plus le devoir de vassal, mais encore ceux qui primitivement avaient été mis en gage entre les mains des barons, et dont l'origine était tombée depuis longtemps en oubli ; ces biens avaient passé de main en main, comme une propriété libre, et avaient subi de grandes améliorations : maintenant il plaisait au Pape et à son commissaire de la Chambre de les reprendre. C'est ainsi qu'ils s'emparèrent du château Si-

---

[1] *Disp. A. Tiepolo*, 12 *Gen.* 1579.

tiano, en restituant la somme hypothéquée, 14,000 scudi, somme qui était bien loin d'atteindre la valeur actuelle.

Par ce moyen, le Pape releva et agrandit ses ressources financières. Il croyait acquérir un droit de plus à la grâce du Ciel, chaque fois qu'il réussissait, sans établir de nouveaux impôts, à augmenter les revenus de l'Église, seulement de dix scudi; il était heureux de calculer qu'en peu de temps il avait accru les revenus, par des exécutions judiciaires, de 100,000 scudi. Combien cette prospérité le mettait en état de réaliser ses projets contre les hérétiques et contre les infidèles! La cour partageait en grande partie sa politique. « Ce Pape s'appelle le vigilant (c'est la signification du mot Grégorius), disait le cardinal Como, il veut veiller et mettre la main sur ce qui lui appartient [1]. »

Dans les provinces au contraire et dans l'aristocratie, ces mesures produisirent une tout autre impression.

Beaucoup de grandes familles se trouvèrent tout à coup expulsées d'une possession qu'elles avaient regardée comme légitime. D'autres se voyaient menacées d'expropriation. On fouillait tous les jours à Rome dans les vieux titres, et tous les jours on retrouvait quelque nouveau sujet de réclamation. Bientôt personne ne se crut en sûreté, et un grand nombre de familles prirent la résolution de défendre plutôt leurs biens à main armée que de les remettre au commissaire de la Chambre. Un de ces feudataires dit un jour au Pape, en face : « Perdu pour perdu, quand on se défend, on éprouve du moins une sorte de satisfaction. »

Attendu l'influence de l'aristocratie sur les paysans et

[1] *Disp.*, 21 *Ott.* 1581.

sur les nobles des villes voisines, cette résistance produisit une fermentation dans tout le pays.

Ajoutez que le Pape fit éprouver une perte très-sensible à plusieurs villes par d'autres mesures mal calculées. Il avait, entre autres, augmenté les droits de douane à Ancône, convaincu que cette augmentation pèserait sur les marchands étrangers et non sur les habitants du pays. Par là, il porta à cette ville un coup dont elle n'a jamais pu se relever : le commerce se retira, et ce fut un faible remède que celui d'annuler l'impôt et de rendre, particulièrement aux Ragusains, leurs anciennes libertés.

Les conséquences qui résultèrent de ces actes furent tout à fait inattendues et caractéristiques.

L'obéissance dans chaque pays, mais surtout dans un pays aussi paisible, est essentiellement volontaire. Ici les éléments d'agitation n'étaient ni réconciliés, ni étouffés, ils étaient plutôt cachés par la domination du gouvernement. Aussitôt que la subordination cessa dans un endroit, ces éléments surgirent partout simultanément et engagèrent une lutte d'indépendance. Tout à coup le pays parut se souvenir combien il avait été, pendant des siècles, guerrier, habile à porter les armes et libre au milieu de ses diverses factions : il se mit à mépriser cette armée de prêtres et de docteurs, et retomba dans son état naturel.

Ce n'est pas à dire qu'il y eut opposition directe au gouvernement et révolte ouverte contre lui : mais partout les anciennes factions ressuscitèrent.

Toute la Romagne fut bientôt divisée. A Ravenne, les Rasponi étaient opposés aux Leonardi; à Rimini, les Ricciardelli aux Tignoli; à Césène, les Venturelli aux Bottini; à Furli, les Numai aux Sirugli; à Imola, les

Vicini aux Sassatelli : les premiers étaient toujours Gibelins, et les autres Guelfes ; même lorsque les intérêts
se trouvaient si totalement changés, les mêmes noms
devinrent des signes de ralliement. Souvent les factions
occupaient divers quartiers, diverses églises. — Elles se
distinguaient entre elles par de petits signes : le Guelfe
portait la plume au chapeau toujours sur le côté droit,
et le Gibelin sur le côté gauche[1] ; la division s'étendit jusque dans la plus petite bourgade ; pas un seul
n'eût fait grâce de la vie à son frère, si celui-ci avait
avoué qu'il était de la faction ennemie. Quelques-uns
s'étaient défaits de leurs femmes par le meurtre, afin de
pouvoir prendre une femme qui appartînt à la même
faction. Les *pacifici* ne servaient plus à rien, parce qu'on
avait fait entrer par faveur dans cette société des gens
moins convenables pour l'œuvre de réconciliation
qu'elle était destinée à réaliser. Les factions se rendaient
elles-mêmes la justice entre elles. Souvent elles déclaraient innocents ceux qui avaient été condamnés par les
tribunaux du Pape ; elles forçaient les prisons pour délivrer leurs amis, et y saisir au contraire leurs ennemis,
dont quelquefois, le lendemain, on voyait les têtes cou-
pées exposées près de la fontaine publique[2].

Le pouvoir était devenu si faible, que des bandes de
brigands se formèrent en petites armées dans la Marche,
dans la Campanie, dans toutes les provinces.

A leur tête marchaient Alphonse Piccolomini, Robert
Malatesta et d'autres jeunes hommes des familles les
plus distinguées. Piccolomini s'empara de l'hôtel-de-

---

[1] La *Relatione di Romagna* trouve la différence, « nel tagliar del pane, nel
« cingersi, in portare il pennachio fiocco o fiore al capello o all' orecchio. »

[2] On trouve la peinture la plus détaillée de cette situation dans le Ms. *Sixtus V Pontifex M.* (Bibl. Altieri à Rome.)

ville de Monte-Abboddo, fit rechercher tous ses ennemis et les fit exécuter en présence de leurs mères et de
leurs femmes : neuf, seulement de la famille de Gabu-
zio, furent condamnés à mourir : pendant cette horrible
exécution, les soldats de Piccolomini se livraient à la
danse sur la place du marché. Il traversa les campagnes
en maître souverain du pays : il eut un jour la fièvre
intermittente, cependant elle ne l'arrêta pas ; le mauvais jour de cette fièvre, il se fit porter en chaise à porteur devant ses troupes. Il signifia aux habitants de
Corneto de se dépêcher de finir leurs moissons, parce
qu'il allait venir brûler celles de son ennemi Latino
Orsini. Il avait encore certains sentiments d'honneur.
Ayant enlevé un jour à un courrier ses lettres, il ne
toucha pas à l'argent que celui-ci portait sur lui : ses
compagnons se montraient d'autant plus avides et plus
pillards. Les députés des villes arrivaient de tous côtés
à Rome pour demander des secours [1]. Le Pape augmenta
ses forces militaires. Il donna au cardinal Sforza les
pouvoirs les plus étendus qui eussent été possédés depuis le cardinal Albornoz ; il avait la faculté d'agir non-
seulement sans égard pour aucun privilége, mais sans
être lié par les ordonnances juridiques ; il pouvait même
agir sans procès, *manu regià* [2]. Giacomo Buoncompagno
entra en campagne ; il réussit à disperser les bandes et
à en purger le pays ; mais aussitôt qu'il se fut éloigné,
les mêmes désordres reparurent de nouveau.

Une circonstance particulière contribua beaucoup à
rendre ce mal incurable.

Ce Pape qui passa souvent pour trop bon, avait cependant défendu avec une grande rigueur ses droits de

---

[1] *Dispacci Donato del* 1582.

[2] Bref pour Sforza, communiqué dans les *Dispacci.*

prince aussi bien que ses droits spirituels. Il n'épargna
ni l'empereur, ni le roi d'Espagne, ni même ses voisins.
Il eut mille différends avec Venise, à propos de l'affaire
d'Aquilée, au sujet des droits de visite dans ses églises
et sur d'autres points : les ambassadeurs n'ont pas d'expression pour rendre toute l'aigreur qui remplissait son
âme, tous ses emportements, chaque fois qu'ils abor-
daient ces affaires. Il en était de même pour la Toscane,
pour Naples et Ferrare. Parme avait perdu des sommes
considérables à soutenir contre lui des procès. Tous ces
voisins voyaient avec plaisir le Pape engagé dans des
complications embarrassantes ; ils n'hésitaient pas à recevoir sur leur territoire les bandits poursuivis par les
troupes du Pape ; ceux-ci, aussitôt que l'occasion s'en
présentait, retournaient de nouveau envahir l'État de
l'Église. Grégoire pria vainement ces pays de ne plus
donner asile à ces bandes de révoltés. Ils trouvèrent
singulier qu'à Rome on ne voulût avoir d'égards pour
personne, et qu'ensuite on vînt en exiger de la part de
tout le monde [1].

Aussi Grégoire ne pouvait jamais parvenir à s'emparer des fuyards. Aucun impôt n'était payé ; le *sussidio*
ne rentrait pas. Un mécontentement général se répandit
dans tout l'État romain. Les cardinaux eux-mêmes agi-
tèrent la question s'il ne valait pas mieux se réunir à
une autre puissance.

Au milieu de ces circonstances critiques il n'était plus
possible de songer à continuer l'exécution des mesures
du secrétaire de la Chambre. L'ambassadeur vénitien
rapporte, à la date du mois de décembre 1581, que le
Pape a abandonné toutes les procédures en matières de
confiscation.

---

[1] *Diapaccio Donato*, 10 *Sett.* 1581.

Il fut obligé de permettre à Piccolomini de venir à Rome lui présenter une supplique[1]. En lisant cette longue série de meurtres dont on exigeait le pardon, il se sentit saisi d'horreur, et il jeta la supplique sur la table. Mais on lui disait : il faut qu'il arrive de trois choses l'une : ou votre fils Giacomo recevra la mort de la main de Piccolomini, ou bien vous serez forcé vous-même de condamner Giacomo à mort, ou enfin vous pardonnerez à Piccolomini. Les confesseurs de Saint-Jean-de-Latran déclarèrent (sans oser violer le secret de la confession, il leur était cependant permis de faire cet aveu) que si une de ces trois choses n'était exécutée on était menacé d'un grand malheur; ajoutez que Piccolomini était ouvertement favorisé par le grand-duc de Toscane, car il habitait le palais Médicis, et vous comprendrez comment le Pape se décida enfin, mais le cœur profondément affligé, à signer le bref d'absolution.

La tranquillité n'en fut pas plus promptement rétablie. Sa propre capitale était remplie de bandits. Les choses en vinrent à ce point, que le magistrat de la ville fut obligé de s'en mêler et de faire rendre obéissance à la police du Pape. Un certain Marianazzo refusa le pardon qui lui était offert : « il m'est plus avantageux, disait-il, de vivre en bandit, j'y trouve une plus grande sécurité[2]. »

Le vieux Pape, faible et dégoûté de la vie, leva les yeux au ciel et s'écria : « Tu t'éveilleras, Seigneur, et tu auras pitié de Sion ! »

---

[1] *Donato* 9 *April* 1583.

[2] « Che il viver fuoruscito li torni più a conto e di maggior sicurtà. » — Grégoire régna depuis le 13 mai 1572 jusqu'au 10 avril 1585.

§ IV. — Sixte V.

Au milieu des plus grands désordres apparaît souvent une force secrète qui forme et élève l'homme capable de les réprimer.

Tandis que dans la société temporelle, les principautés héréditaires et les aristocraties transmettaient leur puissance de génération en génération, dans la société spirituelle on pouvait parvenir du dernier degré jusqu'au rang suprême. Ce fut précisément de ce dernier rang que sortit, pour devenir Pape, l'homme qui possédait la force intellectuelle et morale capable de dominer et de réprimer ces désordres.

A l'époque des premiers succès des Osmanlis dans les provinces illyriennes et dalmatiennes, un grand nombre de ses habitants se sauvèrent en Italie. On les voyait arriver, se réunissant accablés, sur le rivage, et tristement groupés, élever leurs mains vers le ciel. L'aïeul de Sixte V, Zanetto Peretti, vraisemblablement venu en Italie parmi les réfugiés, était Slave de nation. Comme presque tous ceux qui, forcés de fuir leur patrie, viennent dans une autre pour lui demander son adoption, ni lui ni ses descendants établis à Montalto, n'eurent à se louer beaucoup du bonheur qu'ils y rencontrèrent. Peretto Peretti, père de Sixte V, fut même obligé de quitter cette ville à cause de ses dettes. Son mariage seulement le mit à même de louer un jardin dans Grotte a Mare près Fermo. Là l'hiver est plus doux qu'en aucun autre lieu de la Marche, et l'on y recueille assez abondamment des oranges et des citrons. Le jardin se trouvait planté autour des ruines d'un vieux temple de la Junon étrusque, de la Cupra. C'est en ce lieu que naquit un fils à Peretti, le 18 décembre 1521. Il avait rêvé, peu avant la naissance de ce fils, que se plaignant de son malheur, une voix céleste l'avait consolé, en l'assurant que l'enfant qu'il aurait relèverait sa famille et la rendrait heureuse ; il embrassa ardemment cet espoir ; c'est pourquoi il nomma son fils Félix [1].

On peut juger de la situation de cette famille par cette anecdote sur le jeune Félix, qui, un jour, étant tombé dans un étang, en fut retiré par sa tante qui lavait sur les bords. Il fut réduit plus d'une fois à surveiller les fruits et même à garder les porcs. Il apprit à connaître ses lettres dans des abécédaires laissés par d'autres enfants, dans leurs allées et venues de l'école ; car, faute de cinq bajocchi par mois, le père ne pouvait l'envoyer aux écoles. A la fin cependant un parent, Fra Salvatore, de l'Ordre des Franciscains, se laissa toucher par la position de l'enfant et paya ses mois d'école. Le jeune Félix commença donc à recevoir l'instruction commune. Il emportait avec lui un morceau de pain qu'il allait manger à midi auprès d'une fontaine qui lui fournissait l'eau de son repas. En dépit de cette misère, les espérances du père passèrent bientôt dans l'âme de son fils : entré à l'âge de douze ans au couvent des Franciscains, car aucun canon du concile de Trente ne défendait les vœux faits à cet âge, il conserva le nom de

---

[1] Tempesti : *Storia della vita e geste di Sisto V*, 1754, a fouillé les archives de Montalto sur l'origine de son héros. *La Vita Sixti V, ipsius manu emendata*, est authentique aussi. Ms. de la Bibl. Altieri à Rome. Sixte naquit « cum « pater Ludovici Vecchii Firmani hortum excoleret, mater Dianæ nurui ejus « per honestæ matronæ domesticis ministeriis operam daret. » Cette Diana vit, dans un âge très-avancé, le pontificat de Sixte : « Anus senio confecta Romam « deferri voluit, cupida venerari eum in summo rerum humanarum fastigio « positum, quem olitoris sui filium paupere victu domi suæ natum aluerat. » Du reste, « pavisse puerum pecus et Picentes memorant et ipse adeo non diffi- « tetur, ut etiam præ se ferat. »

Félix. Fra Salvatore le dirigeait très-sévèrement. Il l'envoya aux écoles, et Félix étudiait dans le cloître à la lueur d'une lanterne, et sans avoir soupé. Quand la lanterne s'éteignait, il allait auprès de la lampe qui brûlait à l'église devant l'Hostie. On ne trouva en lui rien d'assez remarquable pour indiquer une tendance réligieuse bien marquée, ni une direction scientifique bien profonde, mais il faisait sans contredit d'heureux progrès; aussi bien à Fermo qu'aux écoles et aux universités de Ferrare et de Bologne, il obtint ses grades académiques avec beaucoup d'honneur. Il manifesta le plus grand talent pour la dialectique, et au plus haut degré cette habileté monacale de traiter les questions théologiques les plus embrouillées. A l'assemblée générale des Franciscains, tenue en l'an 1549, dans laquelle s'élevèrent de célèbres luttes littéraires, il montra une grande habileté et beaucoup de présence d'esprit contre un disciple de Thélésius, nommé Antonio Persico, de la Calabre, qui s'était alors acquis beaucoup de gloire à Pérouse [1]. Ce succès lui valut une certaine considération, puis le patronage du protecteur de l'Ordre, le cardinal Pio de Carpi, qui, depuis cette époque, le protégea avec zèle. Mais sa bonne fortune vint d'un autre événement.

En l'an 1552, il avait prêché le carême dans l'église des Saints-Apôtres de Rome, au milieu d'un enthousiasme général. On avait trouvé sa diction animée, riche, abondante, sans remplissage, et pleine d'ordre et de goût. Un jour, comme il prêchait en cette église,

---

[1] *Sixtus V Pontifex maximus*, Ms. de la Bibl. Altieri. « Eximia Persicus « apud omnes late fama Perusiæ philosophiam ex Telesii placitis cum publice « doceret, novitati doctrinæ tum primum nascentis nativum ingenii lumen « mirifice illustrabat. — Montaltus ex universa theologia excerptas positiones « Cl. Carpensi inscriptas tanta cum ingenii laude defendit, ut omnibus admi- « ratione fuerit. »

entouré d'un nombreux auditoire, et qu'il se reposait, suivant l'usage, au milieu de son sermon, il se mit à lire les placets qu'il avait reçus et qui contenaient habituellement des suppliques et des intercessions; parmi ces placets il en trouva un qu'on avait posé cacheté sur la chaire, et qui renfermait toute autre chose. Tous les articles des principaux sermons que Peretti avait prononcés jusqu'à ce jour, principalement ceux qui traitaient de la prédestination, étaient désignés, et, à côté de chaque article, on avait écrit en gros caractère : TU MENS! Peretti ne put cacher tout à fait sa surprise et se hâta de finir son sermon. Aussitôt rentré chez lui, il envoya la lettre à l'Inquisition, et bientôt il vit arriver le grand-inquisiteur, Michel Ghislieri. L'examen le plus sévère commença, et Peretti raconta souvent combien l'avait troublé et effrayé la vue de cet homme à l'extérieur si sévère, aux questions insidieuses, aux yeux renfoncés dans l'orbite, aux traits fortement caractérisés. Cependant il se remit, ne fut pas trouvé en défaut et répondit parfaitement juste. Alors Ghislieri, voyant le Frère non-seulement innocent, mais si assuré encore dans la foi catholique, se montra pour lui un tout autre homme, il l'embrassa en versant des larmes et devint-son second protecteur.

A compter de ce moment, Félix Peretti se tint toujours fortement lié au parti de la discipline rigoureuse qui venait de s'élever dans l'Église. Il avait de fréquentes relations avec Ignace et Philippe de Neri, qui acquirent le nom de saints. S'il trouva de la résistance parmi les frères de son Ordre qu'il voulait réformer et s'il fut chassé par eux de Venise, il n'en gagna que plus de considération parmi les partisans de la pensée qui arrivait au pouvoir. Il fut présenté à Paul IV et consulté souvent dans les cas difficiles. Comme théologien, il travaillait dans la congrégation pour le concile de Trente, comme *consultor* pour l'Inquisition. Il eut une immense part à la condamnation de l'archevêque Carranza, s'étant imposé la tâche de rechercher dans les écrits des protestants tous les passages que Carranza avait admis dans les siens. Le Pape Pie V lui donna toute sa confiance, et le nomma vicaire-général des Franciscains, avec l'autorisation de réformer cet Ordre. Peretti, en effet, se livra énergiquement à cette œuvre. Il destitua d'abord les commissaires-généraux qui avaient toujours été dans cet Ordre en possession du pouvoir suprême; il rétablit l'ancienne constitution, d'après laquelle ce pouvoir appartenait aux provinciaux, et exécuta la visite la plus sévère. Pie, voyant son attente surpassée, regarda son affection pour Peretti comme une espèce d'inspiration divine. Sans écouter les calomnies dont son protégé était l'objet, il le nomma évêque de Sainte-Agathe, et en 1570 le créa cardinal. L'évêché de Fermo ne tarda pas non plus à lui être donné, et Félix Peretti revint dans sa patrie revêtu de la pourpre, là où il avait autrefois gardé les fruits et le bétail; mais les prédictions de son père et ses propres espérances n'étaient pas encore complétement accomplies.

On a rappelé bien des fois les intrigues du cardinal Montalto — c'était à cette époque le nom de Peretti — pour parvenir au siége pontifical; comment il se faisait humble et petit; comment, feignant des infirmités précoces, il s'appuyait sur une canne, cassé, faible et toussant. Mais tout homme qui regarde sérieusement au fond des choses, juge d'avance combien sont fausses ces imputations. Ce n'est point par de semblables moyens que s'acquièrent les hautes dignités.

Montalto vivait retiré et paisible ; il était économe et appliqué au travail ; ses plaisirs consistaient à planter des arbres et des ceps de vigne dans sa *vigna,* près Santa-Maria Maggiore, que l'on visite encore, et à faire quelque bien à sa ville natale. Les œuvres de saint Ambroise l'occupaient dans ses heures de recueillement et de méditation ; et il les publia en 1580. Son caractère ne paraît pas avoir été aussi doux qu'on l'a dit. Une relation de 1574 le désigne déjà comme étant plein de science et de prudence, mais rusé et méchant. Il fit toujours preuve d'un empire extraordinaire sur lui-même, et lorsque son neveu, l'époux de Vittoria Accorambuona, fut assassiné, il fut le premier à prier le Pape de laisser tomber l'enquête. Cette qualité que chacun admirait a peut-être plus contribué à son élection que toutes les intrigues du conclave de 1585. On prit aussi son âge en considération ; il avait alors 64 ans ; car, ainsi qu'il est dit dans le récit fidèle de cet événement, il était vert encore, d'une complexion bonne et forte, et tout le monde s'accordait à dire que dans les circonstances présentes on avait besoin, avant tout, d'un homme énergique et vigoureux.

Frère Félix arriva donc à son but, et le sentiment que lui fit éprouver ce magnifique succès fut digne de lui, comme on n'en peut douter. Son ambition était élevée, mais elle était légitime, car il s'était toujours cru destiné à la haute dignité où il se voyait enfin parvenu ; aussi choisit-il cette légende : *O Dieu, tu es mon protecteur depuis le sein de ma mère !*

Dès ce moment il se regarda comme protégé par Dieu dans toutes ses entreprises ; à peine monté sur le trône pontifical, il déclara qu'il voulait exterminer les bandits et les malfaiteurs, et que s'il n'avait pas la force suffi-

sante, il ne doutait pas que Dieu n'envoyât à son secours
des légions d'anges. Il entreprit cette tâche difficile
avec réflexion et résolution.

§ V. — Extermination des Bandits.

Le règne de Grégoire lui était antipathique ; il ne
pouvait ni ne voulait continuer les mesures de son
gouvernement. Il licencia la plus grande partie des troupes, et diminua de moitié le nombre des sbires. Mais
aussi il se décida à punir sévèrement les coupables, sans
avoir jamais égard à la qualité des personnes.

Depuis longtemps il était défendu de porter des armes courtes et en particulier une certaine espèce de ca-
rabine. Quatre jeunes gens de Cora, tous les quatre proches parents, furent arrêtés portant de telles armes. Le
lendemain, c'était le jour du couronnement, on prit occasion de la joie de cette solennité pour demander leur
grâce. Sixte V répondit : « *Tant que je vivrai, tout criminel subira la peine capitale.* » Et en effet, tous les
quatre furent pendus le même jour à une potence près
du pont Saint-Ange.

Un jeune Transtéverin était condamné à mort pour
avoir résisté aux sbires qui voulaient saisir son âne ;
tous les cœurs éprouvaient la plus vive pitié ; lorsque le
jeune garçon fut conduit, tout éploré, sur le lieu de
l'exécution, on représenta au Pape combien sa faute
était légère, et surtout combien il était jeune : « *Je
joindrai à ses années quelques-unes des miennes,* » ré-
pondit-il, et il fut exécuté.

Ces premiers actes de Sixte V inspirèrent de la crainte
à tout le monde, et donnèrent une force puissante aux
décrets qu'il publia dans la suite. Il fut ordonné aux

barons et aux communes de purger leurs châteaux et leurs villes des bandits qui les ravageaient. Et le seigneur ou la commune sur le territoire desquels ils commettaient quelque pillage, furent condamnés à le réparer à leurs propres frais [1].

On avait coutume de mettre à prix la tête des bandits. Sixte V ordonna que désormais ce prix ne serait plus payé aux dépens de la Chambre apostolique, mais par les propres parents du malfaiteur, et si ceux-ci se trouvaient trop pauvres, par la commune dont il était originaire.

Il employa tous les moyens possibles pour parvenir à détruire le brigandage et chercher à intéresser à ce projet les seigneurs, les communes, les parents, et à éveiller jusqu'à l'intérêt même des brigands. Ainsi il fut promis à quiconque livrerait un camarade mort ou vif, non-seulement son propre pardon, mais celui de quelques amis qu'il pourrait nommer, et en outre une somme d'argent. Quand ces ordonnances eurent été rendues et que l'on vit avec quelle sévérité elles étaient exécutées, les poursuites contre les auteurs des délits eurent bientôt un tout autre effet. Ce qui fut un véritable bonheur, c'est qu'on réussit dès le commencement à se saisir de quelques-uns des chefs. Mais un des plus redoutables continuait toujours son métier, c'était le *Prete Guercino,* qui se faisait appeler roi de la Campagna, et qui avait défendu aux vassaux de l'évêque de Viterbe d'obéir à leur seigneur. Le Pape ne pouvait dormir, tant il éprouvait d'angoisse de voir ce brigand entreprendre de nouveaux pillages. Un jour, comme le raconte Galesius, il se mit à prier Dieu avec ardeur

[1] *Bullarium,* t. IV, p. 137. *Bando 6,* dans Tempesti, 1, IX, 14.

de vouloir bien délivrer l'État de l'Église d'un pareil scélérat. Le lendemain Guercino fut pris; sa tête fut exposée, ornée d'une couronne dorée, près du château Saint-Ange, et celui qui en était le porteur reçut le prix qui était de 2,000 scudi. Le peuple ne pouvait trop louer la bonne administration et la justice de Sa Sainteté.

Néanmoins un autre de ces brigands, della Fara, osa, pendant une nuit, faire sortir les gardes de la porte Salara, et après les avoir frappés, les chargea de ses salutations auprès du Pape et du gouverneur. Sixte V ordonna aussitôt aux parents de Fara de le lui livrer sous peine de mort pour eux-mêmes; et le mois n'était pas expiré qu'ils lui apportèrent sa tête. Quelquefois pourtant on ne sait trop de quel nom appeler le genre de justice exercé contre les bandits. Trente d'entre eux s'étaient retranchés sur une hauteur près d'Urbin. Le duc fit conduire dans leur voisinage des mulets chargés de vivres, certain, comme cela ne manqua pas d'arriver, qu'ils viendraient piller ce convoi. Mais les vivres étaient empoisonnés et tous y trouvèrent la mort. Le Pape, en apprenant cette nouvelle, en éprouva la plus grande joie, raconte son historien [1].

A Rome, un père et son fils étaient conduits à la mort, quoiqu'ils ne cessassent de protester de leur innocence. Une femme, l'épouse et la mère de ces deux malheureux, placée sur leur passage, demandait un léger retard, assurant pouvoir prouver leur innocence. Le sénateur le refusa. « Puisque vous avez soif de sang, s'écria-t-elle, je veux vous en rassasier. » Et elle se précipita du haut du Capitole. Arrivés au lieu du supplice,

---

[1] *Memorie del Pontificato di Sisto V.*

les deux infortunés se disputèrent le triste droit de passer le premier, le père ne pouvant voir mourir son fils, le fils ne voulant pas voir mourir son père; tout le peuple poussait de longs cris de pitié; le sauvage bourreau seul, protestant contre un retard inutile, se saisit de ses victimes.

Il n'y avait acception de personnes. Le comte Jean Pepoli, appartenant à l'une des premières familles de Bologne, ayant pris part aux expéditions des brigands, fut étranglé dans sa prison, et le fisc confisqua son argent comptant et ses propriétés. Pas un jour ne se passait sans une exécution. En tous lieux, à la ville, dans les forêts, dans les champs, on rencontrait des poteaux sur lesquels des têtes de bandits se trouvaient exposées. Le Pape n'avait d'éloges que pour ceux de ses légats et gouverneurs qui lui envoyaient le plus grand nombre de têtes. On ne peut nier qu'il n'y ait dans ce mode d'exécuter la justice quelque chose d'oriental et de barbare.

Au surplus, ceux que cette justice n'atteignait pas, périssaient par la trahison de leurs propres camarades. Les promesses de Sixte V les avaient divisés et leur avaient fait perdre toute confiance les uns dans les autres; ils finirent donc par s'exterminer entre eux [1].

C'est ainsi qu'en moins d'une année les agitations intérieures furent sinon étouffées dans leur source, au moins domptées dans leurs plus funestes résultats. En 1586, Monte Brandono et Arara, derniers chefs de ces hommes si longtemps redoutés, furent vaincus et tués. Alors on pouvait parcourir en sûreté tout l'État de l'Église, et le Pape éprouvait un immense bonheur quand les ambassadeurs étrangers lui faisaient compliment sur

---

[1] *Dispaccio Priuli* déjà du 29 juin 1585.

la manière sûre et paisible avec laquelle ils avaient tra-
versé le pays [1].

§ VI. — Des différentes phases de l'Administration papale.

L'état de brigandage dont on vient de parler, et que
le Pape vint à bout de détruire, avait encore une autre
origine que le défaut de surveillance; aussi les succès
obtenus sur ce point en amenèrent d'autres.

Sixte V fut presque toujours regardé comme l'unique
fondateur des ordonnances de l'État de l'Église. On lui
attribue des institutions qui existaient pourtant bien
longtemps avant lui. On le vante comme un incomparable maître en finance, comme un homme d'État
exempt de tout préjugé, comme un restaurateur des
antiquités. Il avait une de ces natures qui se gravent
profondément dans la mémoire des hommes, et qui
donnent croyance aux récits les. plus fabuleux et les
plus extraordinaires.

S'il y a quelque exagération dans ce jugement, néanmoins l'administration de Sixte mérita toujours d'être
remarquée.

Sous certain rapport, elle était en opposition avec
celle de Grégoire XIII. Grégoire était sévère, énergique,
impartial dans les mesures générales de son administration, indulgent pour les actes individuels de désobéis-
sance. C'est précisément parce que, d'un côté, il souleva contre lui tous les intérêts, et de l'autre il laissa
s'introduire une impunité sans exemple, qu'il occasionna
le funeste désordre dont il fut témoin. Sixte V, au contraire, était implacable pour les délits individuels; il

[1] *Vita Sixti i. m. em.* — Selon Gualterius, *Vita Sixti V*, celui-ci appliqua
cette sentence : « Fugit impius, nemine persequente. »

maintint l'exécution de ses lois avec une sévérité qui était presque de la cruauté ; et pour les actes généraux de l'administration il se montrait doux, indulgent, conciliant. Sous Grégoire, l'obéissance ne donnait aucune faveur, et la résistance n'attirait aucun châtiment ; sous Sixte on avait tout à craindre, aussitôt qu'on lui résistait ; on pouvait, au contraire, compter sur des preuves de sa bienveillance quand on savait respecter ses ordres.

Dès le commencement de son règne, il s'empressa d'étouffer toutes les mésintelligences dans lesquelles ses prédécesseurs avaient jeté le Saint-Siége et ses voisins, au sujet de ses droits ecclésiastiques. Il déclara qu'un Pape doit conserver et même augmenter les priviléges accordés aux princes. Il rendit aux Milanais la place dans la Rota, que Grégoire XIII avait voulu leur enlever ; lorsque les Vénitiens produisirent enfin un bref qui parut décisif en faveur de leurs droits dans l'affaire d'Aquilée, il n'hésita pas à paraître très-satisfait, et à effacer cette clause offensante dans la bulle *In cœna Domini*. Il abolit la congrégation chargée de la juridiction ecclésiastique, qui avait enfanté la plupart des différends survenus [1]. Certes il y a de la grandeur d'âme à abandonner librement et spontanément des droits contestés. Cette disposition conciliatrice produisit immédiatement le plus heureux résultat. Le roi d'Espagne écrivit à Sixte-Quint, dans une lettre autographe, qu'il avait ordonné à ses ministres, à Milan et à Naples, de ne pas obéir moins scrupuleusement aux ordres du Pape qu'aux siens. Sixte était touché jusqu'aux larmes de voir le plus grand monarque du monde honorer ainsi *un pauvre*

---

[1] Lorenzo Priuli, *Relatione*, 1586.

moine, suivant son expression. La Toscane se montra dévouée, Venise satisfaite. Dès ce jour, elles adoptèrent une autre politique. On livra de tous côtés au Pape les bandits qui s'étaient réfugiés dans les pays voisins. Venise les empêcha de se jeter de nouveau sur les terres de l'Église, et défendit à ses vaisseaux, en touchant les côtes de l'État romain, de recevoir à bord des réfugiés. Le Pape en fut ravi. Il disait *qu'il saurait en prouver sa reconnaissance à la république; qu'il se ferait écorcher et qu'il verserait son sang pour elle.* Les brigands ne trouvant plus d'asile ni de secours nulle part, Sixte parvint à les anéantir.

Il était bien éloigné de suivre ces mesures rigoureuses prises par Grégoire au profit de la Chambre apostolique. Après avoir puni les feudataires coupables, il chercha plutôt à attirer à lui et à gagner les autres barons. Il unit les deux grandes familles Colonna et Orsini par des mariages avec sa famille et entre elles. Grégoire avait enlevé des châteaux aux Colonna, Sixte régla lui-même l'étiquette de leur maison, et leur fit des avances[1]. Il donna à M. A. Colonna une de ses petites-nièces, et l'autre au duc Virginio Orsini. Une dot égale et des faveurs très-égales leur furent distribuées. Il accommoda leurs différends sur la préséance, en adjugeant toujours le pas aux aînés des deux familles. Donna Camilla, la sœur du Pape, présentait alors un spectacle imposant au milieu de ses enfants, entourée de gendres d'une si haute noblesse et de ses petites-filles mariées.

Sixte aimait surtout à accorder des priviléges.

Ce fut principalement envers la Marche qu'il se montra un compatriote bienveillant. Il rendit aux Anconi-

---

[1] *Dispaccio degli Amb. estraordinari* 19 Ott. 25 Nov. 1585.

tains quelques-uns de leurs anciens priviléges ; institua
à Macerata un tribunal suprême pour toute la province,
gratifia le collége des avocats de cette province de nouvelles concessions ; érigea Fermo en archevêché, et Tolentino en évêché ; érigea aussi le bourg de Montalto,
dans lequel ses ancêtres avaient d'abord fixé léur demeure, en ville et en évêché, par une bulle particulière : « car c'est à lui, dit-il, que notre famille doit
son heureuse origine. » Déjà, étant cardinal, il avait
fondé dans cette ville un collége : devenu Pape il institua près de l'université de Bologne le *collegium Montalto* pour cinquante élèves de la Marche, parmi lesquels
Montalto seul pouvait en présenter huit, et même le
petit bourg Grotte al Mare pouvait en envoyer deux.

Il résolut de faire de Lorette une ville. Fontana, son
architecte, lui en représentait les difficultés : « Ne te
mets pas en peine, Fontana, disait-il, il m'était plus
difficile de me décider à ce projet que de l'exécuter. »
On acheta une partie des terres ; des vallées furent com-
blées, des coteaux aplanis, on traça ensuite les rues :
chacune des communautés de la Marche fut encouragée
à y bâtir une maison ; le cardinal Gallo établit de nouveaux officiers municipaux dans la sainte chapelle. Par
cette fondation, le Papè satisfit à la fois son patriotisme
et sa dévotion envers la sainte Vierge.

Les autres villes des autres provinces attirèrent également son attention. Il créa des institutions pour arrêter
l'accroissement de leurs dettes et restreignit leurs aliénations et leurs gages : il fit examiner avec soin toutes
leurs affaires d'argent. A partir de ses ordonnances, date
le retour progressif de la prospérité des communes [1].

---

[1] Gualterius. « Ad ipsarum (universitatum) statum cognoscendum, corri-
« gendum, constituendum S. cameræ apostolicæ clericos misit. »

Partout il favorisa l'agriculture. Il chercha à dessé-
cher la Chiana d'Orvieto et les marais Pontins qu'il visita lui-même.

Il eût aimé aussi à relever l'industrie. Un certain
Pierre de Valencia, bourgeois romain, s'était offert
d'établir des manufactures de soie. L'ordonnance rendue par Sixte pour aider à cette entreprise caractérise
bien ce Pape. Il ordonna de planter des mûriers dans
tout l'État romain, dans tous les jardins et vignes, dans
toutes les prairies et les bois, dans toutes les vallées et
sur tous les coteaux où les blés ne venaient pas : il
décida qu'il devait y avoir cinq mûriers par chaque
rubbio de terre : dans le cas de négligence, il menaça les communes d'une amende considérable[1]. La
fabrication de la laine fut encore une industrie qu'il
voulut encourager : « Afin que les pauvres, disait-il,
trouvent quelque chose à gagner. » Il donna au premier
entrepreneur un secours pécuniaire de la Chambre ; il
devait en retour livrer un nombre déterminé de pièces
de drap.

On serait injuste envers les prédécesseurs de Sixte V,
si on voulait attribuer à lui seul des pensées de ce genre.
Pie V et Grégoire XIII favorisèrent aussi l'agriculture et
l'industrie. Ce qui distingua Sixte V, ce n'est pas d'avoir
pris une nouvelle route, mais plutôt d'avoir suivi avec
plus d'ardeur et d'énergie la route tracée. C'est précisément ce qui a mérité à son nom de rester si profondément gravé dans la mémoire des hommes.

Quand on dit qu'il a fondé les congrégations des cardinaux, il ne faut pas l'entendre dans un sens absolu.
Il trouva déjà instituées les sept congrégations les plus
importantes : celles pour l'Inquisition, l'index, les af-

[1] « Cum sicut accepimus. » 28 Maji 1586. Bull. Cocq., IV, 4, 218. Gualterius.

faires des conciles, celles des évêques, celles des moines
et celles pour la segnatura et la consulta. L'administration de l'État n'était pas non plus négligée dans ces
congrégations ; les deux dernières que nous venons de
nommer étaient consacrées à la justice et à l'administration. Sixte résolut d'en créer huit nouvelles, dont
deux seulement étaient destinées aux affaires de l'Église :
— l'une devait s'occuper de la fondation de nouveaux
évêchés, l'autre du maintien et du renouvellement des
rites de l'Église ; — les six autres étaient réservées pour
les affaires de l'État, pour l'Annona, la construction
des routes, l'abolition des impôts oppressifs, la construction des bâtiments de guerre, l'imprimerie du
Vatican, l'université de Rome. On voit combien le
Pape procéda peu systématiquement dans ces fondations, combien il associait des intérêts passagers avec
des intérêts généraux et permanents ; néanmoins, il
réussit complétement ; à quelques légers changements
près, ces institutions se sont maintenues pendant des
siècles.

Du reste, il voulait donner une haute idée des cardinaux eux-mêmes. Suivant lui, il fallait qu'ils fussent
des hommes distingués, que leurs mœurs fussent exemplaires, leurs paroles des oracles, leurs maximes la
règle de la vie et de la pensée de tous ; ils devaient apparaître comme *le sel de la terre, la lumière sur les
candélabres*[1]. Ne croyez pas cependant qu'il ait toujours
procédé très-consciencieusement dans ses choix. Il ne
savait alléguer pour celui de Gallo qu'il avait élevé au
cardinalat, aucun autre motif, si ce n'est qu'il était son
serviteur, qu'il avait plusieurs raisons pour éprouver de
la bienveillance à son égard, entre autres, il en avait

---

[1] Bulla : « Postquam verus ille. » 1586. 8 Dec. Bullar. M. iv, iv, 279.

été une fois très-bien reçu dans un voyage [1]. Mais il établit une règle qui plus tard fut presque toujours présente à la pensée des Papes, quoiqu'ils ne l'aient pas constamment suivie : le nombre des cardinaux fut fixé à soixante-dix : « de même que Moïse, dit-il, a choisi soixante-dix vieillards parmi tout le peuple, pour se consulter entre eux. »

. On a souvent aussi attribué à ce Pape la destruction du népotisme. Nous avons vu combien le favoritisme des neveux était déjà devenu insignifiant sous Pie IV, Pie V et Grégoire XIII. Si, sous ce rapport, un de ces pontifes mérite un éloge tout particulier, c'est Pie V, qui défendit expressément les aliénations des pays dépendants du domaine de l'Église. Comme nous l'avons dit, ce népotisme pratiqué dans les temps antérieurs avait été déjà aboli avant Sixte V. Mais avec les Papes du siècle suivant, il reparut sous une autre forme ; il y avait toujours deux neveux préférés, dont l'un élevé au cardinalat dirigeait l'administration suprême des affaires ecclésiastiques et politiques ; l'autre, laïc, richement marié, doté de biens-fonds, créait un majorat et fondait une maison princière. Si nous recherchons à quelle époque s'est introduite cette nouvelle forme du népotisme, nous trouvons qu'elle s'est développée insensiblement, mais qu'elle a commencé tout d'abord sous Sixte V. Le cardinal Montalto que le Pape aimait tendrement, à ce point qu'il modérait pour lui les emportements de sa violence naturelle, obtint entrée dans

---

[1] Quoique Sixte ne souffrît aucune contradiction, il en rencontra dans la prédication. Le jésuite François Tolet disait dans un sermon : « On pèche, quand on donne un emploi public à quelqu'un pour récompenser des services privés. » « Non perchè, continua-t-il, uno sia buon coppiere o scalco, gli « si commette senza nota d'imprudenza o un vescovato o un cardinalato. » Gallo avait été chef de cuisine. (*Memorie della vita di Sisto V.*)

la consulta et participation à la direction des affaires
étrangères : son frère, Michel, devint marquis et fonda
une riche maison.

On se tromperait cependant complétement si on pensait que Sixte a rétabli le régime du favoritisme des
neveux. Le marquis ne possédait aucune espèce d'influence, et celle du cardinal n'embrassait aucune affaire essentielle[1]. Une telle conduite eût été en contradiction avec la manière de voir et de sentir de ce Pape
dont les faveurs avaient un caractère d'abandon et de
familiarité, et lui servaient à donner des preuves de
bienveillance publique et privée : mais jamais il ne songea à quitter le gouvernail : toujours il régna par lui-
même. Quoique paraissant favoriser les réunions déli-
bératives des congrégations, provoquer de ceux qui
l'entouraient des avis ouverts et sincères, ce n'était jamais sans impatience et colère qu'il voyait quelqu'un
se servir de cette permission[2]. Toujours, à force d'obsti-
nation, il parvenait à exécuter sa volonté. « Auprès de
lui, dit Giov. Gritti, bien loin d'avoir une voix déli-
bérative, personne à peu près n'a même voix consulta-
tive[3]. » Au milieu de tous les témoignages de faveur,
soit pour les individus, soit pour les villes et les provinces, son administration conservait toujours un caractère absolu d'énergie, de sévérité, de despotisme ;
mais nulle part à un plus haut degré que dans les actes
de son administration financière.

[1] Bentivoglio, *Memorie*, p. 90. « Non aveva quasi alcuna partecipatione nel
« governo. »
[2] V. Gualterius.
[3] V. Gritti, *Relatione*.

§ VII. — Finances.

La famille Chigi, à Rome, conserve un petit agenda autographe du Pape Sixte V, qu'il avait tenu quand il était moine[1]. C'est avec un grand intérêt que l'on contemple ces pages où il a inscrit avec soin tout ce qui lui est arrivé d'important dans sa vie, les lieux où il a prêché pendant le carême, les commissions qu'il a reçues et exécutées, même la note des livres qu'il possédait, ceux qui étaient en feuilles et ceux qui étaient reliés, enfin tout son petit ménage de moine. On y lit par exemple : que son beau-frère Baptiste a acheté pour lui douze brebis ; que lui, le Frère, a payé d'abord à compte douze, ensuite deux florins de Florence, vingt bolognins, de sorte que les brebis étaient sa propriété : le beau-frère les gardait chez lui, pour la moitié du revenu, selon la coutume de Montalto. L'agenda est annoté tout entier de la même manière. On y voit comme il consultait ses petites économies, avec quel soin il en tenait compte, comment ensuite les sommes s'accrurent insensiblement jusqu'à quelques centaines de florins de Florence : cette lecture attache vivement. Ce sont les mêmes principes économiques qui, peu de temps après, ont été appliqués par ce franciscain à l'administration de l'État du Pape. Son économie est une qualité dont il se vante dans chaque bulle, toutes les fois que l'occasion le permet, et dans beaucoup d'inscriptions. Dans le fait, aucun Pape, ni avant, ni après lui, n'a administré avec un semblable succès.

Lors de son avénement au trône, il trouva un épuisement complet des finances : il se plaignit amèrement

---

[1] *Memorie autografe di Papa Sisto V.*

du Pape Grégoire qui avait mangé une bonne partie des revenus des Pontificats de son prédécesseur et de son successeur[1]. Il en conçut une si mauvaise idée de ce Pape, qu'il ordonna un jour des messes pour son âme, parce qu'il l'avait vu en songe souffrant dans le purgatoire.

Il en prit d'autant plus de soin à remplir les caisses, et il y réussit au delà de toute attente. Après une année accomplie de son Pontificat, en avril 1586, il avait déjà amassé un million de scudi en or; en novembre 1587, un second million; en avril 1588, un troisième million; ce qui fait en argent plus de quatre millions et demi de scudi. Aussitôt qu'il avait recueilli un million, il le déposait au château Saint-Ange, en le consacrant à la sainte Vierge Marie, mère de Dieu, et aux saints apôtres Pierre et Paul. « Il a les yeux fixés non-seulement sur les vagues, dit-il dans sa bulle, au-dessus desquelles flotte la barque de Pierre, mais aussi sur les tempêtes qui la menacent de loin; la haine des hérétiques est implacable, le Turc, redoutable Assur, la verge de la colère de Dieu, est toujours prêt à se précipiter sur les fidèles; Dieu, sur lequel reposait sa confiance, lui a encore appris que le père de famille doit aussi veiller pendant la nuit. Il suit l'exemple des Pères de l'Ancien Testament qui avaient toujours une forte somme d'argent en réserve dans le temple du Seigneur. » Il détermina, comme on sait, les circonstances seules dans lesquelles il doit être permis de toucher à ce trésor. Ces circonstances sont les suivantes : — si on entreprend une guerre pour la conquête de la Terre-Sainte ou une expédition générale contre les Turcs; —s'il sur-

---

[1] *Vita e successi del Cl. di Santa-Severina.* **Ms. Bibl. Alb.**

vient une famine ou la peste ; — dans un danger manifeste de perdre une province de la chrétienté catholique; — lors d'une invasion ennemie dans l'État de
l'Église ; — ou si une ville qui appartient au Siége romain peut être reconquise. Il engagea ses successeurs ,
sous peine de la colère du Dieu tout-puissant et des
saints apôtres Pierre et Paul, de s'astreindre à cette obligation [1].

Abandonnant pour un instant la valeur de ces déter-
minations , nous demanderons quels furent les moyens
employés par Sixte pour ramasser un trésor aussi prodigieux à cette époque.

Il ne provenait pas du revenu net ; Sixte lui-même a
dit souvent que le Siége papal n'avait pas un revenu net
dépassant 300,000 scudi [2].

C'est pourquoi il ne faut pas se presser d'attribuer à
ses économies l'origine de tant de richesses. Sans aucun doute , il a fait beaucoup d'économies : il payait
les frais de sa table avec six paoli par jour; il abolit à
la cour un grand nombre d'emplois inutiles ; il réduisit
l'effectif des troupes ; nous avons non-seulement le témoignage du Vénitien Delfino, que toutes ces réduc-
tions n'ont diminué les dépenses de la Chambre que
d'environ 150,000 scudi, Sixte lui-même a évalué un
jour les décharges dont la Chambre lui était redevable ,
à 146,000 scudi [3].

Et de cette manière, avec toutes ses économies, le
revenu net ne s'éleva cependant pour lui, d'après ses
propres déclarations , qu'à trois cent cinquante mille

[1] *Ad clavum* **21** *April* 1586. Coq., IV, IV, 206.
[2] *Dispaccio Gritti* , 1586, 7 *Giugno*. Le Pape blâme Henri III, de ce qu'avec
14 millions de revenus il ne faisait point d'économies.
[3] *Dispaccio Badoer*, 2 *Giugno* 1589.

scudi ; ce qui lui suffisait à peine pour les frais des
constructions, et bien moins encore pour amasser un
trésor aussi colossal.

Nous avons examiné précédemment l'administration
financière telle qu'elle avait été établie dans l'État romain : cette augmentation des impôts et des charges,
sans que le revenu net fût lui-même augmenté, cette
multiplicité des emprunts par la vente des emplois et
par les monti, les charges croissantes de l'État, pour
subvenir aux besoins de l'Église : on voit quels embarras étaient attachés à cette administration, et quand on
connaît les éloges qui furent si abondamment distribués
à Sixte, on doit croire qu'il a su remédier au mal.
Quelle surprise n'éprouve-t-on pas quand on trouve qu'il
a suivi précisément la même route et fixé l'organisation
de cette administration financière d'une telle manière
qu'il n'était plus jamais possible d'en arrêter les progrès désordonnés.

La vente des emplois était une de ses principales ressources. Il commença par hausser les prix de plusieurs
de ceux qui avaient déjà été vendus. Prenons pour
exemple celui de trésorier de la Chambre. Jusqu'à cette
époque, il avait été aliéné pour 15,000 scudi ; il le vendit d'abord à un nommé Justiniani pour 50,000 scudi :
après avoir élevé celui-ci au cardinalat, il vendit sa
charge à un nommé Pepoli pour 72,000 scudi ; ayant
encore donné la pourpre à celui-ci, il ôta la moitié,
5,000 scudi des revenus de cette place, pour les assi-
gner à un *monte,* et quoique les revenus fussent diminués de moitié, il vendit encore cet emploi 50,000
scudi d'or. — Une de ses autres ressources fut de vendre
souvent pour des sommes considérables des emplois que
précédemment on avait toujours donnés pour rien : les

notariats, les fiscalats, les places de commissaire-général, de solliciteur de la Chambre, d'avocat des pauvres : le commissariat général pour 20,000 scudi, les notariats pour 30,000 scudi. — Enfin, il institua une foule de nouvelles fonctions dont plusieurs très-importantes : celles de trésorier de la daterie, de la préfecture, des prisons, 24 référendariats, 200 cavaliérats, des notariats dans les principales localités de l'État : il vendit tous ces emplois.

Il recueillit, sans aucun doute, avec ce système, des sommes très-considérables : la vente des emplois lui a rapporté 608,510 scudi d'or, 401,805 scudi d'argent, par conséquent en tout, environ un million et demi de scudi [1]. La vénalité des places était déjà un mal ; comme nous l'avons expliqué, l'emprunt avec lequel elles avaient été créées donnait des droits d'administration, droits que l'on faisait valoir très-rigoureusement contre ceux qui étaient obligés de payer, sans se soucier des devoirs imposés par ces fonctions. Ce mal ne fit qu'augmenter. C'est précisément cette vénalité qui faisait regarder l'emploi comme une propriété donnant des droits et non comme un devoir imposant des obligations.

En outre, Sixte V accrut extraordinairement les *monti*. Il établit trois *monti non vacabili* et huit *monti vacabili*, c'était plus qu'aucun de ses prédécesseurs.

Nous avons vu que de nouveaux impôts devaient toujours être assignés à la création de nouveaux *monti*. Sixte V aussi ne trouva point d'autre moyen, quoique dans le commencement il l'eût en horreur. Lorsqu'il parla, pour la première fois, dans le consistoire des

[1] Évaluation d'un Ms. détaillé sur les finances romaines sous Clément VIII. (Bibliot. Barberina à Rome.)

cardinaux, de l'établissement d'un trésor, le cardinal
Farnèse lui répondit que son grand-père Paul III se l'était
aussi proposé, et cependant il avait compris que cela ne
serait pas possible sans une augmentation des impôts,
c'est pourquoi il s'en était abstenu. Sixte rudoya vivement le cardinal. Cette déclaration, qu'un Pape précédent avait été plus sage, l'irrita. « Cela venait, répondit-
il, de ce que sous Paul III il y avait quelques grands
gaspilleurs, dont, Dieu merci, il n'y a plus de trace
sous notre règne. » Farnèse rougit et se tut[1]. Il fut fait
comme le Pape l'avait dit. En l'année 1587, Sixte V ne
conservait plus de ménagements. Il chargea de nouveaux impôts la profession la plus pénible, celle de ces
hommes qui remontent les bateaux du Tibre en amont,
avec des buffles ou des chevaux; et de plus, les vivres
les plus indispensables, le bois à brûler, la *foglietta* de
vin dans le commerce de détail, et sur ces taxes il fonda
sans délai des *monti*. Il altéra les monnaies, et comme il
s'établit immédiatement un petit commerce de change
à tous les coins de rue, il en profita aussi pour vendre
le droit de faire ce commerce[2]. Quoiqu'il favorisât
beaucoup la Marche, il chargea néanmoins le commerce
d'Ancône de nouveaux droits de deux pour cent sur
l'importation. L'industrie à peine naissante devait lui
produire au moins un bénéfice indirect. Il avait à sa
disposition un juif portugais nommé Lopez, qui s'était
sauvé du Portugal par crainte de l'Inquisition, et qui
ayant gagné la confiance du dataire, de la signora Camilla, et enfin celle du Pape lui-même, lui donna
l'idée de ces opérations et de bien d'autres semblables.

---

[1] *Memorie del Pontificato di Sisto V.*

[2] On obtenait pour un vieux giulio outre dix bajocchi frappés par Sixte V,
encore un agio de quatre à six quatrins.

Après avoir brusqué Farnèse, comme nous l'avons vu, aucun cardinal n'osa plus le contredire. Lorsqu'il fut question de l'impôt sur le vin, Albano de Bergamo dit : « J'approuve tout ce qui plaît à Votre Sainteté, cependant je l'approuverais encore davantage, si cet impôt lui déplaisait. »

Et c'est ainsi que Sixte vint à bout de se faire un si grand nombre de nouveaux revenus, qu'il put contracter sur les *monti* un emprunt de 2,424,725 scudi et en servir les intérêts.

Convenons que cette économie politique a quelque chose d'incompréhensible.

De nouvelles charges et sans doute des charges très-lourdes sont imposées au pays par les nouveaux impôts et par la création de tant de fonctions vénales ; ces fonctions ont pour revenus des droits casuels et des épingles, ce qui ne peut manquer de suspendre et de corrompre le cours de la justice et de l'administration : les impôts pèsent sur le commerce en gros et en détail, et doivent nuire à son activité ; et à quoi sert enfin leur produit ?

Si nous additionnons ce que les *monti* et les emplois ont rapporté en tout, cela se monte à environ la même somme qui fut déposée dans le château Saint-Ange, quatre millions et demi de scudi. Le Pape aurait pu exécuter avec le produit de ses économies toutes les entreprises qui l'ont rendu célèbre.

On conçoit qu'on ramasse et qu'on économise des excédants de revenus ; il est dans la règle de faire un emprunt pour subvenir à un besoin du moment ; mais il est très-extraordinaire qu'on fasse un emprunt et qu'on impose des charges, pour enfermer dans une citadelle un trésor destiné à des nécessités futures.

C'est cependant ce que le monde a toujours le plus admiré dans le Pape Sixte V.

Il est vrai, les mesures de Grégoire XIII avaient quelque chose d'odieux, de violent et un caractère de réaction très-pernicieuse. Néanmoins je pencherais à croire que, s'il était parvenu à enrichir la caisse papale de manière à la dispenser, pour l'avenir, de recourir à de nouveaux impôts et à des emprunts, ce résultat eût produit les effets les plus avantageux, l'État de l'Église eût pris peut-être le plus heureux développement.

Mais Grégoire manqua, surtout dans ses dernières années, de la force nécessaire pour réaliser ses projets.

C'est précisément par cette force d'exécution que se distingua Sixte V. Sa thésaurisation par des emprunts, par la vente des emplois et par de nouveaux impôts, accumula charges sur charges : nous en constaterons les conséquences : mais comme il réussit, ce succès éblouit le monde, et donna pour le moment à la Papauté une nouvelle importance.

Au milieu des États qui, pour la plupart, manquaient d'argent, les Papes obtinrent par la possession d'un trésor une plus grande confiance en eux-mêmes, et chez les autres une considération à laquelle ils n'étaient plus habitués.

Dans le fait, cette administration particulière de l'État romain faisait essentiellement partie, à cette époque, du système catholique.

En mettant toutes les forces financières de l'État dans les mains du chef de l'Église, elle le rendait exclusivement l'organe absolu du pouvoir spirituel [*].

Car, à quel autre usage cet argent pouvait-il être em-

---

[*] Voir la note n° 3.

ployé, si ce n'est à la défense et à la diffusion de la foi catholique ?

Sixte V était plein d'ardeur pour les projets qui tendaient à ce but. Quelquefois ces projets concernaient l'Orient et les Turcs, plus souvent l'Occident et les protestants. Une guerre éclata entre les deux systèmes protestant et catholique. Elle sera le sujet du livre suivant. Arrêtons-nous encore un moment dans cette Rome qui savait exercer de nouveau une influence si universelle sur le monde.

§ VIII. — Constructions de Sixte V.

C'était la troisième fois que Rome apparaissait par sa majesté extérieure comme la capitale du monde.

On connaît la magnificence et la grandeur de l'ancienne Rome : on a cherché à se la représenter par les ruines et les descriptions des écrivains.

La Rome du moyen âge aussi se montra imposante par la beauté de ses basiliques, par la solennité du service divin célébré dans ses catacombes, par ces églises patriarcales au milieu desquelles étaient conservés les monuments les plus antiques du christianisme, par le palais impérial qui appartenait aux souverains allemands, par ses forteresses que des familles indépendantes avaient fait fièrement élever, comme pour braver toutes les autres puissances.

Pendant le séjour des Papes à Avignon, cette Rome du moyen âge s'écroula aussi et vint confondre ses ruines avec les débris amoncelés de la Rome païenne.

Lorsque Eugène IV rentra à Rome, en 1443, cette grande cité était devenue une ville de vachers ; les habitants ne se distinguaient pas des paysans et des pâtres de la campagne. Depuis longtemps les collines étaient abandonnées : la population s'était portée dans la plaine, suivant les sinuosités du Tibre ; les rues étroites, sans pavés, étaient rendues encore plus obscures par des balcons et des arcs-boutants qui étayaient les maisons les unes contre les autres ; on voyait le bétail errer çà et là, comme dans les villages. Depuis Saint-Sylvestre jusqu'à la porte del Popolo il n'y avait que des jardins et des marais : on y chassait aux canards sauvages. Tout souvenir de l'antiquité avait à peu près disparu. Le Capitole était devenu le mont des chèvres, le Forum Romanum le champ des vaches ; on rattachait les traditions les plus étranges à quelques monuments qui survivaient encore. L'église de Saint-Pierre était menacée de s'écrouler.

Lorsqu'enfin Nicolas, parvenu à replacer toute la chrétienté sous son obéissance, eut acquis d'immenses richesses par les contributions des pèlerins accourus en foule immense au jubilé, il conçut la pensée d'orner Rome de pompeux édifices, de manière que chacun, à son aspect, devait être convaincu que c'était la capitale du monde.

Mais ce travail ne pouvait être l'ouvrage d'un seul homme. Tous les Papes y ont coopéré, pendant des siècles.

Je ne veux point détailler ici tous les travaux consignés dans leurs biographies. Les règnes de Jules II et de notre Sixte V furent les plus importants, tant par leur résultat que par leur contraste.

Sous Jules II, la ville basse, située et développée sur les bords du Tibre, fut entièrement renouvelée. Après que Sixte IV eut lié les deux rives du fleuve par ce pont si simple et si solide de *Travertino* qui porte encore

son nom, on bâtit sur les deux côtés avec la plus grande
ardeur. Au delà du fleuve, Jules II ne se contenta pas
d'élever l'église de Saint-Pierre qui, sous son règne,
fut poussée à une si grande hauteur; il reconstruisit
aussi le Vatican, fonda, entre son ancien emplacement
et la maison de campagne d'Innocent VIII, le Belvedère,
les Loges, une des plus belles créations que l'on ait vues.
Ses cousins, les Riari, et son trésorier Augustin Chigi,
rivalisaient à qui bâtirait le plus beau palais. Chigi remporta sans aucun doute le prix; son palais fut celui de
la *Farnesina,* si admirable déjà par sa beauté architec-
turale, mais incomparablement orné par la main de
Raphaël. En deçà du fleuve, nous devons à Jules II l'a-
chèvement de la *Cancellaria* avec son *Cortile* aux proportions les plus hardies et les plus pures. Ses cardinaux
et ses barons luttaient avec lui de goût et de splendeur:
Farnèse, dont le palais a mérité par le caractère grandiose de son entrée d'être appelé le plus parfait des palais de Rome; François de Rio, qui disait du sien qu'il
subsisterait jusqu'à ce que la tortue eût fait le tour du
monde. La maison de Médicis était remplie de tous les
trésors de la littérature et des arts; les Orsini aussi or-
naient de statues et de sculptures leur palais, à l'extérieur et à l'intérieur [1]. L'étranger ne consacre pas toujours l'attention qu'ils méritent aux monuments de cette
belle époque qui rivalisait si hardiment avec l'antiquité,
monuments répandus autour de Campofiore et de la
place Farnese. Dans ce siècle, quelle émulation! que de
génie! quelle efflorescence de l'esprit humain et quel
bien-être général! La population augmentant, on construisit des habitations sur le *Campo Marzo,* autour du

---

[1] *Opusculum de mirabilibus novæ et veteris urbis Romæ editum a Francisco Albertino,* 1515, particulièrement dans la seconde partie, *de nova urbe.*

mausolée d'Auguste. Cette direction se développa encore davantage sous Léon X, et Jules II fit tracer au delà du fleuve, vis-à-vis la Lungara, la *Strada Julia*. On voit encore l'inscription par laquelle les conservateurs le louent d'avoir tracé et ouvert de nouvelles rues *conformes à la majesté de la souveraine domination nouvellement reconquise.*

La population diminua de nouveau par la peste et par le sac de Rome : les troubles du règne de Paul IV causèrent encore de grands dommages à la ville : elle ne se releva que plus tard, avec l'accroissement des habitants, par suite du retour de la soumission du monde catholique.

Pie IV songeait déjà à faire construire de nouveau sur les collines abandonnées. Il fonda le palais des conservateurs sur le Capitolin : sur le Viminal, Michel-Ange éleva l'église de Santa-Maria degli Angeli avec les débris des thermes de Dioclétien : la Porta Pia sur le Quirinal garde encore aujourd'hui le portrait de ce Pape [1]. Grégoire XIII y fit aussi des constructions.

Mais nécessairement tous ces travaux restaient inutiles, tant que les collines étaient privées d'eau.

Voilà surtout quelle fut la gloire de Sixte V et ce qui l'a rendu le plus célèbre entre tous les autres Papes : c'est qu'il prit la résolution de rivaliser avec les anciens Césars et d'amener dans des aqueducs colossaux l'eau dont la ville avait besoin. Il le fit, comme il le dit lui-même, « afin que ces collines glorifiées dans les antiques siècles chrétiens par les basiliques sacrées , enchantées par un air salubre, par un site riant et une

---

[1] Luigi Contarini, *Antichità di Roma*, p. 76, vante surtout les efforts de Pie IV. « S'egli vivera ancora 4 anni, Roma sarebbe d'edificii un altra « Roma. »

vue agréable, puissent être habitées de nouveau. C'est pourquoi, ajoute-t-il, nous ne nous sommes laissé décourager par aucunes difficultés, par aucunes dépenses.» En effet, il disait, dès le début de ces immenses travaux, aux architectes, qu'il voulait un ouvrage comparable à l'ancienne magnificence de la Rome des Césars. Il amena l'*Aqua Martia* à Rome, d'une distance de vingt-deux milles, depuis l'*Agro Colonna*, en partie sous terre, en partie sur des aqueducs. Il y avait d'énormes obstacles à vaincre. Mais enfin, le Pape vit avec une grande satisfaction un filet de cette eau arriver et se répandre jusque dans sa *vigna;* il la conduisit plus loin, à Santa-Suzanna sur le Quirinal : il la nomma, d'après son propre nom, *Aqua Felice,* et fit représenter, sur la fontaine, avec un sentiment exalté de son génie, Moïse faisant couler d'un coup de baguette l'eau du rocher [1].

Cette création était d'un immense avantage pour cette contrée et pour toute la ville. L'*Aqua Felice* donne en vingt-quatre heures 20,537 mètres cubes d'eau et entretient vingt-sept fontaines.

On commença en effet à construire de nouveau sur les hauteurs. Sixte y encouragea par des priviléges particuliers. Il aplanit le sol près de Trinità de' Monti, et posa près de la place d'Espagne les fondements de l'escalier qui forme la communication la plus rapprochée, pour passer de la ville basse à cette hauteur [2]. Il établit

---

[1] Nous avons quelques « Stanze all' aqua felice di Roma » du Tasse (Rime II, 311), « l'eau coule d'abord dans un sentier obscur et s'élève ensuite joyeusement vers la lumière du soleil pour contempler Rome, telle qu'Auguste la vit. »

[2] Gualterius : « Ut viam a frequentioribus urbis locis per Pincium collem « ad Exquilias commode strueret. Pincium ipsum collem ante sanctissimæ Tri-« nitatis templum humiliorem fecit et carpentis rhedisque pervium reddidit « scalasque ad templum illud ab utroque portæ latere commodas per pulchras-« que admodum exstruxit, e quibus jucundissimus in totam urbem prospec-« tus est. »

la via Felice et le borgo Felice, ouvrit de tous côtés les
rues qui conduisent encore aujourd'hui à Santa-Maria-
Maggiore, et il avait de plus le dessein d'unir toutes les
basiliques de Rome par de larges et grandes rues. Les
poëtes dans leurs éloges disaient que Rome se doublait,
pour ainsi dire, et cherchait à occuper de nouveau
ses antiques demeures.

Cependant ce n'est pas seulement par ces admirables
travaux de reconstruction que Sixte V se distingua des
Papes antérieurs. Il conçut en même temps des projets
directement opposés à ceux de ses prédécesseurs.

Sous Léon X, on contemplait avec une sorte de religion les ruines de l'ancienne Rome, au milieu desquelles on admirait avec ravissement l'étincelle divine
du génie de l'antiquité : quel soin ce Pape n'avait-il pas
de la conservation de ces ruines, « de ce qui seul était
encore resté de l'ancienne mère de la gloire et de la
grandeur de l'Italie [1] ! »

Sixte V était très-éloigné de cet esprit. Ce moine franciscain n'avait pas de sens pour la beauté des restes de
l'antiquité. Le temple de Sévère, un ouvrage extrêmement remarquable, qui s'était conservé jusqu'à cette
époque, à travers tous les orages de tant de siècles, ne
trouva point grâce devant ses yeux. Il le détruisit de
fond en comble et en fit porter quelques colonnes à
l'église de Saint-Pierre [2]. Il était aussi violent à détruire
qu'ardent à construire. Chacun craignait de le voir passer toutes les bornes. Écoutez ce que raconte le cardinal
Santa Severina : « Lorsqu'on vit, dit-il, que le Pape

---

[1] Passages de la lettre connue de Castiglione à Léon X, *Lettere di Castiglione*, Padova, 1796, p. 149.

[2] Gualterius : « Præcipue Severi Septizonii quod incredibili Romanorum
« dolori demoliendum curavit columnis marmoribusque usus est passimque per
« urbem caveæ videbantur unde lapides omnis generis effodiebantur. »

était absolument décidé à détruire les antiquités romaines, une foule de gentilshommes romains vinrent un jour chez moi, et me prièrent d'employer tous mes efforts à détourner Sa Sainteté d'une pensée aussi extravagante. » Ils s'adressèrent au cardinal que l'on pouvait regarder alors comme le plus zélé partisan de l'austérité religieuse. Le cardinal Colonna se joignit à lui. Le Pape leur répondit, *qu'il voulait enlever seulement les antiquités laides et restaurer celles qui avaient besoin d'être restaurées.* Songez à ce qui pouvait lui paraître laid. Il avait, entre autres, le projet d'anéantir le tombeau de Cæcilia Metella, déjà l'unique débris important des temps de la république, un monument admirable, sublime. Combien de choses peuvent avoir été détruites sous son règne!

A peine s'il pouvait tolérer au Vatican le Laocoon et l'Apollon du Belvédère. Il ne voulut pas souffrir au Capitole les statues antiques qui y avaient été placées par les bourgeois de Rome. Il déclara qu'il démolirait le Capitole, si on ne les enlevait pas. Ces statues étaient un Jupiter tonnant entre Minerve et Apollon. On fut forcé en effet d'éloigner deux de ces statues : Minerve seule fut laissée. Mais Sixte exigeait qu'elle représentât Rome et même Rome chrétienne. Il lui arracha la lance qu'elle portait et lui mit en main une croix énorme[1].

C'est dans cet esprit qu'il restaura les colonnes de Trajan et d'Antonin; il fit enlever de la première l'urne qui renfermait, comme on le disait, les cendres de l'empereur; il consacra cette colonne à l'apôtre saint Pierre, et l'autre à l'apôtre saint Paul : leurs statues sont,

---

[1] Passages de la *Vita Sixti V, ipsius manu emendata,* imprimé dans la d's-cription de Rome, par Bunsen, t. i, p. 702.

depuis cette époque, placées l'une vis-à-vis de l'autre, à cette grande hauteur, planant au-dessus des habitations des hommes. Il croyait par là faire triompher la foi chrétienne sur le paganisme [1].

L'érection de l'obélisque devant l'église de Saint-Pierre lui tenait si fortement à cœur, précisément parce qu'il désirait voir les monuments de l'impiété soumis à la *Croix*, à la même place où autrefois les chrétiens avaient été obligés de souffrir la mort de la *Croix* [2].

En effet, c'était une entreprise gigantesque, mais qu'il exécuta tout à fait à sa manière, avec un singulier mélange de violence, de grandeur, de pompe et de zèle fanatique.

L'architecte, Domenico Fontana, qui sous ses yeux, de simple compagnon maçon, était parvenu par son travail à devenir un des premiers artistes de Rome, fut menacé de sévères châtiments, s'il ne réussissait pas à enlever l'obélisque sans l'endommager. Cette entreprise présentait d'énormes difficultés ; il fallait arracher le monolithe de la base sur laquelle il reposait, près de la sacristie de l'ancienne église Saint-Pierre, le descendre, le conduire sur une autre place et l'y ériger de nouveau.

On se mit à l'œuvre avec la conviction qu'on allait exécuter un ouvrage qui serait célèbre dans tous les siècles. Les ouvriers, au nombre de 900, commencèrent par entendre la messe, par se confesser et recevoir la communion. Alors ils entrèrent dans la clôture qui avait

---

[1] J. P. Maffei, *Historiarum ab excessu Gregorii XIII*, lib. I, p. 5, entre autres, l'envisage ainsi.

[2] Sixti V, *i. m. e.* : « Ut ubi grassatum olim suppliciis in Christianos et pas-« sim fixæ cruces, in quas innoxia natio sublata teterrimis cruciatibus necare-« tur ibi supposita cruci et in crucis versa honorem cultumque ipsa impietatis « monumenta cernerentur. »

été établie pour les manœuvres. L'architecte, Domenico Fontana, occupait un siége élevé, du haut duquel il dominait et dirigeait tous les travaux. L'obélisque était revêtu de paillassons et de madriers, entourés par de solides anneaux de fer : trente-cinq cabestans devaient mettre en mouvement l'énorme machine destinée à soulever le monolithe avec de forts câbles de chanvre : à chaque cabestan travaillaient deux chevaux et dix hommes. Enfin une trompette donna le signal. La première secousse réussit aussitôt parfaitement : l'obélisque se souleva de la base sur laquelle il reposait depuis 1500 ans : au douzième coup il était dressé et maintenu à 2 3/4 de palmes : l'architecte vit cette masse énorme, pesant avec son revêtement plus d'un million de livres romaines, en son pouvoir. On a remarqué avec soin que c'était le 30 avril 1586, vers trois heures après midi, vers la vingtième heure. Du château Saint-Ange on donna des signaux de joie : on sonna toutes les cloches de la ville. Les ouvriers portèrent l'architecte en triomphe autour de la clôture, ne cessant de crier : Vivat !

Sept jours après, on descendit l'obélisque avec la même habileté : il fut conduit ensuite sur des rouleaux à sa nouvelle place. C'est seulement après la fin des mois de chaleur qu'on osa procéder à son érection définitive.

Le Pape choisit pour cette entreprise le 10 septembre, un mercredi, jour qu'il croyait lui avoir constamment porté bonheur, le mercredi le plus rapproché avant la fête de l'Exaltation de la Croix, à laquelle l'obélisque devait être dédié. Cette fois encore les ouvriers, commençant leur travail par se recommander à Dieu, tombèrent à genoux lorsqu'ils entrèrent dans la clôture. Fontana avait pris ses dispositions, non sans avoir con-

sulté la manière dont Ammien-Marcellin décrit la dernière érection qui fut faite d'un obélisque : il employa
une force de cent quarante chevaux. Le peuple romain
regarda comme une faveur particulière que le ciel fût
resté couvert pendant ce jour. Tout réussit à souhait.
L'obélisque fut mis en mouvement en trois grandes secousses : une heure avant le coucher du soleil il s'abaissa
sur son piédestal, sur le dos de quatre lions de bronze
qui paraissent le porter. Il est impossible de décrire la
joie que manifesta le peuple ; le Pape éprouvait la satisfaction la plus complète : ce qui avait été tenté en vain
par un grand nombre de ses prédécesseurs, et demandé
par tant d'écrivains, lui seul était parvenu à l'exécuter.
Il fit mentionner dans son Diarium que l'œuvre la plus
grande et la plus difficile qui eût pu être imaginée par
l'esprit humain lui avait réussi ; il fit frapper à la mémoire de cet événement plusieurs médailles ; il en donna
connaissance à toutes les puissances étrangères, des
poëmes dans toutes les langues lui furent adressés [1]. Il
fit graver une inscription dans laquelle il se vante d'a-
voir enlevé ce monument aux empereurs Auguste et
Tibère et de l'avoir dédié à la sainte Croix ; l'obélisque
fut surmonté d'une croix dans laquelle était renfermé
un morceau de la *prétendue* vraie Croix [*]. Ce fait exprime
bien quels étaient les sentiments de ce Pape. Les monuments du paganisme eux-mêmes devaient servir à la
glorification de la Croix.

Il se consacra de toute son âme et avec bonheur à ses
constructions. Quoiqu'il eût été un pâtre élevé dans les

---

[1] Les *Dispacci* de Gritti des 3, 10 Maggio, 12 Julio, 11 Ottobre parlent de
cette érection. La *Vita Sixti ipsius manu emendata* peint bien l'impression
qu'elle produisit.

[*] Voir la note nº 4.

jardins et les champs, il aimait les villes : il ne voulait pas entendre parler d'une *villeggiatura* : il disait « que sa distraction était de voir beaucoup de toits. »

Plusieurs milliers de mains étaient continuellement occupées : nulle difficulté ne le rebutait.

La coupole de Saint-Pierre n'était toujours pas terminée, et les architectes demandaient dix ans pour l'achever. Sixte s'empressa de donner pour cette œuvre une grande partie de ses trésors, il voulait avant de mourir se donner la joie de contempler l'achèvement de cet ouvrage. Il employa six cents ouvriers travaillant jour et nuit : le vingt-deuxième mois, la coupole planait dans l'immensité des airs; seulement il mourut avant que la toiture en plomb fût posée.

Dans l'exécution des travaux de ce genre il ne mettait point non plus de bornes à sa violence. Il fit renverser sans pitié les débris du *Patriarchium* papal situés près du Latran, débris extraordinairement remarquables et vénérables par leur antiquité et le caractère de leur architecture, pour faire élever à leur place son palais de Latran, qui n'avait aucune utilité essentielle et qui était tout à fait dans le goût de régularité uniforme de l'architecture moderne.

Combien était changé l'esprit dans lequel avait été considérée l'antiquité! A cette époque comme précédemment on rivalisait avec elle; mais autrefois on cherchait à l'égaler dans la beauté de la forme, aujourd'hui on voulait la surpasser par la grandeur et l'étendue des masses achitecturales. Antérieurement, on vénérait dans le plus petit monument la trace du génie antique; maintenant on se plaisait à en détruire tout vestige. Une idée exclusive dominait alors, on ne voulait reconnaître à aucune autre le droit de s'associer à elle; c'est

cette même idée qui, nous l'avons vu, est parvenue à
conquérir la souveraineté absolue de l'Église, qui a
réussi à faire de l'État un instrument de l'Église. Cette
idée du catholicisme moderne, elle a pénétré dans
toutes les sphères diverses de l'activité intellectuelle,
dans toutes les veines du monde chrétien *.

§ IX. — Observations sur le changement opéré dans la direction spirituelle.

Il serait faux de croire que le Pape seul eût été dominé
par cet esprit que nous venons de signaler. Il se manifesta au contraire dans toutes les directions humaines
de l'époque, en opposition avec celui qui agissait au
commencement de ce siècle.

Ainsi, par exemple, l'étude des anciens, qui avait
été le point de départ de toute science et de toute littérature, fut infiniment négligée, et lorsque parut à
Rome un Alde Manuce et qu'il devint professeur d'élo-
quence, il ne se trouva d'amateurs ni pour son grec ni
pour son latin. On le voyait, aux heures de ses leçons,
se promener devant le portail de l'Université avec le
petit nombre d'auditeurs qui prenaient encore quelque
intérêt à ce genre d'études. Et après l'incroyable succès
qu'avait eu l'étude du grec au commencement de ce
siècle, on ne peut plus trouver, dans ses dernières années, un seul helléniste célèbre dans toute l'Italie.

Je ne prétends pas dire que cette réaction soit une
décadence, car, sous certains rapports, elle tenait au
progrès nécessaire du développement scientifique.

En effet, si, antérieurement, on puisait la science
chez les anciens, à l'époque actuelle il n'en pouvait plus

* Voir la note n° 5.

être ainsi. D'un côté la matière des études s'était immensément étendue. Quelle masse de connaissances dans l'histoire naturelle venait de recueillir, par exemple, Ulysse Aldrovandi, par les efforts incessants d'une longue vie consacrée à des voyages dans lesquels il avait amassé plus de faits et de découvertes qu'aucun ancien n'en avait jamais pu posséder. Son but était d'avoir dans son musée la collection la plus complète possible; tout ce qui lui manquait en histoire naturelle, il le remplaçait par la peinture, et il avait grand soin que chaque objet reçût sa description détaillée. Combien aussi la géographie s'était étendue au delà des vieilles notions du monde ancien! D'un autre côté, on commença également à se livrer à des études plus profondes. Les mathématiciens n'avaient encore cherché qu'à remplir les lacunes laissées par les anciens. Commandin, par exemple, croyait qu'Archimède avait lu ou même composé quelque traité sur le centre de gravité, travail perdu pour la science; il se mit donc à faire lui-même des recherches sur cet objet; par là même on fut conduit bien plus loin, on se détacha des anciens au moment où encore on se laissait guider par eux. Des découvertes furent faites hors du cercle décrit par eux, découvertes qui ouvrirent de nouvelles et plus larges routes à des études ultérieures.

Ces études furent spécialement dirigées vers la connaissance de la nature. Effrayé de ses nombreux secrets, on balança un instant encore entre l'habitude d'admettre et de respecter ses mystères, et la pensée nouvelle qui poussait courageusement à les dévoiler. Cette dernière pensée l'emporta. Des tentatives déjà avaient été faites pour diviser rationnellement le règne végétal; à Padoue vivait un professeur qu'on nommait le *Colomb du corps humain.* De tous côtés, on s'efforça d'aller plus loin, et l'antiquité ne fut plus dépositaire absolue de la science ; il s'ensuivit, si je ne me trompe, que l'étude des anciens, à laquelle on n'osait plus se livrer sous le rapport du fond, avec un abandon si complet, ne pouvait pas satisfaire davantage sous le rapport de la forme, telle qu'elle avait été précédemment comprise.

On commença à vouloir surtout entasser des faits dans les ouvrages scientifiques. Vers les premières années du siècle, Cortesius fit passer dans un ouvrage classique écrit avec pureté, plein d'esprit et de raison, l'essence de la philosophie scolastique, malgré le peu de flexibilité avec laquelle elle put d'ailleurs se laisser produire. Peu après, un Natal Conte agença dans des quatrains fort ennuyeux et très-vulgaires un sujet mythologique qui pouvait être traité de la manière la plus élevée et la plus grandiose. Cet auteur, qui a écrit aussi une histoire, tire presque toujours textuellement des anciens les sentences dont est rempli son livre, si bien qu'il n'a aucun caractère d'originalité. Il paraissait donc déjà suffisant aux contemporains d'entasser en masse les matériaux des faits ; aussi peut-on dire, en toute vérité, qu'un ouvrage comme celui des Annales de Baronius, si entièrement dénué de forme littéraire, écrit en latin, mais sans la moindre élégance, n'aurait jamais été publié ni même imaginé, au commencement du siècle.

En délaissant ainsi la route tracée par l'antiquité, et dans les travaux scientifiques et bien plus encore dans la forme, il en résulta nécessairement dans la vie nationale, des changements qui exercèrent une immense influence sur tous les travaux littéraires et critiques.

L'Italie républicaine, abandonnée à elle-même, périt

lorsque furent accomplis les développements intellectuels fécondés par son indépendance même. Alors périrent aussi toute liberté, toute naïveté. Ainsi, c'est à
cette époque, remarquez-le, que les titres nobiliaires
s'introduisirent; vers l'an 1520, déjà quelques-uns
voyaient avec dépit que chacun voulait être appelé seigneur. On l'attribua à l'influence espagnole. En 1550,
les lourdes démonstrations d'honneur et de respect rem-
placèrent les simples salutations, quand on s'abordait,
et l'élocution sans emphase, quand on s'écrivait. Vers
la fin du siècle, les titres de *marchese* et *duca* furent en
vogue, chacun était jaloux d'en obtenir, et voulait être
une excellence. On a beau dire que ces dénominations
ne signifiaient pas grand'chose; si aujourd'hui encore
elles ne sont point sans effet, quelque vieilles et usées
qu'elles puissent être, à plus forte raison donc devaient-
elles exercer une action puissante, quand elles furent
introduites. Sous d'autres rapports, cette nouvelle situation rendit les conditions de chaque classe plus
sévères, plus immuables, plus divisées : il fallut dire
adieu à la naïveté si confiante et si gaie, à cette liberté
spontanée des relations antérieures.

Attribuez ce changement n'importe à quelle cause;
qu'il soit fondé, si l'on veut, sur la nature de l'homme,
il n'en est pas moins vrai qu'un autre esprit commença
à régner dans toutes les productions, vers le milieu de
ce siècle, et que la société, telle qu'elle existait, avait
d'autres besoins.

De toutes les créations littéraires qui manifestent ce
changement, la plus surprenante peut-être est l'ouvrage
de Berni, dans lequel cet auteur s'est proposé de refaire
l'*Orlando inamorato* de Bojardo. C'est le même ouvrage,
et pourtant quelle différence ! tout le charme, toute la

fraîcheur du poëme original sont effacés. En y regardant un peu attentivement, on trouve que partout l'auteur a substitué l'expression générale à l'expression individuelle; à la liberté indépendante d'une nature riche et animée, le décorum réclamé par le monde italien de ce temps et des époques suivantes; il y réussit parfaitement, et son ouvrage fut accueilli par d'incroyables applaudissements. Avec quelle rapidité cette transformation eut lieu ! Cinquante ans ne s'étaient pas écoulés depuis la première édition du poëme original, et il était oublié pour l'édition falsifiée de Berni.

Et ce changement fondamental, cette veine d'un tout autre esprit, on peut les suivre dans la plupart des productions de cette époque.

Ce n'est pas le manque de talent qui rendit si fastidieux et si ennuyeux les grands poëmes d'Alamanni et de Bernardo Tasso, mais le peu de chaleur de leur conception. Pour se conformer aux exigences d'un public, non pas à la vérité très-vertueux, mais au moins très-sérieux, ils choisirent des héros irréprochables : Bernardo composa l'Amadis dont Tasse le jeune disait : « Dante aurait rétracté le jugement réprobateur qu'il porte sur les romans de chevalerie, s'il avait connu l'Amadis des Gaules, tant cette figure est pleine de noblesse et de constance ! » Alamanni composa *Giron le Courtoys*, miroir de toutes les vertus chevaleresques. Son but avoué était de présenter à la jeunesse un héros qui lui montrait comment on peut endurer la faim, le froid, les veilles, et l'ardeur du soleil; comment on doit porter les armes, témoigner de la justice et de la piété envers chacun, et pardonner à ses ennemis. Comme avec cette vue morale didactique, les écrivains procèdent précisément à la façon de Berni, et qu'ils ont aussi enlevé, à dessein, de leur fable, le fond poétique qui lui était inhérent, il en résulte que leurs travaux ont été extrêmement secs et diffus.

Enfin, la nation paraissait en quelque sorte avoir consommé le capital des idées poétiques que l'antiquité et le moyen âge lui avaient fourni, et nulle intelligence ne s'en retrouvait plus. Elle cherchait, mais en vain, quelque chose de neuf. Les génies créateurs n'apparaissaient pas et la vie inanimée et vulgaire n'offrait rien de nouveau. La prose resta encore spirituelle, chaleureuse et flexible jusque vers le milieu du siècle, mais peu à peu elle aussi se refroidit et finit par s'engourdir.

Il en fut de même de l'art. L'art perdit l'enthousiasme qui l'avait autrefois inspiré dans l'exécution de ses sujets religieux et dans celle des plus beaux sujets profanes. Il n'en resta vraiment quelque chose que chez les Vénitiens. Les disciples de Raphaël, à l'exception d'un seul, en s'éloignant peu à peu du genre de leur maître, qu'ils avaient pourtant la prétention d'imiter, tombèrent dans les poses théâtrales, les grâces affectées, et leurs ouvrages montrent le peu d'inspiration, la disposition froide et contraire à toute beauté, qui ont présidé à leurs ébauches. Les disciples de Michel-Ange ne firent pas mieux ; l'art ne comprenait plus son but. Il avait renoncé aux idées qu'il s'était autrefois efforcé de réaliser, il ne lui restait plus que les ressources matérielles du métier.

C'est dans cette situation, lorsqu'éloigné de l'antiquité, on n'en imitait plus les formes, lorsqu'on n'était plus à la hauteur de sa science, lorsqu'en même temps l'ancienne poésie nationale et la manière d'envisager les sujets religieux étaient également méprisés par l'art et la littérature ; c'est alors que s'introduisit la nouvelle

direction catholique. Elle s'empara des esprits, conformément ou contrairement à leurs volontés, mais elle
s'en empara, et elle produisit bientôt un changement
efficace dans toutes les créations littéraires et artis-
tiques.

Mais l'Église avait, si je ne me trompe, une tout autre
influence sur la science que sur l'art.

La philosophie et la science virent surgir encore une
fois une époque très-remarquable. Après avoir restauré
le véritable Aristote, on en vint à s'écarter de la philosophie, comme il est arrivé pour toutes les autres branches scientifiques et littéraires de l'antiquité. On procéda
à une discussion indépendante des problèmes les plus élevés. Mais naturellement l'Église ne pouvait pas favoriser
ce mouvement, elle formulait elle-même les principes
les plus généraux, avec une précision qui ne souffrait aucun doute. Mais si les partisans d'Aristote avaient professé fréquemment des opinions naturalistes contraires
à celles de l'Église, il y avait aussi quelque chose de semblable à redouter, même de leurs antagonistes. Ils voulaient comparer, ainsi que le dit l'un d'eux, les dogmes de
tous les docteurs connus, avec le *manuscrit original de
Dieu*, c'est-à-dire avec le monde et la nature. Une pareille entreprise devait avoir un résultat incalculable, soit
comme découvertes, soit comme erreurs très-captieuses ;
aussi l'Église chercha-t-elle à l'étouffer dès l'origine, et
à repousser ces novateurs. Ainsi Télésius, quoique ne
s'élevant pas dans ses travaux au-dessus de la physique,
resta renfermé toute sa vie dans sa petite ville natale :
Campanella vécut en fugitif et souffrit la torture. Giordano Bruno, le plus profond de tous et un véritable
philosophe, après bien des persécutions, bien des courses
vagabondes, fut réclamé par l'Inquisition, arrêté, con-

duit à Rome et condamné à être brûlé [1] [*]. Qui aurait pu
encore se sentir le courage de donner un libre essor aux
mouvements de son esprit? Un seul de tous ces novateurs trouva grâce à Rome, ce fut Francesco Patrizi. Il
avait aussi attaqué Aristote, mais seulement parce que
ses propositions étaient contraires à l'Église chrétienne.
Il voulut prouver, par opposition aux opinions aris-
totéliciennes, qu'il y a une véritable tradition philosophique, qui s'étend, à travers tous les siècles, à
partir du prétendu Hermès Trismégiste dans lequel il
trouvait une explication plus claire de la Trinité que
dans les écrits de Moise même. Il chercha à raviver
cette tradition, à la renouveler, à la mettre à la place
des doctrines d'Aristote. Dans toutes les dédicaces de
ses ouvrages, il présente ce projet comme très-important, et son exécution comme utile et nécessaire. C'était
un esprit bizarre, nullement dépourvu de critique, sinon pour ce qu'il admettait, au moins pour ce qu'il
rejetait. Il fut appelé à Rome, et s'y maintint en grand
crédit, bien plus par la particularité et la direction de
ses travaux que par leur succès et leur influence.

Les recherches physiques et celles d'histoire naturelle
étaient alors si bien confondues avec les recherches
philosophiques, qu'on pouvait à peine les distinguer
les unes des autres. Tout le système des idées reçues se
trouvait mis en question, et l'on peut admirer chez les
Italiens de cette époque une immense tendance à découvrir la vérité, accompagnée comme de pressenti-
ments, de prévisions sublimes. Qui pourrait dire, en

[1] Dans un Ms. vénitien, aux archives de Venise, sous la rubrique *Roma,
Expositioni* 1593, 28 *Sett.*, se trouve l'original d'un protocole pour l'extra-
dition de Giordano Bruno.
[*] Voir la note nº 6.

effet, jusqu'où ils seraient allés, si l'Église n'avait tracé devant eux une ligne qu'il leur était défendu de franchir. Malheur à celui qui osait passer outre !

Si la restauration du catholicisme opéra de cette manière répressive sur la science, il faut convenir qu'il en arriva tout autrement dans l'art et la poésie. La poésie et l'art manquaient de substance, d'inspiration, de but, l'Église leur rendit tout ce qui leur manquait.

On voit par l'exemple de Torquato Tasso, combien la rénovation religieuse s'était profondément emparée des esprits. Son père avait choisi un héros moral, irréprochable, il fit un pas de plus que son père, et de même qu'un autre poëte du temps qui avait pris les croisades pour sujet, « parce que, disait-il, il valait mieux traiter chrétiennement un sujet vrai, que de chercher dans un sujet fictif une gloire peu chrétienne, » Torquato Tasso fit choix d'un héros non de la fable, mais de l'histoire, un héros tout chrétien : Godefroi est bien plus qu'Énée, c'est un saint rassasié des joies du monde et de sa gloire passagère. Ce poëme du Tasse, il faut l'avouer, aurait été cependant fort sec, si le poëte s'était contenté de mettre en scène une telle personnalité ; mais le Tasse s'empara avec habileté du côté sentimental et religieux qui se marie très-bien avec la féerie dont il fit courir les fils aux mille couleurs au travers de son tissu magique. Le poëme présente çà et là des longueurs, et l'expression n'est pas partout également bien soignée : cependant c'est une création toute resplendissante d'imagination, pleine de sentiments nationaux et de vérité du cœur. C'est par là surtout que le Tasse a conservé à un haut degré la faveur et l'admiration de ses contemporains et des générations qui leur ont succédé, jusqu'à nos jours. Mais quelle immense différence entre le Tasse et l'Arioste ! Dans celui-ci on voit la poésie détachée complétement de l'Église ; dans celui-là, c'est la poésie venant demander à l'Église ses plus suaves inspirations et se soumettant avec amour à la religion rajeunie *.

A Bologne, non loin de Ferrare où le Tasse composa son poëme, s'éleva l'école des Carraches dont la prospérité est la plus grande preuve du changement général opéré dans la peinture. Si l'on demande en quoi consistait ce changement, on peut répondre que ce fut surtout dans les études anatomiques de l'académie de Bologne, dans son esprit d'érudition et d'imitation éclectique. Certes, on ne peut que louer l'ardeur avec laquelle ils tentaient, suivant leur système, de se rapprocher des phénomènes de la nature ; et ce qui n'a pas moins de mérite, ce sont les problèmes qu'ils choisirent et la manière spirituelle avec laquelle ils cherchaient à les résoudre.

Louis Carrache s'occupa beaucoup de l'idéal du Christ ; sans doute il ne réussit pas toujours, mais il parvint quelquefois, comme dans sa *Vocation de saint Mathieu*, à représenter l'homme doux et sérieux, plein de vérité et de chaleur, de bienveillance et de majesté, qui, si souvent, a été copié dans la suite. On lui reproche d'avoir imité les anciens maîtres, mais la manière dont il le fit est caractéristique, pour l'esprit et le sentiment avec lesquels il comprend et exécute. Le chef-d'œuvre d'Auguste Carrache est sans contredit le *saint Jérôme*, vieillard près de mourir, qui ne peut plus se mouvoir et qui aspire ardemment, avec ce dernier souffle de vie prêt à s'exhaler, après l'Hostie qu'on lui présente. L'*Ecce Homo* d'Annibal, appartenant aux Borghèse, avec ses larmes, sa peau fine et transparente, ses fortes

* Voir la note n° 7.

ombres, est l'idéal de Louis dans une autre proportion. Cet idéal apparaît admirable, plein d'une juvénile majesté au milieu de l'engourdissement de la mort, dans cette *Pietà*, ouvrage où le Christ mort est saisi et exprimé avec un sentiment tout nouveau.

Quoique ces maîtres se soient souvent consacrés à des objets profanes, ils saisissaient cependant les sujets de sainteté avec une ardeur particulière. Ce ne fut donc point un mérite purement extérieur et matériel qui leur donna cette place éminente dans l'histoire de l'art ; la principale raison, c'est que les idées religieuses dont ils représentèrent les personnages, s'étaient emparé de leur inspiration et de l'intelligence de tous.

Cette tendance distingue essentiellement aussi leurs élèves. Le Dominiquin réalisa avec tant de bonheur la pensée d'Auguste Carrache dans sa conception du saint Jérôme, qu'il surpassa peut-être encore le maître par la vérité de ses groupes et le fini de l'expression. Sa tête de *saint Nil* est admirable de douleur et de méditation ; ses prophétesses sont pleines de jeunesse, d'innocence et de rêveuse intelligence. Il aimait surtout à mettre en opposition les joies du ciel et les souffrances de la terre. Comme on retrouve cet incomparable contraste dans la *Madona del Rosario*, la mère céleste pleine de grâce, et l'homme nécessiteux !

Guido Reni sut aussi parfois rendre cette opposition. Un seul de ses tableaux suffirait pour constater cette vérité, celui de cette vierge si brillante d'une éternelle beauté, au milieu de ces saints moines affaiblis par la pénitence. Le Guide possédait une verve et une conception originales. Combien sa *Judith* est magnifique, prise, saisie dans le sentiment du succès de son action et dans celui de la reconnaissance que lui fait éprouver le secours céleste auquel elle a dû sa force et son triomphe ! Qui ne connaît aussi la madone ravie, et ses madones en extase, semblant se perdre insensiblement dans leur ravissement ! Tous ses saints en général sont créés d'après un idéal exalté.

Nous n'avons pas encore dit tout ce que cette direction donnée aux arts a de particulier. On peut l'envisager sous un autre côté bien moins attrayant. Les inventions de ces peintres sont parfois bizarres, déparées par des détails singuliers. Dans un beau groupe de la Sainte-Famille, par exemple, tantôt saint Jean est représenté baisant le pied de Jésus, tantôt les Apôtres apparaissent pour adresser des compliments de condoléance à la Vierge qui s'apprête à essuyer ses larmes. L'horrible est trop souvent représenté avec exagération. Nous voyons le sang jaillir sous le glaive, dans la *sainte Agnès* du Dominiquin. Le Guide représente le massacre de Bethléem avec toutes ses horreurs ; toutes les femmes ont la bouche ouverte pour crier, et les bourreaux qui donnent la mort à ces innocents sont rendus avec une cruelle vérité.

Sans doute, on était redevenu religieux, mais avec cette différence : antérieurement, l'exécution des œuvres d'art était pleine de sentiment et de naïveté, et maintenant elle était souvent bizarre et forcée.

Personne ne pourrait refuser son admiration au talent du Guerchin. Et cependant, que dire de ce *saint Jean* conservé dans la galerie Sciarra, avec ses bras larges et nerveux, ses genoux colossaux, sa nudité? On ne sait si cette sombre inspiration appartient au ciel ou à la terre. Son *saint Thomas* pose ses mains sur les plaies du Sauveur d'une manière si déterminée, qu'il devait certainement lui faire beaucoup de mal. Dans le martyre de *saint Pierre*, le Guerchin a choisi le moment même où le glaive est encore enfoncé dans la tête.

Nous ne voulons pas rechercher si cette manière de traiter les sujets, manière parfois idéale sans sensibilité, parfois dure et sans naturel, n'a pas dépassé de nouveau les bornes de l'art. Il suffit de remarquer que l'Église s'empara complétement de la direction de la peinture renaissante; elle l'anima d'un souffle poétique et lui donna la base fondamentale d'une religion positive, mais en même temps aussi un caractère ecclésiastique, sacerdotal, dogmatique.

L'Église avait, s'il est possible, une plus grande influence encore sur l'architecture, art qui dépendait immédiatement d'elle. Je ne sais si l'on a étudié le progrès qui, dans les travaux modernes de ce genre, conduisit de l'imitation de l'antiquité jusqu'aux règles inventées par Barozzi pour la construction des églises, règles qui se sont conservées depuis ce temps à Rome et dans toute la catholicité. Le siècle avait commencé par être léger et ingénieux, il devint sévère, pompeux, magnifique.

Un seul art semblait vouloir se soustraire à la direction générale de l'Église, ou du moins sa soumission paraissait encore douteuse.

La musique, perdue vers le milieu du seizième siècle dans le mécanisme le plus entortillé, trouvait son charme et sa gloire dans les prolongements, les imitations, les énigmes, les fugues. Il n'était plus question du sens des paroles. Une grande quantité de messes de ce temps sont composées sur le thème de mélodies profanes à la mode. La voix humaine n'était plus cultivée que comme un instrument [1].

---

[1] Giuseppe Baini, *Memorie storico-critiche della Vita e delle Opere di Gio-*

Il n'est pas étonnant que le concile de Trente se soit montré scandalisé de voir exécuter dans l'Église des morceaux de musique ainsi conçus. Par suite des réclamations de ce concile, Pie IV établit une commission pour délibérer sur cette question : faut-il tolérer ou non la musique dans l'Église? La décision à prendre fut très-débattue ; l'Église demandait l'intelligibilité des paroles, et l'accord de l'expression musicale avec ces paroles. Les musiciens prétendaient, eux, qu'on ne pouvait y arriver avec les règles de leur art ; et comme saint Charles Borromée était membre de la commission, on devait s'attendre, connaissant son inflexible sévérité, que l'arrêt serait décisif.

Heureusement, parut l'homme qui manquait ; cet homme fut Pierre-Louis Palestrina, un des compositeurs du temps, à Rome.

Le rigide Paul IV l'avait expulsé de la chapelle papale, parce qu'il était marié. Depuis cette époque, oublié, ignoré, il vivait dans une misérable cabane, au milieu des vignes du *Monte Celio*. C'était un de ces esprits fermes qu'aucun obstacle ni revers ne parviennent à lasser. Dans le silence de cette solitude il se voua à son art avec une énergie, avec un abandon qui inspirèrent à sa puissance créatrice ces admirables productions, si originales et si libres. Il composa ces magnifiques chants qui servent encore à célébrer la solennité du Vendredi-Saint dans la chapelle Sixtine. Jamais musicien n'a peut-être saisi avec plus d'esprit le sens profond d'un texte de l'Écriture, sa signification symbolique, son application à l'âme et à la religion.

Aucun homme n'était plus capable d'essayer cette

vanni *Pier Lugi de Palestrina*, *Roma*, 1828, fournit les renseignements dont je me suis servi.

méthode sur la vaste création d'une messe. La commission l'en chargea.

Palestrina sentit vivement que de l'essai qu'il allait tenter dépendrait la vie ou la mort, pour ainsi dire, de la musique religieuse. Il se mit à l'œuvre avec ardeur et émotion. Sur son manuscrit on a trouvé ces mots : « Seigneur, éclairez-moi ! »

Il ne réussit pas du premier jet. Ses deux premiers ouvrages n'obtinrent aucun succès ; mais enfin il parvint, dans quelques heureux moments d'inspiration, à composer la messe connue sous le nom de *Messe du Pape Marcellus*, dans laquelle toute attente fut surpassée. Remplie d'une mélodie très-simple, elle peut cependant se comparer aux messes des époques antérieures. Les chœurs se séparent et se réunissent tour à tour ; le sens du texte est exprimé avec une précision et une vérité qu'il est impossible de surpasser. Le *Kyrie* est tout soumission, l'*Agnus* tout humilité, le *Credo* tout majesté. Le Pape Pie IV, devant lequel elle fut exécutée, en fut ravi ; il disait qu'elle était comparable à ces mélodies célestes, telles que l'apôtre saint Jean devait les avoir entendues dans son extase.

Par ce seul et grand exemple, la question fut à jamais décidée. Une route enfin était ouverte dans laquelle les ouvrages les plus beaux et les plus touchants, même pour ceux en dehors du catholicisme, furent créés et livrés à l'admiration du monde. Qui peut les entendre sans ravissement ? qui peut ne pas croire que la nature inanimée y reçoit des tons et de la voix ; que les éléments parlent ; que tous les bruits épars de la vie universelle se réunissent harmonieusement et se vouent à une ineffable adoration, tantôt agités comme les vagues de la mer, tantôt s'élevant vers le ciel en poussant des cris d'allégresse. Dans le sentiment complet de toutes ces beautés, l'âme est élevée à l'enthousiasme religieux.

Ainsi, cet art qui s'était d'abord le plus éloigné de
l'Église, s'unit à elle le plus étroitement. Rien ne pouvait être plus important pour le catholicisme. Lui-même
avait admis dans son dogme, si nous ne nous trompons
pas, une force d'intuition intérieure et d'exaltation qui
formait, en quelque sorte, le ton fondamental des livres les plus efficaces de pénitence et d'édification. Le
sentiment religieux et le ravissement qui étaient le but
principal de la poésie et de la peinture furent exprimés
par la musique d'une manière plus immédiate, plus
agissante, plus irrésistible, que par tout autre enseignement et tout autre art, et en même temps, d'une
manière plus pure et plus appropriée à son inspiration
idéale.

§ X. — La Cour romaine.

Si tous les éléments de la vie et de l'intelligence à
cette époque étaient entraînés, comme nous venons de
le voir, dans la direction de l'Église, la cour de Rome
elle-même, chez laquelle se rencontraient tous ces
éléments, devait nécessairement se trouver transformée.

Déjà, sous Paul IV, on s'en était aperçu. Mais l'exemple
de Pie V avait produit un effet extraordinaire ; et sous
Grégoire XIII, tout le monde citait et prenait Pie V pour
modèle. Aussi, comme le disait P. Tiepolo en 1576 :
« Rien n'a fait autant de bien à l'Église que cette succession de plusieurs Papes dont la vie a été irréprochable.
Tous ceux qui les ont suivis en sont devenus meilleurs,
ou du moins ont senti la nécessité de le paraître. Les
cardinaux et les prélats fréquentent la messe avec zèle,

et cherchent avec soin à éviter tout scandale dans la tenue de leur maison. La ville entière s'efforce de sortir de la déconsidération où elle était tombée, et elle est devenue plus chrétienne dans ses mœurs et sa manière de vivre. On pourrait enfin ajouter que Rome, en matière de religion, approche de la perfection, dans les limites imposées à la nature humaine. »

Bien loin de vouloir supposer que la cour papale ne renfermait alors que des bigots et des hypocrites, nous aimons à reconnaître au contraire qu'elle était composée d'hommes distingués qui pratiquaient à un haut degré toute l'austérité religieuse de leur époque. Si nous nous représentons la cour romaine comme elle était du temps de Sixte V, nous voyons parmi les cardinaux plusieurs personnages qui avaient pris une grande part aux affaires du monde : Gallio de Como, qui, ayant dirigé comme premier ministre le gouvernement de deux pontificats, avec une admirable flexibilité, se faisait remarquer maintenant par l'application de ses grands revenus à des fondations ecclésiastiques ; Rusticucci, déjà puissant sous Pie V, et non sans une grande influence sous Sixte, était un homme plein de perspicacité et de bonté de cœur; laborieux et d'autant plus irréprochable et circonspect dans sa conduite qu'il espérait arriver au Pontificat ; Salviati, qui s'est rendu célèbre par son administration de Bologne, non-seulement sérieux mais sévère ; Santorio, cardinal de S. Severina, l'homme de l'Inquisition, possédant depuis longtemps une influence active dans toutes les affaires spirituelles, opiniâtre dans ses opinions, sévère envers ses serviteurs, plein de dureté envers ses parents, et à plus forte raison envers les étrangers, enfin inaccessible pour tout le monde. On peut placer près de lui, comme contraste,

Madruzzi, qui avait toujours le mot de la politique de la maison d'Autriche, de la ligue espagnole aussi bien que de la ligue allemande, et que l'on appelait le Caton du Collége, sous le rapport de l'érudition et de la pureté de mœurs, et non de la présomption à tout censurer, car c'était la modestie même. Sirlet vivait encore, Sirlet, le plus savant et en même temps le plus grand philologue de tous les cardinaux de son temps ; véritable bibliothèque vivante, disait Muret, et qui n'abandonnait ses livres que pour appeler près de lui les jeunes gens qui, pendant l'hiver, apportaient leurs fagots au marché, puis il les instruisait dans les mystères de la foi et leur achetait ensuite leur bois ; il était plein de bonté et de charité[1]. L'exemple de Charles Borromée, dont la mémoire a été honorée comme celle d'un saint, exerçait une immense influence. Frédéric Borromée était naturellement irritable et violent, mais à l'exemple de son oncle, il mena une vie très-chrétienne, et ne se laissa pas décourager par les mortifications qu'il éprouvait trop souvent. Valieri était un homme de la plus pure et de la plus noble nature, et d'une extraordinaire érudition ; il n'écoutait jamais que la voix de sa conscience, et dans un âge avancé, il présentait l'image d'un évêque des premiers siècles.

Tous les autres prélats, placés dans les congrégations à côté des cardinaux et destinés à leur succéder un jour, se formaient à leur exemple.

Parmi les membres du tribunal suprême, les auditeurs de la Rote, deux hommes d'un caractère très-opposé se distinguaient particulièrement : Mantica ne vivait qu'au

---

[1] Ciaconius, *Vitæ Paparum*, t. III, p. 978. On y trouve aussi l'épitaphe de Sirlet, dans laquelle il est désigné comme « eruditorum pauperumque patronus. »

milieu des actes et des livres; ses ouvrages de jurisprudence servaient à la fois le forum et l'école, il avait
l'habitude de s'exprimer brièvement et sans détours; Ari-
gone, au contraire, loin de consacrer autant de temps aux
livres, suivait le monde, la cour et les affaires, montrait
du jugement et de la souplesse, et s'efforçait d'obtenir le
renom d'un homme irréprochable et religieux. Parmi
les évêques qui demeuraient à la cour, on remarquait
avant tout ceux qui s'étaient essayé dans les *Nonciatures*:
Torrès qui avait eu une grande part à la conclusion de
la ligue de Pie V contre les Turcs; Malaspina qui avait
veillé aux intérêts de l'Église catholique en Allémagne
et dans le Nord; Bolognetti à qui fut confiée la visite
difficile des églises vénitiennes. Tous ces hommes n'é-
taient parvenus que par l'habileté de leur esprit et leur
zèle pour la religion.

Les savants occupaient aussi un rang très-important.
Bellarmin, professeur grammairien, le plus grand con-
troversiste de l'Église catholique, auquel on rend la
justice de dire que nul ne mena une vie plus apostolique; un autre jésuite nommé Maffei, qui a composé,
phrase par phrase, avec une lenteur réfléchie et une
élégance calculée, le récit des conquêtes des Portugais
dans les Indes, principalement sous le point de vue de
la propagation du Christianisme dans le Sud et l'Est,
puis la vie de Loyola[1]. On voyait aussi des étrangers:
Clavius, qui joignait un savoir profond à une vie pleine
d'innocence, et qui jouissait de la vénération générale;
Muret, un Français, le meilleur latiniste du temps, qui
expliqua les Pandectes d'une manière à la fois originale
et classique, aussi éloquent que spirituel: devenu prê-

---

[1] *Vita J. P. Maffeji Serassio auctore.* Dans l'édition des œuvres de Maffei,
Berg, 1747.

tre dans sa vieillesse, il se consacra aux études théologiques et disait tous les jours la messe ; le canoniste
espagnol Azpilcueta, dont les *responsa* étaient regardés
comme des oracles, non-seulement à la cour, mais dans
tout le monde catholique ; on voyait souvent le Pape
Grégoire XIII s'arrêter devant sa maison, et s'entretenir
avec lui des heures entières ; mais ce qui était plus touchant que toute sa science, c'était son humilité et sa charité, qui le portaient à remplir les dernières fonctions
dans les hôpitaux.

Parmi ces personnages remarquables, on distinguait
Philippe de Néri, fondateur de la congrégation de l'O-
ratoire, un grand confesseur et pasteur des âmes, qui
s'acquit une vaste et profonde influence ; il était bon,
d'humeur badine, sévère pour les choses essentielles,
indulgent pour celles qui n'étaient qu'accessoires ; jamais il ne commandait, et se bornait à conseiller, priant
pour ainsi dire ceux qui s'attendaient à recevoir ses ordres ; il n'enseignait pas, mais conversait, possédant la
perspicacité nécessaire pour distinguer la direction spéciale de chaque esprit. Son Oratoire s'étendit par les
visites qu'on lui faisait, par l'attachement de quelques
hommes plus jeunes qui se regardaient comme ses élèves et désiraient vivre avec lui ; le plus célèbre d'entre
eux fut l'annaliste de l'Église, César Baronius. Philippe
de Néri reconnut son talent, et l'astreignit à enseigner
l'histoire ecclésiastique dans l'Oratoire [1], bien que, dans
le commencement, Baronius n'eût pas un grand penchant pour cette étude, ce qui n'a pas empêché qu'il
n'ait continué ce travail pendant trente ans ; et même,
devenu cardinal, il ne manquait jamais de se lever

---

[1] Gallonius : *Vita Phil. Nerii. Mog.*, 1602, p. 163.

avant le jour pour s'occuper de son histoire; il man-
geait régulièrement avec ses domestiques, à une seule
et même table; jamais il ne laissa apercevoir en lui
qu'humilité et résignation à la volonté de Dieu. Étant
à l'Oratoire, il se lia intimement avec Tarugi, qui s'é-
tait acquis une grande réputation comme prédicateur et
confesseur, et montrait une grande crainte de Dieu, à
côté de la plus innocente vie. Ils eurent le bonheur de
voir leur amitié se conserver inaltérable jusqu'à la mort;
ils furent enterrés l'un à côté de l'autre. Un troisième
disciple de saint Philippe était Sylvio Antoniano, qui
avec une tendance littéraire plus libre s'occupa de travaux
poétiques; il fut chargé par le Pape de la rédaction de
ses brefs, et s'en tira avec la plus grande habileté. Ses
mœurs étaient douces, il était humble, affable, et n'a-
vait en son cœur que bonté et religion.

L'on peut dire au surplus que tout ce qui s'éleva
dans cette cour, hommes de politique, d'administration,
de poésie, d'art, d'érudition, tous avaient le même caractère d'austérité religieuse.

Quelle différence de la cour de cette époque avec
celle du commencement du siècle où les cardinaux faisaient la guerre aux Papes, où les Papes ceignaient les
armes, où la ville et la cour repoussaient tout ce qui
rappelait leur destination chrétienne! Comme les cardinaux maintenant menaient avec persévérance une vie
paisible et religieuse! Si le cardinal Tosco, qui avait de
grandes et prochaines chances pour devenir Pape, ne le
fut pas, c'est qu'il était habitué à prononcer quelques
proverbes lombards qui scandalisaient les Romains.
L'esprit public, exclusif dans la nouvelle voie où l'on
était entré, s'inquiétait et s'offensait facilement.

Un fait que nous ne devons pas passer sous silence,

et qui, comme l'art et la littérature, fut la suite de ce nouvel ordre de choses, c'est le retour des miracles qui depuis quelque temps avaient cessé de se produire. Une image de Marie, près de Saint-Sylvestre, commença à parler, ce qui causa une si grande impression parmi le peuple, que l'on se mit à bâtir à l'envi, dans tous les environs fort peu pittoresques de Saint-Sylvestre, et que l'on défricha avec ardeur toute la contrée déserte qui entourait l'église. Dans le Rione de Monti, une autre image de Marie, non moins miraculeuse, apparut dans une meule de foin, et les habitants du pays regardèrent cette apparition comme une faveur si évidente du ciel, que lorsqu'on vint pour l'enlever, ils s'y opposèrent les armes à la main. Des apparitions semblables se firent voir bientôt à Narni, à Todi, à Saint-Séverin, et de l'État de l'Église se répandirent dans tout le monde chrétien. Les Papes de leur côté procédèrent de nouveau à des canonisations qu'ils avaient négligées depuis longues années. Peu de confesseurs étaient aussi indulgents que Philippe de Néri ; une certaine hypocrisie fut favorisée ; la représentation des choses divines se confondit avec une superstition extravagante *.

Si du moins on pouvait être convaincu qu'il s'était réalisé comme fruits de si beaux exemples, parmi les peuples qui en avaient été les témoins, une entière obéissance aux préceptes de la religion !

La nature même de l'organisation de la cour romaine rendit nécessaire un développement très-actif des intérêts temporels, comme conséquence du nouveau mouvement religieux.

La cour n'était pas seulement une institution ecclé-

---

* Voir la note n° 8.

siastique, elle avait un État à administrer, à gouverner
indirectement une grande partie du monde. Au degré
de pouvoir que chacun acquérait, se trouvaient propor-
tionnées la considération, les richesses, tout ce que les
hommes ont coutume de souhaiter; la nature humaine
ne pouvait pas être transformée à ce point que l'on se
fût contenté, pour prix du combat dans les luttes de la
société, de satisfactions toutes spirituelles; on vit là ce
qui se passa dans toutes les autres cours; seulement à
Rome, les choses se firent d'une manière toute particulière, analogue à ses propres habitudes.

Rome, à cette époque, avait vraisemblablement la population la plus mobile de toutes les villes du monde.
Sous Léon X, elle s'était déjà élevée à plus de 80,000
âmes; sous Paul IV, devant la sévérité duquel tout se
sauvait, elle était tombée à 45,000 âmes; immédiatement après lui, elle se releva de nouveau, en quelques
années, à 70,000, et sous Sixte V, au delà de 100,000.
Ce qu'il y avait de remarquable, c'est que les habitants
même de la ville ne se trouvaient dans aucune proportion avec ces chiffres considérables. Cette population
était plutôt composée d'hommes vivant longtemps les
uns à côté des autres, que d'individus reçus bourgeois :
on pouvait les comparer à la foule qui remplit une foire,
ou à une diète de l'Empire, agglomération sans fixité
et sans stabilité, sans parenté qui en relie et retienne
ensemble tous les membres. Combien venaient à Rome
parce qu'ils ne pouvaient gagner leur vie dans leur patrie! Un orgueil blessé y amenait les uns, une ambition
illimitée y attirait les autres; plusieurs trouvaient qu'on
était plus libre à Rome; chacun voulait s'élever à sa
manière.

En se développant et grandissant en un seul corps,

toutes les parties ne s'étaient pas encore tellement iden-
tifiées, que l'on ne pût très-bien remarquer les différences restées nombreuses et tranchées des divers caractères nationaux et provinciaux. A côté du Lombard
attentif et docile, on distinguait l'habitant de Gênes,
croyant venir à bout de tout avec son argent; le Vénitien cherchant à découvrir les secrets des étrangers ; on
voyait le Florentin économe et parlant beaucoup; le Ro-
magnol, avec une prudence qui tient de l'instinct, ne
perdait jamais de vue son avantage; le Napolitain pré-
tentieux et cérémonieux ; ceux des pays du Nord se
montraient simples et cherchaient à jouir de la vie;
même notre Clavius devait se laisser railler sur son
double déjeuner, chaque jour très-bien servi; les Français se tenaient à part, et renonçaient le plus difficile-
ment aux mœurs de leur patrie ; l'Espagnol, enveloppé
dans sa *sottana* et dans son manteau, plein de vanité et
d'ambition, méprisait tous les autres.

Il n'y avait rien qui fût au-dessus des espérances et
des sollicitations de chacun. On aimait à se rappeler
que Jean XXIII avait répondu, lorsqu'on lui demandait
pourquoi il allait à Rome, *qu'il voulait devenir Pape,*
et qu'en effet il était devenu Pape. Pie V et Sixte V s'é-
taient élevés tous les deux du plus bas état à la dignité
suprême. Chacun se croyait capable de tout et espérait
tout.

On a souvent observé, et cela est parfaitement vrai,
que la prélature et la cour romaine avaient quelque
chose de républicain; voilà pourquoi tous pouvaient
prétendre à tout, et s'élever du degré le plus inférieur
aux plus hautes dignités, mais cependant cette république avait la constitution la plus singulière : le pouvoir
absolu d'un individu, de la volonté duquel dépendait

chaque dotation, chaque avancement, pouvait être en
opposition avec la volonté générale. Et quel était donc
cet individu? Celui qui, par une combinaison hors de
tous calculs, sortait vainqueur des luttes de l'élection;
obscur, ignoré, sans importance jusqu'à ce jour, il recevait tout à coup entre ses mains la plénitude du pouvoir, se sentant d'autant moins disposé à renier la valeur
de sa personnalité, qu'il avait la conviction d'avoir été
élu par la grâce du Saint-Esprit. Dans la règle, il commençait par faire un changement complet. Tous les légats, tous les gouverneurs dans les provinces étaient
remplacés. Dans la capitale, il y avait quelques places
qui étaient toujours données aux neveux du Pape. Si
maintenant le népotisme se trouvait retenu dans de
justes bornes, comme à l'époque où nous sommes arrivés, néanmoins chaque Pape favorisait ses vieux serviteurs et ses parents; il était bien naturel qu'il ne se laissât pas priver de la satisfaction de pouvoir continuer
à vivre avec eux : le secrétaire qui avait longtemps servi
au cardinal Montalto devenait le secrétaire le plus convenable pour le Pape Sixte V : nécessairement les souverains pontifes élevaient avec eux les partisans de l'o-
pinion à laquelle ils appartenaient. Il en résultait,
comme nous le disions, le changement le plus complet
dans tous les projets, dans toutes les espérances, dans
les intrigues et dans les dignités ecclésiastiques et temporelles. « C'est, dit Commendino, comme si le château
d'un prince dans une ville se trouvait transféré dans un
autre endroit, et comme si les rues étaient toutes rétablies pour y conduire; combien de maisons détruites!
combien de palais traversés et renversés par la ligne du
nouveau chemin! que de nouvelles rues et de nouveaux
passages commencent à s'animer! » Cette comparaison

ne désigne pas mal, tout à la fois, et la violence des changements et la stabilité des institutions de chaque Pape.

Comme il arriva souvent, les Papes parvenaient au trône à un âge plus avancé que d'autres princes, un nouveau changement pouvait donc encore s'introduire d'un moment à l'autre, et le pouvoir passer en d'autres mains; aussi l'on vivait comme au milieu d'une loterie perpétuelle, dont les chances incalculables entretenaient constamment tous les joueurs dans la même espérance.

S'élever, obtenir de l'avancement, dépendait des faveurs personnelles : dans cette mobilité extraordinaire de toute influence individuelle, l'ambition calculatrice devait prendre une forme particulière et suivre des routes souvent très-singulières.

Dans nos collections de manuscrits, se trouve une foule d'instructions sur la manière de se conduire à cette cour [1]. Il me paraît curieux d'examiner comment on s'y prend, comment chacun cherche à faire son bonheur. La nature humaine est inépuisable dans la fécondité de ses ressources; plus les relations sont compliquées, plus aussi les moyens qu'elle emploie pour réussir sont inattendus.

Tous ne peuvent pas prendre le même chemin. Celui qui n'a rien doit se contenter de servir; les sociétés littéraires libres subsistent encore dans les maisons des cardinaux et des princes. Est-on forcé de se prêter à

---

[1] Par exemple : « Instruttione al S. Cle. di Medici, del modo come si deve « governare nella corte di Roma; — Avvertimenti all' ill. Cl. Montalto sopra il « modo col quale si possa e debba ben governare come Cardinale e nepote del « Papa. » *Inform.*, XII. — « Avvertimenti politichi ed utilissimi per la corte di « Roma : » 78 propositions extrêmement dignes d'attention. *Inform.*, XXV. — Le plus important : « Discorso over ritratto della corte di Roma di M. Ill. « Commendone. » *Codd.*, Rang. à Vienne, XVIII.

cette humiliante position, on tâche avant tout de s'assurer la faveur du maître, on cherche à bien mériter de lui, à pénétrer ses secrets, à se rendre indispensable; on supporte tout, on aime mieux même se consoler d'une injustice. Il est si facile de voir arriver un changement de la Papauté qui fasse aussi lever son étoile, qui répande alors sa splendeur sur les serviteurs. La fortune hausse et baisse : la personne reste toujours la même.

D'autres peuvent déjà immédiatement aspirer à un petit emploi qui, avec du zèle et de l'activité, leur ouvre une certaine perspective. Il est à la vérité toujours dangereux d'être obligé, ici comme dans tous les temps et tous les états, de consulter d'abord l'intérêt et ensuite l'honneur.

Combien la position de ceux qui ont de l'aisance est meilleure! Ils retirent, mois par mois, un revenu assuré des monti auxquels ils sont intéressés; ils s'achètent un emploi par lequel ils entrent aussitôt dans la prélature, et acquièrent non-seulement une existence indépendante, mais le moyen de développer leurs talents d'une manière brillante. Ici, celui qui possède est sûr de recevoir. A cette cour, il est doublement profitable de posséder un emploi parce que sa possession retourne, en cas de vacance, à la Chambre, de sorte que le Pape lui-même a un intérêt à l'avancement de chaque titulaire.

Dans cette position, on n'a plus besoin de se placer si exclusivement sous la protection d'un grand : une partialité si déclarée pourrait même nuire à votre avancement. Il faut, avant tout, prendre garde de n'offenser personne. Ces égards doivent se faire sentir et être observés jusque dans les relations les plus délicates et les plus futiles. Gardez-vous, par exemple, de témoigner à quelqu'un plus d'honneur qu'il ne lui en revient ; une égalité de conduite envers plusieurs individus serait de l'inégalité et pourrait produire une mauvaise impression. On ne dit que du bien des absents : non pas seulement parce que les paroles une fois prononcées ne sont plus en notre pouvoir ; où volent-elles ? personne ne sait ; mais aussi parce que les plus simples paroles demandent un examen sévère. Il faut faire un usage modéré de ses connaissances, et éviter d'importuner quelqu'un avec elles. On ne doit jamais apporter une mauvaise nouvelle : une partie de l'impression défavorable retombe sur le porteur. Sous ce rapport, vous avez d'un autre côté à surmonter la difficulté de laisser voir le motif intéressé de votre silence.

Tous les devoirs que nous venons d'énumérer, on n'en est pas exempt quand on s'élève ; plus tard, même lorsqu'on est devenu cardinal, on est tenu de les observer avec d'autant plus d'exactitude. Comment, par exemple, oserait-on laisser deviner que l'on regarde un membre du Collége comme moins digne qu'un autre d'arriver à la Papauté ? Personne n'est placé si bas que l'élection ne puisse se porter sur lui.

Il importe surtout à un cardinal d'obtenir la faveur du Pape. La fortune et la considération dépendent de l'application générale aux affaires et du zèle à servir. Cependant on ne doit rechercher cette faveur qu'avec une grande circonspection. On observe un profond silence sur les intérêts personnels d'un Pape ; toutefois on ne se fait faute, en attendant, d'aucune peine pour les découvrir et se régler en secret conformément à ces intérêts. On doit de temps en temps lui faire l'éloge de ses neveux, de leur fidélité et de leur talent : ordinairement il aime à entendre ce langage. Pour connaître les

secrets de la maison papale, on se sert des moines qui, .
sous le prétexte de la religion, pénètrent plus loin qu'on
ne le pense.

Les ambassadeurs particulièrement sont obligés à une
attention extraordinaire au milieu du changement rapide de toutes les relations personnelles. L'ambassadeur, semblable à un bon pilote, observe de quel côté
le vent souffle : il n'épargne pas l'argent pour avoir des
espions, toute sa dépense est bien compensée par un
seul renseignement qui lui indique le moment favorable dont il a besoin pour sa négociation. A-t-il une
demande à présenter au Pape, il y associe adroitement
les intérêts du Pape. Il cherche avant tout à s'emparer
de la faveur du neveu et à lui persuader qu'il n'a à espérer d'aucune autre cour autant de richesses et des
honneurs plus inamovibles ; il tâche aussi de s'assurer
la bienveillance des cardinaux. Il ne promettra à aucun
la Papauté, cependant il les bercera tous de quelques
espérances. Il ne sera entièrement dévoué à aucun
d'eux, cependant il procurera parfois une faveur à celui qui est mal disposé. Il est comme un chasseur qui
montre la viande à l'épervier, mais qui ne lui en donne
que peu à la fois, seulement par petits morceaux.

Tous les cardinaux, ambassadeurs, prélats, princes,
fonctionnaires publics et privés, vivent et se voient
entre eux, pleins de ces façons de cérémonie, de dévouement et de subordination pour lesquelles Rome est
devenue la terre classique, mais égoïstes, toujours avides
d'obtenir quelque chose, de faire réussir quelque chose,
de devancer des rivaux.

Il est particulièrement remarquable que la lutte pour
acquérir ce qui est l'ambition de tous, pour le pouvoir,
pour les honneurs, les richesses, les jouissances, lutte

qui autrefois avait occasionné des inimitiés et des querelles, prenait ici les dehors de l'empressement à rendre
service : on flattait la passion d'autrui, afin d'arriver au
but de sa propre passion : c'était une retenue pleine de
désirs, et une passion pleine d'ardeur qui marchait avec
précaution.

Nous avons vu la dignité, l'austérité, le zèle, la religion, régner à la cour; nous en voyons maintenant le
côté mondain, l'ambition, la cupidité, la dissimulation.

Si on voulait faire le panégyrique de la cour de
Rome, on ne la contemplerait que sous la première de
ces faces, et si on voulait la dénigrer, on ne la regarde-
rait que sous la seconde. Mais aussitôt qu'on s'élève à
une observation loyale et impartiale, on aperçoit en
même temps ces deux côtés opposés qui se rencontrent
nécessairement et dans la nature humaine, aux infirmités de laquelle n'échappe pas plus la cour papale que
les autres cours souveraines, et aussi dans la situation
même des choses.

La marche de l'histoire, telle que nous l'avons exa-
minée, a fait prédominer avec plus d'énergie que jamais la suprématie de la dignité, de la pureté des
mœurs, de la religion; cette grande restauration spirituelle se trouve en harmonie avec le principe constitu-
tif de la cour romaine dont la position, vis-à-vis le
monde entier, repose sur cette restauration elle-même.
La conséquence nécessaire de ce mouvement est de porter à la tête de la hiérarchie ceux surtout dont l'existence entière est le plus complétement en rapport avec
ces exigences de l'époque; non-seulement celle-ci se
renierait, mais elle se détruirait, si elle n'amenait pas
ce résultat. Il s'est réalisé, et en associant les biens de
la fortune aux honneurs ecclésiastiques, il a enfanté un

des attraits les plus séduisants que l'homme puisse rencontrer.

Il en a donc été de la cour de Rome comme de la littérature et de l'art. Toutes les facultés de l'esprit humain s'étaient séparées de l'Église et abandonnées à des inspirations toutes païennes; mais l'esprit de l'Église s'est éveillé de nouveau, il a touché, de son souffle ranimé, les forces éteintes et corrompues de la vie, et donné au monde une tout autre allure, une tout autre couleur.

Quelle différence entre l'Arioste et le Tasse, entre Jules Romain et le Guerchin, entre Pomponace et Patrizi! Il y a tout une grande époque entre eux. Néanmoins ils ont quelque chose de commun, et ceux qui leur succédèrent se lient intimement à leurs prédécesseurs. La cour romaine a maintenu les anciennes formes, et conservé beaucoup de choses de l'ancienne manière de vivre, ce qui n'empêche cependant pas qu'elle ne soit dominée par un tout autre esprit; celui-ci a du moins donné son impulsion à ce qu'il n'a pas pu complétement transformer.

En considérant le mélange des divers éléments de cette époque, je me souviens d'une scène de la nature, que l'on peut placer sous les yeux comme une image et un symbole.

Près de Terni, on voit la Nera s'avancer d'un cours paisible à travers la vallée, entre des bois et des prairies; de l'autre côté le Velin, resserré entre des rochers, coulant avec une rapidité prodigieuse, se précipite des hauteurs avec une chute magnifique, écumant et reflétant les mille couleurs qui se jouent dans ses eaux avec des nuances infinies : il atteint aussitôt la Nera, à laquelle il communique la turbulence de ses mouvements. Les deux eaux unies coulent ensemble plus loin avec une immense rapidité, agitées, mugissant et écumant.

C'est ainsi que l'esprit de l'Église catholique s'étant éveillé est venu donner une nouvelle impulsion à tous les organes de la littérature et de l'art, à toute la vie de l'époque. La cour romaine est en même temps dévote et remuante, ecclésiastique et belliqueuse ; d'un côté, pleine de dignité, de pompe, de cérémonies ; de l'autre, pleine d'une prudence calculatrice, d'un désir immodéré de commander, sans pareil, insatiable, infatigable ; sa piété et ses projets ambitieux, reposant tous deux sur l'idée d'une orthodoxie exclusive, s'harmonisent et se soutiennent. Voilà comment vous la voyez encore une fois tenter de soumettre le monde à sa domination *.

* Voir la note n° 9.

OBSERVATIONS HISTORIQUES ET CRITIQUES
SUR LE QUATRIÈME LIVRE.

N° 1 (page 38).

M. Ranke dit que Grégoire XIII, avant d'avoir reçu les Ordres sacrés, a eu un fils naturel. Aucune preuve n'est donnée, aucune source n'est produite à l'appui de cette assertion. Des principaux biographes, les uns se taisent sur cette circonstance, les autres disent que Grégoire XIII a eu un fils, mais à la suite d'un mariage. (V. *Feller* et la *Biog. univ.*)

N° 2 (page 43).

L'action politique de Grégoire XIII sur les guerres de religion est trop fortement accusée, et par là même un peu mal jugée ! La Ligue, en particulier, est le résultat de l'esprit public de la France au seizième siècle, soit en matière de politique générale, soit en matière de religion, bien plutôt qu'un résultat direct et propre de l'influence de Rome, comme le prétend M. Ranke. «Les premières ligues, dit Tavannes (*Mém. coll.* Petitot, tome xxv, page 5), proviennent des Huguenots. » Par imitation et pour mettre leurs croyances à l'abri des attaques de l'hérésie et des hésitations du pouvoir, les catholiques s'associèrent. Ils voulurent conserver à la France le catholicisme et la royauté catholique et unirent leurs efforts pour se défendre plutôt que pour attaquer. (Tavan., *ibid.*)

On jugera le fait comme on voudra ; mais il fut national, spontané, et il est faux qu'il *ait pris son arigine dans les relations de Grégoire XIII avec les Guise*, quoi qu'en dise M. Ranke.

N° 3 (page 78).

Les réformes financières de la Papauté *la rendirent exclusivement l'organe absolu du pouvoir spirituel.* — Notre auteur prend ici l'effet pour la cause. Ces réformes financières ont été précédées par les grandes réformes religieuses et morales, que le concile de Trente, sous la direction des Papes, a exécutées. Telle est la cause principale de l'autorité reconquise en Europe par la Papauté du seizième siècle.

M. Ranke nous semble juger sévèrement Sixte V, faisant effort pour ramener le Christianisme dans l'art, et plaçant, comme symbole de cette idée, le signe de la croix à la cime de tous les monuments païens. Luther se fâcha, parce que Léon X aimait les arts, au point de se réjouir à la découverte de quelques débris de l'antiquité ; le disciple de Luther est mécontent, parce qu'un successeur de Léon X fait la guerre aux formes païennes de l'art. Les Papes auront peine à plaire à l'esthétique allemande : c'est tout ce qu'il faut conclure.

N° 4 (page 88).

L'obélisque fut surmonté d'une croix dans laquelle était renfermé un morceau de bois de la PRÉTENDUE *vraie croix.* — Il ne faut pas demander à un protestant rationaliste de croire à l'authenticité de cette insigne relique conservée par la vénération des chrétiens. Les peuples ont bien pu conserver des débris de temples païens et de divinités païennes, les armures, les vitraux et les meubles de quelques personnages célèbres, anciens et modernes ; des musées exposent à la curiosité publique ces restes illustres, des antiquaires publient de savantes dissertations pour démontrer l'authenticité de ces reliques profanes, et il n'est pas permis à la raison des chrétiens de croire que l'amour et la reconnaissance des peuples ont pu aussi conserver avec la même fidélité le bois sacré sur lequel est mort le Dieu-Homme qui les a sauvés ! O vanité, aridité et insanie de la science, qui croit à tout, excepté à Jésus-Christ !

O Crux ! Ave !

N° 5 (page 90).

Nos lecteurs ont certainement remarqué et admiré le tableau du règne de Sixte-Quint. C'est une des plus belles parties du livre de M. Ranke, par l'impartialité des jugements, la vivacité du récit. Il fait justice de ces historiettes ridicules, débitées encore si souvent dans les histoires modernes, qui représentent ce grand Pape jouant, avant son Pontificat, le vieillard caduc et infirme, et jetant son bâton, pour se redresser dans toute sa virilité, le jour où il est élu. M. Ranke adresse à Sixte-Quint des reproches de *ruse*, *méchanceté, cruauté*, réfutés par le récit même de l'historien. L'exposé de l'horrible anarchie qui avait envahi l'État romain, troublé toutes les existences, livré les propriétés, la vie, l'honneur de toutes les familles à des bandits sortis des premiers rangs de la société, cet exposé suffit pour justifier la sévérité exercée par le Pape. Les résultats obtenus si promptement, l'ordre, la sécurité et la justice rétablis en quelques mois sont la meilleure réponse à ces détracteurs dont la philanthropie, pour épargner quelques scélérats, sacrifie sans hésiter l'existence d'une foule de citoyens. Les exemples cités par M. Ranke prouvent que quand les devoirs de la justice n'imposaient pas à Sixte-Quint des rigueurs nécessaires, il savait se montrer doux et clément.

N° 6 (page 97).

En lisant le tableau si intéressant de l'influence exercée au seizième siècle, par l'Église catholique, sur les lettres, les sciences et les arts, on peut juger de la liberté laissée au déloppement de l'intelligence; jamais l'esprit humain ne s'est élevé, dans toutes les sphères des connaissances, à une activité plus féconde en œuvres immortelles. Et l'on nous parle encore des persécutions exercées par l'Église et les Papes pour étouffer le libre développement des intelligences ! Il suffit de prononcer le mot d'Inquisition, pour convaincre le lecteur de la réalité de ces persécutions. M. Ranke cite les noms de Télésius, de Campanella et de Giordano Bruno.

Ils ont été punis par l'Inquisition, donc ils étaient innocents, donc ils sont des martyrs. Telle est la conclusion habituelle des historiens modernes. L'Inquisition n'était-elle pas un pouvoir régulièrement établi, librement accepté et institué, appliquant une législation en rapport avec les idées, les mœurs et les nécessités de ces siècles? N'a-t-on pas systématiquement exagéré et le nombre des coupables punis par l'Inquisition et l'étendue des châtiments qu'ils ont subis? L'intelligence de ces siècles a joui d'assez de liberté pour produire dans la politique, les sciences, les lettres et les arts des génies qui n'ont pu encore être dépassés, mais la constitution même de la société ne permettait pas que l'on pût saper la base même de cette société. Ainsi Campanella, Giordano Bruno enseignaient l'athéisme, les doctrines les plus antisociales, se mêlaient à toutes les intrigues des sectaires, à des mouvements politiques antinationaux, attaquaient les croyances et les intérêts universels de l'époque; fallait-il que la société restât sans défense, pour épargner quelques déclamations de plus à nos historiens modernes? Campanella a subi la question, mais M. Ranke ne dit pas que ce philosophe dominicain fut délivré par le pape Urbain VIII et protégé par le cardinal Richelieu. Les protestants contemporains se montraient plus équitables envers le Saint-Siége que nos écrivains modernes. Le célèbre Joseph Scaliger, calviniste exalté, mais un des plus savants hommes qui aient jamais existé, écrit au sujet du Pape Clément VIII: « Le Pape d'aujourd'hui, Clément VIII, ne persécute point, et ne fait point mourir pour cause de religion. Il y a eu quelques Anglais de suppliciés; mais surtout un, qui, à Rome, dans la grande église de Saint-Pierre, pendant que le prêtre consacrait l'Hostie, la lui arracha des mains; CELUI-LA FUT PUNI TRÈS-JUSTEMENT. Le secrétaire de M. de Dabin m'a dit l'avoir vu exécuter. » C.-F. *Scaligeriana*, ou mots remarquables recueillis de la bouche de Joseph Scaliger. La Haye, 1669, 2ᵉ édition, p. 143.

Je recommande au lecteur, qui veut apprécier à leur juste valeur les jugements portés sur les philosophes persécutés par l'Église, de lire des articles très-instructifs et très-spirituels publiés dans l'*Univers*, sous ce titre: *Causeries éclectiques*. (V. nᵒˢ des 9, 10 12 janvier, 5, 6, 10 mars 1847. Il est question de Vanini, Ramus, Galilée, Giordano Bruno.

No 7 (page 99).

M. Ranke pourrait-il dire en quoi la religion s'est rajeunie, en quoi la doctrine catholique, quand le Tasse l'exprime en passant, diffère de la doctrine catholique exprimée par le Dante, et comment il sait que la religion est rajeunie, de ce que l'*Orlando furioso* diffère de la *Jérusalem délivrée?*

No 8 (page 111).

Le retour des miracles qui depuis quelque temps avaient cessé de se produire. — M. Ranke ne croit pas à la puissance surnaturelle de Dieu, il ne peut donc croire, comme je l'ai déjà dit, à l'existence des miracles. Notre auteur déclare que *les miracles avaient cessé de se produire.* Je crois qu'il se trompe, puisque l'Église n'a pas cessé de produire des saints dans les quinzième et seizième siècles, et les actes de la canonisation de ces saints attestent l'authenticité des miracles qu'ils ont accomplis. *Tout une contrée déserte a été défrichée* par suite de la croyance à l'un de ces nouveaux miracles. Ce fait est l'histoire de la vie des saints et la conséquence fréquente des miracles. L'action surnaturelle de Dieu par les miracles est un acte de sa miséricorde, et cet acte une source de bienfaits pour le pays où il se produit. Dans le *Tableau des institutions et des mœurs de l'Église au moyen âge* [1], ouvrage écrit par Hurter avant sa conversion, on voit la vie surnaturelle des saints fonder les grands centres industriels, les associations commerciales, défricher l'Europe. Les pèlerinages ne servent pas seulement à conserver la foi des peuples, ils servent encore à répandre le bien-être dans les localités qui ont été sanctifiées par les miracles d'un saint.

M. Ranke est sans doute bien convaincu que, dans notre époque de civilisation, *les miracles ont cessé de se produire.* Malheur à nous, si le rationalisme avait raison, car l'action surnaturelle de Dieu aurait cessé de se produire, l'Église aurait cessé de produire des saints, et la terrible sentence de mort serait prête à être prononcée sur la société moderne! Je pourrais citer à

---

[1] 3 vol. in-8°, chez Sagnier et Bray.

M. Ranke, au risque de subir ses moqueries, des miracles accomplis au milieu de nous... Mais Notre Seigneur Jésus-Christ a passé sa vie à faire des miracles, et, chaque jour, les Pharisiens lui demandaient de prouver sa mission par des prodiges.

N° 9 (page 121).

Les pages qui terminent ce quatrième livre sont un véritable jeu d'esprit. Après nous avoir présenté le tableau de la réforme opérée dans l'Église romaine par les Papes et les saints, M. Ranke nous offre le manuel du solliciteur à la cour pontificale, l'art du diplomate à surprendre les secrets politiques; notre auteur semble avoir voulu démontrer qu'un Allemand savait être, au besoin, aussi badin et aussi plaisant qu'un journaliste parisien. Mon Dieu! à la cour des Papes, il y avait des gens qui avaient bonne envie d'avancer, qui flattaient les personnages en faveur; il y avait des ambassadeurs qui, pour faire valoir leurs services, cherchaient à connaître les pensées et les secrets de la politique romaine. Mais que prouvent toutes ces infirmités et tous ces ridicules contre la Papauté? Les affaires du Saint-Siége étaient administrées par des hommes... Qui a jamais prétendu le contraire? M. Ranke aurait pu, sans faire tort à son livre, s'épargner tant de frais d'esprit.

CINQUIÈME LIVRE.

———◆———

CHAPITRE UNIQUE.

MOUVEMENTS DE RÉACTION CONTRE LA RÉFORME. — PREMIÈRE ÉPOQUE (1563–1589).

Un des problèmes les plus difficiles de l'histoire d'une nation, c'est de découvrir le lien de son existence avec celle de tous les autres peuples. Il est vrai, sa vie particulière, formée, suivant des lois innées, de l'élément spirituel qui lui est propre, continue de se mouvoir à travers les âges, en restant identique avec elle-même; cependant elle ne cesse pas de subir les influences générales qui agissent avec force sur son développement.

Nous pouvons dire que le caractère de l'Europe actuelle repose sur cette opposition de la vie individuelle et de la vie générale. Les États et les peuples sont pour toujours séparés les uns des autres, mais ils se trouvent en même temps rapprochés dans une communauté indissoluble. Il n'y a point d'histoire particulière d'un pays dans laquelle l'histoire universelle n'ait joué un grand rôle. L'ensemble et la marche des siècles sont soumis à une nécessité si irrésistible et si vaste, que l'État le plus puissant n'apparaît souvent que comme un membre étreint et dominé lui-

même par les destinées communes. Celui qui aura essayé
une fois de se représenter, sans arbitraire et sans illusion, toute l'histoire d'un peuple et d'en contempler le
cours, aura éprouvé la difficulté de cette étude. Cependant aussi, nous pouvons apercevoir les phases diverses
de l'histoire générale de l'humanité dans les phases
individuelles d'une nationalité qui continue à se développer.

Mais la difficulté que nous signalons devient encore
bien autrement grande, quand une puissance imprime
un mouvement au monde, comme cela arrive quelquefois, et se présente, personnifiant en elle-même par excellence le principe de ce mouvement. Elle prend alors
une part si active à toutes les affaires du siècle, elle se
met dans des rapports si animés et si intimes avec toutes
les forces des autres peuples, que sa propre histoire devient, dans un certain sens, l'histoire universelle de
l'époque.

Après le concile de Trente, telle fut la mission que
fut appelée à accomplir la Papauté. Ébranlée dans sa
constitution intérieure, ayant couru le danger de voir
son existence détruite de fond en comble, elle avait su
cependant se maintenir et se renouveler. Déjà elle avait
étouffé dans les deux Péninsules méridionales toutes les
tentatives hostiles, elle avait attiré à elle et transformé
tous les éléments de la vie morale et intellectuelle ; la
pensée lui vint ensuite de faire rentrer sous son autorité
les apostats de toutes les autres parties du monde. Rome
apparut de nouveau comme une puissance conquérante,
elle forma des projets de propagation, elle commença
l'exécution de vastes entreprises, semblables à celles
qui descendirent du haut des Sept Collines dans l'antiquité et dans le moyen âge.

Nous serions encore peu initiés à l'histoire de la restauration de la Papauté, si nous voulions nous arrêter seulement au point central de son gouvernement; son importance réelle ne se manifeste que dans son action sur le monde.

. Fixons d'abord nos regards sur la puissance et la position de ses adversaires.

§ I. — Situation du Protestantisme vers l'an 1563 *.

Les opinions protestantes n'avaient pas cessé de faire des progrès en deçà des Alpes et des Pyrénées, jusqu'à l'époque des dernières sessions du concile de Trente; leur empire s'étendait au loin sur les nations germaniques, slavonnes et romanes.

Ces opinions s'étaient consolidées d'une manière d'autant plus inébranlable dans les royaumes scandinaves, que leur introduction y coïncida avec la fondation de nouvelles dynasties, avec la transformation de toutes les institutions politiques; elles furent saluées dès le principe par des cris de joie, comme si elles portaient en elles je ne sais quelle affinité naturelle avec le caractère national. Le premier fondateur du luthéranisme en Danemarck, Bugenhagen, n'a pas assez d'expressions pour vanter le zèle avec lequel on y écoute le prêche, « même les jours ouvriers, dit-il, même avant le jour, « et pendant les fêtes, toute la journée [1]. » Le protestantisme s'était propagé jusqu'aux frontières les plus reculées. On ne sait pas comment les habitants de Fœroër sont devenus protestants, tant ce changement s'exécuta

---

* Voir la note nº 1, à la suite de ce vᵉ livre.

[1] Relation de D. Pomerani, 1539. *Sab. p. visit.* dans le *Cabinet d'État,* découvert par Muller, p. 365.

avec facilité! En 1552, succombèrent les derniers représentants du catholicisme eu Islande; en 1554, un évêché luthérien fut fondé à Wiborg; des prédicateurs *évangéliques* accompagnaient les intendants suédois qui se rendaient dans les contrées éloignées de la Laponie. Gustave Wasa recommanda sévèrement, en 1560, par son testament, à ses héritiers et à leurs descendants, de persévérer dans la croyance *évangélique,* et de ne tolérer aucunes *fausses* doctrines; il leur en fit pour ainsi dire une condition de leur droit à la succession au trône [1].

Le luthéranisme était aussi parvenu à une domination complète sur les côtes de la mer Baltique, du moins parmi les habitants qui parlaient la langue allemande. La Prusse avait donné le premier exemple d'une grande sécularisation, lorsqu'en 1561 la Livonie suivit enfin le même exemple; la première condition qu'elle mit à sa soumission à la Pologne, fut qu'il lui serait permis de demeurer fidèle à la Confession d'Augsbourg. Les rois Jagellons furent alors empêchés, par leurs rapports avec le pays dont la soumission reposait sur le principe protestant, de s'opposer à cette propagation de la Réforme. Les grandes villes de la Prusse polonaise furent confirmées, dans les années 1557 et 1558, par des priviléges formels, dans l'exercice de la religion selon le rit luthérien, et les priviléges obtenus bientôt après par les petites villes furent encore plus explicites; elles étaient antérieurement exposées aux attaques des évêques [2]. Les opinions protestantes s'étaient emparées à la même époque, dans la Pologne proprement dite, d'une grande partie de la noblesse;

---

[1] *Testamentum religiosum Gustavi I,* dans Baaz : *Inventarium ecclesiæ Su-sogoth.,* p. 282.

[2] Lengnich, Relation du changement de religion en Prusse : avant la quatrième partie de l'histoire du pays prussien, § 20.

elles satisfaisaient le sentiment que la nature de la constitution politique y entretenait. « Un gentilhomme polonais n'est pas soumis au roi, devait-il l'être au Pape?»
Les choses en vinrent au point que des protestants usur-
pèrent les siéges épiscopaux, et que sous Sigismond Auguste ils formaient encore la majorité dans le sénat.
Sans aucun doute ce prince était catholique, il entendait tous les jours la messe, et assistait tous les diman-
ches au sermon, entonnait lui-même le *Benedictus* avec
les chantres de son chœur, observait les devoirs de la
confession et de la communion qu'il recevait sous une
seule espèce; mais il paraissait se soucier fort peu de ce
qu'on croyait à sa cour et dans son royaume, et n'était
pas disposé à troubler les dernières années de sa vie en
luttant contre une conviction qui faisait de si grands
progrès [1].

Le gouvernement du moins ne tenta pas avec succès
une pareille lutte dans les provinces hongroises voisines.
Jamais Ferdinand Ier ne parvint à faire rendre à la Diète
de Hongrie des décisions défavorables au protestantisme. En 1554, un luthérien fut élu prince palatin de
l'Empire; il fallut bientôt après faire des concessions
même à la confession helvétique dans la vallée d'Erlau.
La Transylvanie se sépara tout à fait; les biens du clergé
y furent confisqués, en 1556, par un recez formel de la
Diète; on s'empara même de la plus grande partie des
dîmes.

Nous arrivons ici à notre patrie, où les nouvelles
églises développées d'abord par l'esprit original de la
nation, s'étaient acquis, en combattant dans de longues

---

[1] *Relatione di Polonia del Vescovo di Camerino*, environ en 1555, Ms. de la
bibliothèque Chigi.

et périlleuses guerres, une valeur et une existence légale au sein de l'Empire, et se trouvaient sur le point d'envahir complétement les diverses provinces. Déjà leurs succès s'étaient étendus très-loin. Non-seulement le protestantisme régnait en maître dans le nord de l'Allemagne où il avait pris naissance, et dans ces provinces de la haute Allemagne où il s'est toujours maintenu, mais il avait jeté ses racines bien plus loin encore autour de lui.

En Franconie, les évêchés s'opposèrent inutilement à son introduction. A Wurzbourg et à Bamberg, la grande majorité de la noblesse et des autorités épiscopales, les magistrats et au moins la majorité des bourgeoisies des villes et la masse du peuple des campagnes, avaient embrassé le protestantisme ; dans l'évêché de Bamberg il y avait des prédicateurs luthériens presque pour chaque paroisse du pays [1]. C'est dans ce nouvel esprit que fut dirigée l'administration, principalement placée entre les mains des États qui avaient leur légation particulière et qui imposaient eux-mêmes leurs taxes : les tribunaux furent aussi occupés dans le même esprit, et on prétendait que la plus grande partie des jugements était opposée à l'intérêt catholique [2]. Les évêques avaient peu d'autorité ; celui qui révérait encore en eux le prince « avec une ancienne fidélité allemande et franconienne, » ne pouvait cependant pas supporter de les voir revêtus de leurs ornements d'église, de leurs mîtres.

Ce mouvement de la réforme s'était développé presque avec la même activité en Bavière. La grande majo-

---

[1] Jaeck s'est spécialement occupé de ce sujet dans la 2e et la 3e partie de son *Histoire de Bamberg.*

[2] Gropp : *Dissertatio de statu religionis in Franconia Lutheranismo infecta. Scriptores Wirceb.*, t. 1, p. 42.

rité de la noblesse avait embrassé les doctrines protestantes; une grande partie des villes inclina décidément vers elles; le duc fut obligé de faire dans ses Diètes, par exemple en 1556, des concessions telles qu'elles avaient suffi ailleurs à l'introduction complète de la Confession d'Augsbourg, et dans ce pays aussi elles paraissaient devoir entraîner la même conséquence. Le duc lui-même n'était pas tellement opposé à cette confession, qu'il ne pût assister quelquefois à un sermon protestant[1].

Mais les progrès avaient été encore bien plus grands en Autriche. La noblesse faisait ses études à Wittemberg; tous les colléges du pays étaient remplis de protestants; on prétendait que peut-être la trentième partie des habitants seulement était restée fidèle à la foi catholique. Une constitution des États du pays, qui reposait sur le principe du protestantisme, fut progressivement perfectionnée.

Les archevêques de Salzbourg, entourés de la Bavière et de l'Autriche, n'avaient pas pu non plus maintenir leur pays dans l'ancienne foi de l'Eglise. Ils n'y laissèrent encore arriver, à la vérité, aucun prédicateur protestant; mais les sentiments des habitants ne s'en manifestèrent pas moins. Dans la capitale, on ne fréquentait plus la messe, on n'observait plus les jours de jeûnes et de fêtes; celui qui était trop éloigné des prédicateurs des villages autrichiens, s'édifiait chez lui en lisant le sermonaire de Spangenberg. On ne s'en tint pas là dans les montagnes. A Rauris et à Gastein, à Saint-Veit, à Tamsweg et à Rastadt, les habitants demandaient hautement à communier sous les deux espèces; comme on le leur refusait, ils n'approchèrent plus des sacrements et n'envoyèrent plus leurs enfants à l'école : il arriva

[1] Sitzinger dans Strobel : *Supplément à la Littérature*, I, 313.

même qu'un paysan se leva au milieu de l'église, et interrompit le prédicateur en lui disant tout haut : « Tu mens. » Les paysans prêchaient même entre eux [1]. On ne doit pas s'étonner que le refus de célébrer le service divin d'une manière conforme aux nouvelles doctrines ait produit dans la solitude des Alpes quelques opinions d'une nature fantastique et bizarre.

Combien les circonstances parurent-elles autrement favorables dans les domaines des princes électoraux sur le Rhin, où la noblesse possédait assez d'indépendance pour procurer à ses vassaux une liberté que le seigneur ecclésiastique ne pouvait pas accorder! La noblesse rhénane avait embrassé de bonne heure le protestantisme; dans ses propriétés elle repoussa tous les empiétements du souverain, même ceux d'une nature religieuse. Dans les villes aussi, il y avait partout un parti protestant. Il s'agita fréquemment à Cologne, renouvelant ses réclamations. A Trèves, il était déjà si puissant, qu'il fit venir un prédicateur de Genève, et le maintint, en dépit du prince électoral. A Aix-la-Chapelle, il aspira directement à s'emparer de la souveraineté : les habitants de Mayence aussi n'hésitèrent point à envoyer leurs enfants aux écoles protestantes, par exemple à Nuremberg. Commendon, qui était en Allemagne en 1561, ne peut pas trouver assez d'expressions pour peindre la dépendance des prélats à l'égard des princes luthériens et leur condescendance pour le protestantisme [2]. Il croit avoir remarqué jusque dans leurs conseils privés des protestants de la faction la plus violente [3]. Il s'étonne de ce

---

[1] Extrait d'une relation du chanoine Guillaume de Trautmannsdof, de l'année 1555, dans la *Chronique de Salzbourg*, par Zauner, VI, 827.

[2] Gratiani : *Vie de Commendone*, p. 116

[3] « De' più arrabbiati eretici. — Mi è parso che il tempo non habbia appor-

que le temps n'a apporté aucun secours au catholicisme.

En Westphalie, les choses en étaient là comme ailleurs. Le jour de la Saint-Pierre, on voyait tout le peuple des campagnes occupé de la moisson, les jours de jeûne n'étaient en général plus observés. A Paderborn, le conseil de la ville tenait avec une certaine jalousie à sa confession protestante. A Munster, plus d'un évêque passait pour avoir des sentiments protestants et la plupart des prêtres étaient mariés. Le duc Guillaume de Clèves était à la vérité catholique, mais il recevait la communion sous les deux espèces dans la chapelle de son palais : la plus grande partie de ses conseillers étaient publiquement protestants ; aucun obstacle n'était opposé à l'exercice de la religion *évangelique* [1].

Il suffit de dire que dans toute l'Allemagne, de l'Orient à l'Occident, du Nord au Sud, le protestantisme avait acquis une supériorité incontestable ; la noblesse lui était dévouée dès le principe, la classe des fonctionnaires, déjà nombreuse et considérée alors, était élevée dans les nouvelles doctrines ; le peuple ne voulait plus entendre parler de certains articles, par exemple du purgatoire, de certaines cérémonies, par exemple des pèlerinages. Il n'était plus possible de maintenir un seul couvent, personne n'osait plus se montrer avec des reliques de saints. Un ambassadeur vénitien calcule, en 1558, que la dixième partie seulement des habitants de l'Allemagne était encore restée fidèle à l'ancienne foi.

Il ne faut pas s'étonner si les pertes de biens et de

« tato alcun giovamento. » Commendone, *Relatione dello stato della religione in Germania.* Ms. Vallicell.

[1] Tempesti : *Vita di Sisto V*, extraite de l'*Anonimo di Campidoglio*, I, XXIII.

pouvoir que faisait le catholicisme devenaient toujours
de plus en plus grandes. Dans la plupart des évêchés les
chanoines étaient ou adonnés aux nouvelles doctrines,
ou bien ils étaient tièdes et indifférents. Quel motif aurait pu les détourner, quand ils y voyaient d'ailleurs leur
avantage, de demander, à l'occasion, des protestants
pour évêques ? La paix de religion ordonnait à la vérité
qu'un prince ecclésiastique qui abandonnerait l'ancienne
croyance perdît son office et ses revenus, mais on croyait
que cela n'empêchait aucunement un chapitre devenu
évangélique de se choisir aussi un évêque *évangélique ;*
il suffisait qu'on ne rendît pas les évêchés héréditaires.
Il arriva ainsi qu'un prince de Brandebourg obtint l'archevêché de Magdebourg, un prince de Lauenbourg
celui de Brême, un prince de Brunswick celui de Hal-
berstadt; les évêchés de Lubeck, de Verden, de Minden,
l'abbaye de Quedlimbourg, tombèrent aussi dans des
mains protestantes.

Les confiscations des biens ecclésiastiques n'en continuèrent pas moins. L'évêché d'Augsbourg, par exemple, éprouva de grandes pertes en peu d'années. En 1557,
tous les couvents situés dans le pays de Wurtemberg lui
furent enlevés. Les couvents et les paroisses du comté
d'OEttingen le furent en 1558 ; ce n'est qu'après la paix
de religion que le nombre des protestants balança celui
des catholiques à Duenkelsbuehl et à Donauwerth, et
que les protestants s'élevèrent au souverain pouvoir à
Nœrdlingen et à Memmingen ; c'est alors que les couvents de ces villes, entre autres la riche préceptorerie
de Saint-Antoine à Memmingen et les paroisses, furent
irrévocablement perdus [1].

---

[1] Placidus Braun : *Histoire des Évêques d'Augsbourg*, vol. III, 533, 585, etc.

Il en résulta une bien faible perspective pour l'avenir du catholicisme.

Les opinions protestantes avaient triomphé aussi dans les établissements d'instruction, notamment dans les universités. Les anciens défenseurs du catholicisme qui avaient combattu Luther, ou qui s'étaient distingués dans les colloques religieux, étaient ou morts ou avancés en âge. De jeunes hommes, capables de les remplacer, n'avaient point surgi. Depuis vingt ans, aucun élève de l'Université de Vienne n'était entré dans les Ordres. A Ingolstadt même, ville si éminemment catholique, il ne se rencontra plus de candidats convenables dans cette Faculté[1] pour des places importantes, jusqu'à ce jour constamment occupées par des ecclésiastiques. A Cologne, la ville ouvrit une maison d'éducation, mais lorsque toutes les dispositions eurent été prises, il se trouva que le nouveau régent était un protestant[2]. Le cardinal Otto Truchses fonda une nouvelle université dans sa ville de Dillingen, avec le dessein formel d'opposer une résistance efficace aux opinions protestantes : elle fleurit pendant quelques années par les talents de quelques théologiens espagnols distingués ; aussitôt que ceux-ci se furent éloignés, on ne trouva en Allemagne aucun savant catholique pour occuper leurs places, des protestants parvinrent à pénétrer dans cette université. Vers cette époque, les instituteurs en Allemagne étaient presque tous des protestants ; la jeunesse entière était sous leur direction, et suça, avec les premiers éléments des connaissances, la haine contre le Pape.

---

[1] Agricola : *Historia provinciæ Societatis Jesu Germaniæ Superioris*, t. I, p. 29.

[2] Orlandinus : *Historia Societatis Jesu*, t. I, lib. XVI, n° 35. « Hujus novæ « bursæ regens, quem primum præfecerant, Jacobus Lichius, Lutheranus « tandem apparuit. »

Tel était l'état des choses dans le Nord et l'Est de l'Europe : on voyait le catholicisme complétement repoussé dans un grand nombre de localités, vaincu et spolié dans toutes, et pendant qu'il s'efforçait encore de se défendre, des ennemis plus dangereux avaient surgi contre lui dans l'Occident et le Sud.

Car le système calviniste était évidemment encore plus exclusivement opposé aux doctrines de Rome que le luthéranisme : précisément à l'époque dont nous parlons, ce système s'empara des esprits avec une force irrésistible.

Le calvinisme avait pris naissance aux frontières de l'Italie, de l'Allemagne et de la France : il s'était répandu de tous côtés ; en Hongrie, en Pologne et en Allemagne il avait été un élément à la vérité secondaire, mais déjà important en lui-même, de la propagation protestante, et dans l'occident de l'Europe, il s'était élevé déjà à une puissance indépendante.

De même que les royaumes scandinaves étaient devenus luthériens, de même les royaumes britanniques étaient devenus calvinistes : ici la nouvelle Église avait pris diverses formes opposées.

En Écosse où elle était arrivée au pouvoir en luttant avec le gouvernement, elle était pauvre, populaire, démocratique ; elle remplissait les esprits d'une ardeur d'autant plus irrésistible. En Angleterre, elle était parvenue, au contraire, en faisant cause commune avec le gouvernement de cette époque ; elle y était monarchique, riche et pleine de magnificence ; pour toute satisfaction, elle demandait qu'on ne s'opposât pas à son rit. La première, par sa nature, se trouvait beaucoup plus conforme au modèle de l'Église de Genève, beaucoup plus fidèle à l'esprit de Calvin.

La nation française avait embrassé avec toute son impétuosité naturelle les doctrines de son compatriote; en
dépit de toutes les persécutions, des églises françaises
s'organisèrent suivant le type protestant de Genève;
déjà en 1559 elles tinrent un synode. En 1561, l'ambassadeur vénitien, Micheli, ne rencontre aucune province
exempte du protestantisme, les trois quarts du royaume
en étaient remplis : la Bretagne et la Normandie, la Gas-
cogne et le Languedoc, le Poitou, la Touraine, la Provence et le Dauphiné. Dans plusieurs localités de ces
provinces, dit-il, on tient des réunions, des prêches,
on règle la vie tout à fait selon le modèle de Genève,
sans avoir aucun égard aux défenses données par le roi.
Le clergé lui-même n'a pas échappé à ces opinions; et
parmi le clergé, non-seulement les prêtres, les moines
et les religieuses (il y a peu de couvents qui soient restés
intacts), mais les évêques eux-mêmes et plusieurs des
prélats les plus distingués. « Que votre seigneurie, écrit-il
au doge, soit convaincue, qu'à l'exception du bas peuple
qui fréquente toujours encore avec zèle les églises, tous
les autres ont apostasié, principalement les nobles, et
presque tous les jeunes gens au-dessous de quarante
ans. Car, quoique plusieurs d'entre eux aillent encore à
la messe, cela ne se fait que par apparence et par
crainte : quand ils savent qu'ils ne sont pas observés, ils
fuient la messe et l'église. » Lorsque Micheli vint à
Genève, il apprit qu'immédiatement après la mort de
François II, cinquante prédicateurs de cette ville étaient
partis pour se rendre dans différentes villes de la France;
il est étonné et de la considération dont jouit Calvin, et
des sommes d'argent que celui-ci reçoit pour secourir
des milliers de personnes retirées à Genève[1]. Il prétend

[1] Micheli : *Relatione delle cose di Francia l'anno* 1561.

qu'il est indispensable d'accorder aux protestants français la liberté religieuse, du moins *par interim*, c'est
ainsi qu'il s'exprime, si on ne veut pas occasionner
une effusion générale de sang. Peu de temps après,
parut en effet l'édit du mois de janvier 1562, qui accorda au protestantisme une existence légale en France,
et qui est la base des priviléges dont il jouit dans ce
pays.

Tous ces changements opérés de tous côtés, en Allemagne, en France, en Angleterre, devaient aussi nécessairement alors agir sur les Pays-Bas où, tout d'a-
bord, l'influence allemande avait été prédominante.
Parmi les motifs qui avaient déterminé Charles V à faire
la guerre de Smalkalde, un des principaux était la sympathie que les protestants allemands excitaient dans les
Pays-Bas, et qui lui rendait de jour en jour plus difficile le gouvernement de cette province, une partie si
importante de sa monarchie. En soumettant les princes
allemands, il empêcha en même temps la révolte des
habitants des Pays-Bas [1].

Toutes ces lois cependant, quoique maintenues avec
une sévérité extraordinaire, toutes les exécutions qui
eurent lieu, en nombre à peine croyable, principalement dans les premières années du règne des successeurs
de Charles (on a calculé que près de 30,000 protestants
ont été mis à mort jusqu'en 1560), ne purent arrêter le
progrès des nouvelles opinions religieuses. Le seul effet
de ces mesures rigoureuses fut de rattacher insensiblement ces opinions beaucoup plus à la tendance française
et calviniste qu'à la tendance allemande et luthérienne.

---

[1] Opinion, ce me semble, très-fondée du résident florentin de cette époque
auprès de la cour impériale.

Malgré la persécution, une confession publiquement formulée parut aussi en Allemagne en 1561 ; on organisa des églises selon le modèle de Genève, et les protestants en unissant lenr cause avec celle des priviléges locaux et de leurs défenseurs, obtinrent une base politique qui non-seulement assura leur salut, mais, pour l'avenir, une certaine importance dans les affaires de l'État.

Dans ces circonstances, on vit se réveiller encore des oppositions plus anciennes contre Rome. Les frères moraves furent positivement reconnus, en 1562, par Maximilien II ; ils profitèrent de ce succès pour choisir immédiatement, pendant la même année, dans leurs synodes, un grand nombre de nouveaux ecclésiastiques ; on en compta 188 [1]. En 1561, le duc de Savoie se vit forcé d'accorder également de nouvelles libertés aux pauvres communes vaudoises, dans les montagnes [2]. Le protestantisme s'étendit jusque dans les coins les plus reculés de l'Europe. Quel empire immense il avait conquis dans l'espace de quarante ans ! Depuis l'Islande jusqu'aux Pyrénées, depuis la Finlande jusqu'aux sommets des Alpes italiennes, il embrassait tous les royaumes soumis à l'Église latine, s'était emparé de la majorité des classes supérieures, des esprits qui prennent une part active à la vie publique ; des nations entières y avaient adhéré avec enthousiasme ; il avait transformé les États [2]. Ces faits sont d'autant plus dignes de remarque, que le protestantisme n'était pas seulement une négation et une répudiation de la Papauté, mais bien positivement, et à un haut degré, une tentative de rénovation des pensées

[1] *Regenvolscii ecclesiæ Slavonicæ*, t. I, p. 63.
[2] Léger, *Histoire des Eglises vaudoises*, t. II, p. 38, rapporte la convention.
[2] C'est ainsi qu'on en jugea à Rome. Tiepolo : *Relatione di Pio IV e V.*

et des principes chrétiens qui règlent la vie humaine
jusque dans ses mystères les plus profonds *.

§ II. — Forces militantes de la Papauté.

La Papauté et le catholicisme s'étaient tenus pendant
quelque temps sur la défensive contre ces progrès du
protestantisme; leur conduite avait été toute passive,
forcés qu'ils étaient de supporter ce triomphe de l'hérésie.

Mais les choses prirent ensuite une tout autre allure.

Nous avons examiné le développement intérieur en
vertu duquel le catholicisme a commencé sa restauration. Nous pouvons dire qu'il avait de nouveau enfanté
en son sein une force vivante et énergique, qu'il avait
régénéré le dogme suivant l'esprit du siècle, et provoqué
dans les habitudes de la vie une réforme qui répondait
en général aux exigences des contemporains. Il ne laissa
pas les tendances religieuses qui existaient dans le sud
de l'Europe, lui devenir hostiles; il les absorba et les
domina, et s'en servit pour se rajeunir et se fortifier
lui-même. Jusqu'à ce jour le protestantisme avait seul
rempli de ses succès la scène du monde, et attiré à lui
les intelligences : maintenant, le catholicisme s'appropriant aussi les intelligences et enflammant leur activité
entra en lice avec son adversaire **.

Le système catholique restauré s'empara d'abord des
deux péninsules méridionales. Il n'obtint pas ce triomphe sans employer une sévérité extraordinaire; l'Inquisition romaine renouvelée assista l'Inquisition espagnole;
tous les mouvements du protestantisme furent compri-
més avec violence. En même temps, le catholicisme

* Voir la note nº 2. — ** Voir la note nº 3.

acquit dans ces pays la plus grande influence par la direction spirituelle des âmes pour laquelle il avait une préférence marquée, et dont il disposait d'une manière absolue. Les princes aussi prirent sous leur protection les intérêts de l'Église.

Il était surtout important que le plus puissant de tous, Philippe II, défendît avec vigueur la Papauté; il rejeta toutes les opinions hétérodoxes avec toute la fierté d'un Espagnol, aux yeux duquel l'intégrité de la foi catholique était comme le signe d'un sang plus pur, d'une naissance plus illustre. Ce n'était cependant pas une impulsion purement personnelle qui lui dictait sa conduite politique. La dignité royale avait eu de tout temps, et surtout depuis les institutions d'Isabelle, une couleur ecclésiastique : le pouvoir royal était fortifié dans toutes les provinces par le pouvoir spirituel : celles-ci n'auraient jamais pu être gouvernées sans l'Inquisition : dans les possessions américaines, le roi était regardé, avant tout, comme un propagateur de la foi chrétienne et catholique; c'était cette pensée qui réunissait tous les pays de la vaste monarchie espagnole, sous l'obéissance du souverain, lequel n'aurait pu abandonner cette ligne de conduite sans courir des dangers réels. L'invasion des huguenots dans le sud de la France excita les plus grandes inquiétudes en Espagne : l'Inquisition se crut obligée de redoubler de vigilance : « J'assure à votre seigneurie, écrit l'ambassadeur vénitien au doge, le 25 août 1562, qu'il serait à souhaiter pour ce pays qu'il ne se déclarât aucun mouvement religieux, car il y a un grand nombre de personnes qui désirent ardemment un changement de religion [1]. » Le nonce du

_____
[1] Dispaccio Soranzo, Perpignan, 28 Maggio.

Pape pensait que la continuation du concile, encore assemblé, était une affaire aussi importante pour le pouvoir royal que pour le pouvoir papal; « car, dit-il, l'obéissance que possèdent le roi et tout son gouvernement dépend de l'Inquisition. Si cette dernière venait à perdre sa considération, il s'ensuivrait sur-le-champ des révoltes. »

Le système méridional obtint, à cette époque, une influence immédiate sur toute l'Europe, influence déjà manifestée par ce fait même de la souveraineté de Philippe II dans les Pays-Bas; mais, en outre, tout était bien loin d'être perdu dans les autres royaumes. L'empereur, les rois de France et de Pologne, les ducs de Bavière étaient restés attachés à l'Église catholique: il y avait encore de tous côtés des princes ecclésiastiques dont le zèle refroidi pouvait être ravivé; dans un grand nombre de localités, le protestantisme n'avait pas pénétré au sein des masses de la population. La majorité du peuple des campagnes en France, en Hongrie et en Pologne, était encore catholique: Paris, qui exerçait déjà à cette époque une grande influence sur les autres villes de la France, n'avait pas été entraîné par les novateurs. En Angleterre, une grande partie de la noblesse et du peuple; en Irlande, toute l'ancienne nation irlandaise, étaient demeurées fidèles au catholicisme. Le protestantisme n'avait trouvé aucun accès dans les Alpes tyroliennes et suisses; il n'avait pas non plus fait beaucoup de progrès parmi le peuple des campagnes en Bavière. Canisius compare les Tyroliens et les Bavarois aux deux tribus d'Israël, qui seules étaient restées fidèles au Seigneur. Le même fait se retrouve dans les Pays-Bas et dans les provinces wallonnes.

La Papauté prit, dès ce moment, une position du

haut de laquelle elle pouvait s'emparer de nouveau de toutes ces sympathies et se les attacher d'une manière indissoluble. Quoiqu'elle se fût transformée aussi, elle possédait cependant l'avantage inappréciable d'avoir pour elle la puissance des traditions, l'habitude de l'obéissance. Les Papes avaient réussi à augmenter dans le concile qu'ils avaient si heureusement terminé, leur autorité qu'on s'était proposé de diminuer, et à obtenir une influence plus étendue sur les églises nationales. De plus, ils abandonnèrent cette politique temporelle avec laquelle ils avaient troublé jusqu'à ce jour l'Italie et l'Europe : ils s'attachèrent avec confiance et sans réserve à l'Espagne, et lui témoignèrent le même dévouement qu'elle manifestait pour l'Église romaine. Leur principauté italienne, l'extension des domaines et des richesses de leur État servirent avant tout à favoriser les entreprises de l'Église ; toute l'Église catholique profita pendant quelque temps de l'excédant des revenus de l'administration papale [*].

Forte par elle-même, puissante par le nombre et l'autorité de ses partisans, par la communauté et l'unité de croyance qui les liait tous, la Papauté passa de la défensive, à laquelle elle avait été obligée de se résigner, à une offensive active et énergique. L'objet principal de ce travail, c'est d'examiner la marche et les succès de cette offensive.

Une scène immense s'ouvre à nos yeux. L'entreprise commence en même temps sur plusieurs parties de l'Europe ; étudions attentivement leurs diverses situations.

L'activité spirituelle se lie de la manière la plus intime avec les impulsions politiques ; nous fixerons d'autant plus nos regards sur les grandes phases temporelles du

[*] Voir la note no 4.

monde, qu'elles coïncident souvent immédiatement avec le succès et le non-succès de la lutte spirituelle. Il ne nous est cependant pas permis de ne nous arrêter qu'à des généralités. Les conquêtes spirituelles, bien moins que les conquêtes temporelles, ne peuvent être réalisées sans des sympathies locales qui viennent à leur rencontre. Il nous faut donc descendre dans la profondeur des intérêts des divers pays, afin d'en saisir les mouvements intérieurs qui favorisèrent les vues de l'Église romaine.

Il y a une telle diversité d'événements et de phénomènes, que nous redoutons presque de pouvoir à peine les présenter sous une seule de leurs faces.

Nous commençons par notre patrie où la Papauté a d'abord éprouvé les plus grandes pertes, et où les deux principes choisirent d'abord leur champ de bataille.

La Société des Jésuites, composée d'hommes habiles, pleins de zèle pour la religion, et pénétrés de l'esprit du catholicisme moderne, rendit ici surtout de grands services à l'Église romaine. Examinons le rôle qu'elle a joué.

§ III. — Les premières Écoles des Jésuites en Allemagne.

Ferdinand Ier se trouvant à la Diète d'Augsbourg, en 1550, avait auprès de lui son confesseur, Urbain, évêque de Laybach. Celui-ci était du petit nombre des prélats restés inébranlables dans leur foi. Il monta souvent en chaire dans son évêché pour exhorter le peuple à persévérer dans la croyance de ses pères, pour prêcher qu'il n'y a *qu'un seul bercail et un seul pasteur* Le

---

[1] Valvassor : *Gloire du duché de Carniole.* Partie II, livre VII, p. 433.

jésuite Le Jay se trouvait aussi à Augsbourg, et faisait quelque sensation par les conversions qu'il opérait. L'évêque Urbain fit sa connaissance. Le Jay, le premier, lui parla des colléges que les Jésuites avaient fondés auprès de plusieurs universités. La théologie catholique étant dans une si grande décadence en Allemagne, l'évêque Urbain donna le conseil à l'empereur de fonder un collége semblable à Vienne. Ferdinand accepta avec empressement; dans la lettre qu'il écrivit à ce sujet à Ignace de Loyola, il exprime la conviction que l'unique moyen de maintenir en Allemagne la doctrine de l'Eglise, c'est de donner à la jeunesse, pour instituteurs, des catholiques pieux et savants [1]. Les conventions furent facilement conclues : en 1551, arrivèrent treize Jésuites parmi lesquels était Le Jay lui-même, et auxquels Ferdinand assigna d'abord un logement, une chapelle et une pension, jusqu'à ce qu'il les unît peu à peu avec l'université, et leur en confiât l'inspection.

Ils prospérèrent bientôt après à Cologne. Ils y étaient déjà depuis plusieurs années, mais sans avoir aucun succès ; on les avait même forcés à ne pas vivre en communauté. Ce ne fut qu'en 1556 que cette maison d'éducation, qui avait obtenu un protestant pour régent, leur fournit l'occasion d'acquérir une position plus solide. Car, comme il y avait dans la ville un parti qui attachait la plus grande importance à ce que l'université demeurât catholique, on écouta enfin le conseil que donnèrent les protecteurs des Jésuites, de confier cette institution à leur Ordre. Ces protecteurs étaient le prieur des Chartreux, le provincial des Carmes, et principalement le docteur Jean Gropper qui invitait quelquefois les bour-

---

[1] Imprimée dans Socher : *Historia provinciæ Austriæ Societatis Jesu*, 1, 21.

geois les plus influents à des festins, afin de proposer,
selon l'ancien usage allemand, en buvant un verre de
vin, les projets qu'il avait le plus à cœur. Heureusement
pour les Jésuites, il y avait parmi eux un membre de
l'Ordre nommé Jean Abetius, né à Cologne, d'une famille patricienne, auquel l'institution pouvait être confiée. Mais cela ne se fit pas sans de sévères restrictions :
on défendit formellement aux Jésuites d'introduire une
vie monacale dans l'établissement, ainsi qu'ils avaient
coutume de faire dans leurs colléges [1].

Ce fut à cette époque qu'ils prirent racine à Ingolstadt. Les tentatives antérieures avaient échoué par la
résistance que leur opposèrent principalement les jeunes
membres de l'université qui ne voulaient se laisser restreindre par aucune école privilégiée dans l'enseignement privé qu'ils donnaient. Mais en 1556, lorsque le
duc, ainsi que nous l'avons dit, avait été obligé de faire
de fortes concessions en faveur des protestants, les conseillers catholiques de ce prince jugèrent qu'il était
d'une nécessité urgente de faire quelque chose d'efficace pour le maintien de l'ancienne croyance. C'étaient
surtout le chancelier Wiguleus Hund qui montra autant
de zèle à conserver qu'à étudier l'ancien état de l'É-
glise, et Henri Schwigger, secrétaire intime du duc.
Ce furent eux qui rappelèrent les Jésuites. Le 7 juillet
1556, jour de la Saint-Wilibald, ils entrèrent au nombre de dix-huit dans Ingolstadt ; ils avaient choisi ce
jour, parce que saint Wilibald est regardé comme le
premier évêque de ce diocèse. Ils rencontrèrent encore
beaucoup de difficultés dans la ville et l'université :
mais ils parvinrent à les vaincre insensiblement, à l'aide

---

[1] Sacchinus : *Hist. Soc. Jesu*, pars II, lib. I, n° 103.

de la même protection à laquelle ils étaient redevables de leur établissement.

Les Jésuites se propagèrent du sein de ces trois métropoles dans toutes les parties de l'Allemagne.

De Vienne, ils se répandirent immédiatement dans les pays autrichiens. Ferdinand I⁣ᵉʳ les établit en 1556, à Prague, où il fonda pour eux un collége destiné principalement à la jeunesse noble. Il y envoya même les pages, et l'Ordre rencontra de la bienveillance et un appui auprès de la partie catholique de la noblesse bohémienne, chez les Rosemberg et les Gobkowitz. Nicolas Olahus, archevêque de Gran, était un des hommes les plus considérables en Hongrie. Son nom prouve qu'il était Valaque d'origine. Son père, Stoia, effrayé de l'assassinat d'un woïwode de sa famille, l'avait consacré à l'Église, et il avait répondu de la manière la plus heureuse à cette destination. Il fut revêtu de la charge importante de secrétaire intime, sous les derniers rois indigènes; depuis, il s'était élevé encore plus haut, au service du parti autrichien. Lors de la décadence générale du catholicisme en Hongrie, il vit que le seul espoir de le maintenir était dans le peuple qui n'avait pas encore apostasié. On manquait là également d'instituteurs catholiques. Pour les former, il fonda en 1561 un collége de Jésuites à Tyrnau; il leur assigna une pension sur ses propres revenus; et l'empereur Ferdinand leur fit présent d'une abbaye. Une assemblée du clergé du diocèse fut convoquée pour le moment de leur arrivée. Le premier emploi de leur zèle se porta à essayer de ramener les prêtres hongrois à l'orthodoxie, et de leur faire renier les doctrines hétérodoxes vers lesquelles ils inclinaient. A peine étaient-ils à l'œuvre, et déjà on les appela en Moravie. Guillaume Prussinowski, évêque d'Olmutz, qui avait appris à connaître l'Ordre des Jésuites, pendant qu'il faisait ses études en Italie, les invita à venir s'établir auprès de lui; un Espagnol, nommé Hurtado Perez, fut le premier recteur à Olmutz; bientôt nous les trouvons à Brunn.

De Cologne, la Société se répandit dans toutes les provinces rhénanes. A Trèves, ainsi que nous l'avons mentionné, le protestantisme avait trouvé des partisans et occasionné de la fermentation. L'archevêque, Jean de Stein, résolut de ne décréter que des peines faibles contre les récalcitrants, et de ne combattre ce mouvement que par une plus active propagation de la doctrine catholique. Il fit venir auprès de lui, à Coblentz, les deux chefs de l'école des Jésuites de Cologne, et leur représenta qu'il désirait avoir quelques membres de leur Ordre, « afin de contenir dans le devoir, ce sont ses propres expressions, le troupeau qui lui avait été confié, plutôt par des exhortations et une instruction amicale que par les armes et les menaces. » Il s'adressa aussi à Rome, et bientôt on fut d'accord. On envoya six jésuites de Rome, les autres vinrent de Cologne. Le 3 février 1561, ils ouvrirent leur collége avec une grande solennité; ils se chargèrent de prêcher pendant le carême suivant [1].

Pierre Echter et Simon Bagen, tous deux conseillers privés du prince électoral Daniel de Mayence, crurent reconnaître aussi que l'admission des Jésuites était le seul moyen de relever l'université de Mayence qui tombait en décadence. Malgré la résistance que leur opposèrent les chanoines et les feudataires, ils fondèrent pour l'Ordre des Jésuites un collége à Mayence, et une école préparatoire à Aschaffenbourg.

---

[1] Browerus : *Annales Trevirenses*, t. ii, lib. xxi, 106-125.

La Société faisait toujours de plus grands progrès en remontant le Rhin. Elle paraissait désirer de préférence avoir un établissement à Spire, soit à cause du grand nombre d'hommes distingués qui s'y trouvaient réunis parmi les assesseurs de la chambre de justice, sur lesquels il était extraordinairement important d'acquérir de l'influence, soit pour s'opposer, dans le voisinage, à l'université de Heidelberg, qui jouissait d'une très-grande réputation, à cause de ses professeurs protestants [1]. Peu à peu ils pénétrèrent à Spire et s'y établirent.

Ils tentèrent aussi sans retard leur fortune le long du Mein. Quoique la ville de Francfort fût entièrement protestante, ils espérèrent néanmoins pouvoir y obtenir quelques succès pendant les foires. Mais cela ne pouvait se faire sans danger : pour ne pas être découverts, ils furent obligés de changer d'auberge toutes les nuits. A Wurzbourg, ils furent plus en sûreté et mieux reçus. On dirait que l'exhortation adressée par l'empereur Ferdinand aux évêques, pendant la diète de 1559, de réunir enfin leurs forces pour maintenir l'autorité de l'Église catholique, exerçait une grande influence sur ces progrès brillants de la Société des Jésuites. De Wurzbourg, ils traversèrent la Franconie.

Le Tyrol leur fut ouvert. Conformément aux désirs des filles de l'empereur, ils s'établirent à Inspruck, et ensuite dans son voisinage, à Hall. Ils firent toujours des progrès de plus en plus grands en Bavière. A Munich, où ils arrivèrent en 1559, ils obtinrent encore plus d'avantages et de ressources qu'à Ingolstadt; ils

---

[1] Par exemple : Neuser dit dans sa célèbre lettre à l'empereur de Turquie, qu'il est professeur et prédicateur à Heidelberg; « lieu où demeurent actuellement les hommes les plus savants de toute l'Allemagne. » Arnold, *Histoire des Hérétiques*, II, 1133.

appelaient cette première ville *la Rome allemande*. Déjà
une nouvelle et grande colonie s'était élevée non loin
d'Ingolstadt. Pour ramener son université de Dillingen
à son but primitif, le cardinal Truchses prit la résolution de congédier tous les professeurs qui y enseignaient
encore, et de la confier entièrement aux Jésuites. Un
arrangement positif fut conclu à ce sujet, à Botzen,
entre les commissaires allemands et italiens du cardinal
et de la Société. Les Jésuites arrivèrent en 1563, à Dillingen, et prirent possession des chaires. Ils racontent
avec une grande satisfaction comment le cardinal, à
peine de retour d'un voyage, fit une entrée solennelle
à Dillingen, s'adressa de préférence, parmi ceux qui
étaient venus le recevoir, aux Jésuites, leur donna sa
main à baiser, les appela ses frères, visita leurs cellules
et mangea avec eux. Il les favorisa de toutes ses forces,
et établit bientôt pour eux une mission à Augsbourg [1].

En un si petit nombre d'années, quels progrès extraordinaires avait faits la Société ! En 1551, les Jésuites
n'avaient encore aucune situation fixe en Allemagne :
en 1566, ils occupaient la Bavière et le Tyrol, la Franconie et la Souabe, une grande partie des provinces
rhénanes, l'Autriche; ils avaient pénétré en Hongrie, en
Bohême et en Moravie. On s'aperçut aussitôt des effets
de leur influence : en 1561, le nonce du Pape assure
« qu'ils gagnent beaucoup d'âmes et rendent un grand
service au Saint-Siége. » C'était la première impulsion
anti-protestante durable que reçut l'Allemagne.

Ils travaillaient surtout au perfectionnement des universités. Leur ambition était de rivaliser avec la célébrité des universités protestantes. Toute la culture scien-

---

[1] Sacchinus, pars II, lib. VIII, n° 108.

tifique de cette époque reposait sur l'étude des langues anciennes. Ils les cultivèrent avec un nouveau zèle, et en peu de temps on crut pouvoir comparer les professeurs jésuites aux restaurateurs mêmes de ces études. Ils cultivèrent aussi d'autres sciences ; François Koster enseigna à Cologne l'astronomie d'une manière aussi agréable qu'instructive. Mais les doctrines théologiques étaient, bien entendu, le sujet principal de leur enseignement ; ils s'y livraient avec la plus grande activité, même pendant les jours de fêtes ; ils ressuscitèrent l'usage des exercices de thèses, sans lesquels, comme ils disaient, tout enseignement est mort ; les exercices qu'ils rendaient publics étaient pleins de convenance, de politesse, d'instruction et les plus brillants que l'on eût jamais vus. On ne tarda pas à se persuader qu'à Ingolstadt, l'université catholique était parvenue au point, du moins en théologie, de pouvoir se mesurer avec toute autre université de l'Allemagne. Ingolstadt obtint, à la vérité dans un sens opposé, une influence semblable à celle qu'avaient eue, pour la Réforme, Wittemberg et Genève.

Les Jésuites ne se dévouaient pas avec moins d'ardeur à la direction des écoles de latinité. Une des principales pensées de Lainez, c'est qu'il fallait donner de bons professeurs aux classes inférieures de grammaire ; la première impression que reçoit l'homme étant celle qui importe le plus pour toute sa vie. Doué d'une intelligence droite, Lainez chercha des hommes qui, voués à cette partie de l'enseignement, songeaient à lui consacrer toute leur vie ; car c'est le temps seul qui initie à toutes les difficultés de cette fonction et donne au maître l'autorité naturelle et nécessaire. Les succès des Jésuites, sous ce rapport, furent prodigieux. On observa que la jeunesse apprenait chez eux beaucoup plus, en six mois, que chez les autres en deux ans; des protestants mêmes rappelèrent leurs enfants des gymnases éloignés pour les confier aux Jésuites.

Ceux-ci établirent encore des écoles des pauvres, des instructions religieuses pour les enfants, des catéchismes. Le catéchisme de Canisius était composé de questions bien enchaînées et de réponses concises; il suffisait parfaitement aux intelligences destinées à l'apprendre.

Cet enseignement était tout à fait dans le sens de cette dévotion mystique qui, dès le commencement, caractérisait d'une manière si particulière l'institut des Jésuites. Le premier recteur à Vienne était un Espagnol, nommé Jean Victoria, lequel signala autrefois à Rome son entrée dans la Société par cette singularité : revêtu d'un cilice, il traversa le Corso pendant les fêtes du carnaval, en se flagellant jusqu'à ce que le sang ruisselât de tous ses membres. Les enfants de Vienne qui fréquentaient les écoles des Jésuites, se distinguèrent bientôt par l'inébranlable refus de goûter, pendant les jours de jeûne, aux viandes défendues, que leurs parents, au contraire, mangeaient sans scrupule. A Cologne, on se fit de nouveau un honneur de porter le chapelet. A Trèves, on commença à vénérer les reliques, avec lesquelles personne n'avait plus osé se montrer, depuis plusieurs années. En 1560, la jeunesse d'Ingolstadt partit de l'école des Jésuites pour aller deux à deux, en pèlerinage, à Eichstædt, afin d'être fortifiés, à l'époque de la confirmation, « par la rosée qui tombe à petites gouttes du tombeau de sainte Walpurgis. » Cette direction religieuse partie des écoles, fut propagée par la prédication et la confession, dans toute la population.

Un tel mouvement religieux est peut-être sans exemple dans l'histoire du monde.

Quand une nouvelle impulsion morale et intellectuelle s'est emparée des hommes, elle s'est toujours opérée par la puissance d'individualités imposantes, par la force entraînante d'idées nouvelles. Ici, l'effet était produit sans aucune grande manifestation intellectuelle. Les Jésuites pouvaient être savants et pieux à leur manière; mais personne ne dira que leur science reposait sur un libre essor de l'esprit, que leur piété partait du fond d'un cœur simple et ingénu. Ils étaient assez savants pour avoir de la célébrité, pour attirer la confiance, pour former et conserver des élèves; mais voilà tout. Ni leur piété, ni leur science ne marchaient dans les routes libres, illimitées, non frayées; cependant elles avaient une qualité qui les distinguait essentiellement, c'était une méthode sévère. Tout était calculé, car tout avait son but. Une semblable association, dans le même corps, de science à un degré suffisant de profondeur et de zèle infatigable, de travail et de persuasion, de pompe et de mortification, de propagation et d'unité systématique, n'a jamais existé, avant eux, dans le monde. Ils étaient laborieux et mystiques, politiques et enthousiastes; c'étaient des gens que l'on aimait à fréquenter, n'ayant aucun intérêt personnel, s'aidant tous les uns et les autres; il n'est donc pas étonnant qu'ils aient si bien réussi.

Nous, Allemands, nous devons rattacher à ce succès une considération particulière. La doctrine théologique de la Papauté, ainsi que nous l'avons dit, n'avait presque plus de croyants chez nous. Les Jésuites vinrent pour la rétablir. Qu'étaient les Jésuites, lorsqu'ils arrivèrent chez nous? Des Espagnols, des Italiens, des

Neerlandais : on ignora pendant longtemps le nom de leur Ordre ; on les appelait des prêtres espagnols. Ils occupèrent les chaires et trouvèrent des élèves qui embrassaient leurs doctrines. Ils n'ont rien reçu des Allemands ; leur doctrine et leur constitution étaient achevées et formulées avant qu'ils n'apparussent chez nous. Nous pouvons donc considérer les progrès de leur institut chez nous comme une nouvelle intervention de l'Europe romaine dans l'Europe germanique. Ils nous vainquirent sur le sol allemand ; ils nous arrachèrent une portion de notre patrie. Ce résultat provenait sans doute de ce que les théologiens allemands ne s'étaient pas entendus et n'avaient pas eu des sentiments assez élevés pour souffrir entre eux des contradictions peu essentielles. On s'était jeté dans des opinions extrêmes ; on se combattait avec une sauvagerie aveugle et impitoyable ; en sorte qu'on entraîna dans l'erreur ceux qui n'étaient pas encore parfaitement convaincus, et qu'on fraya le chemin à ces étrangers qui soumirent les esprits avec leur doctrine habilement formulée, perfectionnée jusque dans les moindres détails, et n'offrant aucune prise au doute *.

§ IV. — Réaction catholique en Allemagne.

Malgré toutes ces circonstances avantageuses, il est cependant évident que les Jésuites n'auraient pas pu réussir avec tant de facilité, sans le secours du bras séculier, sans la protection des princes de l'Empire.

Car les questions religieuses avaient subi le même sort que les questions politiques ; on n'était pas parvenu à

* Voir la note n° 5.

prendre de mesure destinée à mettre la constitution de l'Empire, essentiellement hiérarchique, en harmonie avec la nature des nouvelles relations religieuses. La paix de religion, telle qu'on l'entendit dès le commencement et qu'elle fut expliquée plus tard, était une nouvelle extension de la souveraineté temporelle. Les provinces reçurent aussi une grande indépendance sous le rapport spirituel. Depuis cette époque, la position religieuse qui devait être prise dans un pays, dépendait uniquement de la conviction du prince et de la bonne intelligence qui régnait entre lui et ses États.

Cette situation paraissait avoir été imaginée à l'avantage du protestantisme, mais elle finit, au contraire, par tourner tout à l'avantage du catholicisme *.

C'est d'abord en Bavière que ce résultat s'est manifesté, et il vaut particulièrement la peine d'examiner comment la chose est arrivée, à cause des conséquences immenses qui en ont été la suite.

Depuis longtemps, il régnait des différends entre les princes et les États aux Diètes de Bavière. Le duc éprouvant toujours des embarras d'argent, accablé de dettes, constamment engagé dans de nouvelles dépenses, se voyait toujours dans la nécessité de réclamer l'assistance de ses États. Ceux-ci demandaient en retour des concessions, surtout d'une nature religieuse. Une situation semblable à celle qui exista longtemps en Autriche parut devoir se former en Bavière : c'était celle d'une opposition légale des États, fondée à la fois sur la religion et les priviléges, contre le souverain, quand celui-ci ne passait pas à la fin lui-même au protestantisme.

* Voir la note nº 6.

Ce fut sans doute les craintes inspirées par cette situation qui décidèrent, ainsi que nous l'avons mentionné, l'appel des Jésuites. Il se peut bien que leurs
enseignements eussent produit une forte impression
personnellement sur le duc Albert V, qui disait un jour :
que tout ce qu'il avait compris de la loi divine, il l'a-
vait appris de Hoffaeus et de Canisius, tous les deux
jésuites. Une autre influence se joignit encore à celle-là ;
non-seulement Pie IV fixa l'attention du duc sur cette
inévitable conséquence de chaque concession religieuse
qui entraînait une altération de l'obéissance de ses sujets [1] (ce qui ne pouvait être nié, attendu la situation
de cette principauté allemande) ; mais de plus, le Pape
appuya ses exhortations par des témoignages de faveur,
en lui cédant une dîme des biens de son clergé. Rendu
ainsi plus indépendant des exigences de ses États, le
duc fut en même temps éclairé par Pie IV sur les avantages qu'il avait à attendre de son union avec l'Église
romaine.

Il s'agissait donc principalement pour le duc de pouvoir de nouveau calmer et arrêter l'opposition religieuse
qui avait déjà pris racine dans ses États.

Il mit la main à cette œuvre en 1563, dans une Diète
tenue à Ingolstadt. Les prélats étaient déjà favorable-
ment prévenus ; il travailla immédiatement les villes.
Soit que les doctrines du catholicisme restauré et l'activité des Jésuites qui pénétraient partout, eussent aussi
acquis de l'influence sur les villes et particulièrement
sur les membres dirigeants de leur assemblée, soit parce

---

[1] *Legationes Paparum ad duces Bavariæ.* Ms. de la bibliothèque de Munich.
Prima legatio, 1563. « Quod si sua Celsitudo Ill. absque sedis apostolicæ auto-
« ritate usum calicis concedat, ipsi principi etiam plurimum decederet de ejus
« apud subditos autoritate. » On se plaignait à la Diète de ce que le prince était
aveuglé par ce don de la dîme.

qu'il se présenta d'autres considérations, en fait, il suffit de dire que les villes se désistèrent cette fois des demandes de nouvelles concessions religieuses dont, jusqu'à ce moment, elles avaient toujours poursuivi avec ardeur la réalisation. Il ne restait donc plus encore que la noblesse à gagner. Découragée et irritée, elle abandonna la Diète : on signala au duc les propos menaçants tenus par les gentilshommes [1]; enfin, le plus considérable d'entre eux, le comte d'Ortembourg, qui réclamait en vain pour son comté son indépendance de l'Empire, se décida à introduire, sans plus de façon, la confession évangélique dans ses domaines. Mais c'est précisément ce qui mit les meilleures armes entre les mains du duc, surtout lorsqu'il eut trouvé dans un des châteaux dont il s'était emparé une correspondance entre les seigneurs de la Bavière ; cette correspondance contenait de fortes allusions ; on l'y désignait comme un *Pharaon endurci*, et son conseil comme n'étant occupé qu'à délibérer sur les moyens de mettre à mort les pauvres chrétiens ; elle renfermait encore d'autres expressions que l'on crut pouvoir interpréter comme les preuves d'une conjuration ; il en prit prétexte pour accuser tous les membres de la noblesse qui lui étaient opposés [2]. On ne peut pas qualifier de sévère la peine qu'il décerna contre eux, mais elle le conduisit à son but. Il exclut des Diètes de Bavière tous ceux qui étaient compromis. Comme ils y formaient la seule opposition restée debout, il devint par là complétement maître des États, dans lesquels, depuis cette époque, il n'a plus été question de religion.

---

[1] Rapport secret sur les propos inconvenants et séditieux, dans Freiberg *Histoire des États de Bavière*, II, 352.

[2] Huschberg : *Histoire de la maison d'Ortembourg*, p. 390.

On vit aussitôt l'importance de ce triomphe. Le duc Albert insistait depuis longtemps, avec beaucoup d'ardeur, auprès du Pape et du concile, afin d'obtenir la permission de l'usage du calice pour les laïques ; il paraissait y attacher toute la destinée de son pays ; cette autorisation lui fut enfin accordée, au mois d'avril 1564 ; qui pourrait le croire ? il ne daigna pas, même à cette époque, la publier. Les circonstances avaient changé : une concession qui s'éloignait du catholicisme rigoureusement pratiqué lui parut alors plus nuisible qu'utile[1] ; il employa la violence pour faire taire quelques communes de la Basse-Bavière qui renouvelaient avec instance leurs demandes antérieures.

Bientôt, il n'y eut pas en Allemagne de prince plus catholique que le duc Albert. Il se mit très-sérieusement à l'œuvre afin de faire rentrer son pays dans le sein du Catholicisme.

Les professeurs d'Ingolstadt furent obligés de signer le symbole de foi, publié par le concile de Trente. Tous les fonctionnaires du duc devaient s'engager, par serment, à adhérer à la confession catholique. Celui qui s'y refusait, était destitué. Le duc Albert ne toléra pas davantage le protestantisme parmi le peuple. D'abord, dans la Basse-Bavière, où il avait envoyé quelques jésuites pour en convertir les habitants, non-seulement les prédicateurs, mais tous ceux qui étaient attachés à la confession évangélique, furent forcés de vendre leurs biens et d'évacuer le pays[2]. On procéda ensuite partout de la même manière. Un magistrat aurait été bien im-

---

[1] Adlzreitter : *Annales Boicæ gentis II*, xi, n° 22. « Albertus eam indulgen-
« tiam juris publici in Boica esse noluit. »
[2] Agricola : Ps. i, Dec. iii, 116-120.

prudent de souffrir la présence d'un protestant, il se serait attiré la punition la plus sévère.

Cette régénération du Catholicisme amena d'Italie en Allemagne toutes les formes modernes de son culte et de sa discipline. On fit un index des livres prohibés : on les enleva des bibliothèques et on les brûla par monceaux ; la production et la lecture des livres catholiques orthodoxes furent favorisées ; le duc encouragea de tous ses efforts les auteurs qui écrivaient dans cet esprit ; il fit traduire en allemand et imprimer à ses frais l'histoire des Saints composée par Surius : — on entoura les reliques de la plus grande vénération. Saint Benno, dont on ne voulait plus entendre parler dans un autre pays de l'Allemagne, en Misnie, fut déclaré solennellement le patron de la Bavière : — l'architecture et la musique commencèrent à prospérer à Munich, suivant le goût de l'Église restaurée : on favorisa avant tout les instituts des Jésuites qui élevaient les générations naissantes dans toute la pureté de la foi catholique.

Aussi, les Jésuites ne pouvaient trouver assez d'expressions pour louer le duc ; ils lui prodiguaient les noms de *second Josias*, de *nouveau Théodose*.

. Une seule question reste ici à examiner.

Plus était importante l'extension de la souveraineté acquise par les princes protestants, grâce à l'influence qui leur avait été donnée sur la religion, plus aussi la restriction de cette souveraineté paraissait devoir être grande dans l'intérêt de l'autorité régénérée des pouvoirs catholiques.

Les Papes virent bien qu'ils ne pourraient parvenir immédiatement, que par le secours des princes, à conserver leur puissance en décadence ou à reconquérir celle qu'ils avaient perdue ; à cet égard, ils ne se firent

pas d'illusion, et toute leur politique consista à s'allier
avec les princes.

Grégoire XIII l'exprimait sans aucun détour, dans
l'instruction donnée au premier nonce qu'il envoya en
Bavière : « Le désir le plus ardent de Sa Sainteté est de
rétablir la discipline de l'Église qui est presque perdue; mais il comprend en même temps qu'il lui faut
s'allier avec les princes pour atteindre un but si important : la religion a été conservée par la piété des princes;
c'est uniquement avec leur secours qu'il peut rétablir
la discipline de l'Église et les mœurs [1]. » Le Pape confie
au duc le droit de stimuler les évêques négligents, de
faire exécuter les décrets d'un synode tenu à Stras-
bourg, d'encourager l'évêque de Ratisbonne et son chapitre à ériger un séminaire. En un mot, il lui donne
une sorte de surveillance spirituelle suprême : il examine avec lui s'il ne conviendrait pas de fonder des
séminaires de moines, semblables aux séminaires des
prêtres séculiers. Le duc y consent avec beaucoup de
plaisir. Il demande seulement que les évêques n'empiè-
tent pas sur ses droits de prince, ni sur les anciens, ni
sur ceux récemment accordés, et que le clergé soit
maintenu dans la discipline et dans l'ordre par ses supérieurs. Il existe des édits par lesquels le prince considère les couvents comme domaniaux et les soumet à
l'administration temporelle.

Si les princes protestants sont parvenus dans le cours
de la réforme à s'arroger des attributions ecclésiastiques,
les princes catholiques atteignirent, à cette époque, le
même but. Ce que les premiers firent par opposition à
la Papauté, les seconds le firent d'accord avec elle. Si

[1] *Legatio Gregorii XIII*, 1573.

les princes protestants ont établi leurs fils puînés comme administrateurs dans les évêchés évangéliques, les fils des princes catholiques arrivèrent à la dignité épiscopale dans les évêchés restés catholiques. Grégoire XIII avait promis, dès le commencement, au duc Albert, de ne rien négliger de ce qui pourrait contribuer à sa prospérité et à celle de ses fils : aussi voyons-nous en peu de temps deux de ses fils en possession des plus beaux bénéfices : l'un d'eux s'élève insensiblement aux premières dignités de l'empire [1] [*].

Mais la Bavière obtint en outre une importance politique considérable par la position qu'elle prit. Elle défendait un grand principe qui venait d'acquérir une nouvelle puissance ; les petits princes allemands catholiques regardèrent pendant quelque temps la Bavière comme leur chef.

Le duc s'efforçait de rétablir la religion catholique partout où s'étendait son autorité. A peine le comté de Haag lui fut-il dévolu, qu'il fit chasser les protestants tolérés par le dernier comte, et introduire de nouveau les rites et les croyances du catholicisme. Le margrave Philibert de Baden-Baden avait été tué à la bataille de Montcontour ; son fils Philippe, à peine âgé de dix ans, fut élevé à Munich, sous la tutelle d'Albert, dans la religion catholique ; le duc ne se donna cependant pas la peine d'attendre ce qu'il conviendrait au jeune margrave de faire quand il aurait pris les rênes du gouvernement ; il envoya sur-le-champ le comte de Schwarzenberg, son gouverneur, et le jésuite George Schorich, qui avaient déjà travaillé ensemble à opérer des conversions dans la

---

[1] Pie V lui-même adoucit ses principes sévères envers le duc de Bavière. Tiepolo : *Relatione di Pio IV e V.*

[*] Voir la note n° 7.

Basse-Bavière, employer les mêmes moyens dans le margraviat de Baden pour restituer ce pays au catholicisme. Les habitants protestants leur opposèrent, il est vrai, des ordres de l'empereur, mais on n'y fit aucune attention : les plénipotentiaires ne continuèrent pas moins, ainsi que l'exprime avec complaisance l'historiographe des Jésuites, « à ouvrir les oreilles et les cœurs de la multitude naïve aux lumières de la doctrine céleste. » Ce qui veut dire : ils éloignèrent les prédicateurs protestants ; ils forcèrent les moines qui n'étaient pas restés entièrement orthodoxes à abjurer leurs opinions ; ils firent occuper les écoles supérieures et inférieures par des instituteurs catholiques, et exilèrent les laïques qui refusaient d'obéir. En deux années, 1570, 1571, le pays se trouva redevenu catholique [1].

Pendant que ces événements se passaient dans les domaines soumis aux princes temporels, un mouvement semblable s'opéra avec une sévérité encore plus irrésistible dans les pays soumis aux princes ecclésiastiques.

Les princes ecclésiastiques de l'Allemagne étaient avant tout évêques, et les Papes ne négligeaient aucune occasion de faire prédominer sur ces évêchés le pouvoir que leur donnaient les décrets du concile de Trente.

Canisius fut d'abord envoyé avec les exemplaires de ces décrets du concile auprès des diverses cours ecclésiastiques. Il les porta à Mayence, à Trèves, à Cologne, à Osnabruck et à Wurzbourg [2]. Il sut, avec adresse et activité, exploiter le respect officiel avec lequel il fut reçu. La question fut ensuite agitée à la diète d'Augsbourg de 1566.

Le pape Pie V redoutant de voir le protestantisme

---

[1] Sacchinus, pars III, lib. VI, lib. VII, n° 67, n° 88. Agricola, I, IV, 17, 18.
[2] Maderus, *de Vita Canisii*, lib. II, c. II ; Sacchinus, III, II, 22.

faire de nouvelles demandes, et obtenir de nouvelles concessions, avait déjà donné des ordres à son nonce, pour présenter, au cas échéant, une protestation qui devait menacer l'empereur et les princes de la privation de tous leurs droits; il croyait même que le moment était déjà arrivé [1]. Le nonce, qui voyait les choses de plus près, ne considéra pas comme opportune la publication de cette déclaration. Les protestants étaient divisés, les catholiques, au contraire, parfaitement unis. Ils se rassemblaient souvent chez le nonce pour délibérer sur les mesures d'un intérêt commun; Canisius, homme de mœurs irréprochables, très-orthodoxe et prudent, exerçait une grande influence sur les membres de cette réunion. Il ne fallait songer à aucune concession : cette Diète fut la première dans laquelle les princes catholiques manifestèrent une résistance qui obtint un plein succès. Les exhortations du Pape furent écoutées, et les décrets du concile de Trente préalablement acceptés dans une assemblée particulière des princes catholiques.

A partir de cette époque, l'Église catholique prend une nouvelle vie en Allemagne. Ces décrets du concile furent publiés dans les synodes provinciaux; des séminaires établis auprès des siéges épiscopaux; le premier qui se conforma à cet ordre, fut, je crois, l'évêque d'Eichstadt, qui fonda le collége de Willibald [2] ; la profession de foi fut signée par tous, grands et petits. Ce qui est extrêmement important, c'est qu'elle devait être signée aussi par les universités. Cette injonction avait été conseillée par Lainez, approuvée par le Pape, et mise à exécution en Allemagne, principalement grâce au zèle de

---

[1] Catena, *Vita di Pio V*, p. 40, contient un extrait de cette instruction. Gratiani : *Vita Commendoni*, lib. III, c. 11.

[2] Falkenstein : *Antiquités du Nordgau*, 1, 222.

Canisius. On ne devait accorder, non-seulement aucune
place, mais même aucuns grades, pas même dans la faculté de médecine, sans la signature apposée au bas de
la profession de foi. La première université où l'on
introduisit cette mesure, fut, si je ne me trompe, celle
de Dillingen : les autres suivirent peu à peu son exemple. On commença à faire les visites les plus sévères dans
les églises. Les évêques qui avaient été jusqu'à ce jour les
plus indulgents, se distinguaient par leur activité et leur
piété.

L'un des plus zélés parmi eux fut, sans aucun doute,
Jacques de Eltz, prince électoral de Trèves, depuis 1567
jusqu'en 1584. Il avait été élevé suivant l'ancienne discipline de Louvain : toute sa vie, il consacra ses talents
littéraires à la défense du catholicisme ; il avait recueilli
un martyrologe et composé un livre d'Heures ; déjà,
sous son prédécesseur, il avait pris la plus grande part à
l'introduction des Jésuites à Trèves. Il leur confia la visite de son diocèse, lorsqu'il parvint au gouvernement.
Les maîtres d'école eux-mêmes furent obligés de signer
la profession de foi. On introduisit parmi les membres
du clergé une discipline austère et une soumission conforme à l'esprit méthodique des Jésuites : le curé était
obligé de faire chaque mois un rapport au doyen, et
celui-ci devait faire, à la fin de chaque trimestre, son
rapport à l'archevêque : les récalcitrants étaient immédiatement renvoyés. Une partie des décrets du concile
de Trente fut imprimée pour les diocèses, afin que chacun les mît en pratique ; on publia un nouveau missel,
afin d'abolir toutes les différences de rit. Le tribunal
ecclésiastique reçut de Bartholomée Bodeghem de Delf
une nouvelle et sévère organisation. Le plus grand bonheur de l'archevêque était de voir quelqu'un abjurer le

protestantisme. Il ne manquait jamais de le bénir de sa propre main [1].

Mais des mobiles d'un autre genre se joignirent pour les princes-évêques à ce devoir de leur dignité, à l'intimité de leurs rapports avec Rome. Les princes ecclésiastiques avaient les mêmes motifs que les princes temporels pour vouloir ramener leurs provinces à la religion; toutefois ces motifs étaient peut-être pour eux encore plus pressants, puisqu'une population qui inclinait au protestantisme, devait leur faire une opposition encore plus énergique et plus redoutable, à cause du caractère de prêtre dont ils étaient revêtus.

C'est précisément à Trèves que se présente cette phase importante de l'histoire de l'Allemagne. Les archevêques de Trèves, ainsi que les autres seigneurs ecclésiastiques, avaient eu, de tout temps, des différends avec leur capitale. Au seizième siècle, le protestantisme vint accroître ces difficultés ; une résistance opiniâtre fut surtout opposée au tribunal ecclésiastique. Enfin les choses arrivèrent à ce point que Jacques de Eltz assiégea la ville dont il se rendit le maître. Il obtint un jugement de l'empereur qui lui était favorable, et obligea les citoyens à lui obéir, sous le rapport spirituel et temporel.

Il exécuta encore une autre mesure qui entraîna de graves et générales conséquences. En 1572, il exclut irrévocablement de sa cour les protestants. Cette décision était d'une grande importance, surtout pour la noblesse du pays qui vivait à la cour afin d'obtenir son avancement. Toutes les perspectives d'avenir lui étaient fermées; et beaucoup de membres peuvent avoir été déterminés par ce motif à retourner au catholicisme.

---

[1] Browerus : *Annales Trevirenses II*, XXII, 25.

Daniel Brendel, prince électoral de Mayence, voisin
de Trèves, était aussi très-bon catholique. Il rétablit la
procession de la Fête-Dieu, contrairement aux conseils
que lui avaient donné ceux qui l'entouraient, et y assista
en personne; il n'aurait jamais manqué d'aller à vêpres :
— parmi les affaires qui lui étaient déférées, il se faisait toujours présenter en premier lieu les affaires spirituelles; toute sa bienveillance était pour ceux de ses
conseillers intimes qui se montraient catholiques les
plus fervents : les Jésuites exaltaient les faveurs qu'ils en
avaient reçues : il envoya quelques élèves au collége germanique à Rome[1]. Mais il ne se sentait pas porté à aller
aussi loin que Jacques de Eltz. Son zèle pour la religion
n'était pas exempt d'une certaine ironie. Lorsqu'il introduisit les Jésuites, plusieurs de ses feudataires lui
firent des représentations contre cette mesure : « Comment, dit-il, vous me tolérez, moi qui ne remplis cependant pas mes devoirs convenablement, et vous ne
voulez pas tolérer des gens qui remplissent si bien les
leurs[2] ! » On ne nous a pas transmis la réponse qu'il
peut avoir faite aux Jésuites, lorsqu'ils insistèrent sur la
destruction complète du protestantisme dans le pays. Ce
qui est certain, c'est qu'il continua à tolérer des luthériens et des calvinistes dans la ville et à la cour : dans
quelques localités, il souffrait même l'exercice du rit
évangélique[3], sans doute parce qu'il ne se sentait pas
assez fort pour l'opprimer. Il n'hésita pas cependant à
prendre un parti décisif dans une partie plus éloignée
de ses domaines, où il n'était pas menacé par des voi-

---

[1] Serarius : *Moguntiacarum rerum libri V*, particulièrement dans le chapitre
sur Daniel, cap. VIII, XI, XII, XIII.

[2] Valerandus Sartorius, dans Serarius, p. 921.

[3] Plaintes de Robert Turner, qui cherchait un Boniface et ne trouva qu'un
« principem politicum. » Dans Serarius, p. 947.

sins aussi puissants et aussi belliqueux que les comtes
palatins du Rhin ; le rétablissement du catholicisme à
Eichsfeld est son ouvrage. Le protestantisme s'y était
établi, là aussi, par la protection de la noblesse ; il avait
pénétré même à Heiligenstadt, sous les yeux de l'évêque
qui avait le patronage de toutes les églises ; il y avait
un prédicateur luthérien : la communion y était donnée
sous les deux espèces : un jour seulement douze bourgeois marquants y avaient fait leurs pâques, suivant le
rit catholique[1]. C'est à cette époque, en 1574, que l'archevêque vint en personne à Eichsfeld, faire une visite
des églises ; il était accompagné de deux Jésuites. Il
n'employa pas de grandes violences, mais il prit néanmoins des mesures efficaces. Il éloigna de Heiligenstadt
le prédicateur protestant, et y fonda un collége de Jésuites. Il n'exclut personne du conseil ; mais à l'avenir,
on ne pouvait plus y entrer sans se conformer à une
légère addition faite au serment que chaque conseiller
devait prêter ; en vertu de cette addition, chaque conseiller s'obligeait à obéir à son éminence le prince électoral, en matières spirituelles et temporelles. Le point
essentiel était alors de nommer grand-bailli, Léopold de
Stralendorf, d'une rigidité inflexible, qui ne craignit
pas de faire suivre, de sa propre autorité, les mesures
modérées de son maître par des mesures sévères, et dont
l'administration, fidèle pendant vingt-six années au
même esprit, rendit de nouveau la doctrine catholique
dominante à la ville et à la campagne ; sans avoir aucun
égard à la résistance de la noblesse, il expulsa les prédicateurs protestants de la campagne, et les remplaça
par les élèves de la nouvelle école des Jésuites.

[1] Jean Wolf : *Histoire et description de Heiligenstadt*, p. 59.

Un autre prince ecclésiastique avait déjà donné cet exemple dans les mêmes contrées.

Dans l'évêché de Fulde, l'exercice de la religion évangélique avait déjà été toléré par six abbés, et le jeune abbé Balthazar de Dernbach, nommé Gravel, promit, lors de son élection en 1570, de n'y rien changer. Mais, soit que la faveur que lui témoigna la cour papale eût enflammé son ambition ; soit qu'il eût vu dans le rétablissement du catholicisme les moyens d'augmenter une petite souveraineté tout à fait insignifiante ; soit qu'il se fût opéré en lui une transformation plus profonde de sentiments, il se montra peu à peu, non-seulement défavorable, mais hostile envers le protestantisme. Il commença par appeler les Jésuites. Il n'en connaissait aucun et n'avait même jamais vu un collége ; la renommée seulement, le tableau que lui en faisaient quelques élèves du collége de Trèves, et peut-être les recommandations de Daniel Brendel le déterminèrent. Ces religieux se rendirent avec empressement auprès de lui ; Mayence et Trèves y fondèrent une colonie commune ; l'abbé leur fit construire une maison et une école, et leur assigna une pension : lui-même, car il était très-ignorant, se fit instruire par eux [1].

L'abbé éprouva aussitôt de grandes difficultés avec le chapitre, qui avait le droit d'intervenir dans de pareilles matières et n'approuvait aucunement l'appel des Jésuites : mais il ne tarda pas non plus à attaquer la ville, et il en trouva la plus belle occasion.

Le pasteur de Fulde, qui avait prêché jusqu'à ce jour

---

[1] Reiffenberg, *Historia Societatis Jesu ad Rhenum inferiorem*, I, VI, II, qui dans ce passage ajoute aux renseignements de Sacchinus (III, VII, 68) des extraits tirés d'un traité composé pour lui par le Jésuite Feurer. Du côté protestant : Griefs de la ville de Fulde et de la noblesse de cet évêché, dans Lehmann : *De pace Religionis*, II, IX, 257.

la doctrine évangélique, rentra dans le sein du catholicisme et commença de nouveau à administrer le baptême en latin, et à ne distribuer la communion que sous une seule espèce. La bourgeoisie, habituée depuis longtemps au rit évangélique, ne voulut pas se prêter de bonne volonté à ce changement, et demanda l'éloignement de ce pasteur. Elle ne fut pas écoutée, comme on doit bien se l'imaginer. Non-seulement le rit catholique fut rigoureusement pratiqué dans la cathédrale, mais les prédicateurs évangéliques furent expulsés peu à peu des autres églises et remplacés par des Jésuites. L'abbé remplaça aussi ses conseillers et ses fonctionnaires protestants par des catholiques.

La noblesse fit inutilement des représentations à ce sujet : l'abbé Balthazar, tout étonné, leur répondit « *qu'il espérait qu'on ne voudrait pas lui prescrire com-* « *ment il devait gouverner le pays que Dieu lui avait* « *confié.* » Quelques puissants princes de l'Empire lui envoyèrent des ambassadeurs pour le déterminer à arrêter les innovations, et à éloigner les Jésuites ; mais il resta inébranlable. Bien plus, il menaçait déjà la noblesse. Celle-ci réclama le privilége de ne dépendre immédiatement que de l'Empire ; ce privilége aurait été très-restreint, si le seigneur spirituel avait pu le contraindre à lui obéir sous le rapport religieux.

C'est ainsi que le catholicisme se releva en Allemagne avec une force rajeunie, au moment où il paraissait déjà vaincu. Les motifs les plus divers contribuèrent à ce succès : les progrès de la religion catholique, qui se propageait de plus en plus ; la subordination ecclésiastique renouvelée et réformée par les décrets du concile de Trente, et surtout la politique intérieure, intéressée au triomphe du catholicisme : il était évident qu'un prince était bien plus puissant quand ses sujets professaient la même religion que lui. La restauration ecclésiastique ne s'était emparée, à la vérité, que de points isolés, épars, mais qui présentaient une perspective immense d'accroissement. De quelle importance n'était-ce pas, surtout pour les princes ecclésiastiques, de ne rencontrer aucune opposition plus générale. Dans la paix de religion, on avait cherché à garantir, par une déclaration impériale particulière, les communes protestantes situées dans les domaines des princes ecclésiastiques; mais ceux-ci paraissaient ne pas la connaître; ils n'en faisaient aucun cas. La puissance impériale n'était ni assez forte, ni assez résolue pour prendre à cet égard une décision énergique. Il n'y avait pas assez de vigueur et d'unité dans les Diètes de l'Empire pour la maintenir : les plus grands changements se réalisèrent donc sans aucun bruit, sans qu'on les observât, sans qu'on en fît mention dans les livres d'histoire, comme si les choses n'avaient pas pu se passer autrement.

§ V. — Violences exercées dans les Pays-Bas et en France.

Pendant que le catholicisme devenait si puissant et regagnait tant de terrain en Allemagne, il se releva aussi dans les Pays-Bas et en France, mais d'une manière tout à fait différente.

Cette différence fondamentale provient de ce qu'il y avait dans ces pays des pouvoirs centraux fortement constitués qui, avec une active spontanéité, se mêlaient à chaque mouvement, dirigeaient les entreprises religieuses, et qui se trouvaient immédiatement atteints et menacés par la résistance : d'où résultait plus d'unité dans les rapports, plus de suite et d'énergie dans les actes.

On connaît les diverses mesures que prit Philippe II, au commencement de son règne, pour introduire une obéissance parfaite dans les Pays-Bas; il fut obligé de les abandonner l'une après l'autre; il ne maintint avec une sévérité inexorable que celles qui devaient servir à la conservation du catholicisme et de l'unité spirituelle.

Il changea entièrement la constitution religieuse du pays, par l'érection de nouveaux archevêchés et évêchés; aucune résistance, aucune réclamation en faveur des droits violés ne purent l'arrêter.

Ces évêchés avaient acquis une double importance, depuis le concile de Trente, qui avait si extraordinairement fortifié la discipline ecclésiastique. Philippe II, après quelques réflexions, admit les décrets du concile, et les fit publier aussi dans les Pays-Bas. La vie jusqu'alors si agitée et si libre de ce peuple devait être placée sous une surveillance active, et soumise à des formes très-sévères, auxquelles il était au moment de se soustraire. Ajoutez et des ordres de punition, tels que déjà, sous le gouvernement précédent, il en avait été promulgué un si grand nombre dans les Pays-Bas, et le zèle des inquisiteurs tous les jours de plus en plus excité par le tribunal de Rome.

Les Hollandais ne négligèrent rien pour engager le roi à adoucir sa sévérité, et il y parut quelquefois disposé; le comte d'Egmont crut en avoir reçu l'assurance, à l'époque de son séjour en Espagne. Cependant il était bien difficile de pouvoir compter sur ce changement.

Nous avons déjà fait observer combien la puissance de Philippe II reposait essentiellement sur l'élément religieux. S'il eût accordé des concessions aux Neerlan-

dais, on en eût également demandé en Espagne, où il
n'aurait jamais pu les donner. Une nécessité inévitable,
nous ne devons pas le méconnaître, lui imposait cette
politique. De plus, c'était l'époque où l'avénement et
les premiers actes de Pie V excitaient une nouvelle ardeur dans toute la chrétienté catholique : Philippe II
aussi se laissa entraîner à un dévouement extraordinaire
pour ce Pape, et se soumit à ses exhortations ; on venait
de repousser l'attaque des Turcs sur Malte, et les dévots,
les ennemis des Neerlandais, purent, comme le présumait le prince d'Orange, profiter de l'impression causée
par la victoire pour déterminer le roi à prendre une résolution violente [1]. Il suffit de dire que, vers la fin de
1565, parut un édit qui surpassa en sévérité tous les
édits antérieurs.

Les ordres de punition, les décrets du concile, et les
synodes provinciaux, devaient être maintenus inviolablement ; la connaissance des délits spirituels devait être
exercée par les inquisiteurs seuls ; il fut imposé à tous
les fonctionnaires de leur prêter assistance. Dans chaque
province, un commissaire était chargé de veiller à l'exécution de ces ordres, et de faire un rapport de trois
mois en trois mois [2].

Évidemment, toutes ces mesures devaient introduire
dans les Pays-Bas un gouvernement spirituel, sinon
tout à fait semblable à celui d'Espagne, au moins à celui
de l'Italie.

Il en résulta que le peuple courut aux armes, que l'on
brisa les images, que tout le pays fut en combustion ; —
il vint même un moment où le pouvoir se vit forcé de

---

[1] Le prince soupçonne Granvelle : voyez la lettre dans les *Archives de la
maison d'Orange Nassau*, 1, 289.

[2] Strada, suivant une formule du 18 déc. 1565, lib. IV, p. 94.

céder. Mais, comme il arrive ordinairement, le but fut manqué par ces violences; les habitants modérés et paisibles en furent effrayés et prêtèrent secours au gouvernement; la Gouvernante remporta la victoire. Après s'être emparée des localités rebelles, elle se trouva assez forte pour présenter aux fonctionnaires, même aux feudataires du roi, un serment par lequel ils s'engageaient formellement à maintenir la foi catholique et à combattre les hérétiques [1].

Mais ce n'était pas encore assez aux yeux du roi. A cette époque avait eu lieu la malheureuse catastrophe de son fils don Carlos : jamais il ne se montra plus sévère, plus inflexible. Le Pape l'exhorta encore une fois à ne faire aucune concession au détriment du catholicisme : le roi assura à Sa Sainteté « qu'il ne souffrirait la racine d'aucune mauvaise plante dans les Pays-Bas : qu'il était décidé ou à perdre la province, ou à y maintenir la religion catholique [2]. » Afin d'exécuter ses desseins, il envoya dans les Pays-Bas, après la cessation des troubles, son meilleur général, le duc d'Albe, et une excellente armée.

Essayons de saisir la pensée fondamentale qui dirigea la conduite du duc d'Albe.

Ce général était convaincu que l'on vient à bout de tout dans les mouvements violents et révolutionnaires d'un pays, quand on se débarrasse des chefs. Si Charles V, malgré ses grandes victoires, avait été, pour ainsi dire, expulsé de l'empire d'Allemagne, le duc d'Albe attribuait cet échec à l'indulgence de Charles envers ceux de ses ennemis qui étaient tombés entre ses mains. On a parlé souvent de l'alliance qui fut conclue en

[1] Brandt : *Histoire de la Réformation des Pays-Bas*, 1, 156.
[2] Cavalli : *Dispaccio di Spagna*, 7 Aug. 1567.

1565, entre les Français et les Espagnols, à l'époque de
l'entrevue de Bayonne et des conventions verbales qui
furent faites ; de tout ce qui a été dit, il n'y a de certain que le conseil du duc d'Albe à la reine de France
pour se débarrasser, d'une manière ou de l'autre, des
chefs des huguenots. Il n'hésita pas à exécuter lui-même
ce qu'il avait conseillé. Philippe lui avait donné quelques blancs-seings, revêtus de la signature royale. Le
premier usage qu'en fit le duc d'Albe fut de faire arrêter Egmont et Horn, sous prétexte qu'ils avaient été
cause des mouvements précédents. La lettre qu'il écrivit
à cette occasion au roi, et qui paraît cependant prouver
qu'il n'avait point reçu d'ordres formels à ce sujet,
commence ainsi : « Sainte majesté catholique, après
mon arrivée à Bruxelles, j'ai pris les informations nécessaires en lieu convenable, et j'ai fait arrêter en conséquence les comtes d'Egmont, de Horn et quelques autres [1]. » Veut-on savoir pourquoi il condamna, l'année
suivante, les détenus à être exécutés ? Ce n'était pas par
une conviction de leur culpabilité résultant du procès :
ce qui fut une grande charge contre eux, c'est plutôt
de ne pas avoir empêché les soulèvements que de les
avoir occasionnés ; ce n'était pas non plus un ordre du
roi, qui laissa au contraire au duc le soin de les faire
exécuter ou non, selon qu'il le jugerait convenable ; en
voici le motif : une petite troupe de protestants avait
pénétré dans le pays ; elle n'avait, il est vrai, effectué
aucun mouvement important, mais elle avait remporté
un avantage auprès de Heiligerlee, et un capitaine royal,
d'une grande renommée, le duc d'Arenberg, y avait

---

[1] *Dispaccio di Cavalli*, 16 *Sett.* La Gouvernante se plaignit au roi de cette
arrestation. Le roi répondit qu'il ne l'avait pas ordonnée. Pour le prouver, il
présenta la lettre du duc d'Albe, d'où est extrait le passage qui nous sert ici de
preuve.

perdu la vie. Le duc d'Albe dit dans la lettre qu'il écrivit à ce sujet au roi : « qu'il a remarqué que ce malheur avait mis le peuple en fermentation et l'avait rendu arrogant ; il a jugé nécessaire de montrer à ces gens qu'il ne les craint aucunement : il a aussi voulu leur faire passer le désir d'opérer, par de nouveaux troubles, la délivrance des prisonniers ; ce qui l'a décidé à les faire exécuter. » C'est ainsi que furent condamnés à mourir ces nobles personnages dont tout le crime était d'avoir défendu les anciennes libertés de leur patrie, auxquels on ne pouvait reprocher aucune faute digne de mort ; ils périrent plutôt victimes des considérations momentanées d'une politique orgueilleuse et impitoyable, que de la violation des principes du droit monarchique. C'est à ce moment que le duc d'Albe se souvint de Charles V, dont il ne voulait pas imiter les fautes.

Nous le voyons, le duc d'Albe était cruel par système. Qui aurait trouvé grâce devant le tribunal redoutable qu'il érigea sous le nom de *Conseil des Troubles ?* Il gouverna les provinces à force d'arrestations et d'exécutions ; il fit raser les maisons des condamnés et confisqua leurs biens. En servant la cause de l'Église, il servait en même temps celle de la politique ; l'ancien pouvoir des États était annulé, les troupes espagnoles remplissaient le pays, et une citadelle fut construite dans la ville de commerce la plus importante : le duc d'Albe fit rentrer, avec un égoïsme opiniâtre, les impôts les plus odieux ; et en Espagne, d'où il tirait aussi des sommes importantes, on s'étonnait seulement de ce qu'il faisait avec tout cet argent : mais il est vrai que le pays était obéissant ; aucun mécontent n'osait remuer ; toute trace de protestantisme disparut ; ceux qui s'étaient sauvés dans les pays voisins se tenaient tranquilles.

Pendant ces événements, un conseiller privé de Philippe II dit au nonce du Pape : « Monsignore, êtes-vous content de la conduite du roi ? » Le nonce répondit en souriant : « Très-content. »

Le duc d'Albe lui-même crut avoir fait un chef-d'œuvre. Il regardait avec mépris le gouvernement français, qui ne pouvait parvenir à être maître dans son propre pays.

———

Tandis que le protestantisme prenait en France un grand essor, une redoutable réaction avait surgi en 1562 contre lui, et surtout dans Paris.

Ce qui fit le plus grand tort au protestantisme, en France, ce fut sans doute son alliance si étroite avec les factions de la cour. Tout le monde, pendant quelque temps, parut incliner vers cette croyance [*]; mais lorsque ses partisans, entraînés par leur alliance avec quelques grands seigneurs, prirent les armes, et commirent des violences inséparables de la guerre, ils perdirent la faveur de l'opinion pubblique. Quelle est cette religion? demandait-on ; où Jésus-Christ a-t-il commandé de piller le prochain et de répandre son sang? C'est surtout lorsqu'on se mit à Paris en état de défense contre les attaques de Condé, que toutes les corporations prirent une allure anti-protestante. Les hommes capables de porter les armes furent organisés militairement : les capitaines qui les commandaient devaient être avant tout catholiques. Les membres de l'université, du par-

[*] Voir la note n° 8.

lement, y compris la classe si nombreuse des avocats ;
étaient obligés de signer une formule de foi, expression
du plus pur catholicisme..

. Les Jésuites s'établirent en France sous l'influence de
cette disposition des esprits. Leur début fut assez mes-
quin ; il leur fallut se contenter des colléges de Billom ,
de Tournon, qui leur furent ouverts par quelques ecclésiastiques, leurs partisans passionnés. Ces localités étaient
éloignées du centre du pays, et l'on n'y pouvait rien
faire d'important. Ils rencontrèrent, dès le commencement, une résistance opiniâtre dans toutes les grandes
villes et surtout dans Paris. La Sorbonne, le parlement,
l'archevêque, qui croyaient tous qu'on empiétait sur
leurs priviléges, s'élevaient contre eux. Mais ils acquirent bientôt la protection des catholiques zélés et surtout
celle de la cour, qui alors ne se lassait pas de les recommander « à cause de leur vie exemplaire, de la pureté
de leur doctrine, grâce auxquelles on doit d'avoir vu
beaucoup d'apostats ramenés à la foi, et l'Orient et l'Occident reconnaître la face du Seigneur [1]. » Le revirement de l'opinion étant venu se joindre à ces hautes influences, ils gagnèrent enfin du terrain, et obtinrent, en
1564, le droit d'enseigner. Lyon aussi leur avait déjà
ouvert ses portes. Était-ce plus de bonheur ou de mérite ? Quoi qu'il en soit, ils furent en mesure de se présenter aussitôt avec quelques talents brillants. Ils opposèrent aux prédicateurs huguenots, Edmond Auger, né
en France, mais élevé par Ignace Loyola à Rome ; on

---

[1] Dans un manuscrit de la bibliothèque de Berlin, Ms. *Gall.*, n° 75, se
trouve entre autres aussi la pièce suivante : *Délibérations et consultations au
Parlement de Paris touchant l'establissement des Jésuites en France*, qui renferme particulièrement les dépêches que la cour adressait au parlement en faveur des Jésuites : « In fracta et ferocia pectora, » y est-il dit, « gladio fidei
« acuto penetrarunt. »

rapporte que les protestants eux-mêmes ont dit de lui, *que s'il n'avait pas été un catholique, il n'aurait jamais existé un plus grand orateur.* Il produisit une impression extraordinaire par ses sermons et ses écrits. Les huguenots furent complétement vaincus, surtout à Lyon : leurs prédicateurs furent chassés, leurs églises détruites, leurs livres brûlés : on y érigea, en 1567, un collége magnifique pour les Jésuites. Ils avaient aussi un professeur distingué, nommé Maldonat ; ses explications de la Bible attiraient en foule la jeunesse et l'entraînaient. Ils partirent de ces villes principales et traversèrent le royaume en tout sens. Ils s'établirent à Toulouse et à Bordeaux : partout où ils apparurent, le nombre des communiants catholiques s'accrut. Le catéchisme d'Auger eut un succès extraordinaire : on en a vendu, en huit années, 38,000 exemplaires à Paris seulement [1].

Il est bien possible que ce retour aux idées catholiques, partant surtout de la capitale du royaume, ait influé aussi sur la cour, et ait contribué à la faire se déclarer, en 1568, après bien des hésitations, décidément attachée à la religion catholique.

Cette résolution provint principalement de ce que Catherine de Médicis sentait sa puissance plus fortement établie depuis la majorité de son fils, et qu'elle n'avait plus besoin de ménager les seigneurs huguenots, comme elle l'avait fait jusqu'à ce jour. L'exemple du duc d'Albe montrait ce qu'on pouvait exécuter avec une volonté persévérante : le Pape, qui ne cessait d'exhorter la cour à ne plus laisser s'accroître davantage l'audace des rebelles, à ne plus la tolérer plus longtemps, ajouta

---

[1] On trouve ces renseignements dans Orlandinus et ses continuateurs, *Pars I, lib.* VI, n° 30 ; II, IV, 84 ; III, III, 169, etc. Juvencius, V, 24, 769, donne une biographie d'Auger.

enfin à ses avis la permission d'aliéner quelques biens de l'Église, dont la vente produisit un million et demi de livres aux caisses de l'État [1]. Alors Catherine de Médicis, comme l'avait fait, à peu près une année auparavant, la régente des Pays-Bas, présenta à la noblesse française un serment en vertu duquel celle-ci devait renoncer à toute alliance contractée à l'insu du roi [2]; elle exigea l'éloignement de tous les magistrats, dans les villes soupçonnées de partager les nouvelles opinions; elle déclara, en septembre 1563, à Philippe II, qu'elle ne tolérerait aucune autre religion que la religion catholique.

Cette détermination ne pouvait être mise à exécution en France que par la force des armes; la guerre éclata sur-le-champ.

Elle fut entreprise, du côté des catholiques, avec une ardeur extraordinaire. Le roi d'Espagne envoya, à la prière du Pape, des troupes exercées et bien commandées, au secours des Français. Pie V fit faire des collectes dans les États de l'Église, et recueillir des contributions auprès des princes italiens; lui-même envoya aussi de son côté une petite armée au delà des Alpes, armée à laquelle il donna cette instruction cruelle de mettre à mort tout huguenot qui tomberait entre ses mains, et de n'accorder aucun pardon.

Les huguenots réunirent leurs forces: eux aussi étaient remplis d'une exaltation toute religieuse: les soldats du Pape étaient à leurs yeux l'armée de l'Antechrist qui s'avançait contre eux; eux aussi n'accordaient point de

---

[1] Catena: *Vita di Pio V*, p. 79.
[2] Le serment dans Serranus: *Commentarii de statu religionis in regno Galliæ*, III, 153.

pardon; ils ne manquaient pas non plus de secours de l'étranger; — cependant ils furent complétement battus à Montcontour.

Avec quelle joie Pie V déploya-t-il, dans les églises de Saint-Pierre et de Saint-Jean-de-Latran, les étendards pris sur les huguenots! Il conçut les espérances les plus vastes. C'est dans ces circonstances mêmes qu'il prononça l'excommunication contre la reine Élisabeth. Il se berça quelquefois de la pensée de commander un jour encore, en personne, une expédition contre l'Angleterre.

Les choses n'en vinrent pas encore à ce résultat.

Ainsi qu'il est arrivé souvent, il se fit à cette époque, à la cour de France, un changement dans la disposition des esprits, changement qui ne reposait que sur de légères relations personnelles, mais qui amena un grand revirement dans les affaires générales.

Le roi se montra envieux envers son frère, le duc d'Anjou, qui avait commandé à Montcontour, de l'honneur d'avoir vaincu les huguenots et rétabli la tranquillité dans le royaume. Son entourage, jaloux aussi de celui du duc d'Anjou, l'entretenait dans ces fâcheux sentiments. Ils craignaient que le pouvoir ne passât d'une main dans l'autre avec la gloire. Non-seulement les avantages remportés furent poursuivis de la manière la plus lente, mais en peu de temps un autre parti, un parti modéré, qui suivait une politique diamétralement opposée, se mit en lutte avec le parti catholique austère qui se réunissait autour du duc d'Anjou. Ce parti modéré fit la paix avec les huguenots et en attira les chefs à la cour. En 1569, les Français ligués avec les Espagnols et le Pape, avaient cherché à renverser la reine d'Angleterre; nous les voyons, pendant l'été de 1572; alliés avec la même reine, pour arracher les Pays-Bas aux Espagnols.

Ce changement était trop rapide, trop peu préparé, pour pouvoir être durable. Il s'en suivit l'explosion la plus violente qui fit rentrer la direction politique dans l'ancienne ornière.

La reine Catherine de Médicis, tout en adoptant la politique et les plans de la faction dominante, plans qui étaient, du moins en partie, dans ses intérêts, en ce qu'ils paraissaient devoir favoriser l'avénement de son plus jeune fils, le duc d'Alençon, au trône d'Angleterre, Catherine fit cependant tous les préparatifs pour l'exécution d'un coup bien opposé au système qu'elle paraissait vouloir suivre. Elle employa toute son habileté à faire venir les huguenots à Paris; malgré leur nombre, ils y étaient entourés et maintenus par une population bien supérieure en nombre, organisée militairement, et dont le fanatisme était facile à enflammer. Elle fit indiquer d'avance, assez clairement, au Pape, quel était son but. Mais quand même elle eût encore hésité, les circonstances qui surgirent durent nécessairement la déterminer. Les huguenots avaient gagné le roi lui-même; ils paraissaient vaincre et détruire la considération de sa mère; dans ce danger personnel, elle ne tarda pas plus longtemps. Elle réveilla, avec le pouvoir irrésistible et magique qu'elle exerçait sur ses enfants, tout le fanatisme du roi; un mot lui suffit pour faire courir le peuple aux armes : elle le prononça; chacun des huguenots les plus distingués était désigné à son ennemi personnel. Catherine a dit qu'elle n'avait désiré faire périr que six hommes, qu'elle ne prenait que la mort de ceux-ci sur sa conscience. On en a tué près de cinquante mille [1].

C'est ainsi que les Français surpassèrent encore l'œuvre des Espagnols dans les Pays-Bas. Ils exécutèrent dans l'ardeur de la passion, arbitrairement, avec l'aide des masses fanatisées, ce que ceux-ci opéraient peu à peu, par calcul, et dans des formes légales. Le résultat parut être le même. Il ne restait plus un seul chef sous le nom duquel les huguenots dispersés auraient pu se rassembler; plusieurs d'entre eux prirent la fuite; un très-grand nombre se soumit : partout on retourna de nouveau à la messe; les prêches devinrent muets. Philippe II vit avec plaisir qu'on l'avait imité et surpassé. — Il offrit à Charles IX, qui venait seulement d'acquérir son droit au titre de roi très-chrétien, l'appui de son bras pour terminer cette restauration religieuse. Le Pape Grégoire XIII célébra ce grand succès par une procession solennelle à Saint-Louis. Les Vénitiens, qui paraissaient n'y avoir aucun intérêt particulier, exprimèrent dans une dépêche officielle à leurs ambassadeurs, le plaisir qu'ils éprouvaient « de cette grâce de Dieu [*]. »

Mais des attentats d'une nature aussi sanglante pouvaient-ils jamais réussir? Ne sont-ils pas en opposition avec le mystère le plus profond des affaires humaines, avec ces principes cachés, mais perpétuellement et intérieurement actifs et inviolables, qui règlent l'ordre éternel du monde? Les hommes peuvent s'aveugler : ils ne peuvent pas ébranler la loi de l'ordre spirituel des sociétés, sur laquelle repose leur existence. Cette loi les

---

[1] Pour abréger, je m'en réfère à ma dissertation sur la nuit de la Saint-Barthélemy, dans la *Revue historique et politique*, II, III.

[*] Voir la note n° 9.

domine, comme la nécessité inviolable qui règle le cours des astres.

§ VI. — Résistance des Protestants dans les Pays-Bas, en France et en Allemagne.

Machiavel conseille à son prince d'exécuter rapidement, les unes après les autres, les cruautés qu'il juge indispensables, mais de les faire suivre insensiblement d'un système de grâce.

Il semblait que les Espagnols voulaient presque appliquer textuellement cette doctrine dans les Pays-Bas.

À la fin, ils parurent trouver qu'ils avaient confisqué assez de biens, abattu assez de têtes, et que le temps de faire grâce était arrivé. L'ambassadeur vénitien à Madrid, en 1572, était convaincu que le prince d'Orange obtiendrait son pardon, s'il voulait le demander. Le roi reçut avec beaucoup de bonté les députés neerlandais, venus pour le prier de retirer l'impôt du *dixième denier;* il avait résolu de rappeler le duc d'Albe et d'envoyer à sa place un gouverneur plus doux.

Il était déjà trop tard. L'insurrection éclata de nouveau à la suite de l'alliance franco-anglaise. Le duc d'Albe avait cru que tout était fini : la lutte, au contraire, n'avait fait que commencer. Le duc d'Albe battit l'ennemi chaque fois qu'il le rencontra en pleine campagne ; mais il trouva une résistance invincible dans les villes de Hollande et de Zélande, où le mouvement religieux avait jeté les plus profondes racines et où le protestantisme avait pris promptement une forte et vivante organisation.

Lorsque tous les vivres, jusqu'à l'herbe qui croît entre les pierres, furent épuisés, les habitants résolu-

rent de continuer encore leur résistance en se nourris-
sant de leurs femmes et de leurs enfants. La discorde
qui régna dans leurs garnisons les força, il est vrai, de
se rendre, mais ils avaient montré qu'on peut résister
aux Espagnols. A Alkmar, on ne fit alliance avec le
prince d'Orange qu'au moment où l'ennemi était déjà
arrivé aux portes de la ville ; la défense fut héroïque,
personne n'eût voulu quitter son poste, à moins qu'il
n'eût été grièvement blessé. Les attaques des Espagnols
échouaient pour la première fois devant ces murs. Le
pays respira : un nouveau courage exalta les esprits.
Les habitants de Leyde déclarèrent qu'avant de se rendre, ils aimaient mieux dévorer leur bras gauche, afin
de se défendre encore avec leur bras droit. Ils conçurent le dessein audacieux d'appeler à leur secours, contre les assiégeants, les vagues de la mer du Nord, en
brisant les digues. Leur misère avait déjà atteint le plus
haut degré, lorsque le vent du nord-ouest soufflant au
moment favorable, poussa la mer à quelques pieds de
hauteur dans l'intérieur du pays, et chassa les ennemis.

Les protestants français avaient aussi repris courage.
Aussitôt qu'ils s'aperçurent que leur gouvernement, en
dépit de ce sauvage massacre de la Saint-Barthélemy,
vacillait, hésitait, prenait des mesures contradictoires,
ils se mirent en défense, et la guerre éclata de nouveau.
Sancerre et La Rochelle se défendirent comme Leyde
et Alkmar. Dans les prêches, on appela aux armes. Les
femmes rivalisèrent avec les hommes dans les combats.
Ce fut le temps héroïque du protestantisme de l'ouest
de l'Europe.

Notre but ne peut pas être ici de suivre la marche et
les vicissitudes de la guerre en France et dans les Pays-
Bas : ces détails nous éloigneraient trop du principal

objet de notre histoire ; ils ont été écrits dans beaucoup d'autres livres : — il nous suffira de dire que les protestants se maintinrent.

En France, le gouvernement fut obligé, en 1573 et dans les années suivantes, de conclure plusieurs fois des conventions qui renouvelaient les anciennes concessions faites aux huguenots.

Dans les Pays-Bas, en 1576, le pouvoir du gouvernement était complétement tombé en ruines. Les troupes espagnoles, auxquelles on n'avait pas payé leur solde, s'étant mises en pleine insurrection, toutes les provinces se réunirent contre elles, celles qui étaient restées fidèles, avec les provinces qui avaient apostasié, celles qui étaient encore en grande partie catholiques, avec celles qui étaient entièrement protestantes. Les États-Généraux prirent eux-mêmes les rênes de l'administration : ils nommèrent des capitaines-généraux, des gouverneurs, des magistrats, mirent dans les places fortes des garnisons composées de leurs troupes et non de celles du roi [1]. On conclut la pacification de Gand, par laquelle les provinces s'engagèrent mutuellement à chasser les Espagnols et à les tenir éloignés à tout jamais. Le roi envoya son frère, qui pouvait passer pour un compatriote, pour Neerlandais, afin de les gouverner comme Charles V les avait gouvernés. Mais don Juan ne fut reconnu que lorsqu'il eut promis de satisfaire aux principales demandes qui lui furent faites ; il fut obligé d'accepter la pacification de Gand et de congédier les troupes espagnoles ; à peine voulut-il, pressé par sa position forcée, remuer et essayer de changer la politi-

---

[1] Cette nouvelle direction des affaires est clairement décrite, particulièrement dans Tassis, t. III, p. 15-19.

que qui lui était imposée, que tout se souleva contre lui, il fut déclaré ennemi du pays, et les chefs des provinces appelèrent un autre prince de sa famille pour le remplacer.

Le principe du pouvoir local prit le dessus sur celui du prince ; le pouvoir indigène remporta la victoire sur le pouvoir espagnol.

D'autres conséquences sortirent nécessairement de ce nouvel état de choses. Les provinces du Nord qui avaient fait la guerre et rendu possible cette situation victorieuse, obtinrent une prépondérance naturelle en matières de guerre et d'administration ; d'où il arriva que la religion réformée s'étendit sur tous les Pays-Bas. Elle pénétra à Malines, à Bruges, à Ypres ; à Anvers, on partagea les églises selon les confessions, et les catholiques furent quelquefois obligés de se contenter des chœurs des églises qu'ils avaient auparavant possédées tout entières. A Gand, la tendance protestante se confondit avec le mouvement civil, et conserva entièrement la prépondérance. L'ancienne supériorité de l'Église catholique avait été complétement garantie dans la pacification de Gand ; mais les États-Généraux portèrent un édit de religion qui accordait une liberté égale aux deux confessions. — Depuis cette époque, les mouvements protestants éclatèrent de tous côtés, même dans les provinces qui étaient les plus catholiques ; on pouvait s'attendre à voir le protestantisme remporter partout la victoire.

Quelle grande position prit alors le prince d'Orange ! Peu auparavant, il était encore exilé et réduit à avoir besoin de pardon ; à présent, il était en possession d'un pouvoir bien consolidé dans les provinces du Nord ; protecteur du Brabant, tout-puissant dans l'assemblée des États, reconnu chef par un grand parti politico-religieux qui faisait toujours des progrès, étroitement uni avec tous les protestants de l'Europe et surtout avec ses voisins, les protestants d'Allemagne.

En Allemagne aussi, une résistance qui avait toujours devant elle de grandes perspectives de succès, s'opposa, de la part des protestants, aux attaques des catholiques.

Nous rencontrons cette résistance dans les négociations générales entre les princes, dans les réunions des princes électoraux aux Diètes ; cependant ici son triomphe ne fut pas complet : elle se jeta principalement, ainsi que l'attaque, dans les provinces particulières.

Comme nous l'avons vu, toute la question se débattait surtout dans les domaines des princes ecclésiastiques. Il n'y en avait à peu près aucun qui n'eût tenté de rendre la prépondérance au principe catholique. Le protestantisme, qui sentait encore toute sa force, répondit à cette réaction par la tentative, non moins hardie et non moins vaste, de s'approprier la principauté ecclésiastique.

En 1577, Gebhard Truchses monta sur le siége archiépiscopal de Cologne. Cette nomination se fit principalement par l'influence personnelle que le comte Nuenar exerçait sur le chapitre, et ce puissant protestant connaissait très-bien celui qu'il recommandait. En effet, Gebhard n'avait pas besoin, ainsi qu'on l'a dit, de se lier avec Agnès de Mansfeld, pour prendre une direction anti-catholique. Dans la cérémonie de son entrée solennelle à Cologne, lorsque le clergé vint en procession à sa rencontre, il ne descendit point de cheval pour baiser la croix, selon l'ancien usage ; il parut à l'église en habit militaire, il n'aimait pas à officier. Dès le commencement, il s'associa au prince d'Orange ; ses principaux conseillers étaient calvinistes [1] ; et comme il ne fit aucune difficulté de contracter des engagements pour enrôler des troupes, de chercher à s'assurer de la noblesse, de favoriser parmi les maîtrises de Cologne le parti qui commençait à résister aux usages catholiques, tout annonça le dessein qu'il manifesta réellement plus tard, de changer la principauté électorale ecclésiastique en une principauté temporelle.

Gebhard Truchses était, du moins à cette époque, encore extérieurement catholique. Les évêchés voisins de la Westphalie et de la Basse-Saxe, au contraire, tombèrent, comme nous l'avons déjà observé, immédiatement dans des mains protestantes. L'avénement du duc Henri de Saxe-Lauenbourg était d'une importance particulière. Quoique bon luthérien et très-jeune, il avait été demandé pour l'archevêché de Brême, puis pour l'évêché d'Osnabruck, et en 1577, pour l'évêché de Paderborn [2]. Il possédait déjà un grand parti à Munster même, tous les jeunes membres étaient pour lui, et son avénement ne fut empêché que par un empiétement de Grégoire XIII, qui déclara non valable une démission déjà donnée, et par la résistance sérieuse des catholiques sévèrement attachés à leur religion. Mais aussi on n'avait pas pu y établir un autre évêque [*].

Avec ces sentiments des chefs ecclésiastiques, on voit

---

[1] **Maffei** : *Annali di Gregorio XIII*, t. i, p. 331.
[2] Hamelmann : *Chronique d'Oldenbourg*, p. 436.
[*] Voir la note n° 10.

facilement quel essor les opinions protestantes devaient
prendre dans les provinces rhénanes de la Westphalie,
où d'ailleurs elles étaient très-répandues. Il ne fallait
qu'une combinaison heureuse d'événements, qu'un coup
habilement dirigé, pour leur donner une prépondérance
décisive.

Cette situation aurait dû exercer une grande réaction
sur toute l'Allemagne. Il y avait dans la haute comme
dans la basse Allemagne, les mêmes possibilités de ré-
volutionner les évêchés, et la résistance était bien loin
d'être étouffée dans l'intérieur des territoires où la restauration catholique avait commencé.

L'abbé Balthazar de Fulde éprouva les effets énergiques de cette résistance. L'intercession des princes voisins et les plaintes portées à la Diète n'ayant obtenu
aucun succès, l'abbé avançait toujours sa restauration
du catholicisme, sans avoir égard à aucune réclamation,
et il allait de pays en pays pour l'établir partout. Un
jour, pendant l'été de 1576, lorsqu'il se trouvait à Ha-
melbourg, il fut attaqué à main armée par sa noblesse,
et enfermé dans sa maison ; comme tout le monde était
soulevé contre lui, que ses voisins voyaient avec plaisir
cette révolte, et que l'évêque de Wurzbourg lui-même
y prêta la main, il fut forcé de renoncer à son gouvernement [1].

Le duc Albert n'opéra pas partout en Bavière la restauration catholique avec le même succès. Il se plaignit
au Pape de ce que la noblesse aimait mieux renoncer

---

[1] Schannat : *Historia Fuldensis ps. III*, p. 268. La lettre de l'abbé au Pape
Grégoire, en date du 1er août 1576, extraite des archives du Vatican, et qui se
trouve dans cette histoire, est très-remarquable. « Clamantes, » dit-il en parlant des menaces de ses ennemis, « nisi consentiam ut administratio ditionis
« meæ episcopo tradatur, non aliter se me ac canem rabidum interfecturos,
« tum Saxoniæ et Hassiæ principes in meum gregem immissuros. »

tout à fait au sacrement de l'Eucharistie, que de le recevoir sous une seule espèce.

Mais ce qui était encore bien plus important, c'est
que le protestantisme obtint dans les pays autrichiens
toujours plus de puissance, et parvint à être reconnu
légalement. Il s'était constitué dans la haute et basse
Autriche, sous le gouvernement de Maximilien II, et il
se répandit aussi dans toutes les provinces. A peine cet
empereur avait-il racheté, en 1567, le comté Glatz des
ducs de Bavière, auxquels ce comté était engagé, on y
vit aussi la noblesse, les fonctionnaires, les villes, enfin
la majorité du peuple embrasser la confession évangélique : Jean de Pubschutz, seigneur du pays, établit un
consistoire protestant, à l'aide duquel il alla souvent
plus loin que l'empereur ne le désirait. Les États acquirent un plus grand degré d'indépendance ; c'était
alors l'époque la plus prospère du comté. Les mines
étaient en prospérité, les villes riches et considérées ;
la noblesse instruite ; partout on défricha des landes et
on y construisit des villages. L'église d'Albendorf, à
laquelle de nombreux pèlerins se rendent encore aujourd'hui, pour embrasser une vieille image de la mère
de Dieu, fut administrée pendant soixante ans par des
ministres protestants ; à Glatz, on ne comptait plus que
neuf catholiques, et il y avait trois cents évangéliques.
On ne doit donc plus s'étonner de voir le Pape Pie V
concevoir pour ce motif une haine inexprimable contre
l'empereur : un jour qu'il était question de la guerre
que celui-ci faisait aux Turcs, le Pape dit positivement,
*qu'il ne savait pas auquel des deux partis il avait le
moins à souhaiter la victoire* [1]. Mais le protestantisme ne

---

[1] Tiepolo : *Relatione di Pio IV e V.*

cessa pas de gagner du terrain dans les provinces de
l'intérieur de l'Autriche, qui ne relevaient pas immédiatement de l'empereur. En 1568, on comptait déjà
vingt-quatre paroisses évangéliques dans la Carinthie ;
en 1571, il n'y avait plus qu'un seul catholique au conseil de la capitale de la Styrie. Le protestantisme ne
trouva, à la vérité, aucun appui auprès du prince ré-
gnant, l'archiduc Charles ; ce prince introduisit au contraire les Jésuites, et les favorisa de toutes ses forces ;
mais les États étant animés de sentiments protestants [1],
avaient le dessus aux Diètes, où les affaires de l'administration et de la défense du pays coïncidaient avec
les affaires de la religion : ils faisaient compenser chacune de leurs concessions politiques par des concessions
religieuses. En 1578, l'archiduc fut obligé, dans la
Diète tenue à Bruck sur la Muhr, d'accorder le libre
exercice de la confession d'Augsbourg, non-seulement
dans les domaines de la noblesse et des seigneurs suze-
rains, où d'ailleurs il ne pouvait pas l'empêcher, mais
encore dans les quatre principales villes, Graetz, Su-
denbourg, Clagenfurth, Laybach [2]. Le protestantisme
s'organisa ensuite dans ces provinces de la même manière que dans les provinces impériales. On établit un
ministère des églises protestantes : on accorda une organisation des églises et des écoles, suivant le modèle
de celles de Wurtemberg : on exclut dans plusieurs localités, par exemple à Saint-Vit, les catholiques des
élections du conseil [3] ; on ne leur permit plus d'exercer

---

[1] Socher : *Historia Societatis Jesu provinciæ Austriæ I*, t. IV, p. 166, 184 ;
t. V, p. 33.

[2] Supplique adressée à Sa Majesté Imp. Rom., et intercession des trois principautés et du pays, dans Lehmann : *De pace Religionis*, p. 461 ; c'est une pièce
qui rectifie l'exposition de Khevenhüller, *Ann. Ferdinandei*, 1, 6.

[3] Hermann dans la *Feuille périodique de Carinthie*, v, p. 189.

des fonctions dans la province ; c'est à la faveur de ces circonstances que les opinions protestantes commencèrent à devenir dominantes dans ces contrées si rapprochées de l'Italie. On résista ici vigoureusement à l'impulsion que les Jésuites avaient donnée.

On pouvait considérer, en 1578, le protestantisme comme étant prépondérant dans toutes les provinces autrichiennes de langue allemande, slavonne et hongroise, le Tyrol seul excepté.

§ VII. — Action catholique dans le reste de l'Europe.

C'est une époque remarquable que celle dans laquelle les deux grandes tendances religieuses s'arment encore une fois l'une contre l'autre, dans le même but d'obtenir la domination.

L'ancienne situation des choses était déjà essentiellement changée. Auparavant on cherchait à s'accorder ensemble; une réconciliation fut tentée en Allemagne, préparée en France et demandée dans les Pays–Bas; pendant quelque temps, elle parut exécutable. Il y avait dans diverses localités une tolérance pratique. Mais l'attaque se ranima avec plus de force et d'animosité. Les deux principes ennemis se provoquèrent mutuellement, pour ainsi dire dans tout le reste de l'Europe : il vaut la peine de jeter un coup d'œil sur cette nouvelle situation, telle qu'elle s'était formée dans les années 1578, 1579.

Commençons à l'Est par la Pologne.

Les Jésuites avaient pénétré aussi en Pologne : les évêques cherchaient à devenir plus forts par leur intermédiaire. Le cardinal Hosius, évêque d'Ermeland, fonda pour eux, en 1569, un collége à Braunsberg : ils s'établirent avec le secours des évêques à Pultusk, à Posen ; l'évêque Valérien de Wilna attacha la plus grande importance à prévenir par l'érection d'un institut de Jésuites auprès de son siége épiscopal, les luthériens de la Lithuanie qui voulaient fonder une université. Il était déjà avancé en âge et infirme, et voulait marquer ses derniers jours par ce service rendu à la cause de la religion ; les premiers membres de la Société arrivèrent près de lui en 1570 [1].

Ici également, les efforts furent immédiatement suivis des mesures que prirent les protestants afin de maintenir leur puissance. Ils firent passer à la Diète de convocation de 1573, une proposition en vertu de laquelle personne ne devait être offensé ou lésé à cause de sa religion [2] ; les évêques furent obligés de s'y conformer ; on leur prouva, par l'exemple des troubles des Pays-Bas, quel danger entraînerait leur refus : les rois qui suivirent furent forcés de jurer l'observation de cette décision. En 1579, le paiement de la dîme au clergé fut totalement suspendu, et suivant la déclaration du nonce, cette mesure seule a suffi pour produire la ruine de 1,200 paroisses : à la même époque, on forma un tribunal suprême composé de laïques et de membres du clergé, lequel était appelé à décider de tous les différends religieux ; on était étonné à Rome que le clergé polonais tolérât cette institution.

La lutte surgit en Suède avec autant de force qu'en Pologne, mais cependant d'une manière particulière ; elle atteignit immédiatement la personne du prince, c'est pour elle que les combats furent livrés.

---

[1] Sacchinus : *Historia Societatis Jesu*, pars II, lib. VIII, p. 114 ; pars III, lib. I, 112 ; lib. VI, 103-108.

[2] Fredro : *Henricus I, rex Polonorum*, p. 114.

On peut remarquer un mélange extraordinaire de profondeur d'esprit et de volonté, de religion et de violence dans tous les fils de Gustave-Vasa, — « la couvée du roi Gustave, » comme disaient les Suédois.

Le plus instruit d'entre eux était Jean. Comme il était marié avec une princesse catholique, Catherine de Pologne, qui partagea sa captivité, dans la solitude de laquelle il reçut souvent les consolations d'un prêtre catholique, il apprit à connaître très à fond la nature des différends ecclésiastiques. Il étudia les Pères de l'Église, afin de se faire une idée nette de l'état primitif de la religion chrétienne; il aimait les livres qui traitaient de la possibilité d'une conciliation religieuse, il s'occupait exclusivement des questions qui tendaient à ce but. Lorsqu'il monta sur le trône, il se rapprocha en effet de l'Église romaine. Il publia une liturgie modelée sur celle du concile de Trente, dans laquelle les théologiens suédois trouvèrent non-seulement quelques usages, mais encore quelques doctrines de l'Église romaine [1]. Comme il pensait avoir besoin de l'intervention du Pape, tant auprès des puissances catholiques en général, pour sa guerre avec la Russie, que particulièrement auprès de l'Espagne, pour les affaires de l'héritage maternel de sa femme, il n'hésita point à envoyer un grand de son royaume comme ambassadeur à Rome. Il permit même en secret à quelques Jésuites neerlandais de venir à Stockholm, et leur confia un établissement important d'instruction.

C'était une démonstration sur laquelle on fonda tout naturellement à Rome des espérances brillantes : — An-

[1] On les cite tous dans le *Judicium prædicatorum Holmenss. de publicata liturgia*, dans Baaz : *Inventarium ecclesiarum Sueogoth.*, p. 393.

toine Possevin, un des membres les plus habiles de la
Société de Jésus, fut choisi pour tenter sérieusement de
convertir le roi Jean.

En 1578, Possevin vint en Suède. Le roi n'était pas
disposé à céder sur tous les points. Il demandait la permission du mariage des prêtres, l'usage du calice pour
les laïques, de la messe en langue maternelle, la renonciation de l'Église aux biens confisqués, et autres choses
semblables. Possevin n'avait aucun pouvoir d'y consentir; il promit d'en faire part au Saint-Siége, et se hâta
d'arriver aux points de dogmes controversés. Il eut,
sous ce rapport, un succès bien plus grand. Après quelques conférences, et après quelque temps de réflexion,
le roi déclara qu'il était résolu à faire la profession de
foi, selon la formule du concile de Trente. Il la fit en
effet : il se confessa. Possevin lui demanda encore une
fois, si, en ce qui concerne la communion sous une
seule espèce, il se soumettrait au jugement du Pape;
Jean déclara qu'il s'y soumettait : sur cette déclaration,
Possevin lui donna solennellement l'absolution. Il paraît
même que cette absolution était l'objet principal des
désirs du roi. Il avait fait mettre à mort son frère, à la
vérité avec l'approbation que ses États lui en avaient
préalablement donnée, mais cependant il l'avait fait
mettre à mort et de la manière la plus violente! L'absolution qu'il avait reçue parut tranquilliser son âme.
Possevin pria Dieu de vouloir achever de convertir entièrement le cœur de ce prince. Le roi se leva et se jeta
dans les bras de son confesseur, en s'écriant : « J'embrasse pour toujours la religion romaine, comme je
t'embrasse. » Il reçut la communion suivant le rit catholique.

Après avoir si bien achevé son ouvrage, Possevin s'en

retourna : il communiqua cette nouvelle au Pape, et aussi aux princes catholiques les plus puissants, mais sous le sceau du secret : il ne restait plus alors qu'à mettre en délibération les demandes dont le roi faisait dépendre le rétablissement du catholicisme dans son pays. — Possevin était un homme très-habile, éloquent, possédant un grand talent pour la négociation, mais il se persuada trop facilement avoir complétement réussi. D'après l'exposé de Possevin, le Pape ne jugea pas nécessaire de céder aux demandes de Jean; il invita au contraire le roi à un retour libre et sans conditions. Il donna au Jésuite, pour son second voyage, des lettres qui traitaient de cette affaire, et des indulgences pour tous ceux qui reviendraient à la religion catholique.

Sur ces entrefaites, le parti contraire aussi n'était pas resté inactif : des lettres d'avertissement étaient arrivées de la part des princes protestants ; — car la nouvelle s'en était répandue sur-le-champ dans toute l'Europe : — Chytræus avait dédié au roi son livre sur la confession d'Augsbourg, et avait fait une certaine impression sur le savant monarque. Les protestants ne le perdirent plus de vue.

Possevin arriva, non plus en habit bourgeois comme auparavant, mais revêtu de l'habit ordinaire de son Ordre, et ayant avec lui une masse de livres catholiques. Cette apparition ne fit pas une impression favorable. Il hésita même un moment à produire la réponse du Pape, mais enfin il ne put remettre plus longtemps; il la fit connaître au roi dans une audience qui dura deux heures. Qui peut scruter le mystère d'une âme chancelante et inconstante? L'orgueil du prince pouvait se sentir blessé par des réponses qui contenaient un refus si complet; il était d'ailleurs convaincu que l'on ne pouvait rien obtenir en Suède sans les concessions qu'il avait proposées ; il n'avait aucune envie de se démettre de la couronne au profit de la religion. Il suffit de dire que cette audience fut décisive. Dès ce moment, le roi témoigna du déplaisir et de la défaveur à l'envoyé du Pape. Il somma les professeurs jésuites de recevoir la communion sous les deux espèces, de dire la messe en langue suédoise : comme ils ne lui obéirent pas, car, à la vérité, ils ne le pouvaient pas, il leur retira la protection qu'il leur avait accordée ; peu de temps après ils quittèrent Stockholm, mais ce ne fut pas à cause de la peste, comme ils l'avaient prétexté. Les grands seigneurs protestants, le plus jeune frère du roi, Charles de Sudermanie, qui penchait vers le calvinisme, les ambassadeurs de Lubek, ne négligèrent rien pour exciter et développer cette aversion croissante. Les catholiques ne conservèrent un appui, un espoir que dans la reine, et après sa mort, dans le prince appelé à succéder au trône. Le pouvoir, en Suède, demeura quelque temps essentiellement protestant [1] [*].

En Angleterre, l'État s'identifia de plus en plus avec la Réforme, sous la reine Élisabeth. Mais il y avait là des attaques d'un autre genre ; le royaume était rempli de catholiques. Non-seulement la population irlandaise resta fidèlement attachée à l'ancienne croyance et à l'ancien rit ; en Angleterre même, la moitié de la nation à peu près, sinon un plus grand nombre, comme on l'a prétendu, était dévouée au catholicisme. Toutefois, fait digne de remarque, les catholiques se soumirent, du

[1] Je m'en tiens, quant à tout cet exposé, aux relations des Jésuites qui, autant que je puis voir, n'ont pas encore été utilisées, et telles qu'on peut les lire en détail dans Sacchinus : *Historia Societatis Jesu*, pars IV, lib. VI, n° 64-76, et lib. VII, n° 88-111.

[*] Voir la note n° 11.

moins dans les quinze premières années du règne d'Élisabeth, aux lois protestantes de cette reine. Ils prêtèrent
le serment exigé, quoiqu'il fût directement opposé à
l'autorité papale ; ils fréquentaient les églises protestantes, et croyaient faire assez quand, en allant et en
revenant, ils se tenaient réunis, évitant la société des
huguenots [1].

C'est précisément sur cette situation que l'on fonda à
Rome de grandes espérances. On était persuadé qu'il ne
fallait qu'une occasion, qu'un faible succès, pour exciter tous les catholiques du pays à la résistance. Déjà
Pie V avait manifesté le désir de verser son sang dans
une expédition contre l'Angleterre. Grégoire XIII, qui
n'abandonna jamais la pensée d'une semblable entreprise, songeait à se servir, pour l'exécuter, du courage
militaire, de la gloire et de la haute influence de don
Juan d'Autriche : il envoya, positivement dans ce but,
en Espagne, son nonce Sega, qui avait été auprès de
don Juan dans les Pays-Bas, afin de décider le roi Philippe à cette expédition.

Cependant ces immenses projets échouèrent, soit à
cause de l'aversion du roi pour les plans ambitieux de
son frère, soit à cause des nouvelles complications politiques, soit enfin à cause d'autres obstacles. Il fallut se
contenter de tentatives moins brillantes.

Le Pape Grégoire jeta immédiatement les yeux sur
l'Irlande. On lui représenta qu'il n'y avait point de nation catholique plus austère et plus inébranlable dans la
foi que la nation irlandaise ; qu'elle était opprimée de
la manière la plus violente, pillée, divisée, maintenue

---

[1] *Relatione del presente stato d'Inghilterra, cavata da una lettera scritta di
Londra, etc.*, Roma 1590 (brochure imprimée), s'accorde à ce sujet avec un
passage de Ribadeneira, *de Schismate*, cité par Hallam (*the constitutional History of England*, t. 1, p. 102).

à dessein dans la barbarie, et persécutée dans ses convictions religieuses par le gouvernement anglais : elle se trouvait donc toute disposée à combattre ; il suffisait de venir à son secours avec une petite troupe ; avec 5000 hommes on pouvait conquérir l'Irlande au milieu de laquelle il n'y avait point de place forte capable de se défendre pendant plus de quatre jours [1]. Le Pape Grégoire fut facilement convaincu. Il y avait alors à Rome un réfugié anglais, nommé Thomas Stukley, un véritable aventurier, mais qui possédait à un haut degré l'art de s'insinuer et de capter la confiance ; le Pape le nomma son camérier et marquis de Leinster, et dépensa 40,000 scudi pour lui armer des vaisseaux et des troupes : il devait se réunir sur les côtes de France avec une petite troupe qu'un autre réfugié irlandais nommé Géraldin y avait rassemblée, également avec les secours du Pape. Le roi Philippe qui n'était pas disposé à commencer la guerre, mais qui ne voyait cependant pas avec déplaisir Elisabeth occupée chez elle, fournit quelque argent [2]. Mais Stukley, contre toute attente, se laissa entraîner à prendre part, avec la troupe qui était destinée contre l'Irlande, à une expédition que le roi portugais Sébastien fit en Afrique, et dans laquelle Stukley perdit la vie. Géraldin fut obligé de tenter seul la fortune ; il débarqua en 1579, et fit réellement quelques progrès. Il s'empara du fort qui dominait le port de Smervic ; déjà le comte de Desmond avait pris les armes contre la reine, un mouvement général s'emparait de l'île ; mais bientôt un malheur fut suivi d'un autre. Le

---

[1] *Discorso sopra il regno d'Irlanda e della gente che bisogneria per conquistarlo, fatto a Gregoria XIII.* Bibliothèque de Vienne, manuscrits de Fugger. Le gouvernement de la reine y est déclaré tyrannique.

[2] Suivant le nonce Sega, dans sa *Relatione compendiosa* (Ms. de la bibliothèque de Berlin), 20,000 scudi.

plus grand, c'est que Géraldin lui-même fut tué dans une escarmouche. Le comte de Desmond ne se trouvait pas assez fort pour se maintenir : l'appui du Pape était loin d'être suffisant ; l'argent sur lequel on comptait n'arrivait pas ; tous ces mécomptes donnèrent la victoire aux Anglais. Ils se vengèrent avec une cruauté effroyable de cette insurrection : les hommes et les femmes furent réunis et brûlés dans des granges, les enfants égorgés, et tout Monmouth fut ravagé : la colonie protestante anglaise en profita pour avancer ses établissements dans les domaines dévastés.

Pour arriver à quelques résultats, il fallait faire des tentatives au sein de l'Angleterre même, et elles n'étaient possibles qu'avec l'aide d'autres combinaisons de la politique européenne ; afin de ne pas laisser la population catholique achever de tomber dans l'hérésie, il devenait donc nécessaire de venir à son secours avec des armes spirituelles.

Guillaume Allen conçut le premier la pensée de réunir les jeunes Anglais catholiques qui demeuraient sur le continent pour y faire leurs études : il parvint à établir à Douai un collége destiné à ces jeunes Anglais, particulièrement avec l'appui de Grégoire XIII. Cependant cette institution ne parut pas suffisante au Pape. Il désirait procurer à ces réfugiés un lieu de recueillement et d'étude plus tranquille, moins dangereux, à ses yeux, que Douai, qui était alors situé dans les Pays-Bas rebelles ; il fonda un collége anglais à Rome même, lui fit donation d'une riche abbaye, et le confia en 1579 aux Jésuites [1].

---

[1] Nous pouvons comparer ici la relation des Jésuites dans Sacchinus, *pars* IV, *lib.* VI, 6, *lib.* VII, 10-30, avec les récits de Camden : *Rerum britannic.*, t. I, p. 315.

Personne ne fut admis dans ce collége, à moins qu'il ne s'engageât à retourner en Angleterre après avoir fini ses études, et à prêcher la foi de l'Église romaine. Les élèves étaient préparés pour ce seul but. Dans l'enthousiasme religieux qu'excitaient les exercices spirituels d'Ignace, on leur représentait, comme modèles à suivre, les missionnaires que le Pape Grégoire-le-Grand avait envoyés autrefois chez les Anglo-Saxons.

Quelques Anglais plus âgés voulurent précéder ces jeunes élèves du collége romain. En 1580, deux Jésuites anglais, Parson et Campian, retournèrent dans leur patrie. Incessamment poursuivis, changeant toujours de nom et de vêtements, ils arrivèrent dans la capitale, et traversèrent, l'un, les provinces du nord, et l'autre, celles du sud. Ils habitaient surtout les maisons des lords catholiques. Leur arrivée était annoncée d'avance : cependant on prit la précaution de les faire saluer à la porte comme des étrangers. On avait établi une chapelle particulière dans les appartements les plus retirés; on les y conduisait; les membres de la famille y étaient rassemblés et recevaient leur bénédiction. Le missionnaire ne demeurait là ordinairement qu'une nuit. Le soir, on se préparait et on se confessait : le lendemain la messe était dite et on y recevait la communion, venait ensuite le sermon. Tous ceux qui étaient encore attachés au catholicisme s'y rendaient, leur nombre était souvent très-considérable. La religion qui avait dominé depuis 900 ans dans l'île, fut de nouveau prêchée, propagée avec toute la séduction du mystère et de la nouveauté. On tint en secret des synodes : une imprimerie fut établie, d'abord dans un village près de Londres, ensuite dans une maison isolée, au milieu d'un bois voisin : on vit aussitôt paraître des ouvrages catholiques, écrits avec toute l'habileté que peut donner un exercice continuel dans la controverse, et souvent avec élégance, et qui exerçaient une impression d'autant plus grande que leur origine était plus difficile à découvrir. Le résultat immédiat fut que les catholiques cessèrent de fréquenter le service divin protestant et d'observer les lois de la reine en matières spirituelles : d'un autre côté, l'opposition des deux doctrines fut sentie plus vivement, et la persécution devint plus forte et plus énergique [1] [*].

Partout où le principe de la restauration catholique ne possédait pas assez de puissance pour s'élever à la domination, il produisait des luttes qui éclataient d'une manière plus vive et plus irréconciliable.

On pouvait observer aussi ce fait en Suisse, quoique chaque canton fût, déjà depuis longtemps, en possession de la liberté religieuse, et que les dissidences qui surgissaient de temps en temps dans les diverses relations de la confédération fussent un peu calmées.

Mais les Jésuites pénétrèrent aussi dans ce pays. Ils vinrent, en 1574, à Lucerne, sur l'invitation d'un colonel de la garde suisse à Rome, et ils y reçurent des marques d'intérêt et des secours, particulièrement de la famille Pfysser [2]. Louis Pfysser, à lui seul, a contribué peut-être pour 30,000 florins à la fondation du collége des Jésuites : Philippe II et les Guises y contribuèrent également, dit-on ; Grégoire XIII ne manqua pas non plus à l'appel, et donna les moyens de se procurer une bibliothèque. Les habitants de Lucerne étaient extrêmement satisfaits. Dans une lettre spéciale, ils

---

[1] Outre Sacchinus, *Campiani Vita et Martyrium. Ingolstadii*, 1584.
[*] Voir la note n° 12.
[2] Agricola, p. 177.

prièrent le général de l'Ordre de ne plus leur enlever les membres de la Société qui venaient d'arriver : « Il leur importe avant tout de voir leur jeunesse bien élevée dans les bonnes sciences et particulièrement dans la piété et la vie chrétienne; » ils lui promirent en retour de n'épargner ni peine, ni travail, ni argent, ni leur vie, pour être utiles à la Société dans tout ce qu'elle pourrait désirer [1].

Ils eurent immédiatement l'occasion de prouver, dans une affaire grave, l'ardeur de leur foi catholique.

La ville de Genève s'étant mise sous la protection spéciale de Berne, cherchait à entraîner dans cette alliance Soleure et Fribourg qui étaient habituées à marcher avec Berne dans les mêmes relations, non pas religieuses mais politiques. En effet Soleure consentit : une ville catholique prit sous sa protection le foyer du protestantisme occidental. Grégoire XIII fut effrayé et employa tous les moyens pour retenir du moins Fribourg. Les habitants de Lucerne lui prêtèrent secours, et envoyèrent une ambassade afin d'unir leurs efforts à ceux du nonce du Pape. Fribourg, non-seulement renonça à cette alliance, mais elle appela les Jésuites, et fonda un collége avec les dons du Pape.

A cette époque, commença à s'exercer l'influence de saint Charles Borromée. Il avait des liaisons surtout dans les cantons forestiers ; Melchior Lussi, landammann d'Unterwald, passait pour son ami intime; Borromée y envoya d'abord des Capucins, qui produisirent une grande impression, surtout dans les montagnes, par leur genre de vie sévère et simple; il les fit suivre par

---

[1] « Litteræ Lucernensium ad Everardum Mercurianum » dans Sacchinus : *Historia Societatis Jesu*, t. IV, V, p. 145.

des élèves du collége helvétique qu'il avait fondé uniquement dans ce but.

On ressentit bientôt en Suisse cette influence dans toutes les relations publiques. Pendant l'automne de 1579, les cantons catholiques firent une alliance avec l'évêque de Bâle, par laquelle ils promirent, non-seulement de le défendre contre les attaques qui seraient faites à sa religion, mais aussi de ne pas manquer l'occasion de faire rentrer dans la vraie religion. ceux de ses sujets qui étaient devenus protestants. Ces dispositions, par leur nature, mirent le parti évangélique en mouvement. La scission éclata plus fortement que jamais. Un nonce du Pape étant arrivé, on lui témoigna le plus grand respect dans les cantons catholiques, on l'insulta dans les cantons protestants.

§ VIII. — Résultat de la lutte dans les Pays-Bas.

Tel était l'état des affaires. Le Catholicisme restauré d'après les formes prises en Italie et en Espagne, avait fait une violente attaque contre le reste de l'Europe *. En Allemagne, il était parvenu à faire des conquêtes importantes ; il avait aussi fait des progrès dans beaucoup d'autres pays ; cependant partout il avait rencontré une forte résistance. En France, les protestants étaient protégés par de grandes concessions et par une imposante position politique et militaire ; ils avaient la prépondérance dans les Pays-Bas, ils dominaient en Angleterre ; en Écosse et dans le Nord ; en Pologne, ils avaient acquis, en combattant, des lois énergiques en leur faveur et une grande influence sur

---

* Voir la note nº 13.

les affaires générales de l'Empire; dans tous les États autrichiens, ils étaient opposés au gouvernement, armés qu'ils étaient de tous les anciens droits des États provinciaux; dans la basse Allemagne, un changement décisif dans les évêchés semblait devoir s'introduire.

Au milieu de cette situation, l'issue définitive de la lutte engagée dans les Pays-Bas, où l'on prit de nouveau les armes, était d'une importance immense.

Il était impossible que le roi Philippe II pût être dans l'intention de renouveler les mesures qui avaient déjà eu un si mauvais succès : il n'aurait plus été en état de le faire; son bonheur fut qu'il trouva des amis sans les chercher, et que le protestantisme rencontra, au milieu de son progrès, une résistance inattendue et invincible. Il vaut la peine de s'arrêter sur cet événement majeur.

Il n'était pas agréable à tout le monde dans les provinces, moins encore à la noblesse wallonne, de voir le prince d'Orange devenir si puissant.

Sous le gouvernement du roi, cette noblesse était toujours montée la première à cheval, principalement dans les guerres contre la France : les chefs les plus distingués auxquels le peuple était habitué à obéir, avaient acquis par là une certaine indépendance et une certaine autorité. Sous le gouvernement des États, elle se vit négligée; la solde ne fut pas payée régulièrement, l'armée des États consistait surtout en soldats hollandais, anglais et allemands, qui jouissaient de la plus grande confiance comme zélés protestants.

Lorsque les Wallons accédèrent à la pacification de Gand, ils s'étaient flattés d'acquérir une influence dominante sur les affaires générales du pays. Mais le contraire eut lieu. Le pouvoir tomba presque exclusi-

vement entre les mains du prince d'Orange et de ses
amis de Hollande et de Zélande.

Des causes principalement religieuses se joignirent
aux antipathies personnelles qui se développèrent.

Quelle qu'en puisse être la raison, il est certain que
le protestantisme a rencontré peu de retentissement
dans les provinces wallonnes.

Les nouveaux évêques, presque tous des hommes
d'une grande énergie, y avaient été installés sans aucun
obstacle. C'étaient : à Arras, François de Richardot,
qui avait puisé au concile de Trente même les principes
de la restauration catholique, chez lequel on ne peut
assez louer la rare union, dans ses sermons, de la solidité et de la vivacité, de l'élégance et de l'érudition,
et dans sa vie, l'austérité et l'ardeur, jointes à une
connaissance parfaite du monde [1]; à Namur, Antoine
Havet, dominicain, peut-être moins profond politique,
et aussi ancien membre du concile, également infatigable à en faire exécuter les décrets [2]; à Saint-Omer,
Gérard de Haméricourt, un des plus riches prélats de
toutes les provinces, en même temps abbé de Saint-
Bertin, préoccupé à cette époque du soin de faire étudier des jeunes gens, de fonder des écoles, et qui, le
premier, a établi sur des revenus assurés un collége de
Jésuites dans les Pays-Bas. Sous ces chefs de l'Église et
sous d'autres, l'Artois, le Hainaut, Namur, se trouvaient à l'abri de la fureur sauvage des iconoclastes,
tandis que les autres provinces étaient bouleversées [3];

---

[1] Gazet, *Histoire ecclésiastique des Pays-Bas*, p. 143, le trouve « subtil et
« solide en doctrine, nerveux en raisons, riche en sentences, copieux en dis-
« cours, poly en son langage et grave en actions, mais surtout l'excellente piété
« et vertu qui reluisoit en sa vie, rendoit son oraison persuasive. »

[2] Havensius : *De erectione novorum Episcopatuum in Belgio*, p. 50.

[3] Hopper : *Recueil et Mémorial des troubles des Pays-Bas*, p. 93, 98.

il en résulta aussi que dans ces pays, les réactions du
duc d'Albe ne furent pas si violentes [1]. Les décrets du
concile de Trente furent discutés et introduits sans délai dans les conciles provinciaux et dans les synodes
diocésains; l'influence des Jésuites se répandit avec rapidité, rayonnant des centres de Saint-Omer et surtout
de Douai. Philippe II avait fondé dans cette dernière
ville une université, afin de procurer à ceux de ses sujets qui parlaient français le moyen de faire leurs études
dans le pays. Non loin de Douai est situé Anchin,
abbaye des Bénédictins. Pendant que la plus grande
partie des autres provinces des Pays-Bas était ravagée
par les iconoclastes, l'abbé d'Anchin, Jean Lentailleur,
se livrait avec ses moines aux exercices spirituels d'I-
gnace. Exalté par la vive impression que ces exercices
avaient produite sur lui, l'abbé résolut de fonder dans
la nouvelle université, avec les revenus de l'abbaye,
un collége de Jésuites; ce collége fut ouvert en 1568;
il obtint une certaine indépendance des autorités de
l'université, et prospéra bientôt d'une manière extraordinaire. Huit ans après, l'état florissant de l'université elle-même, sous le rapport de l'étude de la littérature, était attribué aux Jésuites : non-seulement leur
collége, disait-on, est rempli d'une jeunesse pieuse et
studieuse, mais les autres colléges aussi ont prospéré
en rivalisant avec celui-ci : par lui, toute l'université
fut pourvue d'excellents théologiens, et tout l'Artois et
le Hainaut d'un grand nombre de pasteurs [2]. Ce collége
devint insensiblement le centre du Catholicisme mo-

---

[1] Selon Viglii, *Commentarius rerum actarum super impositione decimi de-
narii* dans Papendrecht, *Analecta I*, t. I, p. 292, on leur imposa le dixième denier avec l'assurance qu'on ne le ferait pas rentrer avec sévérité.

[2] *Testimonium Thomæ Stapletoni* (recteur de l'Université) de l'année 1576,
dans Sacchinus IV, IV, 124.

derne pour toutes les contrées d'alentour. **En 1578, les
provinces wallonnes** passaient, du moins chez les contemporains, selon l'expression de l'un d'eux, pour
très-catholiques [1].

Mais cette organisation religieuse était menacée par
la prépondérance croissante du protestantisme.

A Gand, il s'était produit sous une forme que nous
désignerions aujourd'hui comme révolutionnaire. On
n'y avait pas encore oublié les anciennes libertés détruites par Charles V; les cruautés du duc d'Albe y
avaient particulièrement aigri les esprits : le peuple
était violent iconoclaste et furieux contre les prêtres.
Quelques chefs ambitieux, Imbize et Ryhove, exploitaient ces dispositions. Imbize songeait à introduire une
république, et rêvait pour Gand la gloire de devenir
une nouvelle Rome. Ils commencèrent par faire prisonnier Arschot, leur gouverneur, au moment où il avait
une conférence avec quelques évêques et quelques chefs
catholiques des villes voisines : ils rétablirent alors
l'ancienne constitution, bien entendu avec quelques
changements qui leur garantissaient la possession du
pouvoir; ils attaquèrent ensuite les biens ecclésiastiques; ils abolirent l'évêché, confisquèrent les abbayes
et convertirent les hôpitaux et les couvents en casernes,
et cherchèrent enfin à propager par la force des armes
leurs institutions chez leurs voisins [2].

Parmi les chefs prisonniers, quelques-uns appartenaient aux provinces wallonnes : les troupes de Gand
commençaient déjà à faire des courses dans le pays

---

[1] Michiel : *Relatione di Francia :* « Il conte (le gouverneur du Hainaut) è
« catolichissimo, come è tutto quel contado insieme con quel d'Artœs che li è
« propinquo. »

[2] Van der Vynkt : *Histoire des Pays-Bas*, vol. II, livre v, chap. 2. Ce chapitre est le plus important de tout le livre.

wallon ; tout ce qu'il y avait de sentiments protestants
s'agitait. L'exemple de Gand avait associé les passions
populaires avec les passions religieuses : à Arras, un
soulèvement éclata contre le conseil : à Douai même,
les Jésuites furent chassés par un mouvement populaire,
contrairement à la volonté du conseil ; à la vérité, seulement pour quinze jours, mais c'était déjà un grand
résultat : à Saint-Omer, ils ne se maintinrent que par la
protection spéciale du conseil.

Les magistrats des villes, la noblesse du pays, le
clergé, couraient tous des dangers imminents ; ils se
voyaient menacés d'une révolution semblable à celle
qui avait eu lieu à Gand, et d'une nature évidemment
destructrice. Il n'est donc pas étonnant qu'ils cherchas-
sent à se défendre par tous les moyens : ils envoyèrent
d'abord leurs troupes ravager cruellement le domaine
de Gand, et enfin, ils tâchèrent d'obtenir un autre gouvernement qui leur présentât plus de garanties que ne
leur en procuraient leurs rapports avec les États-généraux des Pays-Bas.

Don Juan d'Autriche sut mettre à profit cette disposition des esprits.

Quand on considère en général les actions de don
Juan dans les Pays-Bas, il semblerait qu'il n'a produit
aucun résultat, que toute son existence n'a pas laissé
plus de traces qu'elle ne lui a procuré de satisfaction
personnelle. Mais si on examine de plus près sa position, ses actions et les conséquences de ses entreprises,
c'est à lui surtout qu'il faut attribuer la fondation des
Pays-Bas espagnols. Il essaya pendant quelque temps de
s'en tenir à la pacification de Gand ; mais la position
indépendante que les États avaient prise, la puissance
du prince d'Orange plus grande que celle de don Juan

lui-même, les soupçons que les deux partis avaient l'un contre l'autre, entraînaient nécessairement une rupture ouverte. Don Juan résolut de commencer la guerre. Il le fit sans doute contre la volonté de son frère, mais c'était inévitable. C'est par là seulement qu'il pouvait réussir et qu'il réussit en effet à faire rentrer ce royaume sous la domination espagnole. Il conserva Luxembourg, mit une garnison dans Namur, et devint maître de Louvain et de Limbourg, par suite de la bataille de Gemblours. Si le roi voulait rester de nouveau maître des Pays-Bas, il ne pouvait parvenir à ce but qu'au moyen d'un arrangement amiable avec les États-généraux, arrangement devenu impossible ; il lui fallut soumettre les provinces les unes après les autres, ou par voie d'accommodement, ou par la force des armes. Don Juan entra dans cette direction avec les plus belles chances de succès ; il réveilla les anciennes sympathies des provinces wallonnes pour la famille de Bourgogne, et attira dans son parti deux hommes puissants, Pardieu de la Motte, gouverneur de Gravelines, et Mathieu Moulart, évêque d'Arras [1].

Ce furent ceux-ci qui, après la mort prématurée de don Juan, dirigèrent avec une grande activité et une heureuse habileté les négociations commencées.

De la Motte exploitant la haine qui se ranimait contre les protestants, réussit à faire éloigner de plusieurs places fortes les garnisons des États-généraux, sous le prétexte qu'elles pouvaient être protestantes, et fit de telle sorte que la noblesse d'Artois résolut, en novembre, d'éloigner tous les réformés de ce pays, ce qui fut exécuté. Mathieu Moulart s'occupa ensuite à amener une

---

[1] Ils furent gagnés sous don Júan. *Strada II*, t. 1, p. 19.

réconciliation entière avec le roi. Il commença par invoquer le secours de Dieu dans une procession solennelle au milieu de la ville. Et en effet, c'était pour lui
une tâche très-difficile; il lui fallait réunir des hommes
dont les prétentions étaient directement opposées. Il se
montra infatigable, fin et souple, et il réussit complétement.

Alexandre Farnèse, successeur de don Juan, possédait
le grand talent de persuader, de gagner les esprits et
d'inspirer une confiance durable. Il était assisté par des
hommes distingués, par un neveu de l'évêque dont nous
avons parlé, par François Richardot, « un homme qui;
suivant Cabrera, possédait un bon jugement dans diverses matières, était très-exercé dans toutes, qui savait
diriger habilement toutes les affaires, de quelque nature
qu'elles fussent; et par Sarrazin, abbé de Saint-Waast,
qui, d'après le portrait qu'en fait le même Cabrera,
« était un grand politique sous une apparence très-
calme, très-ambitieux sous l'apparence de l'humilité,
et qui savait se faire considérer par tout le monde [1]. »

Devons-nous maintenant suivre la marche des négociations jusqu'au moment où elles se trouvèrent insensiblement arrivées à leur but?

Il suffit d'observer que du côté des provinces, l'intérêt de leur conservation et de leur religion les poussait
vers le roi, et que du côté de celui-ci, on ne négligea
aucun moyen de tirer le meilleur parti possible de l'influence sacerdotale et de l'habileté diplomatique, pour
compléter ce qui avait été commencé par le retour de
la bienveillance du prince. Au mois d'avril 1579, Em-
manuel de Montigny, reconnu par l'armée wallonne

---

[1] Cabrera : *Felipe Segundo*, p. 1021.

pour son chef, entra à la solde du roi. Après lui, le comte de Lalaing fit sa soumission ; jamais sans lui on n'aurait pu gagner le Hainaut. Enfin, le 17 mai 1579, une convention fut conclue au camp de Maëstricht. Mais à quelles conditions le roi ne fut-il pas obligé de consentir ! C'était une restauration de son pouvoir, mais réalisée sous les restrictions les plus dures. Non-seulement il promit de congédier tous les étrangers de son armée et de ne se servir que de troupes neerlandaises, mais encore il confirma tous les fonctionnaires dans les emplois obtenus pendant les troubles ; les habitants s'obligèrent même à ne recevoir aucune garnison sans avoir préalablement prévenu les États ; les deux tiers du conseil de chaque ville devaient être composés de gens qui avaient été impliqués dans l'insurrection. Les autres articles sont dans le même sens [1]. Les provinces obtinrent une indépendance qu'elles n'avaient jamais possédée.

Ici il faut constater un changement d'une importance générale. Jusqu'à ce jour, dans toute l'Europe occidentale, on avait cherché à conserver et à rétablir le catholicisme uniquement par l'emploi de la force ouverte ; sous ce prétexte, le prince avait essayé d'achever la destruction des droits provinciaux ; il se vit à présent obligé d'employer d'autres moyens. Pour rétablir le catholicisme et maintenir sa propre autorité, il ne pouvait le faire qu'en restant uni avec les États et en respectant les priviléges.

Malgré toutes ces restrictions apportées au pouvoir royal, celui-ci avait néanmoins infiniment gagné à cette situation. Il possédait de nouveau les provinces sur les-

---

[1] Tassis rapporte cette convention dans tous ses détails : *lib.* v, p. 394-405.

quelles était fondée la grandeur de la maison de Bourgogne. Alexandre Farnèse entreprit la guerre avec les
troupes wallonnes, et fit des progrès lents, mais réels.
En 1580 il prit Courtray, en 1581 Tournay, en 1582
Oudenarde.

Tout cependant n'était pas fini : c'est cette union des
provinces catholiques avec le roi qui finit par déterminer le soulèvement et la séparation des provinces du
Nord, qui étaient entièrement protestantes.

Saisissons bien un caractère tout particulier de
l'histoire des Pays-Bas. Il existait dans toutes les provinces un ancien conflit entre les droits provinciaux et
le pouvoir du prince. Celui-ci avait acquis, du temps
du duc d'Albe, une prépondérance telle qu'il n'en avait
jamais possédée auparavant, mais elle ne put se maintenir. La pacification de Gand prouve combien les
États avaient pris le dessus sur le gouvernement. Les
provinces du Nord n'avaient ici aucun avantage, aucune préférence sur celles du Sud. Si les unes et les
autres avaient été d'accord en matières de religion, elles
auraient fondé une république neerlandaise. Mais ainsi
que nous l'avons vu, la différence de religion détermina la scission. Il s'ensuivit d'abord la réunion des
provinces catholiques sous la protection du roi avec
lequel elles s'allièrent, précisément pour maintenir la
religion catholique, puis, ensuite, la séparation définitive des provinces protestantes. Si l'on donne aux
unes le nom de provinces soumises, et si l'on désigne
les autres par le nom de république, on ne doit cependant pas croire que dès le commencement, la différence entre elles ait été très-grande. Les provinces soumises défendaient aussi avec ardeur les priviléges de
leurs États, et les provinces républicaines ne pouvaient

pas se passer d'uue institution analogue à celle du pouvoir royal, celle du gouverneur. La principale différence était donc dans la religion.

C'est là seulement ce qui pouvait déterminer la lutte,
et les événements ne tardèrent pas à en produire l'explosion.

A cette époque, Philippe II venait de conquérir le
Portugal; tandis qu'il se sentait entraîné par l'ivresse
d'une si grande conquête à en faire de nouvelles, les
États wallons finirent par se trouver disposés à consentir au retour des troupes espagnoles.

Lalaing, et sa femme qui avait toujours été une énergique adversaire des Espagnols et à laquelle on attribua
leur exclusion, furent gagnés; toute la noblesse wallonne suivit leur exemple. On se persuada que les con-
damnations et les violences du duc d'Albe n'étaient
plus à craindre. L'armée hispano-italienne, déjà une
fois éloignée, puis rappelée, et encore renvoyée, arriva
enfin de nouveau. Avec les troupes neerlandaises seules,
la guerre se serait perpétuée sans fin, mais ces troupes
espagnoles habituées à combattre, bien disciplinées et
supérieures en nombre, décidèrent du résultat définitif
de la lutte.

Comme en Allemagne, les colonies de Jésuites, composées d'Espagnols, d'Italiens et de quelques Neerlandais, avaient rétabli le Catholicisme par l'enseignement
du dogme, de même une armée hispano-italienne en-
vahit les Pays-Bas, et se réunit aux Wallons, pour
procurer, par la force des armes, la prépondérance à
l'opinion catholique. On ne peut s'empêcher ici de
parler de la guerre qui servit au progrès de la religion.

Au mois de juillet 1583, la ville et le port de Dunkerque furent pris en six jours; ensuite Nieuport, et toute la côte jusqu'à Ostende, Dixmunden, Furnes, furent conquis.

Cette guerre apparut aussitôt avec tout son caractère. Dans toutes les questions politiques les Espagnols se montrèrent modérés, et inexorables dans les affaires de religion. On ne pensait pas seulement à la possibilité d'accorder aux protestants une église ou même l'autorisation de célébrer chez eux le service divin; les prédicateurs saisis furent pendus. C'était en pleine connaissance de cause que l'on faisait une guerre de religion. Sous un certain rapport, cette conduite était ce qu'il y avait de plus prudent, attendu la position dans laquelle on se trouvait. Jamais on n'eût obtenu une soumission parfaite des protestants, et par cette politique décidée on mit de son côté tous les éléments du catholicisme encore vivants dans le pays. Ces éléments se soulevèrent spontanément. Le bailli Servaes de Steeland livra le pays de Waes. Hulst et Axel se soumirent. Bientôt Alexandre Farnèse fut assez puissant pour pouvoir songer à une attaque contre les grandes villes; déjà maître de la campagne et de la côte, elles furent obligées de se rendre l'une après l'autre : d'abord Ypres, au mois d'avril, ensuite Bruges, enfin Gand où Imbize avait formé un parti pour la réconciliation. On accorda aux communes des conditions très-supportables : on leur laissa en grande partie leurs priviléges; les protestants seulement furent bannis sans miséricorde ; la condition essentielle était toujours que les prêtres catholiques seraient rappelés et que les églises seraient consacrées de nouveau au culte catholique.

Malgré ces succès, on n'avait cependant rien fait de durable et d'assuré tant que vivait le prince d'Orange, qui maintenait et fortifiait la résistance et l'espérance parmi les vaincus.

Les Espagnols avaient mis sa tête au prix de 25,000 scudis : dans la fermentation sauvage des esprits on ne pouvait pas manquer de gens qui chercheraient à gagner ce prix. La cupidité et le fanatisme étaient deux mobiles suffisants. J'ignore s'il existe de plus affreux blasphèmes que ceux renfermés dans les papiers du biscayen Jaureguy, arrêté lorsqu'il attentait à la vie du prince. Il portait sur lui comme une espèce d'amulette, des prières, dans lesquelles la divinité pleine de grâces qui apparut à l'homme dans la personne du Christ, était invoquée pour favoriser le meurtre; on lui vouait après l'action consommée une partie du gain, une robe, une lampe, une couronne à la mère de Dieu de Bayonne, une couronne à la mère de Dieu d'Aranzosu, et un riche rideau au Seigneur Jésus-Christ lui-même [1]! Par bonheur, on arrêta ce fanatique; mais pendant ce temps, un autre assassin était déjà en route. Au moment où la mise du prince au ban de l'Empire fut publiée à Maëstricht, un Bourguignon, nommé Balthasar Gérard, fixé dans cette ville, se sentit possédé de la pensée d'exécuter cette mise à prix [2]. Les espérances de bonheur et de considération qui l'attendaient s'il réusissait, et de la gloire d'un martyr dans le cas où il perdrait la

---

[1] *Contemporary copy of a vow and of certain prayers found in the form of an amulet upon Jaureguy :* dans les collections de lord Egerton. « A vos Senor « Jesus Christo, redemptor y salvador del mundo, criador del cielo y de la « tierra, os offrezco siendo osservido librarme con vida despues de haver effec-« tuado mi deseo, un belo muy nico. » Il continue ainsi de suite.

[2] « Relatione del successo della morte di Guilielmo di Nassau principe di « Orange e delli tormenti patiti del generosissimo giovane Baldassare Gerardi « Borgognone : » *Inf. polit.,* XII, contient quelques renseignements particu-liers : « Gerardi, la cui madre è di Bisansone, d'anni 28 incirca, giovane non « meno dotto che eloquente. » — Il avait nourri ce projet pendant sept ans et demi.

vie, espérances dans lesquelles le fortifiait un jésuite de Trèves, ne lui avaient pas laissé de repos, ni le jour ni la nuit, jusqu'à ce qu'il se fût mis en route pour consommer l'attentat. Se présentant au prince comme fuyant la persécution, il sut par ce moyen trouver un accès et un moment favorables; il tua le prince d'Orange d'un coup de feu, en juillet 1584. Il fut arrêté; mais aucune des tortures qu'on lui fit souffrir ne put lui arracher un seul soupir; il disait toujours que *s'il n'avait pas tenté cette action il la ferait encore*. Lorsqu'il mourut à Delft, au milieu des malédictions du peuple, les chanoines de Herzogenbusch chantèrent un *Te Deum* solennel en l'honneur du succès de cet attentat.

Toutes les passions étaient dans un état de fermentation sauvage; l'impulsion qu'elles donnaient aux catholiques étant la plus énergique, ceux-ci arrivaient à leur but et triomphaient.

Si le prince eût vécu, on croit qu'il serait parvenu à faire lever le siége d'Anvers, comme il l'avait promis; après lui, il n'y eut plus personne capable de le remplacer.

Mais l'expédition contre Anvers était d'une telle importance, que les autres grandes villes de Brabant se trouvèrent aussi immédiatement menacées; le prince de Parme leur coupa les vivres à toutes en même temps. Bruxelles se rendit la première. Lorsque cette ville, habituée à l'abondance, se vit exposée à la famine, il y éclata un soulèvement qui décida la reddition. Malines tomba ensuite au pouvoir de l'ennemi; enfin, lorsque la dernière tentative de rompre les digues et de se procurer des vivres par terre eut échoué, Anvers fut également obligée de se rendre. Du reste, on accorda à ces villes du Brabant, ainsi qu'à celles de Flandre, les conditions les plus modérées ; Bruxelles fut exemptée de la contribution ; Anvers obtint la promesse qu'on ne mettrait point de garnison espagnole dans la ville et que l'on ne réparerait pas la citadelle. Mais on imposa un engagement qui tenait lieu de tous les autres, c'est que les églises et les chapelles seraient rendues au culte catholique, et les prêtres et les moines rappelés. Sous ce rapport, le roi était intraitable. « Dans chaque convention, disait-il, ce point doit être la première et la dernière condition. » La seule grâce qu'il accorda, fut de donner deux ans à ceux qui étaient établis dans une localité, soit pour se convertir, soit pour vendre leurs biens et abandonner le territoire espagnol.

Comme les temps étaient changés ! Autrefois Philippe II lui-même avait hésité à permettre aux Jésuites de s'établir dans les Pays-Bas, et depuis, ils y avaient couru souvent des dangers, ils avaient été attaqués et bannis. Par suite des événements de la guerre, ils y retournèrent, mais avec la faveur déclarée du pouvoir. Les Farnèse étaient d'ailleurs des protecteurs tout particuliers de cette Société ; Alexandre avait un jésuite pour confesseur ; il vit dans cet Ordre le plus puissant instrument pour rendre entièrement au catholicisme le pays à demi protestant qu'il avait conquis [1]. La première ville où les Jésuites se présentèrent de nouveau, fut aussi la première qui fut conquise, c'était Courtray. Le curé de la ville, Jean David, avait fait connaissance avec eux dans son exil, à Douai. Il revint aussi à cette époque, mais pour entrer dans l'Ordre et exhorter, dans son sermon d'adieu, les habitants à ne pas se priver plus longtemps des secours spirituels de cette So-

---

[1] Sacchinus : pars v, lib. IV, n° 58.

ciété; ils se laissèrent facilement persuader. Alors le vieux Jean Montagna, qui avait d'abord introduit les Jésuites à Tournay et avait été obligé de s'enfuir plus d'une fois, y rentra pour y fonder la Société. Aussitôt que Bruges et Ypres se furent rendus, les Jésuites y arrivèrent; le roi s'empressa de leur accorder quelques couvents qui avaient été ravagés pendant les troubles. A Gand, on restaura pour eux la maison du grand démagogue Imbize, qui avait été la cause de la ruine du catholicisme. Les habitants d'Anvers voulurent stipuler parmi les conditions de leur reddition, qu'ils n'auraient à recevoir chez eux que les Ordres religieux existant du temps de Charles V; mais on ne le leur accorda point; ils furent forcés de recevoir de nouveau les Jésuites et de leur rendre les biens que ceux-ci avaient possédés auparavant. L'historiographe de l'Ordre raconte ce fait avec plaisir; il observe que c'est par une faveur spéciale du Ciel qu'on leur a restitué, exempts de dettes, les biens qu'ils avaient laissés endettés; quoique ces biens fussent passés en seconde et troisième mains, ils n'en furent pas moins rendus sans plus de formalités. Bruxelles aussi ne put échapper au sort commun; le conseil de la ville se déclara tout disposé; le prince de Parme accorda un secours des caisses royales, et les Jésuites y furent très-promptement et très-convenablement établis. Le prince leur avait déjà accordé le droit de posséder des biens-fonds sous la juridiction ecclésiastique, et de faire un libre usage dans ses provinces des priviléges octroyés par le Siége apostolique.

Les Jésuites ne furent pas les seuls à jouir de la protection du prince. En 1585, quelques Capucins arrivèrent auprès de sa personne; il obtint, par une lettre particulière qu'il écrivit au Pape, la permission de les garder auprès de lui, et il leur acheta une maison à Anvers. Ils produisirent même une grande impression sur les Ordres religieux qui avaient avec le leur quelques rapports de filiation ; il fallut une défense positive du Pape pour détourner les Franciscains d'admettre la réforme des Capucins.

Toutes ces mesures produisirent insensiblement le plus grand effet. Elles firent de la Belgique, qui était déjà à moitié protestante, un des pays les plus catholiques du monde. On ne peut pas nier aussi qu'elles contribuèrent, du moins dans les premiers temps, à reconsolider le pouvoir royal.

Ces résultats confirmèrent de plus en plus énergiquement dans cette opinion, qu'on ne doit tolérer qu'une seule religion dans une société. Cette opinion est un des principaux principes de la politique de Juste Lipse. « En matière de religion, dit Lipse, on ne peut admettre ni grâce, ni indulgence ; la véritable grâce c'est de ne pas en avoir ; pour en sauver plusieurs on ne doit pas avoir de la répugnance à en sacrifier quelques-uns. »

Nulle part ce principe ne trouva une plus large application qu'en Allemagne.

§ IX. — Suite du mouvement de réaction catholique en Allemagne.

Les Pays-Bas étant encore à cette époque un cercle de l'Empire allemand, les événements qui s'y passaient devaient naturellement exercer une grande influence sur l'Allemagne elle-même. L'affaire de Cologne fut décidée immédiatement à la suite de ces événements des Pays-Bas.

Les Espagnols n'étaient pas encore revenus, et par conséquent n'avaient pas encore remporté tous leurs grands avantages en faveur du catholicisme, lorsque le prince électoral, Truchses de Cologne, se détermina, au mois de novembre 1582, à embrasser la religion réformée et à se marier, sans cependant vouloir renoncer à son évêché. La plus grande partie de la noblesse, les comtes de Nuenar, de Solms, de Wittgenstein, de Wied, de Nassau, tout le duché de Westphalie, tous les protestants étaient pour lui; le prince électoral fit son entrée à Bonn, en tenant d'une main la Bible et de l'autre l'épée; Casimir du Palatinat entra en campagne avec des troupes considérables pour forcer la ville de Cologne, le chapitre et l'archevêché qui résistaient à Truchses.

Nous voyons ce Casimir du Palatinat figurer dans toutes les luttes de cette époque; il est toujours prêt à monter à cheval, à tirer l'épée; toujours il tient à sa disposition des troupes pleines d'ardeur pour la guerre et d'exaltation pour la Réforme; mais il parvient rarement à obtenir des succès véritables. Il ne fait la guerre ni avec le dévoûment exigé dans une cause religieuse, car il ne cherchait jamais que son avantage personnel, ni avec l'énergie ou l'habileté qu'il rencontrait dans ses ennemis. Cette fois encore, il dévasta les campagnes de ses adversaires; mais quant à l'affaire principale, il ne fit à peu près rien pour l'avancer[1]. Il ne sut ni faire des conquêtes, ni se procurer de plus grands secours de la part de l'Allemagne protestante.

Les puissances catholiques, au contraire, réunirent toutes leurs forces. Le Pape Grégoire n'attendit pas les lenteurs, les retards d'une enquête dans le Sacré Collége; attendu l'urgence des circonstances, il jugea qu'un

[1] Isselt: *Historia belli Coloniensis*, p. 1092. « Tota hac æstate nihil hoc « exercitu dignum egit. »

simple consistoire des cardinaux suffisait pour décider
un cas si important, pour dépouiller un prince électoral
de l'Allemagne, de sa dignité archiépiscopale [1]. Son
nonce, Malaspina, s'était déjà rendu en toute hâte à
Cologne. Il réussit, conjointement surtout avec les docteurs de l'archevêché, non-seulement à exclure du chapitre tous ceux qui étaient moins fermes dans la foi et
moins résolus à prendre les mesures efficaces, mais
encore à élever au siége archiépiscopal un prince de la
seule maison qui fût restée parfaitement catholique, le
duc Ernest de Bavière, évêque de Freisingen [2]. Une armée allemande catholique, rassemblée par le duc de
Bavière et avec les subsides du Pape, entra ensuite en
campagne. L'empereur ne tarda pas à menacer du ban
de l'Empire le comte palatin Casimir, et à adresser à
ses troupes des lettres pour les rappeler à leurs devoirs,
lesquelles lettres ont fin par produire en effet la disso-
lution de l'armée du comte palatin. Lorsque les choses
furent aussi avancées, les Espagnols parurent. Ils avaient
conquis Zutphen pendant l'été de 1583. Trois mille
cinq cents vétérans belges étaient entrés dans l'archevêché; Gebhard Truchses succomba sous tant d'ennemis;
ses troupes ne voulaient pas servir contre les ordres de
l'empereur. Sa forteresse principale se rendit à l'armée
hispano-bavaroise; lui-même fut obligé de prendre la
fuite et de chercher un refuge chez le prince d'Orange.

Évidemment, cette défaite devait exercer la plus
grande influence sur la consolidation complète du catholicisme dans le pays. Le clergé du diocèse avait entièrement négligé de s'occuper, dès le commencement

---

[1] Maffei : *Annali di Gregorio XIII*, II, XII, 8.

[2] Lettre de Malaspina au duc Guillaume de Bavière, dans Aldzreiter, II, XII,
295. *Quod cupiebamus*, y dit-il, *impetravimus*.

des troubles, des dissidences qui pouvaient régner dans son sein : le nonce éloigna tous les membres suspects ; une église de Jésuites fut érigée au milieu du tumulte des armes ; après la victoire, il n'y avait plus qu'à continuer dans la même voie. Truchses avait aussi chassé les prêtres catholiques de la Westphalie : ils revinrent, ainsi que tous les autres réfugiés, et furent très-vénérés [1]. Les chanoines *évangéliques* restèrent exclus de l'évêché, et ne reçurent plus leurs revenus. Les nonces du Pape furent, à la vérité, obligés d'agir avec modération envers les catholiques eux-mêmes : le Pape Sixte le savait bien ; il ordonna, par exemple, à son nonce de ne pas commencer les réformes qu'il jugeait nécessaires, s'il ne savait que tous étaient disposés à les admettre : mais c'est précisément par cette politique prévoyante que l'on atteignit insensiblement le but ; les chanoines, n'importe quelle fût l'illustration de leur naissance, recommencèrent enfin à remplir leurs devoirs ecclésiastiques à la cathédrale. L'opinion catholique rencontra un appui considérable dans le conseil de Cologne, qui comptait un certain nombre d'adversaires protestants dans cette ville.

Ce grand changement suffisait seul pour agir puissamment sur tous les autres domaines ecclésiastiques : dans le voisinage de Cologne, un événement particulier y contribua encore. Henri de Saxe-Lauenbourg, évêque de Paderborn, d'Osnabruck, archevêque de Brême, qui eût suivi l'exemple de Gebhard si celui-ci eût réussi, partit un dimanche du mois d'avril 1585, à cheval, de son palais, pour se rendre à l'église : en re-

---

[1] « Le prince électoral Ernest, dit Khevenhiller, a rétabli de nouveau la religion catholique et le gouvernement temporel d'une manière conforme aux anciens usages. »

venant, il tomba de cheval, et quoiqu'il fût jeune et
vigoureux, et qu'il n'eût reçu aucune blessure grave, il
mourut cependant dans le même mois des suites de sa
chute. Les élections qui s'en suivirent furent entièrement
à l'avantage du catholicisme. Le nouvel évêque d'Osnabruck signa la profession de foi [1]; le nouvel évêque de
Paderborn, Théodore de Furstemberg, était un catholique décidé. Il avait déjà résisté, comme chanoine, à
son prédécesseur, et obtenu, en 1580, le statut en vertu
duquel les catholiques seuls devaient être admis au
chapitre [2] : il avait fait venir aussi quelques Jésuites et
leur avait confié la prédication à la cathédrale, et les
classes supérieures du gymnase; ces dernières fonctions
ne leur avaient été accordées que sous la condition de
ne point porter l'habit de leur Ordre. Mais combien ne
lui fut-il pas plus facile de suivre cette direction, lorsqu'il fut devenu évêque ! Les Jésuites n'eurent plus besoin de dissimuler leur présence, le gymnase leur fut
confié ouvertement, on ajouta les fonctions d'enseigner
le catéchisme à celle de prêcher qu'ils possédaient déjà.
Ils eurent beaucoup à faire à Paderborn. Le conseil de
la ville était toujours protestant. On trouvait à peine
encore quelques catholiques parmi les bourgeois. Il en
était de même dans la campagne. Les Jésuites compa-
raient Paderborn à un *champ sec qui donne des peines*

---

[1] Suivant Strunck, *Annales Paderbornenses*, p. 514, Bernard de Waldeck
avait penché auparavant pour le protestantisme; il était resté neutre pendant
les troubles de Cologne, et il fit alors une profession de foi catholique. Chytræus (*Saxonia*, 812) ne le contredit pas.

[2] Bessen : *Histoire de Paderborn*, II, 123. Dans Reiffenberg, *Historia provinciæ ad Rhenum inferiorem*, lib. VIII, c. 1, p. 185, se trouve une lettre du
Pape Grégoire XIII. « Dilectis filiis canonicis et capitulo ecclesiæ Paderbornen-
« sis, » 6 février 1584, dans laquelle il loue cette résistance. « C'est bien ainsi,
plus on est attaqué, plus on doit résister fortement : le Pape aussi porte dans
son cœur les Pères de la Société de Jésus. »

extraordinaires, et qui cependant ne veut porter aucuns fruits. Enfin, comme nous le verrons plus tard, ils parvinrent à leur but, au commencement du dix-septième siècle.

Cette mort de Henri de Saxe-Lauenbourg était aussi un événement grave pour Munster. Comme les jeunes chanoines tenaient pour Henri, et les vieux contre lui, on n'avait pu parvenir à faire un choix. Alors le duc Ernest de Bavière, prince électoral de Cologne, évêque de Liége, fut postulé pour évêque de Munster. Le catholique le plus ardent du diocèse, Raesfeld, doyen du chapitre, fit réussir encore cette affaire : il destina un legs de 12,000 reichsthaler de sa fortune à la fondation d'un collége de Jésuites qui devait être établi à Munster, et mourut ensuite. Les premiers Jésuites y arrivèrent en 1587. Ils éprouvèrent de la résistance de la part des chanoines, des prédicateurs et des bourgeois; mais le conseil et le prince les protégèrent; les écoles firent connaître leur mérite extraordinaire; on dit que, la troisième année, ils comptaient déjà mille écoliers; en 1590, ils obtinrent une position parfaitement indépendante par la concession généreuse que leur fit le prince des biens ecclésiastiques [1].

Le prince électoral Ernest possédait aussi l'évêché de Hildesheim. Quoique son pouvoir y fût beaucoup plus restreint, il contribua cependant à l'introduction des Jésuites. Le premier Jésuite qui vint à Hildesheim fut Jean Hammer, né à Hildesheim, élevé dans la religion luthérienne, mais tout rempli du zèle d'un nouveau converti. Il prêcha avec une lucidité remarquable et

---

[1] Sacchinus, pars v, lib. VIII, n° 83-91. Reiffenberg : *Historia provinciæ ad Rhenum inferiorem I*, IX, VI.

réussit à faire quelques brillantes conversions ; insensiblement il prit racine ; et en 1590 les Jésuites reçurent à Hildesheim une habitation et une pension.

Nous voyons de quelle importance le catholicisme de la maison de Bavière était, à cette époque, pour la Basse-Allemagne. Un prince bavarois apparaît en même temps dans tous ces diocèses comme un véritable protecteur.

On ne doit cependant pas croire que ce prince fût lui-même très-zélé et très-dévot. Il avait des enfants naturels, et on pensait qu'un jour il finirait par suivre l'exemple de Gebhard Truchses. Il est très-curieux d'observer avec quelle prudence le Pape Sixte V se conduit avec lui. Il se garde avec soin de laisser entrevoir qu'il connaît ses désordres, car il eût fallu lui adresser des exhortations, des avertissements qui auraient pu pousser très-facilement ce prince capricieux à une résolution qu'on ne désirait nullement [1].

Les affaires allemandes étaient bien loin de pouvoir être traitées comme l'avaient été celles des Pays-Bas. Elles demandaient les égards personnels les plus délicats.

Quoique le duc Guillaume de Clèves se montrât extérieurement attaché à la profession catholique, sa politique était tout à fait protestante ; il s'empressa d'accorder un refuge et sa protection aux réfugiés protestants : il tenait éloigné de toute participation aux affaires son fils Jean, qui était un zélé catholique. On aurait pu être facilement tenté à Rome de laisser apercevoir, à ce sujet, du mécontentement et de la surprise, et de favoriser l'opposition du prince Jean. Sixte V était

---

[1] Tempesti : *Vita di Sisto V*, t. 1, p. 354.

beaucoup trop prudent pour le faire. Ce n'est que lorsque le prince adressa de si vives instances qu'il n'était
plus possible de les éluder sans offense, que le nonce
du Pape se hasarda à avoir avec lui une conférence à
Dusseldorf; et là, il l'exhorta avant tout à la patience.
Le Pape ne voulait pas qu'il obtînt la Toison d'Or; cette
faveur signalée aurait pu éveiller des soupçons; aussi
ne s'adressa-t-il pas directement au père en faveur du
fils, tous rapports de ce dernier avec Rome auraient
déplu; ce n'est que par l'entremise de l'empereur qu'il
chercha à procurer au prince une position appropriée
à sa naissance; il ordonna au nonce de fermer les yeux
sur certaines choses. Cette prudence si pleine de ménagements de la part d'une autorité qui cependant était
toujours obéie, ne manqua pas non plus ici son effet.
Le nonce parvint peu à peu à acquérir de l'influence :
lorsque les protestants réclamèrent à la Diète quelques
faveurs, ce fut le nonce qui, par ses représentations,
leur fit répondre par un refus [1].

C'est ainsi que dans une grande partie de la Basse-Allemagne, le catholicisme, s'il ne fut pas complétement
rétabli, fut du moins maintenu et fortifié; au milieu
des grands dangers qui le menaçaient, il conquit une
prépondérance qui, dans la suite des temps, pouvait
parvenir à une entière domination.

Dans la Haute-Allemagne, un mouvement analogue
se déclara.

Nous avons fait mention de la situation des diocèses
dans la Franconie. Un évêque résolu aurait bien pu avoir
la pensée de se servir de cette situation pour acquérir
un pouvoir héréditaire.

[1] Tempesti : *Vita di Sisto V*, t. I, p. 359.

C'est peut-être réellement ce qui fit que Jules Echter de Mespelbronn, qui, encore très-jeune et naturellement entreprenant, devint, en 1573, évêque de Wurzbourg, hésita un moment sur la politique qu'il devait suivre.

Il prit une part active à l'expulsion de l'abbé de Fulde; il est donc impossible que ce soit un sentiment très-catholique qui l'ait mis en rapport avec le chapitre et les États de Fulde. Car c'est le rétablissement du catholicisme qui fut le grief principal qu'ils élevèrent contre leur abbé. L'évêque tomba aussi par ce motif en disgrâce à Rome : Grégoire XIII lui ordonna de rendre Fulde. Il le fit précisément à l'époque où Truchses déclara son apostasie. L'évêque Jules se prépara à s'adresser à la Saxe et à invoquer contre le Pape le secours du chef des luthériens; il avait des rapports intimes avec Truchses, et celui-ci du moins conçut l'espoir que l'évêque de Wurzbourg suivrait son exemple; l'envoyé de l'archevêque Lauenbourgeois de Brême s'empressa d'annoncer cette nouvelle à son maître [1].

Dans ces circonstances, il est difficile de dire ce que l'évêque Jules eût fait, si Truchses s'était maintenu à Cologne; mais son entreprise ayant échoué complétement, il ne pouvait pas même songer à l'imiter; il prit au contraire une résolution tout opposée.

Tous ses désirs consistaient-ils seulement à devenir maître dans son pays? ou bien portait-il réellement au

---

[1] Lettre d'Hermann von der Decken, en date du 6 déc. 1582, dans les *Miscellanées historiques* de Schmidt-Phiseldeck, I, 25 : « Vu l'exposé et les demandes du légat, l'évêque de Wurzbourg a réclamé quelques instants de réflexion : il a fait préparer sur-le-champ ses chevaux et ses domestiques et a voulu monter à cheval pour aller trouver le prince électoral de Saxe et se plaindre auprès de Sa Grâce électorale de ces importunités inouïes du Pape, et pour le supplier de lui donner un conseil, du secours et de la consolation. — M. le prince électoral (de Cologne) avait grand espoir que leurs Grâces se déclareraient contre le Pape. »

fond de son cœur une conviction sincèrement catholique ? Toutefois c'était un élève des Jésuites, élevé dans le *collegium romanum*. Il suffit de dire qu'en 1584, il exécuta en personne, dans un esprit tout catholique, avec toute l'énergie d'une volonté inébranlable, une visite de ses églises, telle qu'il n'en avait pas encore été faite en Allemagne.

Il parcourut le pays accompagné de quelques Jésuites. Il alla d'abord à Munden, et de là à Arnstein, à Werneck, à Hasfourt ; ainsi de suite, de district en district. Il convoqua auprès de lui, dans chaque ville, le bourguemestre et le conseil, et leur fit part de sa résolution de détruire les hérésies protestantes ; les prédicateurs furent éloignés et remplacés par les élèves des Jésuites. Quand un fonctionnaire se refusait à fréquenter le service divin catholique, il était destitué sans miséricorde ; d'autres qui avaient des sentiments catholiques attendaient des places vacantes. Tous les autres particuliers furent également astreints à suivre le service catholique ; ils n'avaient que le choix entre la messe et l'émigration : « Celui qui a en horreur la religion du prince, ne doit participer en rien aux avantages de son pays [1]. » Les États voisins intercédèrent en vain contre la rigueur de ces procédés. L'évêque Jules avait coutume de dire : « Mes scrupules ne viennent pas de ce que je fais, mais de ce que je le fais si tard. » Les Jésuites l'assistèrent avec la plus grande activité. On remarqua surtout le Père Gérard Weller, qui allait seul, à pied et sans bagage, prêchant de lieu en lieu. Dans une seule année, en

---

[1] Biographie de l'évêque Jules dans la *Chronique de Wurzbourg*, par Gropp, p. 335 : « On leur intima l'ordre de se démettre de leurs emplois et de chercher leur subsistance hors de l'évêché. » Je profite de cette biographie, *passim*, et particulièrement de « Christophori Mariani Augustani Encœnia et Tricen- « nalia Juliana » dans *Script. :* dans Gropp. *Script. Wirceb,*, t. 1.

1586, quatorze villes et marchés, plus de deux cents villages, près de soixante-deux mille âmes furent converties au catholicisme. Il ne restait plus que la capitale de l'évêché ; l'évêque entreprit aussi la conversion de cette ville au mois de mars 1587. Il fit venir devant lui le conseil de la ville, puis il établit pour chaque quartier et pour chaque paroisse une commission qui interrogeait individuellement les bourgeois ; par ce moyen, on découvrit que la moitié d'entre eux avait des opinions protestantes ; mais chez un grand nombre, la foi nouvelle était bien faible ; ils ne tardèrent pas à se soumettre, et la communion fut distribuée solennellement par l'évêque, le jour de Pâques, à beaucoup de fidèles catholiques, dans la cathédrale où il officia en personne ; d'autres persistèrent plus longtemps à ne pas se rétracter ; quelques autres préférèrent vendre leurs biens et émigrer ; parmi ceux-ci se trouvaient quatre conseillers de la ville.

Cette conduite de l'évêque Jules était un exemple que le voisin ecclésiastique le plus rapproché de Wurzbourg, l'évêque de Bamberg, se sentit, avant tous autres, engagé à suivre. Tous les Allemands connaissent Goesweinstein, au delà de la vallée de Muggendorf, où, aujourd'hui encore, le peuple de tous les pays d'alentour se rend en pèlerinage à travers des forêts magnifiques et des sentiers solitaires et escarpés. Là on voit un ancien sanctuaire dédié à la Sainte-Trinité. A cette époque, il n'était pas visité et tombait en ruines. Lorsque l'évêque de Bamberg, Ernest de Mengersdorf, y vint un jour en 1587, il fut très-affligé de ce spectacle. Encouragé par l'exemple de son voisin, il déclara qu'il voulait, lui aussi, diriger de nouveau ses sujets « vers la vraie religion catholique ; qu'aucun danger ne le détournerait de l'accomplissement de son devoir. » Nous verrons avec quel zèle s'y prit son successeur.

Mais tandis que l'on se préparait dans l'évêché de Bamberg, l'évêque Jules continuait à transformer entièrement celui de Wurzbourg. Toutes les anciennes institutions furent rétablies, les dévotions à la Mère de Dieu, les pèlerinages, les confréries de l'Assomption de Marie, de la Nativité de Marie, etc., furent ressuscitées, et on en fonda de nouvelles. Des processions parcouraient solennellement les rues ; le son de la cloche avertissait tout le pays à heures fixes pour l'*Ave Maria* [1]. On recueillit de nouveau des reliques et on les déposa avec une grande pompe aux lieux où elles étaient vénérées. Les couvents furent ouverts ; on construisit partout des églises ; on en compte trois cents fondées par l'évêque Jules ; le voyageur peut les reconnaître à leurs tours élevées et pointues. Après peu d'années, on s'aperçut avec surprise du changement opéré. « Ce qu'on vient de regarder comme superstitieux, comme ignominieux, s'écrie un panégyriste de l'évêque, on le regarde maintenant comme saint ; ce qu'on vient de regarder comme un *évangile*, on le déclare maintenant une fourberie ! »

A Rome même, on ne s'était pas attendu à de si grands résultats. Cette entreprise de l'évêque Jules était déjà en exécution depuis quelque temps, avant que le Pape Sixte en fût instruit. Après les fêtes de l'automne de l'année 1586, Aquaviva, général des Jésuites, se présenta au Pape pour lui annoncer les nouvelles conquêtes de son Ordre. Sixte V en était ravi. Il se hâta de

---

[1] « Julii episcópi statuta ruralia : » Gropp ı *Script.*, t. ı. Sa pensée est que le mouvement spirituél qui procède du chef suprème de l'Église du Christ, se communique de haut en bas à tous les membres du corps. Voyez, p. 444, *de Capitulis ruralibus.*

témoigner sa reconnaissance à l'évêque. Le Pape accorda à Jules le droit de disposer des bénéfices devenus
vacants, disant qu'il connaîtrait mieux les personnes
qu'il devait récompenser.

Mais la joie du Pape fut d'autant·plus grande que la
communication d'Aquaviva coïncida avec de semblables nouvelles reçues des provinces autrichiennes, particulièrement de la Styrie.

Dans ce pays, le changement commença la même année où les États *évangéliques* de Styrie avaient obtenu,
par les décrets de la Diète de Bruck, une indépendance
si grande, que, sous ce rapport, ils pouvaient se comparer aux États d'Autriche, qui possédaient également
leur conseil de religion, leurs surintendants, leurs synodes, et une constitution presque républicaine.

Aussitôt que Rodolphe II eut reçu le serment de fidélité, on remarqua qu'il différait entièrement de son
père; il pratiquait les actes de dévotion dans toute leur
rigidité; on le vit avec étonnement assister aux processions, même dans le cœur de l'hiver, la tête découverte et un cierge à la main.

Cette disposition d'esprit du souverain, les faveurs
qu'il accordait aux Jésuites, excitèrent des craintes
parmi les dissidents, et selon le caractère du temps, des
mouvements opposés très-violents. Josua Opitz prêcha
avec toute l'énergie particulière à sa secte, dans la maison de campagne à Vienne, car on n'avait pas accordé
aux protestants une église dans la capitale. En tonnant
chaque jour contre les Jésuites, les prêtres et « toutes
les horreurs de la Papauté, » il excita la colère de ses

EN ALLEMAGNE. **287**

auditeurs, au point que, suivant le témoignage d'un contemporain [1], lorsqu'ils sortaient de l'église, « ils auraient voulu déchirer avec leurs mains les papistes. » Le résultat de ces prédications fut que l'empereur conçut le projet d'interdire les réunions protestantes dans la maison de campagne.

Tandis que l'on voyait se manifester ces intentions hostiles du pouvoir, tandis qu'on en parlait pour et contre avec passion, et que la noblesse à qui la maison de campagne appartenait, faisait déjà entendre des menaces, le jour de la Fête-Dieu de l'année 1578 approcha. L'empereur était résolu à célébrer cette fête de la manière la plus solennelle. Après avoir assisté à la messe dans Saint-Étienne, la procession commença : c'était la première que l'on eût vue depuis de longues années ; les prêtres, les moines, les maîtrises, l'empereur et les princes au milieu d'eux, accompagnaient le Saint-Sacrement dans les rues. Mais tout à coup on s'aperçut qu'il régnait un mouvement extraordinaire dans la ville. Lorsque la procession arriva au marché des Paysans, il devint nécessaire d'enlever quelques boutiques pour faire de la place. Il n'en fallut pas davantage pour produire un désordre général. On entendit les cris : Nous sommes trahis ! aux armes ! Les enfants de chœur et les prêtres abandonnèrent le Saint-Sacrement ; les hallebardiers et les gardes se dispersèrent ; l'empereur, se voyant au milieu d'un multitude furieuse et craignant une attaque sur sa personne, mit l'épée à la main, les princes l'entourèrent et tirèrent aussi leurs épées [2]. On

---

[1] D. George Eder, qui était à la vérité un adversaire : Extrait de son *avertissement*, dans Raupach : *l'Autriche évangélique*, II, 286.

[2] Maffei : *Annali di Gregorio XIII*, t. I, p. 281, 335, sans doute extrait des dépêches du nonce.

peut croire que cet accident dut produire la plus grande
impression sur ce prince austère qui aimait la dignité
et la majesté espagnoles. Le nonce du Pape saisit cette
occasion pour lui représenter le danger de la situation
actuelle; il ajouta que Dieu lui montrait combien il
était nécessaire de remplir les promesses qu'il avait déjà
faites au Pape. L'ambassadeur espagnol fut du même
avis. Magius, provincial des Jésuites, avait souvent invité l'empereur à prendre une mesure décise; dans cette
circonstance il fut écouté. Le 23 juin 1578, l'empereur
ordonna à Opitz et à tous ses collègues de quitter la ville
le jour même, avant le coucher du soleil, et tous les
États héréditaires dans l'espace de quinze jours. L'empereur redouta presque une émeute : il tint sous les
armes une troupe considérable de gens sûrs, en cas de
besoin. Comment se serait-on soulevé contre ce prince,
quand il avait pour lui la lettre positive du droit? On
se contenta donc d'accompagner les exilés, en leur té-
moignant une douloureuse compassion [1].

Depuis ce moment, commença en Autriche une réaction catholique qui, de jour en jour, se développa avec
plus de force et d'activité.

On forma le plan d'expulser immédiatement le protestantisme des villes impériales. Les villes de la Basse-
Ens, qui, vingt ans auparavant, s'étaient séparées de
la suzeraineté des seigneurs et des chevaliers, ne purent
opposer aucune résistance. Dans plusieurs localités, les
ministres évangéliques furent exilés et remplacés par
des prêtres catholiques, et on ordonna des informa-

[1] Sacchinus, pars IV, lib. VI, n° 78 : « Pudet referre, quam exeuntes sacri-
« legos omnique execratione dignissimos prosecuta sit numerosa multitudo
« quotque benevolentiæ documentis, ut vel inde malis gravitas æstimari
« possit. »

tions sévères contre les particuliers. Nous possédons la formule d'après laquelle on examinait les suspects. « Crois-tu, dit un des articles, que tout ce que l'Église romaine établit en doctrine et en pratique est vrai? Crois-tu, ajoute un autre article, que le Pape est le chef de l'unique Église apostolique? » On voulait qu'il ne restât plus aucun doute sur la conviction de chacun[1]. Les protestants furent éloignés de tous les emplois : on n'admettait plus comme bourgeois ceux qui ne paraissaient pas être catholiques. Chaque candidat au doctorat à l'université de Vienne fut obligé de commencer par signer la profession de foi. Un nouveau réglement des écoles prescrivit des formulaires catholiques, le jeûne, la visite des églises et l'usage exclusif du catéchisme de Canisius. A Vienne, on enleva les livres protestants dans les librairies, et on les entassa par monceaux dans le palais de l'évêque. Aux douanes, on visitait les caisses qui arrivaient et on confisquait les livres ou les tableaux qui n'étaient pas catholiques[2].

Malgré toutes ces mesures, on n'était pas encore venu complétement à bout d'extirper toutes les traces de l'hérésie. Dans la Basse-Autriche, treize villes et marchés furent réformés en peu de temps; on avait aussi sous la main les biens domaniaux et les évêchés; mais la noblesse fit une forte opposition; les villes de la Haute-Ens étaient étroitement liées avec elle et ne se laissaient point attaquer[3].

Néanmoins, plusieurs de ces mesures avaient, comme

---

[1] Articles de confession papale, autrichienne et bavaroise, dans Raupach : *l'Autriche évangélique*, t. II, p. 307.

[2] Khevenhiller : *Annales Ferdinandei*, t. I, p. 90. Hansitz : *Germania sacra*, t. I, p. 632.

[3] Raupach : *Suppléments à l'Autriche évangélique*, t. IV, p. 17.

il est facile de le reconnaître, une efficacité générale à laquelle personne ne pouvait se soustraire ; elles déterminèrent une réaction immédiate sur la Styrie.

L'archiduc Charles avait été obligé d'y faire des concessions au moment où la réaction catholique avait déjà commencé dans plusieurs localités. Ses parents ne purent le lui pardonner. Son beau-frère, le duc Albert de Bavière, lui représenta que la paix de religion l'autorisait à forcer ses sujets à suivre la religion qu'il professait lui-même. Il donna trois conseils à l'archiduc : celui de ne faire occuper tous les emplois, principalement ceux de la cour et du conseil privé, que par des catholiques ; de séparer dans les Diètes les divers États les uns des autres, afin de pouvoir en finir plus facilement avec chacun en particulier ; enfin de se mettre en bonne intelligence avec le Pape, et de le prier de lui envoyer un nonce. Grégoire XIII y prêta spontanément la main. Comme il savait très-bien que c'était principalement le besoin d'argent qui avait déterminé l'archiduc à faire des concessions, il prit le meilleur moyen de le rendre indépendant de ses vassaux ; il lui envoya de l'argent : et dans l'année 1580, il lui fit parvenir 40,000 scudi, somme très-forte pour cette époque ; il déposa à Venise un capital encore plus considérable dont l'archiduc pouvait se servir dans le cas où, par suite de ses efforts en faveur du catholicisme, des troubles éclateraient dans son pays.

Excité par l'exemple, par les exhortations et par des secours, l'archiduc Charles prit une tout autre position, à partir de l'année 1580.

Dans cette année, il donna une explication de ses concessions antérieures, explication qui pouvait être considérée comme une révocation de ces mêmes con-

cessions. Les États se jetèrent à ses genoux, et lui adressèrent des supplications qui pouvaient produire une
impression momentanée sur lui[1]; mais il n'en persévéra
pas moins dans les mesures annoncées; l'expulsion des
prédicateurs évangéliques fut le premier acte de cette
réaction.

L'année 1584 fut décisive. Le nonce du Pape, Malaspina, parut à la Diète. Il avait déjà réussi à séparer les
prélats du parti des États avec lesquels ils avaient toujours marché; le nonce fonda entre eux, les fonctionnaires de l'archiduc et tous les catholiques, une union
étroite dont il était le centre; il sut aussi former un
fort parti autour du prince. L'archiduc devint par ces
moyens tout à fait inébranlable. Il persévéra à vouloir
détruire le protestantisme dans ses villes : « La Paix de
religion, disait-il, me donne des droits encore bien plus
grands même sur la noblesse, et par la résistance, on
m'amènera à les faire valoir; alors je verrai ceux qui
oseront se montrer rebelles. » Quelque précises et me-
naçantes que fussent ces déclarations, elles produisirent
le même résultat que les concessions qui avaient été
antérieurement faites ; les États accordèrent tout ce qu'il
demanda[2].

Depuis cette époque, les mesures contraires à la Réforme furent exécutées dans tous les domaines de l'archiduc. Les paroisses, les conseils des villes, furent
occupés par des catholiques : il n'était plus permis à
aucun bourgeois de fréquenter d'autres églises que les

---

[1] « Selon ses sentiments cléments, innés, allemands et de prince du pays, »
dit la supplique des trois États.

[2] Valvassor, *Gloire du duché de Carinthie*, contient des détails exacts sur
toutes ces affaires. Mais Maffei est surtout important ici, dans les *Annali di
Gregorio XIII*, lib. IX, c. XX; lib. XIII, c. 1. Il avait sans doute sous les yeux
le rapport du nonce.

églises catholiques, ou d'envoyer ses enfants dans une autre école que dans une école catholique.

Ces mesures n'étaient pas toujours tranquillement reçues. Les curés catholiques, les commissaires du prince furent quelquefois insultés et chassés. Un jour, l'archiduc lui-même étant à la chasse, se trouva en danger : le bruit s'était répandu dans les environs qu'un prédicateur voisin avait été arrêté ; le peuple accourut avec des armes, et le prédicateur persécuté fut obligé d'intervenir pour protéger le prince impitoyable contre les paysans[1]. En dépit de cette résistance, la contre-réforme suivit son cours. Les moyens les plus sévères furent employés ; l'historiographe du Pape les résume en peu de mots : « La confiscation, dit-il, l'exil, le châtiment sévère de chaque récalcitrant. » Les princes ecclésiastiques qui possédaient quelque propriété dans ces contrées vinrent au secours des autorités temporelles. L'archevêque de Cologne, évêque de Freisingen, changea le conseil de sa ville de Lack, et punit les bourgeois protestants par la prison ou par des amendes : l'évêque de Brixen voulait exécuter un nouveau partage des terres dans sa seigneurie de Veldes. Cette réaction s'étendit sur tous les domaines autrichiens. Quoique le Tyrol fût resté catholique, l'archiduc Ferdinand ne négligea pas, à Inspruck, de tenir son clergé dans une sévère subordination et de veiller à ce que tout le monde se présentât à la communion ; on établit des écoles du dimanche pour le bas peuple : le cardinal André, fils de Ferdinand, fit imprimer des catéchismes et les distribua à la jeunesse des écoles et aux gens non instruits[2]. Mais

---

[1] Khevenhiller : *Annales Ferdinandei*, t. II, p. 523.
[2] *Puteo* dans Tempesti : *Vita di Sisto V*, t. I, p. 275.

dans les contrées où le protestantisme avait pénétré, on ne s'en tint pas à des mesures aussi douces. Dans le margraviat de Burgau, quoiqu'il fût acquis depuis peu, dans la province de Souabe, quoique la juridiction y fût contestée, on procéda tout à fait comme l'archiduc Charles en Styrie.

Le Pape Sixte n'avait pas assez d'éloges pour de si beaux résultats. Il vantait les princes autrichiens comme les colonnes les plus fermes de la chrétienté. Il leur adressa les brefs les plus flatteurs, surtout à l'archiduc Charles [1]. A la cour de Graetz, on considéra l'acquisition d'un comté qui tomba en dévolution, comme une récompense pour de si nombreux services rendus à la chrétienté.

———

Si le catholicisme des Pays-Bas s'est reconstitué, principalement en se conciliant avec les priviléges locaux, il en fut autrement en Allemagne. Là, il arriva que les diverses souverainetés étendirent d'autant plus leur grandeur et leur puissance qu'elles réussirent davantage à favoriser la restauration ecclésiastique. L'archevêque de Salzbourg, Loup Thierry de Raittenau, offre l'exemple le plus remarquable du degré d'union étroite qui s'établit entre le pouvoir temporel et le pouvoir religieux.

Les anciens archevêques qui avaient vu les mouvements du temps de la Réforme, se contentaient de publier, à différents intervalles, un édit contre les innovations, d'ordonner une punition, de faire une tentative

[1] Extrait des Brefs, dans Tempesti, t. 1, p. 208.

pour des conversions, mais seulement « par des voies douces et paternelles, » suivant l'expression de l'archevêque Jacob [1].

Mais le jeune archevêque Loup Thierry de Raittenau vint avec des sentiments et des projets tout autres, lorsqu'il monta sur le siége de Salzbourg, en 1587. Il avait été élevé au collége germanique à Rome, et possédait encore dans toute leur verdeur les idées de la restauration ecclésiastique. Il y avait vu les brillantes premières années du règne de Sixte V, et était plein d'admiration pour ce Pape; ce qui contribuait aussi à stimuler son zèle, c'est que son oncle était cardinal, le cardinal Altemps, dans la maison duquel il avait été élevé à Rome. En 1588, il se mit à l'œuvre, à son retour d'un voyage à Rome. Il ordonna à tous les bourgeois de sa capitale de faire leur profession de foi catholique. Plusieurs d'entre eux ne s'y soumettant pas, il leur accorda quelques semaines de réflexion : puis le 3 septembre 1588, les récalcitrants obstinés furent condamnés à quitter la ville et l'évêché dans l'espace d'un mois. On ne leur accorda que ce mois et enfin un second, à leurs prières pressantes, pour vendre leurs biens. Ils furent forcés d'en présenter l'estimation à l'archevêque, et il ne leur était permis de les céder qu'aux personnes qui lui étaient agréables [2]. Un petit nombre d'entre eux seulement se rétracta ; ils furent obligés de faire une pénitence publique à l'église, un cierge allumé à la main : le plus grand nombre, les bourgeois les plus aisés de la ville, émigrèrent. Le

---

[1] On a publié aussi un ordre plus sévère sous le nom de Jacob, mais seulement lorsqu'il fut obligé d'abandonner l'administration à un coadjuteur.

[2] Ordre de réforme, dans Gœckingk : *Histoire complète de l'émigration de tous les Luthériens expulsés de l'évêché de Salzbourg*, t. I, p. 88.

prince n'eut aucun regret à leur perte. Il crut avoir trouvé dans d'autres mesures le moyen de conserver la splendeur de son archevêché. Il avait déjà augmenté les impôts, haussé les droits de douanes et de péage, mis un nouvel impôt sur le sel de Hallein et de Schellenberg, étendu la contribution pour la guerre contre les Turcs à un impôt ordinaire du pays, et introduit des droits sur les vins, la taxe sur les biens et les successions. Il n'eut égard à aucune des anciennes franchises. Le doyen du chapitre se suicida : on prétendit que c'était dans un moment de mélancolie au sujet de la perte des droits du chapitre. Les ordonnances de l'archevêque sur la préparation du sel et sur toutes les mines avaient pour but de diminuer l'indépendance des industries et de les monopoliser toutes. Dans ce siècle, il n'a pas existé en Allemagne un exemple semblable d'une fiscalité plus perfectionnée. Le jeune archevêque avait apporté de l'autre côté des Alpes les idées de gouvernement d'une principauté italienne. Le premier problème de toute économie politique parut être à ses yeux, celui de trouver de l'argent. Il avait pris Sixte V pour modèle : il voulait aussi avoir dans ses mains un État soumis, tout catholique et largement imposé. L'émigration des bourgeois de Salzbourg, qu'il regardait comme des rebelles, lui fit même plaisir. Il fit abattre les maisons devenues vacantes, et construire sur leur emplacement des palais dans le style romain [1].

Car il aimait surtout la splendeur. Il n'aurait refusé à aucun étranger le droit de traverser son État ; on le vit un jour se rendre à la Diète avec une suite compo-

---

[1] *Chronique de Salzbourg*, septième partie, par Zauner, est ici notre source la plus importante. Cette partie a été faite d'après une biographie contemporaine de l'archevêque.

sée de quatre cents hommes. En 1588, âgé seulement
de vingt-neuf ans, il était plein de vigueur et d'ambition, et visait déjà aux plus hautes dignités de l'Église.

Dans les villes, l'œuvre de restauration catholique
s'accomplissait le plus souvent de la même manière que
dans les principautés ecclésiastiques et temporelles.
Combien les bourgeois luthériens de Gmunde se plaignirent amèrement d'avoir été rayés de la matricule de
la corporation de la bourgeoisie! A Biberach, le conseil
institué par le commissaire de l'empereur Charles V, à
l'occasion de l'*Intérim*, se maintenait encore; toute la
ville était protestante, le conseil seul était catholique,
et il en excluait avec soin tout protestant [1]. Quelles
vexations n'éprouvèrent pas les *évangéliques* à Cologne
et à Aix-la-Chapelle ! Le conseil de Cologne déclara
qu'il avait promis à l'empereur et au prince électoral de
ne tolérer aucune autre religion que la religion catholique; il punissait quelquefois de la prison et d'une
amende le fait seul d'avoir entendu un sermon protestant [2]. A Augsbourg aussi, les catholiques obtinrent le
dessus. Lors de l'introduction du nouveau calendrier,
il éclata des différends : en 1586, on chassa de la ville
d'abord le surintendant évangélique, ensuite onze ministres à la fois et enfin un grand nombre des bourgeois
les plus opiniâtres. Quelque chose de semblable eut lieu
en 1587, à Ratisbonne, pour les mêmes motifs. Déjà les
villes réclamaient d'elles-mêmes *le droit de réforme ca-*

------

[1] Lehmann, *de Pace Religionis*, t. II, p. 268, 480.
[2] Lehmann, p. 436, 270.

tholique; quelques comtes et seigneurs, quelques chevaliers de l'Empire qui venaient probablement d'être convertis par des Jésuites, crurent pouvoir se servir de ce droit et entreprirent dans leurs petits domaines la restauration du catholicisme.

C'était une réaction immense. Le protestantisme fut repoussé avec la même énergie qui l'avait fait auparavant triompher. Les sermons et les instructions contribuaient beaucoup à ces succès, mais plus encore les ordonnances et la force du pouvoir public.

Comme autrefois les protestants italiens passèrent les Alpes pour se réfugier en Suisse et en Allemagne, de même les réfugiés allemands qui étaient en bien plus grand nombre, chassés de l'ouest et du sud de l'Allemagne, se rendirent dans le nord et l'est de ce pays. Les protestants belges se retirèrent en Hollande. C'était une grande victoire catholique qui s'avançait de pays en pays.

Les nonces qui commencèrent à cette époque à résider régulièrement en Allemagne, s'efforcèrent avant tout de favoriser et d'étendre les progrès de cette grande victoire du catholicisme.

Il nous reste un mémoire du nonce Minuccio Minucci, de l'année 1588, qui expose le système d'après lequel on procéda [1].

On portait de préférence l'attention sur l'instruction. Seulement on eût désiré que les universités catholiques eussent été mieux dotées, afin d'attirer des professeurs distingués; Ingolstadt seule était pourvue de moyens suffisants. Dans l'état présent des choses, tout dépen-

---

[1] *Discorso del molto illustre e rev. Mons. Minuccio Minucci sopra il modo di restituire la cattolica religione in Alemagna,* 1588. Ms. Barb.

dait encore des séminaires des Jésuites. Minuccio Minucci désirait que l'on ne cherchât pas tant à former de
grands savants, des théologiens profonds, que des
prédicateurs capables. Un homme qui possède des connaissances moyennes, qui ne cherche pas à arriver au
plus haut sommet de l'érudition, et qui ne songe pas à
se rendre célèbre, est peut-être le plus utile et le plus
propre à tout. Il recommanda aussi spécialement cette
observation pour toutes les écoles de l'Italie destinées
aux catholiques allemands. On avait établi dans le principe, au collége germanique, une différence dans la
manière de traiter la jeunesse bourgeoise et la jeunesse
noble; Minuccio Minucci blâme l'abandon de cette
manière d'agir. Non-seulement la noblesse ne veut pas
aller à ce collége, mais il s'éveille chez les bourgeois une
ambition à laquelle, plus tard, on ne peut pas satisfaire,
et une tendance vers les emplois supérieurs qui devient
préjudiciable à la bonne gestion des emplois inférieurs.
De plus, on s'efforça d'attirer dans les écoles catholiques une troisième classe moyenne, les fils des fonctionnaires supérieurs appelés à prendre un jour la plus
grande part à l'administration des provinces de leur
patrie. Grégoire XIII avait déjà fondé des établissements
pour eux à Pérouse et à Bologne. On voit que les différences de conditions qui dominent encore aujourd'hui
la société allemande, existaient déjà à cette époque.

Sur la noblesse surtout reposait la restauration religieuse. C'est à elle principalement que le nonce attribua
la conservation du catholicisme en Allemagne. Car la
noblesse allemande ayant un droit exclusif sur les évêchés, défendait l'Église comme son héritage. C'est par
cette raison même qu'elle s'opposait maintenant à la

liberté religieuse, principalement dans les évêchés. Elle redoutait qu'un grand nombre de princes protestants n'attirassent à eux tous les bénéfices. C'est précisément pour ces motifs qu'il fallait protéger et ménager la noblesse ; ne pas l'astreindre rigoureusement à la fixité de la résidence dont d'ailleurs le changement avait son utilité, puisque la noblesse des diverses provinces se réunissait pour la défense de l'Église. Il ne fallait pas non plus donner les emplois à des bourgeois ; quelques savants sont très-utiles dans un chapitre, comme on l'a remarqué à Cologne ; mais si on voulait aller plus loin sous ce rapport, on occasionnerait la ruine de l'Église allemande.

Alors s'éleva la question de savoir jusqu'à quel point il est possible de ramener dans le sein de l'Église les domaines qui avaient complétement embrassé le protestantisme.

Le nonce se montre bien éloigné de conseiller l'exercice de la force ouverte. Les princes protestants lui paraissent beaucoup trop puissants. Mais il présente quelques moyens qui pourraient cependant conduire insensiblement au but.

Il juge nécessaire avant tout de maintenir la bonne intelligence entre les princes catholiques, surtout entre la Bavière et l'Autriche. L'alliance de Landsberg subsiste encore, mais il faut la renouveler et l'étendre ; on peut y faire entrer aussi Philippe, roi d'Espagne.

Et ne serait-il pas possible de gagner même quelques princes protestants ? On avait cru pendant longtemps remarquer dans le prince électoral Auguste de Saxe un penchant pour le catholicisme ; on avait fait à diverses époques quelques tentatives sur lui, surtout par la médiation de la Bavière, mais on avait été forcé à beaucoup de précautions ; on échoua toujours, la femme du prince électoral, Anne de Danemarck, étant très-attachée aux croyances du luthéranisme. Anne mourut en 1585. Ce fut un jour de délivrance, non-seulement pour les calvinistes persécutés, les catholiques aussi profitèrent de cette mort pour essayer d'approcher de nouveau le prince. Il paraît que la Bavière, malgré ses répugnances antérieures, se décida à faire une démarche ; le Pape Sixte V était déjà prêt à envoyer l'absolution au prince électoral. En attendant, celui-ci mourut avant qu'aucun résultat n'eût été obtenu. On jeta aussitôt les yeux sur d'autres princes. Sur Louis, comte palatin de Neubourg, dans lequel on croyait remarquer de l'éloignement pour tous les intérêts hostiles au catholicisme, et des égards particuliers pour les prêtres catholiques qui entraient par hasard dans ses domaines ; sur Guillaume IV de Hesse, qui était instruit, pacifique, et avait accepté quelquefois la dédicace d'ouvrages catholiques. On ne perdit pas de vue aussi des hommes de la haute noblesse du nord de l'Allemagne, on conçut des espérances sur Henri Ranzau.

Mais si le succès de ces tentatives était éloigné, il existait cependant d'autres projets dont l'exécution paraissait plus facile et plus prompte.

La majorité des assesseurs de la Chambre de justice avait conservé des opinions protestantes, du moins d'après les affirmations du nonce. Ces hommes appartenaient à l'époque où, dans la plupart des pays, même dans les pays catholiques, des protestants cachés ou connus siégeaient dans les conseils des princes. Le nonce trouve cette situation propre à mettre les catholiques au désespoir, et il insiste sur un prompt remède. Il lui paraît facile de forcer les assesseurs des pays catholiques à

faire une profession de foi, et d'obliger tous les nouveaux assesseurs à prêter serment de ne pas changer de
religion ou de renoncer à leurs emplois. Il ajoute que
la prépondérance dans ce tribunal appartient de droit
aux catholiques.

Il ne renonça pas même à l'espérance de rentrer sans
violence, pourvu qu'on exécute ses ordres avec fermeté, dans la possession des évêchés perdus. Toute
union de ces évêchés avec Rome n'était pas entièrement
dissoute. Ils n'avaient pas encore absolument rejeté
l'ancien droit que possédait la curie de disposer des bénéfices devenus vacants dans les mois réservés ; les évêques protestants eux-mêmes croyaient avoir besoin de
la confirmation du Pape, et Henri de Saxe-Lauenbourg
avait toujours un agent à Rome pour se la procurer. Si
le Saint-Siége n'avait pu jusqu'à ce jour tirer parti de
ces vacances, c'est que les empereurs remédiaient par
des indults à l'absence de la confirmation papale, et
que les collations de ces bénéfices faites à Rome, ou
arrivaient trop tard, ou renfermaient des défauts de
forme, de sorte que le chapitre se trouvait avoir toujours légalement les mains libres. Minucci insiste pour
que l'empereur n'accorde plus jamais d'indult ; ce qui
était facile à obtenir, attendu les dispositions de la cour
à cette époque. Le duc Guillaume de Bavière avait déjà
proposé de confier la collation des bénéfices au nonce
ou à un évêque allemand dans lequel on pouvait avoir
confiance. Minucci pensa qu'il fallait fonder à Rome une
daterie particulière pour l'Allemagne, dresser une liste
des catholiques nobles, liste qui pourrait être facilement remplie à l'aide du nonce ou des Pères Jésuites,
et faire sans retard les nominations d'après cette liste.
Aucun chapitre n'osera renvoyer les candidats nommés

légalement par le Pape; et quelle considération, quelle influence en recueillera la cour romaine!

Nous voyons avec quelle ardeur on s'occupait d'une restauration complète de l'ancien pouvoir. Gagner la noblesse, élever la haute classe bourgeoise dans l'intérêt de Rome, instruire la jeunesse dans cet esprit, rétablir l'ancienne influence sur les évêchés, quoiqu'ils fussent devenus protestants, obtenir de nouveau la prépondérance dans la Chambre de justice, convertir de puissants princes de l'Empire, enlacer la monarchie catholique prédominante dans les rapports de la confédération germanique; voilà les vastes et nombreux projets conçus à la fois.

Ne croyons pas que l'exécution en ait été négligée. Lorsqu'on les proposait à Rome, déjà en Allemagne on travaillait à les réaliser.

L'activité et le bon ordre de la Chambre de justice dépendaient principalement des inspections annuelles toujours entreprises par les sept États de l'Empire, suivant leur tour à la Diète. La majorité avait été très-souvent catholique pour ces inspections. En l'année 1588, elle fut protestante; l'archevêque protestant de Magdebourg devait entre autres y prendre part. Du côté des catholiques on se décida à ne pas le permettre. Lorsque Mayence électorale fut sur le point de convoquer les États, l'empereur lui ordonna d'ajourner pour cette année l'inspection. Mais il ne suffisait pas d'ajourner pour une année; le tour des États protestants pouvait toujours revenir; on avait encore pendant longtemps à redouter la présence d'un archevêque protestant à Magdebourg. On préféra donc différer indéfiniment ces inspections. Il en résulta, en effet, qu'elles ne furent plus jamais régulièrement faites, ce qui causa un tort

irréparable à la grande institution de ce tribunal suprême de l'Empire [1]. On entendit bientôt des plaintes
sur ce que l'on préférait des catholiques ignorants à
des protestants instruits. L'empereur cessa de donner
des indults. En 1588, Minucci conseilla de songer à la
conversion des princes protestants : en 1590, nous en
voyons déjà un abjurer le protestantisme, c'était Jacques de Baden ; il est le premier d'une longue série.

§ X. — La Ligue.

Ce grand mouvement qui remplissait l'Allemagne
et les Pays-Bas, s'emparait aussi de la France avec une
force irrésistible. Les affaires des Pays-Bas étaient depuis longtemps très-étroitement liées avec celles de la
France ; combien de fois les protestants français n'é-
taient-ils pas venus au secours de ceux des Pays-Bas,
et les catholiques des Pays-Bas au secours de ceux de la
France : la ruine du protestantisme dans les provinces
belges devait immédiatement entraîner celle des huguenots en France.

Dans ce pays comme dans tous les autres, la restauration du catholicisme s'était de plus en plus consolidée.

Nous avons déjà mentionné l'introduction des Jésuites ; ils s'étendirent toujours davantage. La maison de
Lorraine surtout, comme on peut le penser, les protégea activement. Le cardinal de Guise fonda pour eux,
en 1574, une académie à Pont-à-Mousson, qui était
fréquentée par les princes de cette maison. Le duc éri-

---

1 Minucci avait écrit en particulier sur la Chambre de justice. On peut pré-
sumer avec raison que ses représentations produisirent ces prohibitions. Une
majorité composée de protestants était pour lui un scandale.

gea aussi un collége à Eu, en Normandie, destiné en
même temps aux catholiques anglais bannis.

Mais les Jésuites trouvèrent encore beaucoup d'autres
protecteurs. Tantôt c'était un cardinal, un évêque, un
abbé; tantôt un prince, un haut fonctionnaire, qui se
chargeait des frais d'une nouvelle fondation. Ils s'établirent en peu de temps à Rouen, à Verdun, à Dijon, à
Bourges, à Nevers. Leurs missions parcouraient le
royaume dans les directions les plus opposées.

Ils rencontrèrent en France des auxiliaires dont ils
avaient été obligés de se passer jusqu'à ce jour, du
moins en Allemagne.

Le cardinal de Lorraine, en revenant du concile de
Trente, amena avec lui quelques Capucins, et leur donna
un logement dans son château de Meudon; mais ils s'é-
loignèrent après sa mort. Par ses statuts, cet Ordre était
encore restreint à l'Italie. En 1573, le chapitre général
envoya quelques membres au delà des monts, pour y
sonder d'abord le terrain. Comme ceux-ci furent bien
reçus, et qu'à leur retour ils promirent « la récolte la
plus riche, » le Pape n'hésita pas à lever cette restriction. La première colonie des Capucins se rendit au
delà des monts, en l'année 1574, sous la conduite de
Fra Pacifico di S. Gervaso, qui avait choisi lui-même
ses compagnons de voyage.

Ils étaient tous Italiens; naturellement ils devaient
commencer par rechercher la protection de leurs compatriotes.

La reine Catherine les reçut avec joie, et leur fonda
de suite un couvent à Paris. En 1575, nous les voyons
établis à Lyon. Ils obtinrent, à la recommandation de
la reine, la protection de quelques banquiers italiens.

De là ils se répandirent plus loin, de Paris à Caen et

à Rouen ; de Lyon à Marseille, où la reine Catherine leur acheta un emplacement pour bâtir; de nouvelles colonies s'établirent en 1582 à Toulouse, en 1585 à Verdun. Ils réussirent très-promptement à faire les plus brillantes conversions; par exemple, en 1587, celle de Henri de Joyeuse, l'un des premiers personnages de la France, à cette époque [1].

Mais, dans un sens du moins, ce mouvement religieux avait un effet encore plus grand dans la France qu'en Allemagne. Il produisit aussitôt des imitations spontanées avec des formes particulières. Jean de la Barrière, qui, à l'âge de dix-neuf ans, avait obtenu en commende, suivant les abus particuliers introduits en France, Feuillans, près Toulouse, abbaye des religieux de l'Ordre de Cîteaux, se fit bénir en 1577, comme abbé régulier, et prit des novices avec lesquels il chercha non-seulement à renouveler, mais à surpasser la sévérité de l'institut primitif de Cîteaux. La solitude, le silence, l'abstinence furent poussés aussi loin que possible. Ces moines ne sortaient jamais de leur couvent que pour aller prêcher dans un lieu du voisinage ; dans l'intérieur du couvent, ils ne portaient ni souliers ni coiffure; ils s'abstenaient non-seulement de l'usage de la viande et du vin, mais encore des poissons et des œufs ; ils vivaient de pain et d'eau, et tout au plus d'un peu de légumes [2]. Cette sévérité ne manqua pas d'exciter de la sensation et d'éveiller l'imitation. Dom Jean de la Barrière ne tarda pas à être appelé à la cour de Vincennes. Il traversa une grande partie de la France avec soixante-deux compagnons, sans se relâcher en rien des

1 Boverio : *Annali dei frati Capuccini*, 1, 546; II, 45, etc.
2 Felibien : *Histoire de Paris*, t. II, p. 1158.

pratiques du couvent; son institut fut bientôt après confirmé par le Pape et se répandit dans tout le pays.

Une nouvelle ardeur paraissait aussi s'être emparée de tout le clergé séculier, qui s'occupa de nouveau avec zèle du salut des âmes. Les évêques demandèrent, en 1570, non-seulement l'acceptation du concile de Trente, mais même l'abolition du concordat auquel ils étaient cependant redevables de leur existence; ils renouvelèrent à plusieurs reprises, avec force, leurs propositions [1] [*].

Comment exposer avec exactitude les phases diverses par lesquelles passa la vie spirituelle poussée dans cette direction? Ce qui est certain, c'est que déjà vers l'an 1580, on remarquait le plus grand changement. Un Vénitien assure que le nombre des protestants avait diminué de soixante-dix pour cent, que le bas peuple était redevenu tout à fait catholique. L'énergie d'une impulsion toute nouvelle ravivait le catholicisme [2].

Au milieu de ce développement, il prit une position menaçante vis-à-vis le pouvoir royal.

La cour vivait dans des contradictions continuelles. On ne pouvait douter que Henri III ne fût un bon catholique : personne n'obtenait d'avancement quand on n'allait pas à la messe; il ne voulait plus souffrir de magistrats protestants dans les villes; malgré tout ce zèle, il persévérait, comme auparavant, à faire occuper les charges ecclésiastiques, suivant les caprices et les faveurs de la cour, sans avoir aucun égard à la dignité morale et au talent, à accaparer et à dissiper les

---

[1] Remontrance de l'assemblée générale du clergé de France convoquée en la ville de Melun, faite au roi Henry III, le 3 juillet 1579. *Recueil des Actes du Clergé*, t. XIV. De Thou en contient aussi un extrait.

[*] Voir la note n° 14.

[2] Lorenzo Priuli : *Relatione di Franza*, 5 Giugno 1582.

biens ecclésiastiques. Il aimait les pratiques religieuses, les processions, il ne se dispensait d'aucune mortification ; mais tout cela ne l'empêchait pas de mener la vie la plus scandaleuse et de la permettre aux autres. Le libertinage le plus justement réprouvé était de mode à la cour. Les débauches du carnaval excitèrent la colère des prédicateurs ; quelquefois on refusait d'enterrer les courtisans, à cause du genre de leur mort et des blasphèmes de leur agonie : c'étaient précisément les favoris du roi.

Il arriva donc que la direction austère donnée au catholicisme, quoique favorisée de diverses manières par la cour, se mit en opposition avec la cour.

En outre, le roi n'abandonnait pas non plus l'ancienne politique hostile à l'Espagne. Dans un autre temps, ce fait eût été sans importance. Mais, à cette époque, l'élément religieux était plus puissant en France que le sentiment des intérêts nationaux. De même que les huguenots étaient naturellement portés à s'unir avec les protestants neerlandais, de même les catholiques étaient naturellement poussés à former alliance avec Philippe II et Farnèse. Les Jésuites qui rendirent à ceux-ci de si grands services dans les Pays-Bas, ne pouvaient voir sans inquiétude que les ennemis qu'ils combattaient en Belgique et en Flandre, trouvaient faveur et secours à la cour de France.

Cette situation fut compliquée par la mort du duc d'Alençon, en 1584 ; et comme le roi n'avait point d'héritiers, ni espérance aucune d'en obtenir, il arriva que le droit immédiat de la succession à la couronne était dévolu à Henri, roi de Navarre.

La crainte de l'avenir exerce peut-être plus d'empire sur les hommes que le malheur présent. Cette perspec-

tive de l'avénement du roi de Navarre mit tous les Français catholiques dans la plus grande agitation [1].

Combien les anciens adversaires du roi de Navarre,
les Guises, qui redoutaient déjà son influence comme
héritier de la couronne, devaient craindre encore davantage sa puissance future !

Il n'est donc pas étonnant de les voir chercher un
appui auprès du roi Philippe; rien ne pouvait être plus
agréable à ce prince, il ne fit aucune difficulté de former alliance avec les sujets d'un royaume étranger.

Il s'agissait seulement de savoir si on approuverait à
Rome, où l'on avait parlé si souvent de la nécessité
d'une alliance des princes avec l'Église, cette insurrection de puissants vassaux contre leur roi. On ne peut
cependant nier que cette approbation ait été donnée.

Parmi les Guises, il y avait encore quelques consciences inquiètes sur le parti extrême que l'on se proposait de prendre. Le jésuite Matthieu se rendit à Rome
afin d'obtenir du Pape une déclaration qui pût lever
leurs scrupules. Grégoire XIII répondit aux demandes de
Matthieu : « qu'il approuvait complétement le dessein
formé par les princes français de prendre les armes
contre les hérétiques : il les déchargeait de tout scrupule à ce sujet ; certainement le roi lui-même approuverait leur projet ; mais dans le cas où il ne le ferait
pas, ils devaient néanmoins poursuivre leur plan, afin
de parvenir au but essentiel, qui est la destruction des
hérétiques [2]. » Le procès contre Henri de Navarre était

---

[1] On composa de suite à Rome un écrit sur le désir de voir un Guise succéder au trône. Cet écrit fut envoyé en Espagne, on l'attribua au cardinal d'Este.
Dispaccio Veneto, 1584, 1 Debr.

[2] Claude Matthieu au duc de Nevers, 11 février 1585 : peut-être la pièce la
plus importante dans tout le quatrième volume de Capefigue : *Réforme, etc.*,
p. 173.

terminé lorsque Sixte V monta sur le Siége papal et fulmina l'excommunication contre le roi de Navarre et le prince de Condé. Par ce moyen, il appuya les intentions de la Ligue bien plus fortement qu'il n'aurait pu le faire par toute autre concession [1].

Les Guises avaient déjà pris les armes. Ils tentèrent aussitôt de s'assurer d'autant de provinces et de places fortes qu'il leur serait possible.

Dès la première campagne, ils s'emparèrent sans coup férir de villes importantes, comme Verdun, Toul, Lyon, Bourges, Orléans, Mézières. Le roi, pour ne pas paraître avoir le dessous, eut recours au moyen qu'il avait déjà employé une fois, il déclara que leur cause était la sienne. Mais pour pouvoir être accepté par eux, il fut obligé de leur confirmer et d'étendre par une convention positive, toutes leurs conquêtes : il leur abandonna la Bourgogne, la Champagne, presque toute la Picardie et plusieurs places dans les autres parties du royaume [2].

Ils entreprirent ensuite d'un commun accord la guerre contre les protestants. Mais quelle différence entre les deux alliés ! Toutes les mesures du roi étaient des demi-mesures et n'arrivaient à aucun résultat définitif et triomphant; les catholiques prétendaient même qu'il désirait le succès des armes protestantes, afin de paraître forcé par leur puissance menaçante de faire une paix désavantageuse pour le catholicisme. Guise au contraire jura que si Dieu lui accordait la victoire, il

[1] Maffei : *Historiarum ab excessu Gregorii XIII*, lib. I, p. 10. « Infinis fœderatorum precibus et regis Philippi supplicatione hortatuque haud ægre se adduci est passus ut hugonotas eorumque duces cœlestibus armis insectaretur. »

[2] Considérations du cardinal d'Ossat sur les effets de la Ligue en France : dans la *Vie du cardinal d'Ossat*, I, 44.

ne descendrait plus de cheval que lorsqu'il aurait consolidé pour toujours la religion catholique en France.
C'est avec ses propres troupes et non avec celles du roi
qu'il surprit près d'Auneau et anéantit totalement les
Allemands qui venaient au secours des huguenots, et
sur lesquels ceux-ci fondaient toutes leurs espérances.

Le Pape comparait le duc de Guise à Judas Machabée.
Ce prince était d'une nature héroïque qui entraînait
l'adoration spontanée du peuple. Il devint l'idole de
tous les catholiques.

Le roi au contraire se trouva dans une position extrêmement fausse : il ne savait pas lui-même ce qu'il devait faire, ni même ce qu'il devait désirer. L'envoyé du
Pape, Morosini, observe qu'il y a, pour ainsi dire,
deux hommes dans le roi : l'un désire la défaite des
huguenots, et l'autre la craint tout autant; l'un redoute
la défaite des catholiques, et l'autre la désire; il résulte
de cette contradiction intérieure qu'il ne suit plus ses
penchants et n'a plus foi dans ses propres pensées [1].

C'est là une disposition qui ôte nécessairement toute
confiance et conduit à une ruine imminente.

Les catholiques soutenaient que précisément celui qui
marchait à leur tête, était en secret contre eux : ils lui at-
tribuaient chaque rapprochement passager avec les gens
du roi de Navarre, chaque faveur de peu d'importance
accordée à un protestant : suivant eux, le roi très-chrétien lui-même empêchait le rétablissement complet du
catholicisme : ils vouèrent à ses favoris, surtout à d'É-
pernon, une haine d'autant plus violente, que le roi
l'opposait aux Guises et lui confiait les gouvernements
les plus considérables.

---

[1] *Dispaccio Morosini* dans Tempesti : *Vita di Sisto V*, p. 346.

Dans ces circonstances, il se forma aussi , à côté de
l'alliance des princes , une union des bourgeois avec un
esprit tout catholique. Dans toutes les villes , le peuple
était excité par des prédicateurs qui réunissaient , à une
opposition furieuse contre le gouvernement, un zèle
religieux fanatique. On alla plus loin à Paris. Ce furent
trois prédicateurs et un bourgeois de distinction qui
conçurent, les premiers, la pensée de fonder une ligue
populaire pour la défense du catholicisme [1]. Ils se prêtèrent d'abord mutuellement serment de verser jusqu'à
la dernière goutte de leur sang pour cette cause : chacun nomma quelques amis sûrs. Ils tinrent leur première entrevue dans une cellule ecclésiastique , à la
Sorbonne. Bientôt ils virent la possibilité de faire entrer
toute la ville dans cette union. On établit un comité
chargé de diriger le mouvement et même de faire rentrer de l'argent, en cas de besoin ; un membre eut
mission d'exercer la surveillance dans chacun des seize
quartiers de la ville. L'enrôlement s'exécuta de la manière la plus heureuse, la plus rapide et la plus secrète.
On délibérait d'abord dans le comité sur les nouveau-
venus, et l'on ne parlait plus de rien à ceux dont l'admission n'était pas approuvée. On avait ses affiliés dans
les diverses corporations ; un pour la cour des comptes,
un pour les procureurs de la cour, un pour les clercs ,

---

[1] L'*Anonymo Capitolino* de la vie de Sixte V , contient à ce sujet quelques
renseignements particuliers. « Il appelle le fondateur Carlo Ottomanni « *cita-
dino onorato* » qui s'ouvrit d'abord aux prédicateurs. Ottomanni proposa dès la
première entrevue, une union avec les princes; dans la seconde , qui eut lieu
le 25 janvier 1587, on arrêta de nommer seize hommes, un par chaque quartier, « a cui si riferisse da persone fidate quanto vi si facesse e dicesse apparte-
« nente a fatti publici : » dans une troisième, tenue le jour de la Chandeleur,
on nomma un conseil composé de dix personnes, ayant le droit d'imposer des
contributions, et on envoya en même temps une ambassade au duc de Guise. »
Ces faits confirment tout ce que nous lisons dans Cayet de Manaut et Maheutre
dans Poulain , de Thou et Davila.

un pour les greffiers, ainsi de suite. La ville, qui d'ailleurs avait reçu une organisation catholique-militaire, fut bientôt embrassée tout entière par cette union plus secrète et plus active. On ne se contenta pas de Paris : l'union se propagea à Orléans, à Toulouse, à Lyon, à Bordeaux, à Rouen : on vit à Paris des envoyés de ceux qui étaient initiés ; ils s'obligèrent à ne tolérer aucun huguenot en France, et à abolir les abus du gouvernement.

C'est l'union dite des Seize [1]. Aussitôt qu'elle se vit assez forte, elle en instruisit les Guises. Mayenne, le frère du duc, vint à Paris sous le plus profond secret. Les princes et les bourgeois conclurent leur ligue.

Le roi sentait déjà le sol trembler sous ses pieds ; on le tenait au courant, jour par jour, des mouvements de ses adversaires. L'audace en arriva bientôt à ce point que l'on proposa à la Sorbonne la question de savoir : s'il est juste de refuser l'obéissance à un prince qui ne remplit pas ses devoirs. Elle fut résolue affirmativement dans un conseil composé de trente à quarante docteurs.

Le roi était très-irrité ; il menaça d'agir comme le Pape Sixte et de faire mettre aux galères les prédicateurs récalcitrants. Mais il n'avait pas la puissance du Pape : il n'exécuta rien de plus que de faire avancer dans le voisinage de la capitale les Suisses qui étaient à son service.

Les bourgeois effrayés envoyèrent prier le duc de Guise de venir les protéger. Le roi lui fit dire qu'il verrait son arrivée avec déplaisir ; Guise arriva.

---

[1] « Nel palazzo di Rens dietro alla chiesa di S. Agostino. — Giurarono tutti « una scambievol lega non sola defensiva ma assoluta. » (Anony. Capitol.).

Tout était mûr pour une grande explosion. Elle éclata
lorsque le roi fit entrer les Suisses dans la ville. En un
instant, la ville fut barricadée, les Suisses furent repoussés et le Louvre menacé ; le roi se vit obligé de
prendre la fuite [1].

Le duc de Guise possédait déjà une grande partie de
la France, maintenant il était devenu maître de Paris.
La Bastille, l'Arsenal, l'Hôtel-de-Ville et tous les lieux
environnants tombèrent en son pouvoir. Le roi était
complétement vaincu. Il fut aussitôt forcé de prohiber
la religion protestante et de céder aux Guises encore
plus de places qu'ils n'en possédaient déjà. Le duc pouvait être considéré comme maître de la moitié de la
France ; la dignité de lieutenant-général du royaume,
que lui accorda Henri III, lui donna une autorité légale
sur l'autre moitié ; les États furent convoqués. Il n'y
avait pas à douter que l'opinion catholique aurait la
prépondérance dans cette assemblée, qui ne pouvait
manquer de prendre les mesures les plus décisives pour
la ruine des huguenots, en faveur du parti catholique
des Guises.

§ XI. — La Savoie et la Suisse.

Il est clair que la prédominance du catholicisme dans
ce puissant royaume devait entraîner la même conséquence pour les pays voisins.

Les cantons catholiques de la Suisse s'attachèrent
toujours plus étroitement au principe de l'Église et à
l'alliance espagnole.

---

[1] Maffei reproche aux Guises de l'avoir laissé partir : « Inanis popularis auræ
« et infaustæ potentiæ ostentatione contentus Henricum incolumen abire per-
« mittit. » (1, 1, 88.)

Les effets extraordinaires que produisit l'établissement d'une nonciature permanente en Suisse et en Allemagne , sont surprenants.

Immédiatement après que la nonciature fut établie,
en 1586, les cantons catholiques entrèrent dans l'alliance
appelée *d'or* ou *borroméenne*, par laquelle ils s'engageaient pour toujours , eux et leur postérité , « à vivre
et à mourir dans la seule véritable et ancienne foi catholique, apostolique et romaine [1]. » Ils reçurent ensuite
tous la communion de la main du nonce.

Si le parti qui , en 1587, s'empara du pouvoir à
Mulhausen , avait embrassé réellement et à temps la foi
catholique, comme il parut vouloir le faire, il aurait été
appuyé sans doute par les catholiques ; déjà des conférences se tenaient à ce sujet, dans la maison du nonce,
à Lucerne ; toutefois ceux de Mulhausen réfléchirent
trop longtemps ; les protestants , au contraire , exécutèrent , de la manière la plus prompte , l'expédition par
laquelle ils rétablirent l'ancien gouvernement qui leur
était tout dévoué [2].

Mais, dans ce même moment , les trois villes frontières prirent un nouveau parti décisif avec Zug , Lucerne et Fribourg. Le 12 mai 1587 , elles conclurent,
après de longues négocations , une alliance avec l'Espagne ; par laquelle elles promirent une amitié éternelle
au roi, lui permirent de faire des enrôlements dans leurs
pays , et de faire passer ses armées à travers leurs montagnes ; et Philippe II, de son côté, leur fit des concessions

---

[1] « Leur éternelle postérité , » comme il est dit dans le titre de l'alliance :
dans Lauffer : *Tableau de l'histoire helvétique*, vol. x, p. 881.

[2] L'intérêt religieux de l'affaire de Mulhausen ressort principalement du récit
de l'*Anonymo Capitol.*, fondé sur les relations du nonce et sur lequel nous re-
viendrons dans la critique de Tempesti.

importantes. Ils s'engagèrent principalement entre eux
à se prêter l'appui mutuel de toutes leurs forces, dans le
cas où ils seraient impliqués dans une guerre pour la
sainte religion apostolique, même contre leurs confé-
dérés [1]. L'alliance était évidemment opposée à ceux-ci :
il n'y avait du reste personne avec qui ils pouvaient
avoir à craindre une guerre de religion.

Combien l'intérêt religieux était ici plus fort que
l'intérêt national ! La communauté de la foi unissait
alors les anciens Suisses et la maison d'Autriche. Les
intérêts de la confédération furent mis de côté pour le
moment.

C'était encore un bonheur qu'il ne se présentât aucune occasion de lutte. L'influence de ces alliances ne
se fit sentir que sur Genève.

Le duc de Savoie, Charles-Emmanuel, prince qui,
pendant toute sa vie, fut dévoré d'une ambition in-
quiète, avait déjà souvent manifesté le désir de s'emparer de nouveau, lors d'une occasion favorable, de la
ville de Genève, dont il se regardait encore comme le
maître légitime ; ses projets avaient toujours échoué par
la résistance des Suisses et des Français qui protégeaient
les Genevois.

Mais les relations étaient bien changées. Dans l'été de
1588, Henri III promit, d'après les conseils du duc de
Guise, de ne plus empêcher une expédition contre Genève. Les cantons catholiques de la Suisse n'y étaient
plus opposés. Si je ne me trompe, ils demandaient seulement que Genève, après avoir été conquise, ne subsis-
tât plus comme ville forte.

---

[1] Traité d'alliance fait avec Philippe II, etc. Dumont : *Corps diplomatique*,
t. v, 1, p. 459.

En conséquence, le duc se prépara à l'attaquer. Les Genevois ne perdirent pas courage; ils pénétrèrent quelquefois même jusque sur les terres du duc; mais Berne ne leur prêta qu'un secours très-équivoque. Le parti catholique avait étendu ses alliances jusqu'au milieu de cette ville si étroitement liée à tous les intérêts protestants; il y avait une faction qui aurait vu avec plaisir Genève tomber au pouvoir du duc. De là vint que celui-ci obtint promptement l'avantage.

Le duc, qui ne possédait les comtés limitrophes de la Suisse qu'à des conditions très-restrictives qui lui avaient été imposées par des traités de paix antérieurs conclus avec Berne, saisit l'occasion d'en devenir maître absolu. Il expulsa les protestants qu'il avait été jusqu'à ce jour obligé de tolérer, et rendit tout le pays exclusivement catholique. Il lui avait été défendu de construire des forteresses dans cette partie de ses domaines; il en érigea aussitôt dans des lieux où elles devaient lui servir, non-seulement pour sa défense, mais encore pour inquiéter Genève.

Avant que cette lutte eût pris un plus grand développement, d'autres entreprises avaient été commencées, qui faisaient espérer des résultats encore bien autrement importants, un changement total des relations européennes.

§ XII. — Attaques contre l'Angleterre.

Les Pays-Bas étaient en grande partie domptés, et on avait déjà négocié pour amener une soumission volontaire du reste de ces provinces; en Allemagne, le catholicisme avait envahi une si grande étendue de terrain, que l'on ne désespérait pas de s'emparer de la totalité ; en France, le défenseur du catholicisme, le duc de Guise, procéda par de si nombreuses victoires, par l'occupation de tant de places fortes, par un enthousiasme si ardent du peuple pour sa personne, qu'il paraissait marcher à la conquête de la monarchie. L'ancienne métropole de la doctrine protestante, la ville de Genève, n'était plus protégée par ses anciennes alliances. C'est dans cette situation que l'on forma le projet de mettre la hache à la racine de l'arbre et d'attaquer l'Angleterre.

Sans doute, le centre de toute la puissance et de toute la politique protestante était en Angleterre ; les protestants neerlandais et les huguenots de France possédaient leur principal appui dans la reine Élisabeth. Mais en Angleterre, comme nous l'ayons vu, la lutte intérieure entre les deux croyances avait déjà commencé ; de nouveaux élèves des séminaires et un plus grand nombre de Jésuites y arrivaient toujours, entraînés par l'enthousiasme religieux et par l'amour de la patrie. La reine Élisabeth les accueillit en leur appliquant les lois les plus sévères. En 1582, elle fit déclarer crime de haute trahison le fait d'avoir voulu engager un de ses sujets à abandonner la religion introduite par elle dans le royaume, pour embrasser la religion romaine [1]. Elle ordonna à tous les Jésuites et aux prêtres des séminaires de quitter l'Angleterre dans l'espace de quarante jours, sous peine d'être traités comme traîtres au pays, à peu près de la même manière que les prédicateurs protestants furent forcés de sortir des domaines des princes catholiques [*]. C'est dans ce but et cet esprit qu'elle mit en

---

[1] Camden : *Rerum Anglicarum annales regnante Elizabetha*, t. 1, p. 849.

[*] Voir la note n° 15.

activité la commission suprême, un tribunal positivement destiné à rechercher les actes de violation de la suprématie et de l'uniformité de la religion anglicane, non-seulement selon les formes légales ordinaires, mais par tous les moyens qu'il pourrait paraître nécessaire d'employer, même en contraignant à faire un serment solennel : c'était une espèce d'inquisition protestante [1]. Malgré toutes ces mesures, Élisabeth voulait encore éviter de paraître violer la liberté de conscience; sous ce prétexte, elle déclara que les Jésuites n'avaient pas à cœur le rétablissement de la religion, mais que leur unique dessein était d'entraîner le pays à la défection du gouvernement, et de frayer le chemin aux ennemis étrangers; les missionnaires protestaient « devant Dieu et les saints, devant le ciel et la terre, » que leur but était purement religieux et n'attaquait nullement la majesté royale [2]. Mais comment s'assurer de la vérité de ces distinctions [*]? Les inquisiteurs de la reine ne se contentèrent pas d'une simple protestation. Ils demandaient une explication, ils demandaient si l'excommunication prononcée par Pie V contre la reine était légitime, et si elle obligeait un Anglais; les détenus devaient en outre répondre ce qu'ils feraient, quel parti ils embrasseraient, si le Pape les déliait du serment de fidélité et attaquait l'Angleterre. Ces pauvres gens ainsi tourmentés ne savaient comment se tirer d'affaire; ils répondaient bien qu'ils donneraient *à César ce qui est à César, et à Dieu ce qui est à Dieu,* mais leurs juges prenaient cet expédient même pour un aveu. Voilà comment les prisons

---

[1] Neal : *History of the Puritans*, t. 1, p. 414.
[2] *Campiani Vita et Martyrium*, p. 159.
[*] Voir la note n° 16.

se remplirent, et les exécutions se succédèrent : le catholicisme eut là aussi ses martyrs, dont le nombre a été estimé à environ deux cents sous le gouvernement d'Élisabeth *. Le zèle des missionnaires ne fut nullement étouffé par ces persécutions ; avec la sévérité de la loi s'accrut encore le nombre et l'exaspération des récalcitrants ; on faisait parvenir à la cour même des pamphlets dans lesquels l'action de Judith contre Holopherne était représentée comme un exemple de piété et d'héroïsme digne d'imitation : les regards se portaient toujours sur la reine d'Écosse qui était prisonnière, et qui, conformément aux déclarations du Pape, était regardée comme la souveraine légitime de l'Angleterre ; ils ne cessaient d'espérer qu'une expédition des puissances catholiques amènerait un changement général. En Italie et en Espagne, on répandit les descriptions les plus énergiques des cruautés auxquelles les fidèles étaient exposés en Angleterre, descriptions qni devaient révolter tout cœur catholique [1].

Le Pape Sixte V prit surtout une vive part à ces malheurs de l'Église anglaise. Il est très-vrai qu'il éprouvait une certaine estime pour la grandeur et le courage d'Élisabeth, et il lui fit réellement faire un jour la proposition de rentrer dans le sein de l'Église catholique. Singulière proposition ! Comme si elle avait pu choisir ! comme si elle n'était pas enchaînée aux intérêts protestants par les intérêts de toute sa vie, par sa position

---

* Voir la note n° 17.

[1] *Theatrum crudelitatum hœreticorum nostri temporis.* Cet écrit commence par une « peculiaris descriptio crudelitatum et immanitatum schismaticorum « Angliæ regnante Henrico VIII, » et finit par : « Inquisitionis Anglicanæ et « facinorum crudelium Machiavellanorum in Anglia et Hibernia a calvinistis « protestantibus sub Elizabetha etiamnum regnante peractorum descriptiones. » On voit le tableau de tous les tourments inouïs éprouvés par les catholiques; c'est un récit épouvantable.

même dans le monde, quand même elle ne l'eût pas
été par sa convictiou! Élisabeth ne répondit pas un seul
mot à cette proposition, elle se contenta d'en rire.
Lorsque le Pape en fut instruit, il s'écria qu'il se voyait
contraint de songer à lui arracher ce royaume par la
force des armes *.

Jusqu'à ce jour, il n'avait fait que donner à entendre
qu'il pensait à prendre cette résolution ; mais au prin-
temps de 1586, il procéda ouvertement à son exécution.
Il se vantait de vouloir appuyer le roi d'Espagne dans
une entreprise contre l'Angleterre, par tous autres
moyens que ceux employés par les Papes précédents
pour soutenir Charles V [1].

En 1587, il se plaignait hautement de la lenteur des
Espagnols. Il éuuméra tous les avantages que leur présentait une victoire sur l'Angleterre pour faire de nouveau la conquête du reste des Pays-Bas [2].

Lorsque Philippe publia une pragmatique qui res-
treignait en général tous les titres et par conséquent
aussi ceux que réclamait la cour romaine, le Pape entra
en fureur : « Comment, s'écria-t-il, don Philippe
veut nous violenter, et il se laisse maltraiter par une
femme ! »

Dans le fait, le roi ne fut pas ménagé. Élisabeth prit
ouvertement le parti des Pays-Bas; Drake ravagea toutes
les côtes de l'Europe et de l'Amérique. Sixte V exprimait ce qui était l'opinion de tous les catholiques dé-
routés de voir ce puissant roi supporter impunément
tant d'injures. Les cortès de Castille l'engagèrent à se
venger.

---

* Voir la note n° 18. '
[1] *Dispaccio Gritti*, 31 *Maggio* 1586.
[2] *Dispaccio Gritti*, 10 *Genn.* 1587.

Philippe se trouvait même personnellement offensé ; il était tourné en dérision dans les comédies et dans des mascarades ; un jour, en ayant été instruit, ce fier monarque, avancé en âge, habitué à la vénération, se leva violemment de sa chaise ; on ne l'avait jamais vu si irrité.

Telles étaient les dispositions du Pape et du roi, lorsqu'on apprit la nouvelle qu'Élisabeth avait fait exécuter la reine d'Écosse sa prisonnière. Ce n'est pas ici le moment d'examiner la légitimité de cet acte, qui cependant était surtout un acte de justice politique. La première pensée de cette exécution lui était déjà venue, je crois, du temps du massacre de la Saint-Barthélemy. L'évêque de Londres à cette époque exprimait, dans une de ses lettres à lord Burghley, la crainte qu'une vengeance aussi perfide ne pût s'étendre aussi sur l'Angleterre ; suivant lui « la raison de ce danger reposait principalement sur la reine d'Écosse ; la sûreté du royaume, s'écrie-t-il, commande qu'on lui fasse abattre la tête [1] ! » Mais alors le parti catholique était devenu bien plus puissant en Europe ; il était agité, même en Angleterre, par un mouvement et une fermentation beaucoup plus redoutables. Marie Stuart ne cessa pas d'entretenir des liaisons secrètes avec les Guises ses oncles, avec les mécontents du pays, avec le roi d'Espagne et avec le Pape. Le principe catholique, comme opposé par sa nature même au gouvernement existant, se personnifiait en elle : au premier succès obtenu par le parti catholique, elle eût été infailliblement proclamée reine. Elle expia par sa mort cette position par-

---

[1] *Edwin Sandys to lord Burghley, Fulham V, of Sept.* 1572. *Ellis Letters : second series*, t. III, p. 25.

ticulière qui résultait nécessairement de la situation générale des affaires , et à laquelle elle n'avait pas su se soustraire *.

Mais cette exécution fit éclater enfin les projets de l'Espagne et du Pape ; ils ne voulaient pas supporter patiemment , jusqu'à cette extrémité , les excès de la politique d'Élisabeth. Sixte V remplit le consistoire de ses plaintes énergiques contre la Jezabel d'Angleterre , qui attentait à la tête sacrée d'une princesse soumise à nul autre qu'à Jésus-Christ et à son vicaire , ainsi qu'É-sabeth elle-même l'avait reconnu. Afin de montrer combien il donnait toute son approbation à l'activité de l'opposition catholique anglaise, il nomma cardinal Guil-laume Allen , le premier fondateur des séminaires , nomination qui fut aussitôt regardée à Rome comme une déclaration de guerre contre l'Angleterre. Une alliance positive fut conclue entre Philippe II et le Pape[1]. Celui-ci promit au roi un secours d'un million de scudi pour cette expédition ; mais comme il était toujours en défiance , surtout quand il s'agissait d'affaires d'argent, il ne s'engagea à les verser que lorsque le roi aurait pris possession d'un port anglais. « Que votre majesté ne tarde pas plus longtemps , lui écrivit-il , chaque retard changerait une bonne intention en un mauvais effet. » Le roi employa toutes les ressources militaires de son royaume , et mit en état l'*Armada* surnommée l'*Invincible*.

Et c'est ainsi que les forces italiennes et espagnoles , dont l'union avait déjà produit de si grands résultats, se levèrent pour attaquer l'Angleterre. Le roi fit recueillir dans les archives de Simancas les droits sur

---

* Voir la note n° 19.

[1] Les intentions primitives du Pape : *Dispaccio Gritti* , 27 *Giugno* 1587.

lesquels reposaient ses prétentions à cette couronne, après l'extinction des Stuarts; il attachait surtout à cette expédition la perspective brillante d'un empire universel sur les mers.

Tous les événements parurent coïncider à la fois : la prépondérance du catholicisme en Allemagne, le renouvellement des attaques contre les huguenots en France, la tentative contre Genève, l'expédition contre l'Angleterre. A la même époque, Sigismond III, prince catholique plein de résolution et de zèle, ainsi que nous le verrons en détail plus tard, monta sur le trône de Pologne, avec le droit de succéder un jour à la couronne de Suède.

Toujours quand un principe quelconque aspire à la domination absolue en Europe, il rencontre une forte résistance qui prend sa source dans les éléments les plus intimes de la vie du siècle.

Philippe II trouva en face de lui des forces d'une énergie toute juvénile et se levant avec le sentiment de leur destinée future. Ces corsaires audacieux qui avaient infesté toutes les mers, se réunirent autour des côtes de leur patrie. Tous les protestants, même les puritains, quoiqu'ils eussent souffert des persécutions aussi grandes que celles des catholiques, se groupèrent autour de la reine qui manifesta d'une manière digne d'admiration son courage viril, son talent pour séduire, diriger et conserver : la position insulaire du pays, les éléments mêmes firent cause commune pour la défense de l'Angleterre : l'*Armada* l'*Invincible* était anéantie, avant même qu'elle eût essayé de combattre; l'expédition échoua complétement.

Cependant ce désastre ne fit pas renoncer au projet primitif.

Les catholiques furent avertis par les écrivains de leur parti, « que Jules-César, Henri VII, le grand-père d'Élisabeth, avaient été malheureux aussi dans leurs premières attaques contre l'Angleterre, mais qu'enfin ils en étaient devenus les maîtres : Dieu retarde souvent la victoire de ceux qui lui sont fidèles; les enfants d'Israël ont été battus deux fois avec de grandes pertes dans la guerre contre la tribu de Benjamin, guerre entreprise sur un ordre formel de Dieu; c'est seulement après le troisième combat qu'ils ont remporté la victoire; alors la flamme dévorante a ravagé les villes et les villages de la tribu de Benjamin, le tranchant de l'épée a frappé les hommes et les bestiaux. Que les Anglais y songent, s'écriaient-ils, et ne s'enorgueillissent pas du retard de leur châtiment [1] ! »

Philippe II n'avait nullement perdu courage. Son dessein était d'équiper de plus petits navires, plus faciles à gouverner, et de tenter, non pas de se réunir dans le canal avec les forces neerlandaises, mais de débarquer de suite sur les côtes de l'Angleterre. On travailla avec la plus grande ardeur à l'arsenal de Lisbonne. Le roi était déterminé à tout risquer, « dût-il, disait-il un jour à table, vendre les chandeliers d'argent qui étaient là devant lui [2]. »

Mais, pendant qu'il méditait ces projets, une nouvelle scène s'ouvrit pour l'activité des forces militaires italiennes-espagnoles et romaines-catholiques.

---

[1] *Andreæ Philopatri (Parsoni) ad Elisabethæ reginæ Angliæ edictum responsio*, § 146, 147.

[2] *Dispaccio Gradenigo*, 29 Sett. 1588.

§ XIII. — Assassinat de Henri III.

Peu de temps après le désastre éprouvé par la flotte de Philippe II, éclata en France une réaction inattendue, violente, sanglante.

Au moment où le duc de Guise, qui gouvernait les États de Blois suivant son bon plaisir, paraissait sur le point de recevoir, avec la charge de connétable, la direction de toutes les affaires du royaume, Henri III le fit assassiner. Le roi qui se sentait enchaîné par le parti catholique espagnol, s'en détacha tout d'un coup et se jeta dans la résistance.

Mais avec le duc de Guise ne périrent ni son parti, ni la Ligue. C'est alors seulement qu'ils prirent une position ouvertement hostile, et s'unirent encore plus étroitement qu'auparavant avec l'Espagne.

Le Pape Sixte V tenait entièrement pour ce parti.

L'assassinat du duc qu'il aimait et admirait, et dans lequel il voyait un soutien de l'Église, le remplit de douleur et d'indignation : il trouva surtout odieux le meurtre commis sur la personne du cardinal de Guise : « Un cardinal prêtre, s'écria-t-il dans le consistoire, un noble membre du Saint-Siége, a été assassiné, sans procès ni jugement, par le pouvoir temporel, comme s'il n'y avait plus de Pape au monde, comme s'il n'y avait plus de Dieu ! » Il reprocha à Morosini, son légat, de n'avoir pas sur-le-champ excommunié le roi : « Il était de son devoir de le faire, aurait-il dû perdre cent fois la vie [1][*]. »

---

[1] Tempesti, II, 137, contient le discours du Pape dans toute son extension, ainsi que la lettre de Morosini. « Essendo ammazatto il cardinale, » y est-il dit, « in faccia di V. S. Ill., legato a latere, come non ha pubblicato l'interdetto, « ancor chè gliene fossero andante cento vite? » — [*] Voir la note n° 20.

Le roi s'inquiéta peu de la colère du Pape. On ne put le déterminer à relâcher le cardinal de Bourbon et l'archevêque de Lyon qu'il tenait aussi prisonnier. On le pressait aussi à Rome de déclarer Henri de Navarre incapable de monter sur le trône : au lieu d'obéir, il fit alliance avec lui.

Alors le Pape résolut d'en arriver aux dernières extrémités. Il cita le roi lui-même à Rome, pour venir se justifier de l'assassinat du cardinal, et le menaça de l'excommunication s'il ne livrait pas les prisonniers dans un temps déterminé.

Il déclara « qu'il était obligé d'agir ainsi; et que s'il agissait autrement, Dieu lui en demanderait compte, comme au plus inutile de tous les Papes : d'ailleurs, comme il ne faisait que remplir son devoir, il n'avait rien à craindre de tout l'univers; il ne doutait pas que Henri III, en persistant dans ses mauvaises résolutions, ne pérît comme le roi Saül [1]. »

Henri était détesté par les catholiques zélés et les partisans de la Ligue, comme un infâme et un scélérat, la censure du Pape les fortifia dans leur opposition furieuse. Sa prédiction se réalisa plus tôt qu'on n'aurait pu le croire. Le monitoire avait été publié en France le 23 juin; le roi fut assassiné par Jacques Clément le 1er août.

Le Pape lui-même en fut surpris. « Il a été, s'écriat-il, assassiné dans son cabinet, par un pauvre moine, au moment où, entouré de son armée, il se préparait à conquérir Paris [2]. » Il attribua cet événement à une grâce

---

[1] *Dispaccio Veneto*, 20 *Maggio* 1589.
[2] *Disp. Ven.*, 1 *Sett.*

particulière de Dieu qui manifestait la protection puissante accordée à la France.

Comme une opinion peut s'emparer avec facilité de tous les esprits! Cette conviction se répandit parmi tous les catholiques : « C'est à la main seul du Très-Haut, écrit Mendoza à Philippe, qu'on est redevable de cet heureux événement[1]. » A Ingolstadt vivait le jeune Maximilien de Bavière, occupé à faire ses études : dans une des lettres qui restent de lui, il exprime à sa mère la joie que lui a fait éprouver la nouvelle de l'assassinat du roi de France[2].

Cette mort entraînait encore une autre conséquence. Henri de Navarre, que le Pape avait excommunié, que les Guises avaient persécuté si violemment, voulut exercer ses droits légitimes, et un protestant prit le titre de roi de France.

Le Pape, la Ligue et Philippe II étaient résolus, par tous les moyens possibles, à empêcher ce prince de prendre possession de la couronne. Sixte V envoya en France, pour remplacer Morosini, qui paraissait être beaucoup trop tiède, un nouveau légat, Gaetano, qui était du parti espagnol; et il lui donna une forte somme d'argent, ce qu'il n'avait encore jamais fait, pour être employée au plus grand avantage de la Ligue. Le légat devait avant tout veiller à ce que personne autre qu'un catholique devînt roi de France. La couronne appartenait sans contredit à un prince du sang, mais ce n'était pas ici la seule considération qui dût prévaloir; dans d'autres circonstances, on s'était déjà quelquefois écarté de l'ordre rigoureux de la succession au trône, mais

---

[1] Dans Capefigue, t. v, p. 290.
[2] Dans Wolf : Maximilien Ier, partie I, p. 107.

jamais on n'avait pris pour roi un hérétique : la chose
principale est d'avoir pour roi un bon catholique [1].

Ainsi disposé, le Pape loua même la conduite du duc
de Savoie, lequel avait profité des désordres de la France
pour s'emparer de Saluces qui appartenait aux Français.
« J'aime mieux, dit Sixte, que cette ville soit au pouvoir du duc, que de la voir tomber entre les mains des
huguenots. »

Tout dépendait alors du secours qu'on donnerait à la
Ligue pour l'aider à remporter la victoire dans la lutte
contre Henri IV. Dans ce but, on projeta un nouveau
traité entre l'Espagne et le Pape. L'inquisiteur le plus
zélé, le cardinal Sanseverino, fut chargé, sous le sceau
du secret de la confession, de rédiger ce projet. Le Pape
promit d'envoyer en France une armée de 15,000 hommes d'infanterie et de 800 chevaux ; il déclara en outre
être prêt à donner de l'argent aussitôt que le roi aurait
pénétré en France avec une forte armée. L'armée du
Pape devait être commandée par le duc d'Urbin, sujet
de Sa Sainteté et partisan de Sa Majesté [2].

Ces forces italiennes-espagnoles, unies avec leurs
partisans de France, se préparèrent à conquérir la couronne de ce royaume. L'Espagne et le Pape ne pouvaient
désirer rien de plus heureux que le succès de leurs
plans. De cette manière, l'Espagne aurait été débarras-
sée pour toujours de l'ancienne rivalité qui l'avait si
longtemps entravée, et les événements ont montré combien Philippe avait ce résultat à cœur. D'un autre côté,
le pouvoir papal aurait fait un pas immense, s'il avait

---

[1] *Dispaccio Veneto*, 30 *Sett.* Un extrait de l'instruction dans Tempesti,
t. II, p. 233.

[2] Relation authentique dans l'autobiographie du cardinal, que Tempesti a
recueillie, t. II, p. 236.

pu exercer une influence active sur l'avénement d'un
roi en France. Gaetano était chargé de demander en ar-
rivant l'introduction de l'Inquisition et l'abolition des
libertés gallicanes; ce qui eût été de l'importance la plus
grande si le prince légitime avait été exclu du trône, à
cause de sa religion; l'impulsion catholique, qui, d'ailleurs, avait envahi le monde entier, serait parvenue à
une souveraineté absolue.

OBSERVATIONS HISTORIQUES ET CRITIQUES
SUR LE CINQUIÈME LIVRE.

N° 1 (pages 131 et suivantes).

En exposant les conquêtes faites, au milieu du seizième siècle, par le protestantisme sur l'Église catholique, M. Ranke ne dit pas toute la vérité en ce qui concerne les causes de ces conquêtes et les moyens employés par les réformateurs hérétiques. M. Ranke n'a que trop raison, les progrès du protestantisme ont été favorisés dans un grand nombre de pays par le relâchement du clergé, par l'affaiblissement des institutions catholiques, par la diminution dans le recrutement du sacerdoce et des Ordres religieux, par la domination envahissante de la puissance temporelle sur les droits et les biens de l'Église. Pour être un historien vrai et complet, M. Ranke devait faire connaître les moyens employés pour propager le triomphe de la Réforme : les calomnies les plus impudentes et les plus grossières contre la doctrine catholique, contre l'autorité du Saint-Siège ; les passions excitées et flattées par l'abolition du célibat et des vœux monastiques ; l'avarice et la cupidité satisfaites par les biens des églises et des couvents livrés aux princes et aux nobles ; toutes les puissances de l'État mises au service de la Réforme pour asservir, dépouiller, anéantir l'Église catholique ; partout où ces apôtres de la liberté de conscience s'établissent, la liberté du culte catholique est interdite. Les historiens protestants et rationalistes, y compris M. Ranke, déclament contre la proscription exercée par l'Église à l'égard des sectes, contre l'Inquisition et ses violences... mais il n'est pas un seul pays où la Réforme ne se soit établie sans proscrire le culte catholique, sans multiplier contre son libre exercice l'inquisition la plus impitoyable, les cruautés les plus atroces, il suffit de nommer encore l'Angleterre, l'Irlande, le Danemarck, la Suède. Les historiens protestants et rationalistes spéculent sur la crédulité de l'ignorance et des passions anti-catholiques; jusqu'à ce jour ils ont fait un bon calcul. Ceux qui ne veulent pas se résoudre à les croire sur parole feront bien de lire les ouvrages suivants sur l'établissement de la Réforme : Lingard, *Histoire d'Angleterre;* Cobbett, *Lettres sur l'Histoire de la Réformation en Angleterre et en Irlande;* Augustin Theiner, *la Suède et le Saint-Siége* (trad. de l'allemand); Rohrbacher, *Histoire universelle de l'Eglise;* Alzog, *Histoire de l'Eglise,* t. III (trad. de l'allemand).

Nº 2 (page 144).

Le protestantisme était bien positivement, à un haut degré, une tentative de rénovation des pensées et des principes chrétiens..... Si tel était le but que le protestantisme voulait atteindre, il faut convenir qu'il a bien misérablement échoué, car la dégradation des mœurs et la destruction de toute croyance chrétienne ont été, dans les pays où il s'est établi, le résultat de ses conquêtes sur le catholicisme. Les ouvrages cités dans la note qui précède contiennent les aveux les plus remarquables émanés des chefs de la Réforme.

Ainsi, en fait, le protestantisme n'a rien renouvelé. En principe, il lui est bien impossible de rien renouveler; car le libre examen appliqué à la Bible ne saurait produire qu'une poussière d'opinions innombrables, voilà pour la rénovation des pensées; le fatalisme, qui est au fond des doctrines luthérienne et calviniste, ne saurait produire que l'apathie ou dérégler l'activité des sentiments, voilà pour la rénovation du cœur; la justification par la foi sans les œuvres ne saurait produire que la dépravation la plus immorale, voilà pour la rénovation de toute la vie. M. Ranke plaisante quand il avance qu'il y a dans le protestantisme quelque chose de rénovateur et de positif.

N° 3 (page 144).

Le lecteur catholique rectifie facilement l'inexactitude fréquente du langage de notre historien. Il dit : *Le Catholicisme avait régénéré le dogme suivant l'esprit du siècle.....* Il faut répéter encore que le catholicisme, représenté par le Saint-Siége et le concile de Trente, n'a fait que maintenir la doctrine enseignée par Notre-Seigneur Jésus-Christ, transmise par les Apôtres, expliquée par les Pères, conservée et défendue par l'Église, dans tous les siècles, non pas *suivant l'esprit de chaque siècle,* mais suivant l'esprit immuable et infaillible de la vérité chrétienne.

N° 4 (page 147).

La Papauté s'était TRANSFORMÉE*.....* c'est-à-dire que les Papes, suivant les circonstances et les hommes de chaque siècle, ont changé leur conduite dans la direction des affaires, mais la constitution du pouvoir papal n'a jamais changé ; Grégoire VII et Pie IX ne suivent pas la même conduite, mais leur pouvoir est le même dans sa constitution fondamentale.

Les Papes abandonnèrent cette politique temporelle avec laquelle ils avaient TROUBLÉ *jusqu'à ce jour l'Italie et l'Europe.*

Qu'est-ce à dire ? M. Ranke nous a raconté que les Papes modernes n'ont eu à lutter en Italie et en Europe que pour défendre les droits de l'Église et du Saint-Siége et sauver la nationalité italienne, soit contre les Français, soit contre les Espagnols.

Quant aux Papes du moyen âge, ils n'ont *troublé* l'Europe que pour protéger la civilisation chrétienne contre le paganisme des empereurs, des rois et des princes qui prétendaient renier la loi de Dieu pour soumettre les peuples à la loi de leur tyrannie, de leur avarice, de leur luxure. Les Papes n'intervenaient en Europe qu'en vertu d'un droit public universellement reconnu. V. *Pouvoir du Pape au moyen âge ; des Rapports naturels entre les deux puissances,* 2 vol., par l'abbé Rohrbacher.

N° 5 (page 158).

M. Ranke se prépare à exposer *ce mouvement religieux, peut-être sans exemple dans l'histoire du monde,* qui a eu pour résul-

tat de faire restituer au catholicisme les principales conquêtes qui
lui avaient été ravies par la Réforme. Ce mouvement a eu surtout
pour agents les Jésuites, qui ont su triompher par l'enseignement,
par la parole et par la sainteté, de tous les léttrés protestants et
rationalistes, et M. Ranke n'hésite pas à écrire que ce résultat,
*peut-être sans exemple dans l'histoire, a été obtenu sans aucune
grande manifestation intellectuelle !* Et pourquoi M. Ranke re-
fuse-t-il aux Jésuites la supériorité d'intelligence, quoiqu'ils aient
triomphé de tant de beaux esprits? C'est que *leur science ne reposait pas sur un libre essor de l'esprit; ni leur piété, ni leur
science ne marchaient dans des routes libres, illimitées, non
frayées....* c'est-à-dire qu'ils avaient le malheur d'être catholiques
et jésuites, de n'être pas protestants. Voilà pourquoi des hommes,
comme Possevin, Canisius, Lainez, Auger, Bellarmin et tant
d'autres renommés par leur sainteté, leur science et leur habileté
dans le gouvernement des affaires humaines, n'ont pu représenter
aucune grande manifestation intellectuelle! M. Ranke a peur
que l'évidence des faits ne fasse trop d'honneur à des Jésuites.

Quelques lignes plus loin, notre auteur, pour consoler ses compatriotes allemands d'avoir été convertis par des Jésuites, dit que
ces missionnaires n'étaient heureusement pas des Allemands, mais
des Espagnols, des Italiens, des Neerlandais... *Nous pouvons donc
considérer les progrès de leur institut chez nous comme une nouvelle intervention de l'Europe germanique... ils nous arrachèrent une partie de notre patrie.*

Tous les missionnaires de la vérité, depuis les Apôtres jusqu'aux
Pères Jésuites, martyrs de nos jours, en Chine, en Corée, dans les
Amériques, sont des étrangers pour les nations qu'ils viennent
évangéliser; l'Apôtre de l'Allemagne, au huitième siècle, saint
Boniface, était un Anglais : ce sont les missionnaires catholiques
qui ont constitué l'Allemagne chrétienne, qui lui ont donné la *patrie* du Christ; quelle a été la mission du protestantisme? d'*arracher* l'Allemagne à cette patrie de la vérité pour l'exiler dans la
patrie du mensonge. Les Jésuites du seizième siècle n'ont donc fait
que continuer l'apostolat de saint Boniface, en réintégrant les Allemands dans la patrie de la religion catholique, apostolique, romaine.

J'ai constaté que le protestantisme ne s'était introduit que par
la ruse, la violence, la spoliation. Le lecteur aura sans doute re-

marqué dans le récit de M. Ranke que tous les succès des Jésuites sont obtenus par la parole, la polémique libre, l'enseignement, l'assentiment populaire ; au seizième siècle, comme, de nos jours, la principale résistance vient des corporations enseignantes, des universités qui veulent conserver le monopole. Enfin la haine contre les Jésuites croît à mesure qu'ils propagent et consolident la foi catholique.

Telle a été, telle est, telle sera toujours la cause véritable des inimitiés si violentes dirigées contre cette sainte Compagnie ! Elle sait trop bien l'art d'enseigner l'amour du Christ ! *Crucifige ! Crucifige !*

Nº 6 (page 159).

Depuis la Paix de religion, la position religieuse qui devait être prise dans un pays dépendait uniquement de la conviction du prince et de la bonne intelligence qui régnait entre lui et ses États.

Aveu remarquable ! Voilà ce que l'espèce humaine a gagné dans l'avénement de la Réforme : la religion d'un pays *dépend* de la conviction du prince ! Honneur à vous, apôtres de la liberté de conscience !

M. Ranke ajoute : *Cette situation paraissait avoir été imaginée à l'avantage du protestantisme, mais elle finit, au contraire, par tourner à l'avantage du catholicisme.*

Ah ! Martin Luther, tu es pris dans tes filets ! Tu as voulu livrer la parole de Dieu à la puissance des princes, et cette puissance va se diriger contre toi. Eh bien ! si nous bénissons les desseins de Dieu qui ont fait tourner, dans certains pays, à la gloire de l'Église catholique l'omnipotence spirituelle accordée aux princes par la Réforme, nous le bénissons surtout quand il affranchit son Église de cette tutelle trop souvent tyrannique, quand il la laisse vivre dans la plénitude de la liberté.

Nº 7 (page 165).

L'observation qui précède est confirmée par les exemples que cite M. Ranke dans cette page.

A la page 173, M. Ranke fait remarquer que la politique intérieure était intéressée au triomphe du catholicisme, et il en donne pour raison qu'un prince est bien plus puissant quand ses sujets professent la même religion que lui. Est-ce la peine de dire que, si véritablement les intérêts politiques se rattachent au catholicisme partout et toujours, ce n'est pas seulement pour la raison que donne M. Ranke, c'est surtout parce que l'Église catholique, s'appuyant sur l'Évangile, tempère l'exercice de l'autorité et honore l'obéissance, et place dans le cœur des rois et des sujets les plus sûres garanties de l'ordre public, en réglant les droits et les devoirs, en fixant les convictions, en rappelant la sanction que Dieu attache à ses lois, en soutenant tous ses enfants, ceux qui commandent et ceux qui obéissent, par ses avis, ses conseils et ses prescriptions !

N° 8 (page 180).

Prenez acte de cet aveu : Le protestantisme s'introduit en France par les trahisons du pouvoir et de la noblesse ; il soulève contre lui l'indignation populaire par ses spoliations et ses cruautés.

N° 9 (page 186).

La Saint-Barthélemy. — *On a tué près de cinquante mille* huguenots. — *Le Pape Grégoire XIII célèbre ce grand succès par une procession solennelle à Saint-Louis.*

Malgré toutes les lumières jetées sur cet horrible événement par quelques historiens modernes, par la publication des dépêches diplomatiques du temps, des documents officiels émanés de la cour, des princes et des villes, les ennemis de l'Église catholique n'en continuent pas moins d'exploiter les exagérations et les faussetés propagées au sujet de ce massacre.

M. Ranke reconnaît (page 180) que les violences commises en France par les protestants soulevèrent contre eux *l'opinion publique*. En effet, depuis plus de dix années avant la Saint-Barthélemy, le pillage, les sacriléges et les meurtres se multipliaient par les armes des protestants.

Le 27 décembre 1561, ils envahirent l'église de Saint-Médard à Paris, et firent main-basse sur tous les catholiques assemblés ; dans le Poitou, des reliquaires, les trésors des églises, les images de saints les plus vénérés furent pillés ou détruits ; à Montauban, à Castres, à Béziers, à Nîmes, à Montpellier, à Valence, à Montbrison, les protestants empêchèrent tout exercice du culte catholique, forcèrent l'entrée des couvents, massacrèrent un grand nombre de prêtres et de fidèles ; en 1563, un serviteur de Coligny assassine le duc de Guise à Orléans ; à Melle, à Fontenay., les habitants sont passés au fil de l'épée ; à Orthez, le maréchal de Montgommery fait massacrer trois mille catholiques..... (V. de Thou, liv. xxviii et xxix ; Sismondi, tom. xviii ; Capefigue, la *Réforme et la Ligue*). Je pourrais multiplier ces exemples que l'on trouvera dans les ouvrages que je viens de citer, et dont le témoignage est peu suspect de partialité en faveur des catholiques. Il est donc vrai, comme le reconnaît M. Ranke, que les cruautés et les outrages des protestants avaient exaspéré la population catholique, dans une époque où le meurtre coûtait si peu à chaque parti. Combien il était facile aux calculs et aux intrigues de la politique d'exploiter cette irritation des esprits !

Quant au nombre des victimes de la Saint-Barthélemy, les écrivains varient singulièrement. M. Ranke donne le chiffre de *cinquante mille*, mais le calviniste La Popelinière, dans son histoire, ne parle que de *mille* tués ; le *Martyrologe des Huguenots,* imprimé en 1582, donne en gros, pour toute la France, le chiffre de 15,000, et, d'après les noms, le chiffre seulement de 786.

M. Ranke a le tort de ne pas expliquer dans quelle circonstance et pour quel motif le Pape Grégoire XIII *célébra le grand succès de la Saint-Barthélemy par une procession à Saint-Louis*. La conduite du Pape est mise, par cet exposé incomplet, sur la même ligne que celle de Philippe II, des Vénitiens et de toutes les autres puissances catholiques qui adressèrent au roi de France les plus vives félicitations au sujet de cet événement. Dans les Annales de Grégoire XIII par Maffei, qui, même au jugement de M. Ranke, sont la principale source pour l'histoire de ce Pape, le récit est tout différent. Sur ces entrefaites, dit Maffei, le Pape fut informé personnellement par le cardinal de Lorraine, que le roi Charles IX, pour la sûreté de sa personne et le repos de son royaume, avait fait ôter la vie à l'amiral Coligny, chef et fauteur principal des huguenots. Quoique délivré par là d'une très-grande inquiétude, le Pontife n'en fit paraître néanmoins *qu'une joie tempérée*, comme celle qu'on éprouve pour une guérison qui n'est obtenue qu'en retranchant quelques membres du corps par une opération douloureuse. Il rendit, dans son particulier, à la divine bonté les actions de grâces qu'il lui devait ; et le lendemain il alla en public visiter l'église de Saint-Louis, avec la procession solennelle de Sainte-Marie [1].

Cet exposé change entièrement le caractère de la démarche faite par le Pape Grégoire XIII, que le plus grand nombre des historiens protestants et rationalistes représentent comme le complice et le fauteur de la Saint-Barthélemy.

Il y aurait à relever bien d'autres exagérations et faussetés propagées au sujet de la Saint-Barthélemy, mais cette critique m'entraînerait trop loin, et je me contenterai d'inviter le lecteur ami de la vérité à consulter les ouvrages suivants :

Feller, *Dict. hist.*, article Charles IX ; Capefigue, la *Réforme et la Ligue*, Ed. in-18, chap. XIII et XIV ; l'abbé Rohrbacher, *Hist. univ. de l'Église*, tome XXIV, pages 632 à 640 ; Alzog, *Hist. de l'Eglise*, tome III, page 158 à 161 ; de Falloux, *Hist. de Pie V*, tome I, chap. IX, et Pièces justificatives, page 337.

N° 10 (page 192).

M. Ranke a tort de nier (page 191) l'influence qu'exerça la jeune Agnès de Mansfeld sur la conversion de Gebhard Truchses au protestantisme. Gebhard avait passé quelque temps à Rome, auprès de son oncle, le cardinal Othon Truchses, évêque d'Augsbourg, et s'y était acquis une considération méritée par sa conduite et par ses talents. Salentin d'Issembourg s'étant démis de l'archevêché de Cologne, Gebhard, alors chanoine de la cathédrale, fut élu par le plus grand nombre des membres du chapitre, malgré les efforts d'Ernest, duc de Bavière, dont la candidature était appuyée par son illustre maison et même par l'empereur. La double élection fut portée à la connaissance de Grégoire XIII qui, après un examen impartial et malgré les recommandations des puissances en faveur d'Ernest de Bavière, reconnut le bon droit de Gebhard et l'institua canoniquement archevêque de Cologne. De l'aveu des historiens contemporains, les commencements du nouveau prélat furent heureux. Quant aux conseillers calvinistes, l'apostasie d'Herman de Weiden avait en effet amené et affermi à Cologne quel-

---

[1] Maffei, *Annales de Grégoire XIII*, vol. I, p. 34.

ques sectaires que le gouvernement de Salentin d'Issembourg ne sut ou ne put faire disparaître ; il n'est donc pas étonnant que Gebhard en ait trouvé quelques-uns autour de lui : avant de les chasser, au moins fallait-il les connaître et se sentir assez fort.

Ces rectifications paraîtront peut-être de médiocre importance ; mais nous tenons à ce qu'on n'enlève pas à l'histoire ce qui lui appartient. Il est bon qu'on sache que les principaux transfuges du catholicisme ne cherchaient guère dans le protestantisme qu'un prétexte pour couvrir leur immoralité ; il est bon qu'on sache que ces glorieuses conversions à la religion nouvelle ne dépassaient pas, pour rappeler un mot d'Érasme, les proportions d'une comédie : la pièce finissait ordinairement par un mariage.

Grégoire XIII est présenté (p. 192) comme coupable d'*empiétement* pour avoir empêché de devenir évêque de Munster Henri de Lauenbourg, un apostat ! Ce reproche ne peut être sérieux. L'auteur n'exige sans doute pas que le Pape lui-même se soumette à Luther ?

Nᵒ 11 (page 201).

Pour toute l'exposition des affaires de l'Église en Suède, des moyens employés afin d'introduire et de propager le protestantisme dans ce pays, je recommande tout particulièrement la lecture de l'ouvrage d'Augustin Theiner, *la Suède et le Saint-Siége*, 3 vol. in-8°, trad. de l'allemand. On pourra apprécier le caractère de Gustave Wasa, dont l'ambition, l'avarice et la cruauté ont été le principal instrument de l'apostasie de la Suède ; d'un autre côté, l'admiration contemplera la sainteté, la science, le beau caractère, le dévouement, les rares talents du jésuite Possevin. Je connais peu de livres plus instructifs et d'une lecture plus attachante. — Voir aussi les chap. v et vi du tome ii (in-18) de l'*Histoire de la Compagnie de Jésus*, par Crétineau-Joly.

Nᵒ 12 (page 206).

La religion catholique était opprimée, décimée en Angleterre, ses dogmes étaient dénaturés, sa morale calomniée, son culte outragé, et le protestantisme, fondé sous prétexte de la liberté de conscience et de pensée, ne permettait même pas aux catholiques d'avoir une imprimerie !

N° 13 (page 208).

Le catholicisme, restauré d'après les formes prises en Italie et en Espagne, avait fait une violente irruption sur le reste de l'Europe.

J'ai déjà eu occasion de relever ce langage de M. Ranke au sujet de ces prétendues formes nouvelles prises par le catholicisme ; je renvoie aux observations précédemment faites. Le reproche adressé par les novateurs au catholicisme, c'est de vouloir toujours conserver ses formes anciennes. Il est assez habituel de rencontrer ces accusations contradictoires sous la plume des ennemis de l'Église.

Le catholicisme avait fait une violente irruption sur le reste de l'Europe. — M. Ranke est singulièrement distrait ! Il me semble que le catholicisme existait avant la Réforme, c'est lui qui a été attaqué violemment, il avait sans doute bien le droit de se défendre et de conserver les âmes et les biens acquis au prix de tant de sacrifices et du sang de ses apôtres.

N° 14 (page 256).

Les évêques de France demandèrent..... l'abolition du concordat auquel ils devaient leur existence. — La logique de M. Ranke paraît étonnée que des évêques demandent l'abolition d'un contrat en vertu duquel ils furent nommés à l'épiscopat. Mais, 1° ce n'est pas une contradiction que d'estimer valides et légitimes les actes accomplis sous la garantie d'un traité régulier, et de solliciter, d'autre part, l'annulation de ce traité devenu trop onéreux ; 2° la preuve spéciale que le concordat de 1516 était onéreux, c'est que, dès 1570, on en ressentait les inconvénients, le pouvoir séculier profitant de la protection qu'il accordait d'une main à l'Église de France pour mieux l'opprimer de l'autre. Et, effectivement, M. Ranke ne peut ignorer que le concile de Trente ne fut reçu en France qu'après beaucoup de difficultés suscitées par l'État, et que même une partie de ses décrets disciplinaires ne fut pas promulguée. Qu'y a-t-il donc d'étonnant que les ministres d'une religion qui s'est fondée et maintenue malgré les pouvoirs séculiers, rappellent quelquefois à ceux qui sont tentés de l'oublier, que, n'ayant

pas besoin de protection, ils n'entendent pas recevoir des chaînes!
Il est vrai que cette doctrine offre quelque singularité à des protestants qui, après avoir confisqué la liberté de conscience au bénéfice des rois, ont mis leur religion sous la tutelle du pouvoir
laïque pour la faire vivre.

N° 15 (page 267).

M. Ranke compare les traitements subis en Angleterre par les
Jésuites et par les prêtres aux persécutions dont les prédicateurs
protestants ont été l'objet dans les États catholiques. — Quel que
soit le désir qui anime notre auteur de compenser les crimes des
uns par les crimes des autres, la vérité historique, telle qu'il l'expose lui-même, ne permet pas d'accepter cette fausse impartialité.
Nulle part, dans l'Europe catholique, M. Ranke ne nous montre
une persécution systématique organisée et pratiquée avec autant
de persévérance, d'astuce et de cruauté qu'en Angleterre sous
Henri VIII, Édouard VI, Élisabeth. Les témoignages protestants,
rationalistes et catholiques, s'unissent pour multiplier les preuves
accablantes de la plus horrible persécution qui ait attenté aux droits
de l'humanité et de la vérité.

Voyez le protestant Cobbett, lettres sur l'*Histoire de la Réforme en Angleterre;* le docteur Challoner, *Mémoires sur les
prêtres missionnaires, tant réguliers que séculiers, et autres catholiques des deux sexes, qui ont souffert la mort en Angleterre
à cause de leur religion, de 1577 à 1684;* 2 vol. in-8° (en anglais); Charles Butler, *l'Église romaine,* etc., Lettres 12 à 17;
Crétineau-Joly, *Histoire de la Compagnie de Jésus,* t. x, ch. 5;
t. II, ch. 2.

N° 16 (page 268).

Contre les accusations de complot politique, les Jésuites opposaient à Élisabeth, *que leur but était purement religieux et n'attaquait nullement la majesté royale.* Sur cette réponse, M. Ranke
a le courage de poser cette question : *Mais comment s'assurer de
la vérité de ces distinctions?* Comment? par leurs actes. A quoi
bon se mêler d'étudier et d'écrire l'histoire, si les actes des hommes
dont on raconte la vie ne suffisent pas pour faire juger leurs intentions? Pour répondre à la question de M. Ranke, j'engage le lec-

teur à consulter les ouvrages cités dans la note qui précède et notamment le paragraphe de M. Butler, intitulé : *Justification des
persécutions, par les principes de trahison attribués aux sémina-
ristes étrangers, et par le prétendu esprit de* DÉLOYAUTÉ *des catholiques romains en général.* — *L'Eglise*, etc., p. 331.

Nº 17 (page 269).

La modération de notre auteur évalue à deux cents le nombre
des martyrs sous Élisabeth. Mais il ne parle que des catholiques
qui ont subi la peine capitale avec des raffinements de la plus horrible torture qui ait pu être inventée par la férocité de l'imagination humaine. M. Ranke passe sous silence la multitude des prêtres et laïques bannis, fouettés, condamnés à d'énormes amendes,
expropriés. *V.* les ouvrages cités à la fin de la note 15.

Nº 18 (page 270).

La proposition faite par Sixte-Quint à Élisabeth de rentrer dans
le sein de l'Église catholique paraît *singulière* à M. Ranke. — L'é-
tonnement de notre auteur serait beaucoup plus *singulier* si son
système de fatalisme ne l'empêchait pas de comprendre que rien
n'est impossible à la grâce divine, même la conversion des persé-
cuteurs, ce qui s'est vu, depuis celui dont la grâce a fait saint
Paul, jusqu'à celui dont elle a fait Napoléon mourant dans la foi
de l'Église catholique.

Nº 19 (page 272).

Le principe catholique se personnifiait dans Marie Stuart.
Cet aveu donne son véritable caractère au régicide commis par
Élisabeth sur la reine d'Écosse. *V.* Feller ; Lingard, t. 8 ; Rohr-
bacher, t. 24, p. 585 et suiv.

Nº 20 (page 275).

J'ai pensé que le lecteur aimerait à prendre connaissance de
l'allocution prononcée par Sixte-Quint, en présence des cardinaux,
pour leur annoncer l'assassinat du cardinal de Guise. Ce discours,

interrompu par la vivacité de l'indignation et de l'émotion, peint les idées et les mœurs de tout un siècle, l'originalité et l'énergie du caractère de Sixte-Quint.

« Nous sommes forcé, vénérables Frères, de vous manifester une douleur ineffable. On a tué le cardinal de Guise ; on a tué un cardinal, on a tué un cardinal-prêtre, qui était archevêque de Reims ; on l'a tué sans procès, sans jugement, sans loi, sans pouvoir légitime, avec des armes séculières, sans sentence lue, sans notre autorité, sans celle du Siége sacré dont il était un noble membre. On l'a tué, comme si nous n'existions pas dans le monde, comme s'il n'y avait pas de Siége apostolique, comme si Dieu n'existait pas dans le ciel et sur la terre. La loi divine oblige tous les hommes, et personne n'en est affranchi. La loi divine dit : « Tu ne tueras pas. » A qui est-il permis de tuer? A personne, pas même à un prince, pas même à un roi... Si le prince envoie mourir d'après la loi, on ne peut pas dire qu'il tue. Il applique la coërcition, il châtie, il punit, en conservant l'ordre du droit et du jugement. Mais on a tué celui qui n'était pas indiqué ou condamné par le précepte de la loi, ou par le mandat et la permission de son supérieur, que nous sommes ; on l'a tué comme un plébéien.

« Qu'on ne dise pas qu'il a machiné, qu'il a parlé, qu'il a agi contre le roi, ou qu'il tramait contre la couronne! Le roi nous l'avait dernièrement recommandé par son ambassadeur Gondi, sollicitant de nous pour ce cardinal la légation d'Avignon. Admettons qu'il ait agi, qu'il ait parlé contre le roi, on ne devait pas moins s'abstenir du sacrilége et du parricide. Il savait, le roi, que nous agissions sévèrement contre les hommes méchants et criminels. Il devait nous le laisser punir. »

Ici le Pape éprouve une telle émotion qu'il est forcé de s'arrêter. Il continue :

« Mais Dieu qui nous assiste dès notre enfance nous assistera et nous donnera conseil. Hier, l'ambassadeur du roi nous est venu trouver, et il n'a pas parlé de la douleur du roi. La confession de la bouche est une partie nécessaire du repentir. Henri II fut infamé pour avoir fait mourir Thomas, l'archevêque de Cantorbéry. Il reconnut sa faute. Thomas n'était pas cardinal, il n'était qu'archevêque.

« Théodose se vit repoussé du seuil de l'Église de Milan par saint Ambroise, et il obéit humblement. Ce n'était pas un homme vil que ce Théodose. Il était grand, distingué, un empereur très-noble. Il avait remporté sur la tyrannie de hautes victoires par l'assistance de la divinité. Le poëte Claudien, quoique païen, a dit de lui : « O trop aimé de Dieu, l'air combat en ta faveur, et les vents combinés aident tes flottes! » Théodose était empereur de tout l'univers, et non pas d'un royaume ou d'un autre, comme le roi de France. Il marchait à la tête de l'Empire romain. Il gouvernait les Gaules, l'Espagne, la Germanie, la Pannonie, la Dalmatie, la Grèce, l'Asie, la Syrie, l'Égypte et l'Afrique. Ce monarque, non pas d'un pays, mais de tant de royaumes, cet empereur néanmoins avoua sa faute et reçut son pardon d'Ambroise, qui n'était pas Pape, mais archevêque. Enfin Théodose obéit, s'humilia et donna l'exemple aux autres rois.

« Il y a eu des cardinaux qui, en notre présence, ont osé excuser ce crime. Nous, nous sommes grandement étonné qu'ils aient ainsi oublié leur dignité. Alors nous ne voulons plus créer de cardinaux, puisqu'ils peuvent être privés de leurs prérogatives. Nous en nommerions donc pour les laisser exposés au mépris, à l'insulte, à l'avilissement, à la spoliation, à la mort! Si nous paraissions ne pas voir, ne pas connaître ce massacre d'un cardinal, il en pourrait arriver autant à tous les cardinaux.

« Nous, nous faisons justice parce que cela est agréable à Dieu et que cela est juste. Si l'on dit qu'il en résultera des maux, nous, nous disons qu'il n'y a rien à craindre, quand on fait justice et que l'on prononce un jugement. Dieu est juste, il chérit la justice, il ne faut redouter rien que le péché. »

Sixte s'arrête quelque temps; il paraît pouvoir à peine respirer; puis il reprend un peu de calme et achève son discours :

« La suffocation causée par cette amertume nous empêchera de rien dire de plus, quand il y aurait encore tant à dire; mais nous instituons une députation de cardinaux avec lesquels nous traitons cette affaire. Prions Dieu qu'il daigne pourvoir aux besoins de son Église, et prévenir ses douleurs [1]! »

---

[1] Tempesti, *Vie de Sixte V*, x, 11.

SIXIÈME LIVRE.

CHAPITRE UNIQUE.

OPPOSITIONS INTÉRIEURES DE LA DOCTRINE RELIGIEUSE ET DU POUVOIR TEMPOREL (1589-1607).

Le développement religieux du monde avait pris une marche tout à fait opposée à celle qu'on aurait dû attendre d'après le commencement du siècle. Car, à cette époque, les liens ecclésiastiques se dissolvaient ; les nations cherchaient à se séparer de leur chef spirituel commun ; à la cour de Rome même on tournait en ridicule les principes sur lesquels repose la hiérarchie * ; des tendances profanes dominaient dans la littérature et dans l'art ; enfin on étalait ouvertement les principes d'une morale païenne.

Maintenant tout était changé. Au nom de la religion on entreprenait des guerres, on faisait des conquêtes, on bouleversait les États ! Il n'y a jamais eu d'époque où les théologiens aient été plus puissants qu'à la fin du seizième siècle. Ils siégeaient dans les conseils des princes, et traitaient dans les chaires des matières poli-

---

* Voir la note n° 1, à la suite de ce sixième livre.

tiques en présence de tout le peuple ; ils dirigeaient les écoles, la science et la littérature ; le confessionnal les initiait à toutes les luttes secrètes de la conscience, et leur donnait le moyen de décider tous les doutes de la vie intérieure.

Du côté des catholiques, les idées et les institutions qui servent à gouverner et à discipliner l'esprit, étaient perfectionnées de la manière la plus appropriée à ce but ; on ne pouvait plus vivre sans confesseur. De plus, les prêtres catholiques, soit comme membres d'un Ordre religieux, soit comme membres de la hiérarchie, formaient une corporation toujours maintenue dans une subordination sévère, et qui marchait unie, identifiée dans les mêmes sentiments. Le chef de ce grand corps, le Pape, obtint de nouveau une influence presque aussi considérable que celle qu'il avait possédée dans les onzième et douzième siècles : on le vit tenir le monde entier en haleine par toutes les entreprises qu'il ne cessait de proposer pour la gloire et les intérêts de la religion.

Dans ces circonstances, les prétentions les plus audacieuses des temps d'Hildebrand, les principes qui jusqu'alors n'avaient été conservés dans les arsenaux du droit canonique que comme de vieilles reliques, se réveillèrent avec une pleine activité.

Les institutions sociales de l'Europe n'ont jamais voulu se soumettre à l'empire exclusif de la force matérielle ; à toutes les époques, elles ont été travaillées par un mouvement incessant d'idées ; jamais rien de grand n'a pu s'exécuter, aucun pouvoir n'est parvenu à s'élever et à devenir le représentant du siècle, sans qu'aussitôt l'idéal d'une société nouvelle ne soit venu envahir les intelligences ; c'est alors que naissent les théories ;

elles sont l'expression de l'élément spirituel contenu dans les faits, et le formulent à tous les esprits comme une vérité universelle et absolue, fille de la religion et de la raison. Ces théories s'emparent, pour ainsi dire, des événements avant qu'ils ne soient accomplis, et leur sont en même temps d'un merveilleux secours.

Considérons ici l'application de ces principes.

§ I. — Théorie sacerdotale-politique.

On a souvent voulu attribuer à la doctrine catholique une importance et une tendance particulière pour la forme du gouvernement monarchique ou aristocratique ; il est facile d'en juger au seizième siècle, cette doctrine s'étant manifestée dans toute sa force d'activité et dans toute sa spontanéité. En effet, nous voyons qu'en Italie et en Espagne elle s'associa à l'ordre de choses existant ; en Allemagne, elle servit à procurer au pouvoir des princes une nouvelle prépondérance sur les États du pays ; elle favorisa la conquête des Pays-Bas ; elle fut maintenue, avec une prédilection particulière, par la noblesse, dans la haute Allemagne et dans les provinces wallonnes. Mais si nous poussons nos recherches plus loin, nous voyons que ce ne sont pas les seules sympathies qu'elle éveilla. Si le catholicisme fut embrassé à Cologne par les patriciens, il le fut à Trèves par les bourgeois ; dans les grandes villes de la France, il s'est partout allié aux efforts et aux réclamations du bas peuple. La seule chose qui lui importe jamais, c'est de trouver un appui, une protection. Si les puissances existantes lui sont opposées, il est bien éloigné de les ménager, même de les reconnaître. Il fortifie la nation irlandaise dans sa résistance naturelle contre le gouver-

nement anglais; en Angleterre même, il mine autant
qu'il lui est possible l'obéissance que la reine Élisabeth
réclame, et quelquefois même il se révolte ouvertement;
enfin, en France, il approuve le soulèvement de ses
partisans contre leurs princes légitimes. Ainsi, nous le
voyons, la doctrine catholique n'a point de prédilection
pour l'une ou l'autre forme de gouvernement. A peine
a-t-il commencé sa régénération, le catholicisme a déjà
manifesté les inclinations les plus diverses, d'abord
pour le pouvoir monarchique en Italie et en Espagne;
puis pour la consolidation de la domination territoriale
en Allemagne; ensuite, dans les Pays-Bas, pour la conservation des priviléges des classes aristocratiques. A la
fin du siècle, il s'associe décidément avec les tendances
démocratiques. Cette direction est d'autant plus remarquable que le catholicisme se trouve, à cette époque,
dans toute la plénitude de sa force et de son activité, et
que les mouvements auxquels il prend part constituent
les affaires les plus importantes. Si les Papes parviennent
à réussir dans leurs plans, ils auront conquis pour toujours une influence prépondérante sur le pouvoir temporel. Ils élèvent, ainsi que leurs partisans et leurs défenseurs, des prétentions et des principes qui menacent
les Empires de bouleversements intérieurs, et leur font
craindre pour leur indépendance *.

C'étaient surtout les Jésuites qui entraient en lice pour
présenter et défendre de pareilles doctrines. Ils réclamèrent immédiatement la souveraineté illimitée de
l'Église sur l'État; principalement en Angleterre, où la
reine avait été déclarée, par les lois du pays, chef de
l'église, ce principe fut accueilli, même avec les consé-

* Voir la note n° 2.

quences les plus exagérées, par les personnages placés à la tête de l'opposition catholique. Guillaume Allen déclara que non-seulement c'est le droit, mais le devoir d'une nation, surtout quand le Pape a parlé, de refuser l'obéissance à un prince qui s'est séparé de l'Église catholique [1]. Suivant Parsons, la condition fondamentale du pouvoir d'un prince est de suivre et de protéger la foi catholique romaine ; les vœux de son baptême, le serment de son couronnement l'y obligent: ce serait un aveuglement de le croire encore capable de régner, lorsqu'il ne remplit pas cette condition : ses sujets, au contraire, dans ce cas, doivent le chasser [2]. Ces écrivains placent exclusivement le but et le devoir de la vie dans la pratique de la religion; regardant la religion catholique romaine comme la seule vraie, ils concluent qu'il ne peut y avoir de pouvoir légitime opposé à cette religion, et font dépendre l'existence d'un gouvernement de l'emploi de son pouvoir en faveur de l'Église catholique.

Tel était, en général, le sens de cette nouvelle doctrine [*]. Bellarmin produisit et formula systématiquement dans la solitude de son cabinet et dans ses ouvrages ce qui avait été enseigné en Angleterre dans la chaleur et l'entraînement de la lutte. Il prit pour base de sa doctrine les principes suivants : le Pape a été immédiatement préposé par Dieu comme gardien et chef de toute

---

[1] Dans l'écrit *Ad persecutores Anglos pro Christianis responsio* (1582), je remarque le passage suivant : « Si reges Deo et Dei populo fidem datam frege- « rint, vicissim populo non solum permittitur, sed etiam ab eo requiritur ut « jubente Christi vicario, supremo nimirum populorum omnium pastore, ipse « quoque fidem datam tali principi non servet. »

[2] *Andreæ Philopatri* (*Parsons*) *ad Elisabethæ reginæ edictum responsio*, n° 162.

[*] Voir la note n° 3

l'Église[1] ; voilà pourquoi il possède la plénitude du pouvoir spirituel ; le don de l'infaillibilité lui a été accordé ; il juge tout le monde et ne peut être jugé par personne ; par conséquent, il possède une grande part de l'autorité temporelle. Bellarmin ne va cependant pas jusqu'à attribuer au Pape une prérogative directe et de droit divin sur le pouvoir temporel[2], quoique Sixte V fût de cette opinion et qu'il se montrât même fâché lorsqu'on l'abandonna ; mais Bellarmin en hésite d'autant moins à lui attribuer l'exercice indirect de ce pouvoir. Il compare la puissance temporelle au corps, et la puissance spirituelle à l'âme de l'homme : il reconnaît à l'Église le même droit de domination sur l'État, que celui de l'âme sur le corps. Le pouvoir spirituel a, selon lui, le droit et le devoir de mettre un frein aux excès du pouvoir temporel, aussitôt que celui-ci devient nuisible aux intérêts de la religion. On ne peut pas dire que le Pape possède une intervention directe et légitime sur la législation des États[3] ; mais si une loi étant nécessaire pour le salut des âmes, le prince se refusait à la décréter, et si une loi étant préjudiciable au salut des âmes, le prince voulait opiniâtrément la conserver, le Pape aurait, sans aucun doute, le droit d'ordonner l'une et d'abolir l'autre. Et avec ce principe il va très-loin : l'âme ne commande-t-elle pas au corps, même la mort, quand elle est nécessaire ? Dans la règle, le Pape ne peut pas, à la vérité, destituer un prince : mais si cet acte de la souveraineté spirituelle devenait nécessaire pour le

---

[1] Bellarminus, *de Conciliorum auctoritate*, c. 17 : « Summus Pontifex simpliciter et absolute est supra Ecclesiam universam et supra concilium generale, ita ut nullum in terris supra se judicem agnoscat. »

[2] Bellarminus, *de Romano pontifice*, v, vi.

[3] Ibid.

salut des âmes, il possède le droit de changer le gouvernement et de le conférer à un autre [1].

Contre ces assertions, se présentait naturellement cette objection , que le pouvoir royal reposait aussi sur le droit divin.

Sans cela , quelle serait et sa force et son origine ?

Les Jésuites ne firent aucune difficulté de faire dériver du peuple le pouvoir du prince. Ils formèrent un seul système de leurs doctrines sur la toute-puissance du Pape et la théorie de la souveraineté du peuple. Cette théorie est déjà formulée avec plus ou moins de force dans Allen et Parsons : Bellarmin chercha à la préciser et à la compléter. Suivant lui , Dieu n'a accordé le pouvoir temporel à personne en particulier, d'où il suit qu'il l'a accordé à tout le monde ; le pouvoir repose donc dans le peuple, celui-ci le confère tantôt à un seul , tantôt à plusieurs ; il conserve même toujours le droit de changer ces formes de gouvernement, de reprendre le pouvoir et de le conférer de nouveau. Il ne faut pas croire que cette théorie ait été l'opinion individuelle de Bellarmin ; elle fut à cette époque la doctrine dominante des écoles des Jésuites. Dans un manuel à l'usage des confesseurs, répandu dans tout le monde catholique, et qui a été revu par le *Magister sacri palatii* , le pouvoir du prince est considéré non-seulement comme subordonné à celui du Pape , en tant que le salut des âmes l'exige [2] ;

---

[1] Ces doctrines ne sont cependant que le résumé des propositions enseignées dans le treizième siècle. Saint Thomas d'Aquin contient déjà la comparaison qui joue ici un si grand rôle : « Potestas secularis subditur spirituali sicut cor-« pus animæ. » Bellarmin cite dans le *Tractatus de potestate Summi Pontificis in rebus temporalibus adversus G. Barclajum*, plus de soixante-dix auteurs de différentes nations , qui comprennent le pouvoir du Pape à peu près de la même manière que lui.

[2] *Aphorismi confessarium ex doctorum sententiis collecti, auctore Emanuelle Sa, nuper accurate expurgati a rev. P. M. sacri palatii, ed. Antv.,*

il y est dit en propres termes : un roi peut être destitué
par le peuple à cause de sa tyrannie ou de sa négligence
à remplir ses devoirs, et un autre alors peut être élu
par la majorité de la nation pour le remplacer [1]. Suarez,
professor primarius de la théologie, à Coïmbre, s'occupe
principalement, dans sa défense de l'Église catholique
contre l'église anglicane, à expliquer et à confirmer la
doctrine de Bellarmin [2]. Mais Mariana développe avec
une prédilection évidente l'idée de la souveraineté du
peuple. Il soulève toutes les questions qui peuvent être
faites à cette occasion, et il les résout, sans hésiter, en
faveur du peuple, au détriment du pouvoir royal. Il
ne doute pas qu'il ne soit permis de renverser et même
de tuer un prince, lorsqu'il porte atteinte à la religion.
Il dédie un panégyrique, composé avec une exagération
extraordinaire, à Jacques Clément qui commença par
consulter les théologiens et ensuite assassina son roi [3].
Il procède, sous ce rapport, d'une manière tout à fait
logique. Ces mêmes doctrines avaient sans doute enflammé le fanatisme de l'assasin, car elles ne furent
propagées nulle part avec une aussi grande violence
qu'en France. On ne peut rien lire de plus anti-royaliste
que les diatribes débitées par Jean Boucher du haut de
la chaire. « Les assemblées des États, disait ce prédica-

p. 480. L'auteur ajoute cependant, comme s'il n'en avait pas encore dit assez :
« Quidem tamen juris periti putarunt Summum Pontificem suprema civili po-
« testate pollere. »

[1] *Ibid.*, p. 508 (*ed. Colen.*, p. 813.)

[2] A. P. Franc. Suarez Granatensis, etc., *Defensio fidei catholicæ et apostolicæ adversus anglicanæ sectæ errores,* lib. III : « De Summi Pontificis supra
« temporales reges excellentia et potestate. » On voit que la doctrine de Bellarmin sur le droit que possède le peuple de reprendre de nouveau le pouvoir
qu'il a conféré, a excité une contradiction particulière.

[3] Mariana, *de Rege et Regis Institutione.* Entre autres : « Jac. Clemens
« cognito a theologis, quos erat sciscitatus, tyrannum jure internci posse, —
« cæso rege ingens sibi nomen fecit. »

teur, possèdent le pouvoir public et la majesté suprême, la puissance de lier et de délier, la souveraineté inaliénable, le droit de juger les sceptres et les royaumes, car dans elles seules se trouve leur origine : le prince procède du peuple, non par nécessité et par violence, mais par l'élection libre. » Jean Boucher conçoit, comme Bellarmin, les rapports de l'État et de l'Église. Il répète la comparaison du corps et de l'âme. « Une seule condition, dit-il, limite la volonté libre du peuple, une seule chose lui est défendue, c'est d'admettre un roi hérétique ; par là, il attirerait sur lui la malédiction de Dieu [1]. »

Quelle union singulière de prétentions religieuses et d'idées démocratiques, de liberté absolue et de soumission complète — union contradictoire en elle-même et anti-nationale — mais qui entraînait les esprits par un charme inexplicable.

Jusqu'à cette époque, la Sorbonne avait toujours pris sous sa protection les priviléges du roi et de la nation contre les prétentions sacerdotales et ultramontaines. Aussi, lorsqu'après l'assassinat des Guises, on prêchait ces doctrines dans toutes les chaires, on les criait dans les rues, on représentait symboliquement sur les autels et dans les processions le roi Henri III dépouillé de sa couronne, « les bons bourgeois et les habitants de la

---

[1] Jean Boucher, *Sermons*, Paris, 1594. Il est dit dans plusieurs passages, p. 194 : « L'église seigneurie, les royaumes et estats de la chrétienté, non pour y usurper puissance directe comme sur son propre temporel, mais bien indirectement pour empescher que rien ne se passe au temporel qui soit au préjudice du royaume de Jésus-Christ, comme par cy devant il a été déclaré par la similitude de la puissance de l'esprit sur le corps. » Plus loin : « La différence du prestre et du roi nous éclaircit cette matière, le prestre estant de Dieu seul, ce qui ne se peut dire du roi. Car, si tous les rois étaient morts, les peuples s'en pourroient faire d'autres : mais, s'il n'y avoit plus aucun prestre, il faudroit que Jésus-Christ vint en personne pour en faire de nouveaux. » (p. 163.)

ville, » c'est ainsi qu'ils se qualifient, s'adressèrent, pour calmer les scrupules de leur conscience, à la faculté de théologie de l'Université de Paris, afin d'obtenir une solution certaine sur la légitimité de leur résistance contre leur prince. La Sorbonne s'assembla en conséquence, le 7 janvier 1589. Son jugement est ainsi conçu : « Après avoir entendu les délibérations mûres et libres de tous les *magistri*, et un grand nombre d'arguments divers, tirés textuellement, en grande partie, de l'Écriture-Sainte, du droit canonique, et des ordonnances des Papes, le doyen de la Faculté a conclu, sans aucune opposition : d'abord, le peuple de ce royaume est délié du serment de fidélité et d'obéissance prêté au roi Henri ; ensuite, ce même peuple peut, sans difficultés et en conscience, se réunir, s'armer, faire des collectes d'argent pour maintenir la religion catholique, apostolique et romaine contre les entreprises exécrables dudit roi [1]. » Soixante-dix membres de la Faculté étaient présents : les plus jeunes d'entre eux firent adopter cette solution avec un enthousiasme fougueux [2].

L'assentiment général que rencontraient ces théories, provenait sans doute de ce qu'elles étaient à cette époque l'expression même des faits qui s'accomplissaient sur la scène de l'histoire. Au milieu des troubles de la France, la résistance religieuse s'était alliée, en plusieurs localités, avec celle du peuple : la bourgeoisie de Paris était confirmée et maintenue dans son insurrection con-

---

[1] *Responsum Facultatis theologiæ Pariensis*, imprimée dans les additions au *Journal de Henri III*, t. 1, p. 317.

[2] De Thou, lib. 94, p. 258, n'évalue le nombre des membres présents qu'à soixante, et ne veut pas admettre leur unanimité, quoique ce document dise textuellement : « Audita omnium et singulorum magistratorum, qui ad septua- « ginta convenerant, deliberatione — conclusum est nemine refragrante. » —

tre son prince légitime par un légat du Pape. Bellarmin lui-même fit partie, pendant quelque temps, de la suite de ce légat : les doctrines qu'il avait perfectionnées dans la solitude du cabinet et enseignées avec tant de logique et un si grand succès, se réalisèrent par l'événement sanglant dont il fut le témoin et que ses idées ont provoqué. L'approbation donnée par les Espagnols à ces théories, la tolérance manifestée pour elles par un prince aussi jaloux des prérogatives du pouvoir que l'était Philippe II, coïncidaient avec toutes ces circonstances. D'ailleurs, la royauté espagnole reposait sur une participation d'attributions religieuses. On voit dans beaucoup de pièces de Lopez de Vega, que la nation le comprenait ainsi ; elle aimait dans son prince la majesté religieuse et désirait la voir représentée dans sa personne. En outre, le roi était associé pour l'œuvre de la restauration catholique, non-seulement avec les prêtres, mais avec le peuple révolté lui-même contre son souverain. Le peuple de Paris avait dans le roi d'Espagne une confiance bien autrement grande que dans les princes français, les chefs de la Ligue [*]. Un nouvel allié se présenta à Philippe, pour ainsi dire, dans la doctrine des Jésuites. Il n'y avait pas à regarder s'il en avait quelque chose à craindre ; bien au contraire, ils donnèrent à sa politique une justification juridique-religieuse, qui lui était d'un grand secours pour sa considération en Espagne, et facilitait le succès de ses entreprises à l'étranger. Le roi tint plus à cet avantage momentané qu'à la valeur absolue, et pour elle-même, de la doctrine des Jésuites [1].

---

[*] Voir la note n° 4.

[1] Pedro Ribadeneira la reproduit, d'une manière modérée, il est vrai, dans son livre contre Machiavel qui était déjà terminé en 1595, et qui fut présenté

Les opinions politiques ne présentent-elles pas la même analogie? résultent-elles des faits ou servent-elles à les produire? Les aime-t-on mieux pour elles-mêmes, ou plutôt pour l'utilité qu'on s'en promet? Dans l'un ou l'autre cas elles ne perdent rien de leur force.

Tandis que les doctrines des Jésuites exprimaient les tendances de la Papauté qui travaillait à la restauration de l'Église, ou plutôt les tendances de la situation politique dans laquelle se trouvait la Papauté, elles apportaient à ces mêmes tendances une force nouvelle, en leur donnant la base systématique et légitime des convictions théologiques dominantes, et elles poussèrent les esprits dans la direction qui devait procurer la victoire.

§ II. — Opposition des doctrines sacerdotale et politique.

Cependant, jamais dans notre Europe, ni un pouvoir, ni une doctrine, du moins une doctrine politique, ne sont parvenus à conquérir une autorité absolue.

Une opposition, née de la source inépuisable de la vie générale d'une époque, enfante des forces nouvelles qui, dans tous les temps, viennent résister aux opinions qui prétendent arriver à une domination exclusive.

Si nous avons observé qu'aucun pouvoir ne peut prospérer sans reposer sur la base fondamentale de l'idée

---

au prince d'Espagne. *Tratado de la Religion y Virtudes que deve tener el príncipe Christiano para governar y conservar sus Estados, contra lo que Nicolo Machiavello y los politicos d'este tiempo enseñan.* Anvers, 1597. Les princes sont, selon lui, les serviteurs de l'Église et non ses juges : ils sont armés pour châtier les hérétiques, les ennemis et les rebelles de l'Église, mais non pour lui faire la loi ou pour faire connaître la volonté de Dieu. Il s'en tient à la comparaison de l'âme et du corps. L'empire de la terre, comme dit S. Grégoire, doit servir l'empire du ciel.

vivifiante du siècle, nous pouvons ajouter aussi qu'il rencontre sa limite dans l'énergie de cette même idée : les luttes qui engendrent au milieu d'une société une grande activité s'accomplissent toujours également dans les régions de la conviction, de la pensée.

C'est ainsi que l'indépendance de la nationalité, l'importance particulière de l'élément temporel, s'opposèrent puissamment alors à l'idée de la religion sacerdotale exerçant sur le monde une suprématie absolue *.

La souveraineté germanique, réalisée et profondément enracinée chez les nations romanes, n'a jamais pu être détruite, ni par les prétentions sacerdotales, ni par la fiction de la souveraineté du peuple, qui a toujours fini par montrer combien elle est éphémère et anarchique.

On opposa la doctrine du droit divin des princes à cette union monstrueuse des deux souverainetés sacerdotale et populaire.

Cette doctrine fut immédiatement embrassée par les protestants, malgré les hésitations qu'ils peuvent avoir eues précédemment, avec toute l'ardeur d'un ennemi qui voit son adversaire jouer un jeu très-dangereux et marcher dans des voies qui doivent le conduire à sa perte.

Les protestants soutenaient ces principes : « Dieu seul impose les princes à l'espèce humaine ; il s'est réservé d'élever et d'humilier, de donner et d'enlever le pouvoir; Dieu ne descend plus, à la vérité, du ciel pour désigner de sa propre main ceux auxquels est due la domination, mais sa prévoyance a introduit dans cha-

* Voir la note n° 5.

que royaume, des lois, un ordre déterminé, suivant lesquels un souverain est reçu et maintenu. Si un prince arrive au pouvoir en vertu de ces lois, c'est absolument comme si la voix de Dieu disait : celui-ci doit être votre roi. Dieu, il est vrai, a présenté lui-même autrefois à son peuple Moïse, les juges, les premiers rois, mais après qu'un ordre solide a été une fois constitué, les princes qui se sont succédé sur le trône ont été aussi nécessairement les oints du Seigneur [1]. »

Les protestants, en partant de ces principes, insistèrent sur la nécessité de se soumettre même à un prince injuste et digne de blâme. Ils disaient : « Personne n'est parfait. Si la loi n'est pas maintenue d'une manière inviolable, on prendra prétexte des petites fautes pour se débarrasser d'un prince ; l'hérésie elle-même ne délie pas de l'obéissance, il n'est pas permis à un fils d'obéir à un père impie dans ce qui est contraire à la loi de Dieu, mais pour le reste, il lui doit toujours respect et soumission. »

Ces opinions auraient été d'une grande valeur, quand même elles eussent été développées et conservées par des protestants seuls ; mais ce qui était bien plus important encore, c'est qu'elles se propagèrent auprès d'une partie des catholiques français ; ou plutôt ceux-ci se trouvèrent d'accord avec les protestants par l'inspiration d'une conviction libre et spontanée [*].

En dépit de l'excommunication du Pape, un noyau important de bons catholiques resta toujours fidèle à Henri III et embrassa le parti de Henri IV. Les doctrines

---

[1] *Explicatio controversarium quæ a nonnullis moventur ex Henrici Borbonii regis in regnum Franciæ constitutione — opus — a Tossano Bercheto Lingonensi e gallico in latinum sermonem conversum. Sedani*, 1590, cap. II.

[*] Voir la note n° 6.

des Jésuites n'exercèrent aucune influence sur ce parti. Celui-ci ne manquait pas d'arguments pour défendre la position qu'il avait choisie, sans cependant se détacher du catholicisme.

Il s'efforça aussi de formuler, de son point de vue, la théorie du pouvoir du clergé et de ses rapports avec la puissance temporelle, il disait : le royaume de l'Église n'est pas de ce monde, le pouvoir du clergé ne se rattache qu'aux choses spirituelles, l'excommunication ne peut, par sa nature, concerner que la communauté ecclésiastique, elle ne peut rien ôter des droits temporels : un roi de France ne peut pas même être exclu de la communauté de l'Église, c'est un des priviléges de ceux qui portent les armoiries des lys ; il est encore bien moins permis d'essayer de lui arracher son droit de succession. Et enfin, où est-il écrit qu'il soit permis de se révolter contre son roi et d'employer les voies de la violence contre lui ? Dieu l'a institué, puisqu'il s'intitule Roi *par la grâce de Dieu ;* on ne peut lui refuser l'obéissance que dans le seul cas où il exige un acte contraire à la loi divine [1]. Ensuite ils faisaient dériver de ce droit divin non-seulement la permission, mais le devoir de reconnaître un roi protestant, les sujets étant obligés de recevoir un souverain tel qu'il leur était envoyé par Dieu et de lui prêter obéissance, d'après ses commandements ; jamais, sous aucun prétexte, le peuple ne peut dépouiller un prince de ses droits [2]. Ils prétendaient même que cette conduite était tout à l'avantage des catholiques, car Henri IV étant un monarque plein de raison, de modération et de franchise, on ne pou-

---

[1] J'ai reproduit ici l'extrait d'un écrit anonyme qui a paru à Paris, en 1588, chez Cayet. *Collection universelle des Mémoires*, t. LVI, p. 44.

[2] Étienne Pasquier, *Recherches de France*, 341, 344.

vait attendre de lui que du bien ; et si , au contraire ,
on voulait s'en séparer, on verrait s'élever partout des
petits princes , et au milieu de cette scission générale,
le parti protestant finirait très-certainement par triompher [1].

C'est ainsi qu'au sein du catholicisme lui-même surgit contre les tendances de la Papauté une opposition
que, dès le commencement , Rome regarda comme difficile à étouffer. Si les théories de cette nouvelle fraction du catholicisme étaient encore peu perfectionnées,
si elles avaient des défenseurs moins exercés , elles se
montraient cependant plus solidement établies sur les
convictions de la société européenne ; la position que
cette fraction avait prise était par elle-même juste et
irréprochable ; mais ce qui lui fut surtout de la plus
grande utilité , c'est l'alliance des doctrines ultramontaines avec la puissance espagnole [*].

La monarchie de Philippe II devenait tous les jours
plus menaçante pour la liberté générale ; elle éveilla dans
toute l'Europe cette haine jalouse qui s'empare des esprits à leur insu, et qui résulte moins de violences réelles
que de la crainte qu'on éprouve.

Il existait alors une alliance si étroite entre Rome et
l'Espagne, que les adversaires des prétentions ultramontaines s'opposèrent en même temps aux progrès de la
royauté espagnole. En agissant ainsi , ils satisfaisaient à
une nécessité de la politique européenne , et pour ce
motif , ne pouvaient manquer de rencontrer de l'assentiment et de l'appui. Les peuples sont unis entre eux par
une sympathie secrète. Des alliés énergiques arrivèrent

---

[1] Éclaircissement, dans de Thou , lib. 97, p. 316 : « Sectarios dissoluto im-
« perio et singulis regni partibus a reliquo corpore divisis potentiores fore. »
[*] Voir la note n° 7.

à ce parti national des catholiques français de pays d'où ils étaient le moins attendus, de l'Italie même, sous les yeux du Pape, et tout d'abord de Venise.

Peu d'années auparavant, en 1582, un changement presque inaperçu dans l'histoire de la république, mais qui néanmoins exerça une grande influence, fut exécuté à Venise. Jusqu'à cette époque, les affaires importantes avaient été concentrées entre les mains de quelques vieux patriciens appartenant à un même petit cercle immuable de familles. Une majorité mécontente s'éleva dans le sénat, composée surtout de jeunes membres, et acquit, à force de lutter, une part à l'administration des affaires, part qui lui revenait de droit, sans aucun doute, conformément au texte de la constitution.

Le gouvernement qui avait existé jusqu'à ce jour avait eu soin de conserver intacte l'indépendance de la république; néanmoins, il s'était associé, autant que possible, à toutes les mesures prises par les Espagnols et l'Église romaine; le nouveau gouvernement n'eut pas la même politique; il voulait, seulement par esprit d'opposition, résister à ces deux puissances.

Cette question touchait d'ailleurs de très-près les Vénitiens. D'un côté, ils voyaient à regret prêcher chez eux la doctrine de la suprématie pontificale et de l'obéissance aveugle; de l'autre, ils redoutaient la ruine complète de l'équilibre européen, si les Espagnols parvenaient à conquérir en France une trop grande domination. Jusqu'à ce moment, la liberté de l'Europe paraissait dépendre de l'hostilité des deux pays.

Un double intérêt s'attachait donc à la marche des affaires françaises. A Venise, on lisait avec avidité les écrits en faveur des droits de la royauté. Une société composée de savants et d'hommes d'État exerça surtout

une grande influence; elle se réunissait chez André Morosini, et là se rencontraient aussi Leonardo Donato,
Nicolo Contarini, qui, tous deux, devinrent plus tard
doges; Domenico Molino, qui devint plus tard un des
chefs influents de la république; Fra.Paolo Sarpi, et
quelques autres hommes distingués. Tous étaient dans
un âge où non-seulement l'on est capable de concevoir
de nouveaux projets, mais encore de les défendre et de
les réaliser; tous, adversaires déclarés des prétentions
ultramontaines et de la prépondérance espagnole[1]. Pour
suivre avec habileté et énergie une direction politique,
il sera toujours très-important de trouver des hommes
de talent qui la représentent dans leur personne et la propagent partout autour d'eux; cette condition est principalement essentielle dans une république[*].

On ne s'en tint pas seulement à des sentiments et à
des vœux. Les Vénitiens avaient toujours eu confiance
dans Henri IV et pensé qu'il était capable de relever la
France et de rétablir l'équilibre européen. Malgré leurs
obligations envers le Pape qui avait excommunié ce
prince, malgré les Espagnols qui, pour le perdre, cer-
naient les Vénitiens par terre et par mer, et enfin malgré leur peu d'importance personnelle dans le monde
politique, ils eurent, les premiers parmi les États catholiques, le courage de reconnaître Henri IV.

Sur la notification de leur ambassadeur Mocenigo, ils

---

[1] Nous trouvons des renseignements sur ce *ridotto Mauroceno* dans la *Vita di
Fra Paolo Sarpi* par un anonyme (Fra Fulgentio), 104; dans les *Gestes mémo-
rables de Fra Paolo*, par Griselini, p. 40, 78; et dans quelques passages de
Foscarini. Outre les membres que nous avons nommés, Pierre et Jacques Contarini, Jacques Morosini, Leonardo Mocenigo, qui n'y venait pas aussi régulièrement que les autres, Antonio Quirini, Jacques Marcello, Marino Zano,
Alessandro Malipiero, qui, malgré son grand âge, accompagnait cependant
régulièrement Fra Paolo jusque chez lui, faisaient partie de cette société.

[*] Voir la note n° 8.

donnèrent à celui-ci le pouvoir de féliciter Henri IV [1]. Leur exemple ne manqua pas d'en entraîner d'autres. Quoique le grand duc Ferdinand de Toscane n'osât pas le reconnaître publiquement, il se mit cependant personnellement en rapport d'amitié avec le nouveau roi [2]. Ce monarque protestant se vit bientôt entouré d'alliés catholiques et même protégé par eux contre le chef suprême de leur Église.

Aux époques où une grande solution décisive doit être prise, vous verrez toujours l'opinion publique de l'Europe manifester une préférence très-prononcée ; heureux celui vers qui se porte cette préférence ! Tout ce qu'il tentera lui réussira avec une merveilleuse facilité. Au moment où nous sommes arrivés, cette opinion favorisa la cause de Henri IV. Les idées qu'il représentait étaient à peine formulées, et déjà elles se montraient assez puissantes pour essayer d'attirer à elles la Papauté elle-même.

§ III. — Dernières années de Sixte V.

Revenons de nouveau à Sixte-Quint. Après avoir étudié son administration intérieure, la part qu'il a prise à la restauration catholique, nous devons dire un mot de sa politique. Il est surprenant de voir, à côté de cette justice inexorable, de ce système financier si impitoyable, de cette économie domestique si parcimonieuse, un penchant extraordinaire pour les plans politiques les plus fantastiques.

Quelles idées ne lui ont point passé par la tête ! Il s'é-

---

[1] *Andreæ Mauroceni Historiarum Venetarum*, lib. XIII, p. 548.

[2] Galluzzi : *Istoria del granducato di Toscana*, lib. v (tome v, p. 78).

tait flatté pendant longtemps de parvenir à mettre fin à l'Empire turc. Il noua des intelligences en Orient, avec la Perse, avec quelques chefs arabes, avec les Druses : il équipa des galères : l'Espagne et la Toscane devaient lui en fournir d'autres : il pensait ainsi pouvoir venir par mer se joindre à Étienne Bathory, roi de Pologne, qui devait tenter par terre l'attaque principale. Le Pape espérait réunir pour cette expédition toutes les forces du nord-est et du sud-ouest de l'Europe, se persuadant que non-seulement la Russie s'unirait, mais se soumettrait au roi de Pologne.

Une autre fois, il se berça dans la pensée de conquérir l'Égypte, soit avec ses propres forces, soit en les réunissant à celles de la Toscane. Il conçut en même temps les plus vastes projets : la jonction de la mer Rouge avec la Méditerranée [1]; le rétablissement de l'ancien commerce du monde ; la conquête du Saint-Sépulcre ; mais en supposant que ce dernier projet ne pût être immédiatement exécuté, ne pouvait-on pas du moins entreprendre une expédition en Syrie pour faire enlever par des maîtres habiles, du rocher sacré où il repose, le tombeau du Sauveur et le faire transporter en Italie? Il s'abandonnait déjà à l'espoir de faire élever à Montalto ce plus vénéré des sanctuaires du monde entier ; alors la patrie qui possédait aussi la sainte maison de Notre-Dame-de-Lorette, se glorifierait et du monument de la naissance et du monument de la sépulture du Sauveur.

On lui a attribué une autre idée qui surpasse toutes celles-ci en singularité [*]. On raconte qu'après l'assassi-

---

[1] *Dispaccio Gritti*, 23 *Agosto* 1587.
[*] Voir la note n° 9.

nat des Guises, un de ses légats aurait fait, de son consentement, à Henri III, la proposition de reconnaître
pour héritier du trône un neveu du Pape; pourvu que
cette reconnaissance se fît avec les solennités nécessaires. Sa Sainteté était assurée que le roi d'Espagne
donnerait l'infante en mariage au successeur choisi. Cet
héritier de la couronne serait reconnu par tout le monde,
et tous les troubles seraient apaisés. Henri III, dit-on,
fut un moment séduit par ces propositions, jusqu'à ce
qu'on lui eût représenté combien la postérité aurait le
droit de l'accuser de lâcheté et de pusillanimité [1].

Projets, ou plutôt — car cette expression est presque
trop précise — chimères, châteaux en Espagne, du
genre le plus extraordinaire! mais combien ne parais-
sent-ils pas en contradiction avec cette activité de Sixte-
Quint, pratique, impétueuse, toujours dirigée vers son
but; et cependant ne pouvait-on pas soutenir que cette
activité elle-même s'inspirait souvent de pensées qui dé-
bordaient de son imagination bouillonnante et n'étaient
jamais destinées à être exécutées : ainsi, l'idée de faire

---

[1] Ce fait se trouve dans un Mémoire du Sr de Schomberg, maréchal de
France sous Henri III, dans les manuscrits de Hohendorf, de la bibliothèque
impériale de la cour de Vienne, n° 114 : « Quelque temps après la mort de
M. de Guise avenue en Blois, il fut proposé par le Cl. de Morosino de la part
de Sa Sainteté, que si S. M. vouloit déclarer le marquis de Pom (? vraisemblablement mal écrit), son neveu, héritier de la couronne et le faire recevoir pour
tel avec solennitez requises, que S. S. s'assuroit que le roy d'Espagne bailleroit
en mariage au dit marquis l'infante, et qu'en ce faisant tous les troubles de
France prendroient fin. A quoi le roy étant prest à se laisser aller et ce par la
persuasion de quelqu'uns qui pour lors étoient près de S. M., Mr de Schomberg
rompist ce coup par telles raisons, que ce seroit invertir l'ordre de France,
abolir les lois fondamentales, laisser à la postérité un argument certain de la
lascheté et pusillanimité de S. M. » Il est bien vrai que Schomberg se donne le
mérite d'avoir fait échouer ce projet; mais, je ne voudrais pas dire pour cela
qu'il était tout à fait conçu en l'air. Le mémoire qui traite de la légitimité des
droits de Henri IV, a encore une certaine garantie d'authenticité en ce qu'il se
trouve là, sans apparence, parmi d'autres papiers. Ce qui est remarquable,
c'est qu'il n'en a été rien dit de plus.

de Rome la métropole de la chrétienté, qui serait régulièrement visitée, après un certain laps d'années, par tous les pays, même par l'Amérique ; cette transformation des monuments antiques et païens en monuments chrétiens ; cette accumulation de sommes d'argent empruntées à intérêt pour en faire un trésor sur lequel devait reposer le pouvoir temporel de l'Église; tous ces plans, dont la source se trouve dans l'entraînement d'une grande exaltation religieuse, dépassent, sans aucun doute, la mesure du réalisable.

Dans la jeunesse, les actions, les espérances et les désirs de l'homme ne vivent que de l'avenir ; l'âme ne s'épuise pas dans cette attente d'un bonheur individuel. Mais plus on avance, plus aussi les désirs s'attachent aux intérêts généraux, au grand but de la science, de la société, de l'ensemble de la vie. Chez notre Franciscain, ce charme et cette impulsion des espérances personnelles avaient toujours été en s'accroissant, d'autant plus qu'il marchait dans une voie qui lui ouvrait la perspective la plus magnifique; dans toutes les phases de sa vie, ces espérances ne l'avaient pas quitté, avaient fécondé et fortifié son âme dans les jours d'affliction; toujours il avait saisi avec ardeur chaque parole d'heureux présage, il l'avait précieusement conservée dans son cœur et en avait fait, en cas de succès, la base des plans les plus élevés de son enthousiasme monacal; enfin, tous ses vœux avaient été accomplis; d'une condition infime et désespérée, il était parvenu à la dignité suprême de la chrétienté, dignité dont il avait la plus immense idée. Il se croyait choisi par la Providence pour réaliser les pensées qu'il couvait dans son intelligence. Même en possession du souverain Pontificat, il conserva l'habitude de chercher dans la complication des affaires du monde la possibilité d'exécuter des entreprises brillantes, et d'y intervenir avec ses projets auxquels était toujours mêlé un élément personnel. Le pouvoir et la renommée avaient pour lui de grands charmes ; il voulait répandre sa splendeur sur tout ce qui lui tenait d'un peu près, sur sa famille, sur le lieu de sa naissance, sur sa province : toutes ses actions cependant avaient toujours pour but l'intérêt général de la religion catholique ; toujours il se montrait accessible aux idées grandioses : il n'y avait de différence que pour les choses qu'il pouvait exécuter lui-même et celles qu'il fallait abandonner aux autres. Dans le premier cas, il s'y mettait avec l'activité infatigable que donnent la conviction, l'enthousiasme et l'ambition ; dans le second, au contraire, soit par méfiance naturelle, soit parce qu'il fallait laisser aux autres la partie principale de l'exécution, par là même aussi l'avantage et la renommée, nous le voyons bien moins zélé. Si nous demandons ce qu'il a fait, par exemple, de toutes ses idées sur l'Orient, nous voyons qu'elles se sont bornées à nouer des alliances, à échanger des lettres, à donner des exhortations, à préparer des mesures dont aucune n'était assez sérieuse pour arriver au but. Il concevait un plan avec une imagination vive, bizarre ; mais comme il ne pouvait y mettre de suite la main, comme l'exécution en était éloignée, sa volonté n'était pas assez active pour le conserver et le développer : alors il renonçait au projet qui, à l'instant même, occupait toute sa pensée, et dont un autre venait prendre immédiatement la place.

A l'époque où nous sommes arrivés, l'expédition contre Henri IV, l'espérance d'une victoire complète remportée par le catholicisme austère, et de la rénova-

tion du pouvoir temporel de la Papauté, absorbaient
entièrement Sixte-Quint. Il ne vivait et ne respirait que
pour l'accomplissement de ce but. Il ne doutait pas que
tous les États catholiques ne fussent d'accord pour combattre, avec toutes leurs forces réunies, ce protestant
qui prétendait devenir roi de France.

Il était plein de ces idées, livré avec ardeur à leur
réalisation, lorsqu'il apprit qu'une puissance catholique
avec laquelle il se croyait dans la meilleure intelligence,
Venise, venait de féliciter Henri IV sur son avénement.
Il en fut profondément surpris, et chercha à empêcher
la république de faire de nouvelles démarches, la priant
d'attendre ; le temps, disait-il, produisait souvent les
fruits les plus inattendus et les plus surprenants. J'appris moi-même des bons vieux sénateurs à laisser les
fruits parvenir à leur maturité[1]. Malgré ces observations
de Sixte, de Maisse qui, jusqu'à cette époque, avait été
ambassadeur de France à Venise, n'en fut pas moins
reconnu, après qu'il eut reçu ses lettres de créance
comme ambassadeur de Henri IV. Le Pape passa des exhortations aux menaces, s'écriant qu'il savait ce qu'il
avait à faire : il fit chercher les anciens monitoires publiés contre les Vénitiens du temps de Jules II, et rédiger
la formule d'un nouveau monitoire contre eux.

Cependant il n'arriva pas à cette extrémité sans douleur et sans éprouver une lutte intérieure. Écoutons un
instant comment il parla aux ambassadeurs que les Vénitiens lui envoyèrent :

« Se brouiller avec ceux qu'on n'aime pas n'est pas
un si grand malheur, mais se brouiller avec ceux que
l'on aime, cela fait mal. Oui, cela nous fera de la peine

[1] 9 *Sett.* 1589.

— dit-il en portant la main sur le cœur — de rompre avec Venise.

« Mais Venise nous a offensé ! Le roi de Navarre est un hérétique, excommunié par le Saint-Siége ; néanmoins Venise l'a reconnu, en dépit de tous nos avertissements.

« La Seigneurie est-elle un souverain tellement élevé au-dessus de tous les princes de la terre qu'il lui convienne de donner un exemple aux autres? Il y a encore un roi d'Espagne, il y a encore un empereur.

« La république craint-elle peut-être le roi de Navarre? Nous la défendrons de toutes nos forces, si cela est nécessaire ; nous le pouvons.

« Ou bien la république songe-t-elle à l'emporter sur nous? Dieu lui-même nous assisterait.

« La république devrait estimer à un plus haut prix notre amitié que celle du roi de Navarre. Nous pouvons mieux la protéger.

« Je vous en prie, revenez sur vos pas! Le roi catholique a rétracté bien des actes de sa politique, seulement parce que nous le désirions ; non pas par crainte, car notre puissance est par rapport à la sienne, comme celle d'une mouche contre un éléphant, mais par amour, parce que le Pape le disait, le vicaire de Jésus-Christ qui donne la foi au roi, à lui et à tous les autres. Que la Seigneurie agisse de même ; qu'elle cherche un expédient ; cela ne lui sera pas difficile, elle possède assez d'hommes sages, avancés en âge, dont chacun serait à lui seul capable de gouverner un monde [1]. »

---

[1] *Dispaccio Donato* 25 *Nov.* 1589. Le Pape parla si longtemps que les ambassadeurs racontèrent que s'ils voulaient écrire tout, il faudrait une heure et demie pour le lire au Sénat. Il continua entre autres à se prévaloir encore des conséquences de l'excommunication. « Tre sono stati escommunicati, in re pas« sato, il principe di Conde, il re di Navarra. Due sono malamente morti, il

Mais on ne parle pas sans recevoir de réponse. L'ambassadeur extraordinaire des Vénitiens était Leonardo Donato, membre de cette société d'André Morosini, dont il a été précédemment question, et tout à fait dans les sentiments de l'opposition ecclésiastique et politique; un homme de la plus grande habileté diplomatique, qui avait déjà mené à bonne fin un grand nombre de négociations difficiles.

Donato ne pouvait pas expliquer à Rome tous les motifs qui avaient dirigé la conduite des Vénitiens : il exposa ceux qui pouvaient trouver accès auprès du Pape, et qui lui étaient particulièrement communs avec Venise.

Car n'était-il pas évident que la prépondérance espagnole dans le sud de l'Europe augmentait d'année en année? Le Pape le sentait aussi bien que tous les autres princes italiens : il ne pouvait déjà plus faire aucun mouvement en Italie sans l'agrément des Espagnols. Qu'arriverait-il quand ils seraient une fois devenus maîtres en France? Donato fit surtout ressortir la considération tirée du point de vue de l'équilibre européen et de la nécessité de le rétablir. Il chercha à montrer que la république n'avait pas songé à offenser le Pape, qu'au contraire elle avait cherché à favoriser et à protéger les grands intérêts du Siége romain.

Le Pape l'écouta, mais il parut inébranlable, et ne pas pouvoir être convaincu. Donato, désespérant d'arriver à un résultat, sollicita son audience de congé. Il l'obtint, le 16 décembre 1589, et le Pape fit semblant

« terzo ci travaglia e Dio per nostro esercitio lo mantiene : ma finirà anche
« esso e terminarà male : dubbitiamo punto di lui. — 2 Dec. Il Papa publica
« un solennissimo giubileo per invitar agn'uno a dover pregar S. Divina M. per
« la quiete et augumento della fede cattolica. » Pendant ce jubilé il ne veut
voir personne « per viver a se stesso e a sue divotioni. »

de lui refuser sa bénédiction[1]. Sixte V n'était cependant pas si exclusivement partial, que des raisons contraires aux siennes, réellement fondées, n'eussent pas fait impression sur lui. Il était capricieux, impérieux, pointilleux, entêté, mais on pouvait le faire changer intérieurement d'avis, le gagner à une opinion différente, et dans le fond il était essentiellement bon. Pendant qu'il luttait encore, et défendait opiniâtrément ses propositions, il se sentait ébranlé et persuadé. Au milieu de cette audience, il devint tout à coup doux et souple[2] : « Celui qui a un compagnon a un maître ; je veux parler à la congrégation, s'écria-t-il, je veux lui dire que je me suis fâché contre vous, mais que j'ai été vaincu par vous. » Ils attendirent encore quelques jours : alors le Pape déclara qu'il ne pouvait décidément pas approuver ce que la république avait fait ; cependant il ne voulait pas exécuter les mesures dont il l'avait menacée. Il donna sa bénédiction à Donato et l'embrassa.

Il se fit alors dans les sentiments personnels du Pape un changement imperceptible, mais qui entraîna les plus grandes conséquences, il se relâcha de la sévérité avec laquelle il persécutait le roi protestant, et ne voulut pas condamner directement le parti catholique qui s'était prononcé pour ce roi. Ce premier pas était d'autant plus important qu'il manifestait par lui-même une nouvelle direction. On s'en aperçut bien vite dans l'autre parti ; dès le principe, celui-ci avait seulement voulu s'excuser, maintenant il essaya de conquérir le Pape lui-même à sa politique.

---

[1] *Disp. Donato 16 Dec.* « Dopo si lungo negotio restando quasi privi d'ogni « speranza. »

[2] *Ibid.* « Finalmente inspirata dal S. Dio — disse di contentarsene (de leur donner sa bénédiction) e di essersi lasciato vincer da noi. »

M. de Luxembourg vint en Italie, chargé d'une commission des princes du sang et des pairs catholiques qui
avaient embrassé le parti de Henri IV. Sixte V le reçut
à Rome, au mois de janvier 1590, en dépit des représentations et des avertissements des Espagnols, et lui
donna une audience. L'ambassadeur exposa sous un
jour brillant les qualités personnelles de Henri IV, sa
valeur, sa générosité, la bonté de son cœur. Le Pape se
sentit tout à fait entraîné : « Vraiment, s'écria-t-il, je
me repens de l'avoir excommunié ! » Luxembourg disait que son roi et maître se rendrait maintenant digne
de l'absolution et se mettrait aux pieds de Sa Sainteté pour rentrer dans le giron de l'Église catholique.
« Alors, répondit le Pape, je l'embrasserai et le conso-
lerai. »

Car, dans la mobilité de son imagination, il s'était
déjà livré, à propos de ce rapprochement, aux espérances les plus audacieuses. Il pensait que l'aversion
politique des protestants contre l'Espagne les empêchait, plutôt qu'une opposition religieuse contre le
Saint-Siége, de revenir dans le sein de l'Église ; il crut
donc ne pas devoir les rejeter [1]. Déjà un envoyé anglais
était arrivé à Rome : on annonça bientôt un ambassadeur saxon ; il était très-disposé à les entendre : *Plût à
Dieu*, dit-il, *qu'ils vinssent tous se jeter à nos pieds* [*] !

La manière dont il traita son légat de France, le cardinal Morosini, démontra aussi le grand changement
qui s'était opéré dans son esprit. Auparavant, il avait
considéré l'indulgence de ce légat pour Henri IV comme
un crime, et il revint en Italie chargé de la disgrâce du

---

[1] *Dispaccio Donato*, 13 *Genn.* 1590.
[*] Voir la note n° 10.

Pape. Après la réconciliation qui venait d'avoir lieu, il fut au contraire comblé d'honneurs ; introduit dans le consistoire par Montalto, le Pape le reçut avec de grandes félicitations, lui disant qu'il était rempli de joie de voir un cardinal de son choix acquérir l'assentiment général [1]. Dona Camilla l'admit à sa table. Combien le parti catholique inflexible devait être surpris de ce changement! Le Pape était favorable à un protestant qu'il avait excommunié, et qui, selon les anciennes règles de l'Eglise, ne pouvait pas même recevoir l'absolution, comme ayant apostasié deux fois !

Il est dans la nature des choses qu'un semblable fait provoque une réaction. L'opinion catholique austère ne dépendait pas si absolument du Pape, qu'elle ne pût aussi lui résister; la puissance espagnole donna à cette opinion un appui auquel elle s'attacha fortement.

En France, les ligueurs accusèrent le Pape d'être avare, de ne vouloir pas délier les cordons de sa bourse, et d'économiser pour ses neveux et ses parents, l'argent qu'il avait amassé au château Saint-Ange. En Espagne, un jésuite prêchait sur l'état déplorable dans lequel se trouvait l'Église. « Non-seulement la république de Venise favorisait les hérétiques, mais silence, silence, dit-il en mettant le doigt sur la bouche, le Pape lui-même les protége. » Ces déclamations retentirent en Italie, Sixte V en fut si choqué, qu'il regarda comme une offense personnelle une exhortation que le général des Capucins avait publiée pour engager à faire une prière générale, « afin d'invoquer la grâce de Dieu en faveur de l'Église ; » le Pape suspendit le général.

Cependant on ne s'en tint pas à de simples déclara-

[1] *Dispaccio 3 Marzo.*

tions, à des plaintes individuelles. L'ambassadeur espagnol se présenta, le 22 mars 1590, dans les appartements du Pape, pour protester formellement contre sa conduite, au nom de son maître [1]. Il y avait un parti, comme nous voyons, qui était encore plus catholique et plus orthodoxe que le Pape lui-même. L'ambassadeur espagnol vint prêter à ce parti appui et force en face de Sa Sainteté. Quelle scène extraordinaire! l'ambassadeur mit un genou contre terre et pria Sa Sainteté de lui permettre d'exécuter les ordres de son maître. Le Pape lui ordonna de se lever, en lui disant que c'était une hérésie de se comporter envers le vicaire de Jésus-Christ de la manière dont il se proposait de le faire. L'ambassadeur ne se laissa pas troubler. Il commença ainsi : « Que Sa Sainteté veuille déclarer excommuniés, sans distinction, les partisans du roi de Navarre : que Sa Sainteté veuille déclarer le roi de Navarre incapable, dans toutes circonstances et pour toujours, d'obtenir la couronne de France : si le Pape ne le fait pas, le roi catholique se désistera de l'obédience à Sa Sainteté; le roi ne peut pas souffrir que la cause du Christ soit ruinée. » Le Pape l'arrêta et s'écria que ceci n'était point le devoir du roi. L'ambassadeur se leva, puis se jeta de nouveau à genoux, et voulut continuer. Le Pape lui dit qu'il était *une pierre d'achoppement*, et s'en alla. Mais Olivarez ne se tint pas pour battu; il déclara qu'il voulait et devait terminer sa protestation, dût le Pape lui faire abattre la

---

[1] L'ambassadeur avait déjà présenté, le 10 mars, au Pape, les questions suivantes : « Li ha ricercato la riposta sopra il tre cose, cioè di licentiar Lucen-
« burg, iscommunicar li cli. et altri prelati che seguono il Navarra, e prometter
« di non habilitar mai esso Navarra alla successione della corona, » et annoncé
une protestation. Le Pape avait menacé ensuite de l'excommunication : « Mi-
« naccia di iscommunicar quei e castigarli nella vita che ardiranno di tentar
« quanto egli li havea detto, cacciandole inanzi e serrandogli in faccia la
« porta. »

tête : il savait bien que le roi le vengerait et récompen-
serait sa fidélité dans ses enfants. Sixte V était furieux.
« Il ne convient à aucun prince de prétendre donner des
leçons à un Pape établi par Dieu comme le maître de
tous les souverains ; la conduite de l'ambassadeur était
de la dernière impiété ; ses instructions ne l'autorisaient
à faire une protestation que dans le cas où le Pape se
montrerait tiède pour la Ligue. Comment savait-il si
cette circonstance était arrivée. L'ambassadeur ose-t-il
se permettre de juger les actes de Sa Sainteté ! »

La faction catholique inflexible n'avait qu'un seul
but, qu'une seule opinion ; bien unie, elle paraissait
marcher dans le chemin de la victoire et sur le point de
réussir, lorsque deux partis opposés, sous le rapport politique et religieux, se sont formés dans son sein, au
moment le plus inattendu. Chacun commença la lutte
par employer tous ses efforts pour attirer à lui le chef
de l'Église. L'un d'abord avait eu le Pape de son côté
et cherchait à le conserver par l'aigreur, les menaces et
presque la violence. Mais le Pape avait penché pour
l'autre parti au moment décisif, et ce parti cherchait
aussi à l'attirer tout à fait à lui. Il tâchait de le séduire
par des promesses , en lui présentant les perspectives les
plus brillantes. La décision définitive que prendrait
Sixte V était de la plus grande importance pour la fin
de cette lutte.

La conduite de ce Pape si célèbre par son activité et
sa résolution nous remplit d'étonnement *.

Quand arrivèrent les lettres par lesquelles Philippe II
déclarait qu'il était déterminé à défendre la cause juste,
à soutenir la Ligue de toute la force de ses États, au

* Voir la note n° 11.

prix de son sang, le Pape aussi était plein d'ardeur :
« Je ne me chargerai pas de la honte, disait-il, de ne
pas m'être opposé à un hérétique tel que le roi de Navarre [1]. »

Néanmoins il se tourna vers l'autre parti. Quand on
lui représentait les difficultés dans lesquelles les affaires
de France allaient l'impliquer, il s'écriait : « Si le roi de
Navarre était présent, je le supplierais à genoux de se
faire catholique. »

Jamais un prince ne se trouva dans une position plus
singulière vis-à-vis son plénipotentiaire, que Sixte-
Quint vis-à-vis le légat Gaetano qu'il avait envoyé en
France, au moment où il était étroitement uni avec les
Espagnols. Le Pape, sans s'être ouvertement déclaré
pour les Français, en était arrivé à des sentiments neu-
tres et indécis. Le légat, sans avoir aucun égard à ce
changement, suivit ses anciennes instructions. Lorsque
Henri IV assiégea Paris, après la victoire d'Ivry, ce fut
le légat du Pape qui lui opposa la plus vive résistance;
les chefs militaires et les magistrats firent serment dans
ses mains de ne jamais capituler avec le roi de Navarre :
il sut les maintenir dans leurs promesses par respect
pour son caractère ecclésiastique et par sa conduite
aussi habile que ferme [2].

Cependant, le parti de l'orthodoxie intraitable dé-
ploya à la fin le plus d'énergie. Olivarez força le Pape à

---

[1] Il déclara dans le consistoire même : « Di haver scritto al re con sua pro-
« pria mana, che procurerà sempre con tutte le sue forze spirituali e temporali
« che mai riesca re di Francia alcuno che non sia di compita sodisfattione alla
« S. Cat. M. » Les ambassadeurs disaient déjà, en janvier 1590 : « Il Papa
« nelle trattationi parte con uno ad un modo con suoi disegni et ad un altro
« con altri (disegni).

[2] Discours véritable et notable du siége de la ville de Paris, en 1590, dans
Villeroy, *Mémoires d'Estat*, t. II, p. 417.

congédier le duc de Luxembourg, ne fût-ce que sous
l'apparence d'un pèlerinage à Lorette. Sixte avait destiné à une mission en France monsignor Serafino, qui
passait pour être du parti français : Olivarez s'en plaignit hautement et menaça de ne plus se présenter à
l'audience : le Pape lui répondit en le priant de partir,
au nom de Dieu : cependant Olivarez finit par l'emporter, la mission de Serafino fut ajournée. Une conviction
pure, toujours conservée inaltérable, sans hésitation,
possède une puissance incroyable, surtout lorsqu'elle
est défendue par un homme capable. Olivarez avait
pour lui la congrégation chargée des affaires françaises,
et qui avait été formée dans les temps antérieurs. Au
mois de juillet 1590, on délibéra sur une nouvelle alliance entre l'Espagne et le Pape [1]; Sixte déclara qu'il
voulait faire quelque chose en faveur de ce royaume.

Mais ne croyez pas qu'il eût pour cela renoncé à
l'autre parti. A la même époque, il avait auprès de lui
l'agent de Lesdiguières qui était un chef des huguenots;
un chargé d'affaires du landgrave, et un envoyé anglais; et déjà l'ambassadeur impérial cherchait à se
mettre en garde contre les suggestions de l'ambassadeur
de Saxe qu'il redoutait et qui était attendu de nouveau;
les intrigues du chancelier Crell pénétrèrent jusqu'à
Rome.

C'est ainsi que ce puissant prince de l'Église, malgré

[1] Le roi devait équiper 20,000 hommes à pied et 3,000 à cheval, le Pape
15,000 hommes à pied et 2,000 à cheval. « Li ambasciatori sollicitano con li
« cardinali la conclusione e sottoscrittione del capitolato (*Disp.* 14 *Juglio*). »
Le Pape présenta dans la congrégation cette question : « An electio regis Fran-
« ciæ vacante principe ex corpore sanguinis spectet ad pontificem. — Esortato
« a star neutrale, laudando il consiglio risponde non poter restar a far qualche
« cosa (*Disp.* 22 *Juglio*). » En attendant, il est dit dans le *Disp.* 21 *Juglio* :
« Laodigeres haveva mandato un suo huomo a trattar con S. S., il quale ha
« trattato lungamente seco. »

sa conviction au sujet du pouvoir temporel qui lui avait été accordé sur toute la terre, malgré les immenses trésors amassés qui certes lui auraient fourni les moyens d'obtenir de grands succès, resta dans l'hésitation au moment décisif.

Pourrait-on lui en faire un crime? Je craindrais d'être injuste envers lui. Il sonda la véritable situation des affaires, aperçut les dangers qui existaient des deux côtés et se vit maîtrisé par des convictions opposées : les circonstances qui devaient le contraindre à prendre une résolution définitive, n'étaient pas arrivées. On voyait cette âme énergique agitée par la lutte des passions qui, à cette époque, divisaient le monde chrétien.

Par cette oscillation il se mit sans aucun doute dans l'impossibilité de dominer le mouvement européen et d'exercer sur lui une influence salutaire et féconde. Tout au contraire, il vit réagir contre lui les forces vitales qui étaient alors en fermentation.

Sixte V avait vaincu les bandits parce qu'il était en bonne intelligence avec ses voisins; mais lorsque cette intelligence cessa, lorsqu'à Venise et en Toscane on eut des opinions opposées à celles de Naples et de Milan, lorsque le Pape parut ne se décider pour aucun parti, il devint suspect aux uns et aux autres, et ces bandits se remuèrent de nouveau.

Ils se montrèrent au mois d'avril 1590; Sacripante dans la Maremma ; Piccolomini dans la Romagne ; Battistella dans la Campagne de Rome. Ils étaient abondamment pourvus d'argent : on a cru remarquer qu'ils dépensaient beaucoup de doublons d'Espagne : ils trouvèrent surtout des partisans parmi les guelfes : ils marchaient en troupes réglées, bannières déployées et tambour en tête : les troupes du Pape n'avaient aucune envie de se battre avec eux [1]. Les conséquences de ce soulèvement se firent aussitôt sentir dans toutes les relations : les Bolonais s'opposèrent avec une audace et un courage qu'on ne leur avait pas vus depuis longtemps, au projet qu'avait le Pape d'augmenter le nombre des sénateurs de la ville.

Sixte V mourut le 27 août 1590, au milieu de cette situation critique des affaires, sans avoir essayé de prendre une seule résolution capable d'amener à fin la plus importante des questions agitées sous son règne.

Au moment même où il rendait sa grande âme, un orage éclata au-dessus du Quirinal. La foule superstitieuse se persuada que Fra Felice avait fait un pacte avec le diable ; c'était par sa protection, disait-elle, qu'il s'était élevé du degré le plus infime au plus haut sommet des honneurs de ce monde ; le pacte étant accompli, son âme avait été enlevée par le démon au milieu de l'orage. C'est sous cette image grossière que la populace exprimait son mécontentement pour tant et de si lourds impôts, et son indignation au sujet des doutes sur sa parfaite orthodoxie, répandus dans les derniers temps de sa vie. Elle renversa avec une impétuosité sauvage les statues qu'elle lui avait élevées autrefois, au Capitole même ; on décida qu'il ne serait plus dressé de statues, à la gloire des Papes, pendant leur vie.

---

[1] *Disp.* 21 *Juglio*. « I fuorusciti corrono fino su le porte di Roma. » Les dépêches du 17 mars, 7 avril, 28 avril, 12 mai, et 2 juin, contiennent des détails à ce sujet.

§ IV. — Urbain VII, Grégoire XIV, Innocent IX et leurs Conclaves. 1590-1591.

La nouvelle élection était d'un immense intérêt. Il s'agissait de savoir pour laquelle des deux causes en lutte le Pape se prononcerait; sa détermination pouvait évidemment entraîner les plus graves conséquences. Pour ce motif, les intrigues et les complications des élections du conclave acquièrent une importance toute spéciale, et nous devons en dire un mot.

Dans la première moitié du seizième siècle, la prépondérance de la faction impériale ou de la faction française dirigeait ordinairement le choix des électeurs ; les cardinaux n'avaient plus, comme l'a dit un Pape, aucune liberté de vote. Mais depuis le milieu de ce siècle, cette influence des puissances étrangères devint beaucoup moins sensible, et la cour romaine fut bien plus librement abandonnée à elle-même. Il s'était établi à cette époque un usage d'un genre tout particulier.

Chaque Pape avait coutume de nommer un certain nombre de cardinaux qui se groupaient dans le prochain conclave autour du neveu du Pape décédé, formaient un nouveau et puissant parti et essayaient habituellement d'élever l'un d'eux au trône pontifical. Il est digne d'observer que jamais ils n'ont réussi à réaliser cette ambition; presque toujours l'opposition a remporté la victoire et fait élire un adversaire du Pape décédé.

C'étaient surtout les créatures de l'avant-dernier Pape qui triomphaient : Paul IV fut élu par les créatures de Paul III; et Pie IV le fut par les ennemis des Caraffa et de Paul IV. Le neveu de Pie IV, Borromée, eut assez de désintéressement personnel pour donner spontanément sa voix et celles de son parti à Pie V qui était un membre du parti opposé, mais qu'il regardait comme le plus pieux; il s'y décida, malgré la vive résistance des créatures de son oncle, lesquelles, ainsi qu'il est dit dans le rapport, croyaient *à peine voir ce qu'elles voyaient, et faire ce qu'elles faisaient.* Aussi elles ne négligèrent pas de profiter de leur condescendance pour la vacance la plus prochaine. Elles firent tous leurs efforts pour maintenir et établir comme règle la coutume dont nous parlions plus haut, et dans le fait, elles élurent parmi les créatures de Pie IV le successeur de Pie V. Les choses se passèrent de même dans l'élection de Sixte V ; il fut élu parmi les adversaires de Grégoire, son prédécesseur.

Il n'est donc pas étonnant de rencontrer toujours des caractères opposés sur le siége papal. Les diverses factions se déplaçaient réciproquement.

C'est en vertu de cet usage que les adversaires de Sixte V et surtout de la dernière direction de sa politique virent ouverte devant eux une brillante perspective. Sixte V avait rendu son neveu extrêmement puissant; celui-ci entra au conclave, entouré d'un grand nombre de cardinaux dévoués ; en dépit de tout cet entourage et de la faveur de son oncle, il fut obligé de céder. Les créatures de Grégoire élevèrent un adversaire du Pape précédent, par lequel même celui-ci avait été offensé, appartenant au parti espagnol : c'était Jean-Baptiste Castagna, Urbain VII [1].

Mais ils ne furent pas heureux dans cette élection.

---

[1] *Conclave di Papa Urbano VII*, Ms. « La pratica (di questa elettione) fu « guidata dal card. Sforza (capo delle creature di Papa Gregorio XIII) e da « cardinali Genovesi. » On voit dans une dépêche de Maisse, ambassadeur français à Venise, qui se trouve dans les *Lettres historiques* de F. de Raumer, I, 360, que Sforza a fait descendre du siége papal Colonna qui y avait déjà pris place ; cependant cette assertion ne doit pas être prise à la lettre.

Urbain VII mourut le douzième jour de son Pontificat, avant d'avoir été couronné, et d'avoir eu le temps de nommer un seul prélat; et aussitôt la lutte des élections s'ouvrit de nouveau.

Cette lutte se distingua par la part sérieuse que les Espagnols y prirent de nouveau; ils voyaient bien que les affaires de France en dépendaient. Le roi se décida à faire une démarche qui, à Rome, lui fut imputée comme une innovation dangereuse, et que ses partisans eux-mêmes ne savaient excuser que par la force des circonstances; il désigna sept cardinaux qui paraissaient le mieux lui convenir pour occuper le Saint-Siége; il ne voulut en reconnaître aucun autre. A la tête de ceux que le roi avait indiqués comme candidats à la Papauté, se trouvait le nom de Madruzzi, et les cardinaux espagnols firent immédiatement tous leurs efforts pour le faire élire.

Mais ils rencontrèrent une résistance opiniâtre. On ne voulait pas de Madruzzi, parce qu'il était Allemand, parce qu'on ne voulait plus laisser tomber de nouveau la Papauté entre les mains des barbares [1] : Montalto aussi, le neveu de Sixte V, ne prétendait admettre aucun des autres candidats; à la vérité, il eût tenté en vain d'élever au Pontificat un de ses partisans; cependant du moins il pouvait en exclure d'autres; le conclave traîna en longueur d'une manière déplorable; les bandits étaient maîtres du pays; on entendait parler tous les jours de terres pillées, de villages incendiés; à Rome même, un soulèvement était à craindre.

Il n'y avait qu'un moyen d'arriver au but, c'était d'élire celui des candidats proposés qui déplaisait le

---

[1] Le cardinal Morosini disait : « Italia anderebbe in preda a' barbari, che « farebbe una vergogna. » *Concl. della sede vacante di Urbano VII.*

moins au neveu de Sixte V. D'après les relations écrites
par les Florentins, ce fut particulièrement le grand-duc
de Toscane qui contribua à cette solution [1] ; suivant les
relations des Romains, ce fut au contraire le cardinal
Sforza, le chef des cardinaux nommés par Grégoire. Le
cardinal Sfondrato, un des sept candidats, souffrant de
la fièvre, vivait retiré dans sa cellule, peut-être parce
qu'on lui avait dit que son silence contribuerait le mieux
à le faire élire. Les partis réunirent leurs suffrages sur
sa personne, et de suite on concerta une union de famille entre les maisons Sfondrato et Montalto. Montalto
visita le cardinal qui était dans sa cellule ; il le trouva
priant devant un crucifix, souffrant encore de la fièvre :
il lui annonça qu'il devait être élu le lendemain. Le
matin, le 15 décembre 1590, lui et Sforza le condui-
sirent à la chapelle où les voix furent données. Sfondrato
fut élu : il prit le nom de Grégoire XIV [2].

C'était un homme qui jeûnait deux fois par semaine,
célébrait tous les jours la messe, disait constamment les
Heures à genoux, et qui consacrait ensuite une heure
à son auteur favori, à saint Bernard, dont il notait avec
soin les pensées qui le frappaient le plus vivement ; son
âme était d'une innocence virginale ; on remarquait en
plaisantant, qu'étant venu au monde trop tôt (il était
né dans le septième mois), et qu'ayant été élevé avec
peine, il possédait en lui-même trop peu d'éléments
terrestres. Il n'avait jamais rien compris aux usages et
aux intrigues de la cour. Sans hésiter, il regarda la cause
que les Espagnols défendaient comme la cause de l'É-
glise. Né sujet de Philippe II, c'était un Pape selon le

---

[1] Galuzzi : *Storia del granducato di Toscana*, v, 99.
[2] T. Tasso a célébré cet avénement dans un magnifique canzone : *Da gran
lode immortal.*

cœur de ce prince. Il s'empressa de se déclarer pour la Ligue [1].

« Vous qui avez commencé d'une manière si digne d'éloges, écrivit-il aux Parisiens, persévérez donc et ne vous arrêtez pas jusqu'à ce que vous soyez parvenus au terme de votre course. Inspiré par Dieu, nous avons résolu de venir à votre aide. Nous vous adressons d'a-bord un secours en argent qui est même au delà de nos ressources ; ensuite nous députons en France notre nonce, Landriano, chargé de ramener dans votre union tous ceux qui s'en sont séparés. Enfin, nous vous envoyons, quoique non sans une grande charge pour l'Église, notre cher fils et neveu, Hercule Sfondrato, duc de Montemarciano, avec de la cavalerie et de l'infanterie, dans le but d'employer les armes pour votre défense. Mais, dans le cas où ces secours seraient insuffisants, nous vous en ferons passer de plus grands [2]. »

Toute la politique de Grégoire XIV est dans cette lettre. Elle eut un grand résultat. Cette déclaration elle-même, le renouvellement de l'excommunication de Henri IV qui accompagnait ce manifeste, et ensuite la sommation faite sous des peines sévères à tous les membres du clergé, à la noblesse, aux fonctionnaires de la justice et au tiers-état, de se séparer de Henri de Bourbon, sommation apportée en France par Landriano, produisirent une profonde impression [3]. Il y avait du

[1] Cicarella, *de Vita Gregorii XIV*, qui se trouve dans toutes les dernières éditions de Platina.

[2] Grégoire XIV Pape, à mes fils bien aymés les gens du conseil des seize quartiers de la ville de Paris, dans Cayet : *Chronologie novénaire*, *Mémoires coll. univ.*, t. LVII, p. 62.

[3] C'est Cayet précisément qui en fait la remarque : Le party du roi estoit sans aucune division. Ce qui fut entretenu jusques au temps des bulles monitoriales du Pape Grégoire XIV, que d'aucuns voulurent engendrer un tiers party et le former des catholiques qui étoient dans le party royal.

côté de Henri IV un grand nombre de catholiques austères qui furent très-embarrassés par cette démarche
décisive du chef de l'Église.

Ils déclarèrent que non-seulement la royauté mais
l'Église aussi étaient soumises à un droit de succession,
qu'il ne fallait pas plus changer la religion que la dynastie. Il se forma, dès ce moment, parmi les catholiques, le parti nommé *tiers-parti*; il ne cessa d'engager
le roi à rentrer dans le sein de l'Église catholique, et
ne lui resta fidèle que sous cette condition et dans ce
but; et il était d'autant plus imposant qu'il se trouvait
composé des hommes les plus puissants qui entouraient
le roi.

Les autres mesures annoncées par le Pape dans sa
lettre, et qu'il ne tarda pas à mettre à exécution, firent
espérer encore de plus grands succès. Il appuya les Parisiens par un secours mensuel de 15,000 scudi, et envoya le colonel Lusi en Suisse, pour y enrôler des
troupes; après avoir solennellement remis, dans l'église
Sainte-Marie-Majeure, l'étendard de l'Église à son neveu Hercule, général de ses troupes, il le fit partir pour
Milan où son armée devait se rassembler. Le commissaire qui l'accompagnait, l'archevêque Matteucci, était
abondamment pourvu d'argent.

Sous de pareils auspices, Philippe II n'hésita pas plus
longtemps à prendre sérieusement parti dans les affaires
de France. Ses troupes s'avancèrent en Bretagne; elles
occupèrent Toulouse et Montpellier. Il croyait avoir des
droits particuliers sur quelques provinces, dans d'autres il marchait étroitement uni avec les chefs dirigeants; il fut invité, de la manière la plus pressante,
à entrer dans plusieurs autres provinces, « comme l'unique protecteur des orthodoxes contre les huguenots. »

Les Parisiens aussi l'invitèrent à venir. Dans ces circonstances, les Piémontais attaquèrent la Provence : l'armée papale se réunit à Verdun avec les ligueurs. C'était un mouvement général des forces hispano-italiennes, afin d'entraîner par la voie des armes la France dans la direction du catholicisme austère et inflexible. Les Espagnols profitèrent des trésors que le Pape Sixte V avait amassés avec tant de peine et économisés avec tant de soin. Grégoire XIV, après avoir enlevé du château Saint-Ange les sommes dont l'emploi n'était soumis à aucune condition, entama aussi celles qui étaient spécialement et sévèrement réservées. Il pensait que jamais l'Église ne pourrait se trouver dans un besoin plus urgent pour les employer à son service.

L'énergie avec laquelle on procéda, la prudence du roi, la richesse du Pape, et l'influence que leur considération réunie exerçait en France, ne permettent pas en effet de calculer jusqu'à quel point se serait arrêtée cette double ambition temporelle-spirituelle, si Grégoire XIV n'était pas mort au milieu de l'expédition. Il n'avait occupé le Saint-Siége que pendant dix mois et dix jours, et cependant quels grands changements n'avait-il pas déjà produits ! Que serait-il donc arrivé, s'il eût possédé ce pouvoir pendant quelques années ? C'était la plus grande perte que le parti ligueur-espagnol pût éprouver.

Les Espagnols l'emportèrent encore une fois au conclave. Ils avaient désigné de nouveau sept candidats, et l'un de ceux-ci, Jean-Antoine Fachinetto (Innocent IX), fut élu. Lui aussi, autant qu'on peut en juger, était du parti espagnol : du moins il envoya de l'argent à la Ligue, et il nous reste la lettre dans laquelle il excite Alexandre Farnèse à hâter ses préparatifs, à entrer en

France et à débloquer Rouen, ce que ce général exécuta avec autant de bonheur que d'habileté[1]. Mais le malheur voulut qu'Innocent IX fût aussi très-vieux : il ne quitta presque jamais le lit ; il y donna même des audiences ; du lit de mort d'un vieillard qui ne pouvait plus remuer, partaient les ordres et les conseils pour une guerre qui mettait en mouvement la France et l'Europe. A peine Innocent avait-il occupé le Saint-Siége pendant deux mois, qu'il mourut.

C'est ainsi que les luttes électorales du conclave se renouvelèrent pour la quatrième fois. Elles devinrent d'autant plus importantes, que dans ce changement in- cessant l'opinion s'était établie qu'on avait besoin, avant tout, d'un homme énergique et capable de vivre. Il était temps d'en arriver à une solution décisive qui pût avoir de longues années pour réaliser son triomphe définitif. Le conclave devint donc un événement du plus haut intérêt pour l'histoire générale du monde chrétien[*].

§ V. — Élection et Caractère de Clément VIII.

Les Espagnols avaient fini par gagner aussi Montalto, au milieu des progrès de leur influence à Rome, pen- dant cette dernière année. La famille de ce neveu s'était établie dans le pays de Naples. Lorsque Montalto con- sentit à ne plus s'opposer à la volonté du roi, celui-ci lui promit de ne pas exclure sans exception toutes les créatures de Sixte V. Ils étaient ainsi engagés entre eux, et les Espagnols ne tardèrent plus enfin à porter sur le

---

[1] Suivant Davila, *Historia delle guerre civili di Francia*, t. XII, p. 763, il paraîtrait qu'Innocent n'a pas été tout à fait déclaré pour la Ligue : mais la lettre citée (dans Cayet, p. 356) lève tout doute à cet égard.

[*] Voir la note n° 12.

Saint-Siége l'homme dont ils pouvaient attendre la co-
opération la plus active pour la guerre contre la France.

De tous les cardinaux, Santorio, qui avait le titre de
Sanseverina, pouvait être regardé comme le plus zélé.
Pendant sa jeunesse, il avait déjà soutenu plusieurs
luttes à Naples contre les protestants de cette ville : dans
son autobiographie, dont le manuscrit existe encore, il
appelle le massacre des protestants « le jour célèbre de
la Saint-Barthélemy, le jour le plus joyeux pour les
catholiques [1] : » il avait toujours professé les opinions
les plus exaltées ; il était le membre dirigeant de la congrégation chargée des affaires françaises, et depuis longtemps l'âme de l'Inquisition ; sa santé était encore florissante, son âge assez vert.

C'est ce cardinal que les Espagnols désiraient revêtir
de la suprême dignité ecclésiastique : ils n'auraient pas
pu trouver un personnage plus dévoué. Olivarez avait
tout préparé d'avance [2] ; le choix paraissait certain : sur
cinquante-deux voix on en avait trente-six d'assurées,
nombre justement suffisant afin de décider l'élection pour
laquelle il faut toujours les deux tiers des voix. Aussitôt
que le conclave fut fermé, on procéda dès le premier
matin à cette élection. Montalto et Madruzzi, les chefs
des factions unies, allèrent chercher Sanseverina dans
sa cellule, qui fut pillée sur-le-champ par les serviteurs,
suivant l'usage pour la cellule du cardinal élu : trente-
six cardinaux se rendirent avec lui dans la chapelle Pauline ; déjà on lui demandait grâce pour ses adversaires,
il déclara qu'il pardonnerait à tous, et que pour premier

---

[1] Il parle d'un « giusto sdegno del re Carlo IX di gloriosa memoria in quel
« celebre giorno di S. Bartolommeo lietissimo à cattolici. »

[2] *Conclave di Clemento VIII*, Ms. « Il conte di Olivarez, fedele et insepara-
« bile amico di Sanseverina, haveva prima di partire di Roma per il governo di
« Sicilia tutto preordinato. »

signe de ses sentiments, il prendrait le nom de Clément :
on recommanda à sa vigilance et à ses prières les peuples
et les royaumes.

Cependant, en proposant ce cardinal, on avait négligé
une circonstance. Sanseverina passait pour si sévère, que
tout le monde le craignait.

C'est peut-être ce qui avait empêché beaucoup de
cardinaux d'être gagnés : c'étaient les cardinaux plus
jeunes, les adversaires personnels de ce candidat espagnol ; ils se réunirent dans la chapelle Sixtine et virent
qu'ils n'étaient que seize ; il leur manquait une voix
pour donner l'exclusion, et déjà plusieurs d'entre eux
faisaient semblant de se soumettre à une inévitable destinée, et de reconnaître Sanseverina : cependant le cardinal Altemps, personnage très-habile et très-expéri-
menté, avait une si grande influence sur eux, qu'ils
tinrent ferme encore. Ils le croyaient capable de mieux
voir les choses qu'eux-mêmes.

En effet, la même aversion influença ceux qui avaient
donné leur parole à Sanseverina ; au fond du cœur, un
très-grand nombre d'entre eux le repoussaient. Ils
avaient paru vouloir se conformer au désir du roi et de
Montalto, ils n'attendaient cependant qu'une occasion
pour abandonner leur candidat. Lorsque les cardinaux
entrèrent dans la chapelle où se fait l'élection, il s'éleva
un trouble, une agitation très-extraordinaires dans un
moment si décisif. On commença par compter les voix,
et l'on parut ne pas vouloir terminer l'élection ; les
compatriotes même de Sanseverina lui opposèrent des
obstacles [1]. On manquait seulement de quelqu'un qui
osât représenter et exprimer la pensée de plusieurs d'en-

---

[1] Nous avons à ce sujet, outre les relations imprimées et manuscrites des
conclaves, le récit de Sanseverina lui-même.

tre eux. Enfin Ascanio Colonna eut le courage de le faire. Il figurait parmi les barons romains qui redoutaient surtout la dureté inquisitoriale de Sanseverina. Il s'écria : « Je vois que Dieu ne veut point de Sanseverina, Ascanio Colonna aussi n'en veut pas. » Il quitta la chapelle Pauline et se rendit dans la chapelle Sixtine auprès des adversaires de ce cardinal.

Cette démarche leur procurait la victoire. Le scrutin secret fut demandé. Il y en eut quelques-uns qui jamais n'eussent osé retirer ouvertement et à haute voix le vote qu'ils avaient déjà donné, mais qui le firent cependant en secret, aussitôt qu'ils surent que leur nom resterait caché. Lorsqu'on ouvrit les bulletins, il ne se trouva que trente voix pour le candidat proposé.

Sanseverina s'était cru assuré de son triomphe ; il s'était vu déjà en possession de la plénitude du pouvoir spirituel, par lui si hautement apprécié et si souvent défendu ; il avait passé sept heures entre l'accomplissement de ses vœux les plus ardents et la menace incessante de leur ruine ; sept heures entre la gloire de la souveraine puissance et l'humiliation d'une obéissance vulgaire ; sept heures entre la vie et la mort : enfin, tout fut décidé ; il rentra, dépouillé de ses espérances, dans sa cellule livrée au pillage : « La nuit suivante, raconte-t-il, m'a été plus douloureuse que toute autre heure fatale de ma vie. L'affliction profonde de mon âme et l'anxiété de mon cœur couvrirent tout mon corps, oserai-je le dire, d'une sueur de sang. »

Il connaissait assez les usages d'un conclave, pour ne plus se bercer d'aucun espoir. Plus tard ses amis le portèrent encore une fois à l'élection, mais c'était une tentative sans espérance de succès.

Les Espagnols eux-mêmes firent une grande perte

par cet échec de leur candidat. Le roi avait désigné cinq noms, et aucun d'eux n'avait pu l'emporter. Il fallait enfin arriver au sixième, présenté par les Espagnols comme candidat supplémentaire.

C'était le cardinal Aldobrandini, une créature de Sixte V, que le roi avait choisi plus par complaisance pour son allié Montalto que par prédilection; on en vint à celui-ci comme au seul Pape possible. Ce choix, que le roi avait repoussé l'année précédente, était agréable, comme on peut bien le penser, à Montalto; les Espagnols ne pouvaient rien dire contre lui, puisqu'il avait été désigné par eux avec les autres : il ne déplaisait pas non plus au reste des cardinaux, il était généralement aimé; il fut donc élu sans beaucoup d'opposition, le 20 janvier 1592. Il prit le nom de Clément VIII.

La manière dont les choses se passèrent vis-à-vis les Espagnols est singulière. Ils étaient parvenus à gagner Montalto, afin de faire élire un des leurs, et c'est précisément cette alliance qui les obligea à concourir à l'élévation sur le trône d'un ami de Montalto, d'une créature de Sixte V.

Il en résulta dans la marche de la Papauté un changement qui ne peut pas être considéré comme sans importance. Depuis longtemps des personnages, membres de factions opposées, s'étaient toujours succédé sur la chaire de saint Pierre. Dans ces derniers temps, le même fait avait eu lieu, les créatures de Sixte V avaient été forcées de céder; mais les Papes élus n'ayant pu jouir que d'un pouvoir très-éphémère, avaient été incapables de former aucune nouvelle faction puissante; ces règnes n'avaient été qu'une suite de décès, de funérailles, de conclaves. Le premier Pape qui monta sur

le trône avec une pleine force de vie, fut Clément VIII.
Il s'ensuivit un nouveau règne appartenant à ce même
parti qui, le dernier, avait dominé le plus longtemps.

L'attention générale, à cette époque, était portée
sur la question de savoir quelle serait la direction du
nouveau souverain, ce qu'on pouvait espérer de lui.

Clément VIII était né dans l'exil. Son père, Salvestro
Aldobrandini, d'une famille distinguée de Florence,
mais adversaire ardent des Médicis, avait été exilé à
l'époque de la victoire définitive de cette famille, en
1531, et obligé de chercher à l'étranger les moyens de
vivre [1]. Il était docteur en droit, et avait antérieurement enseigné à Pise. Nous le voyons tantôt à Venise,
ou prenant part au perfectionnement des statuts vénitiens, ou surveillant une édition des *Institutes ;* tantôt
à Ferrare ou à Urbin au conseil et au tribunal des ducs,
souvent au service d'un cardinal, et chargé à la place
de celui-ci, dans quelque ville de l'État de l'Église, de
l'administration de la justice et des affaires ecclésiastiques. Mais ce qui lui fait peut-être le plus d'honneur,
c'est que, dans cette vie errante, il a su élever cinq
fils distingués. Le plus spirituel a été, sans aucun doute,
l'aîné d'entre eux, Jean, que l'on appelait *le conduc-
teur de la barque ;* il fit un chemin brillant, parvint à
de hautes dignités dans la magistrature, et fut promu
au cardinalat en 1570 : s'il avait vécu plus longtemps,
il aurait eu l'espoir, pense-t-on, d'obtenir la tiare.
Bernard s'acquit un renom dans le métier des armes ;
Thomas était un bon philosophe, sa traduction de Dio-

---

[1] Varchi : *Storia Florentina III*, 42, 61. Mazzuchelli : *Scrittori d'Italia I*,
t. I, p. 392.

gène Laërce a été souvent imprimée; Pierre passait pour
un jurisconsulte-pratique très-habile. Le plus jeune,
Hippolyte, né en 1536, à Fano, donna dans le commencement quelques inquiétudes à son père; celui-ci
craignait de ne pouvoir lui donner une éducation conforme au talent qu'il manifestait; mais un jour, le cardinal Alexandre Farnèse s'intéressa au jeune homme,
et lui accorda un secours annuel sur les revenus de son
évêché de Spolette : alors la fortune naissante de ses
frères suffit pour aider à son avancement. Il arriva bientôt à la prélature, puis à la charge que son frère aîné
avait occupée au tribunal de la Rote; Sixte V le nomma
cardinal et lui confia une mission en Pologne. C'est par
cette mission qu'il commença d'abord à se lier, pour
ainsi dire, avec la maison d'Autriche. Toute cette maison était très-reconnaissante envers le cardinal, qui avait
su employer avec habileté sa prudence et son autorité
afin de délivrer l'archiduc Maximilien de la captivité
dans laquelle le tenaient les Polonais. Lorsque Philippe II se décida à désigner une créature de Sixte
comme candidat supplémentaire, ce fut le motif pour
lequel il préféra Aldobrandini aux autres cardinaux.
C'est ainsi que le fils d'un réfugié, un homme sans patrie,
qui se vit pendant quelque temps menacé de passer sa
vie dans le métier de secrétaire, arriva à la plus haute
dignité de la chrétienté.

On ne contemple pas sans émotion dans l'église *della
Minerva*, le monument que Salvestro Aldobrandini a
fait ériger à la mère de ses illustres fils, « à son épouse
chérie Lesa, de la famille Deti, avec laquelle il vécut en
bonne intelligence pendant trente-sept ans. »

Le nouveau Pape apporta dans l'exercice de sa dignité
l'activité la plus exemplaire. Les séances commençaient

de bon matin; les audiences après midi [1] : toutes les
informations étaient reçues et examinées, toutes les dépêches lues et discutées; les raisons de droit étaient re-
cherchées, les cas antérieurs comparés : le Pape se
montrait souvent mieux instruit que les référendaires
qui faisaient les rapports : il travaillait avec tout autant
d'assiduité qu'auparavant, lorsqu'il était encore simple
auditeur de la Rote : il ne consacrait pas moins d'attention aux détails de l'administration intérieure de l'État,
aux relations personnelles, qu'à la politique européenne
ou aux grands intérêts du pouvoir spirituel. On lui demandait où il trouvait son plaisir, il répondait : *A tout
ou à rien* [2].

Malgré toutes ces graves préoccupations, il ne se serait pas rendu coupable de la plus légère négligence
dans l'accomplissement de ses devoirs religieux. Tous
les soirs, Baronius entendait sa confession; tous les ma-
tins il célébrait lui-même la messe; dans les premières
années de son Pontificat, douze pauvres mangeaient
toujours à midi avec lui, et il n'y avait pas à songer aux
plaisirs de la table; de plus il jeûnait le vendredi et le
samedi. Quand il avait travaillé pendant toute la semaine, sa récréation du dimanche consistait à faire venir quelques moines pieux ou les Pères de la *Vaticella*,
afin de converser avec eux sur quelques profondes questions religieuses. La renommée de vertu, de piété, de
vie exemplaire dont il avait joui jusqu'à ce jour, s'accrut extraordinairement par ces austères habitudes con-

---

[1] Bentivoglio, *Memorie I*, p. 54, contient l'ordre de travail de tout une semaine.

[2] *Relatione al card. d'Este*, 1599, Ms. Fosc. Il fait la guerre comme Jules II,
fait construire comme Sixte V, fait des réformes comme Pie V, sa conversation
est animée par tous les charmes de l'esprit.

servées même sous la tiare. Il le savait et il le voulait. C'est cette renommée même qui augmenta la considération de son Pontificat. En tout, ce Pape procédait avec une circonspection très-éclairée. Il aimait le travail, et c'était une de ces natures qui acquièrent de nouvelles forces par le travail [1]. Lui aussi pouvait quelquefois se laisser emporter à des violences et à des reproches acerbes ; cependant, quand il voyait qu'on restait silencieux devant la majesté de la Papauté, et quand il lisait sur la physionomie la réponse muette et le chagrin des interlocuteurs, il rentrait aussitôt en lui-même et cherchait à réparer ses torts. On ne devait jamais remarquer en sa personne que la plus parfaite convenance des sentiments et des manières qui toujours s'accordaient avec l'idée d'un homme bon, pieux et sage.

Quelques Papes avaient pu, dans les siècles précédents, se croire au-dessus de toutes les lois, et songer à exploiter pour leurs jouissances l'administration de leur dignité suprême, mais l'esprit de cette époque ne permettait plus un tel abus. Les habitudes individuelles étaient forcées de se réformer et de s'harmoniser avec la mission papale; l'accomplissement de cette mission devait être tout pour celui qui était appelé à en être chargé; il n'eût été possible ni de l'obtenir, ni de la conserver, sans une conduite qui répondît à la haute idée que le monde chrétien en avait.

La Papauté gagnait infiniment à cette transformation. Les institutions humaines n'ont de vigueur et de durée que pendant le temps où leur esprit est gardé intact par ceux qui vivent sous leurs lois, et représenté dans la personne des possesseurs du pouvoir qui les a créées.

[1] Venier : *Relatione di Roma* 1601.

§ VI. — Absolution de Henri IV.

On se demandait comment ce Pape, si plein de talent, de force et d'activité, et d'une vie si irréprochable, comprendrait et traiterait la question la plus importante débattue en Europe, la question française.

Devait-il, ainsi que ses prédécesseurs, s'associer exclusivement à l'Espagne ? Il n'avait à cet égard contracté aucun engagement dans ses relations antérieures, il n'y avait aucune inclination. Il ne fut pas sans observer que la prépondérance espagnole pouvait aussi opprimer la Papauté et la dépouiller surtout de son indépendance politique.

Ou devait-il prendre le parti de Henri IV ? Il est vrai que ce prince paraissait vouloir devenir catholique, mais il était plus facile de faire une pareille promesse que de l'exécuter ; Henri IV était encore protestant, et Clément VIII craignait d'être trompé.

Nous avons vu quelle était l'indécision de Sixte V, et les graves conséquences qui se rattachaient à l'une ou l'autre de ces deux résolutions. Le parti des catholiques exaltés se trouvait aussi fort que jamais à Rome. Le nouveau Pape ne pouvait pas s'exposer à son aversion, à sa résistance.

C'est ainsi que des difficultés l'entourèrent de toutes parts. Il se garda bien de chercher par d'inutiles paroles à réveiller les hostilités assoupies. Ce n'est que par ses actions, par sa conduite, qu'il manifesta peu à peu ses sentiments.

Lorsque Clément arriva au pouvoir, le Saint-Siége avait en France un légat qui passait pour être du parti espagnol, et une armée qui était destinée à combattre

Henri IV ; on payait des subsides à la Ligue. Le nouveau Pape ne pouvait rien changer à cette situation. S'il avait voulu discontinuer le paiement des subsides, rappeler son armée et son légat, il eût compromis la réputation de son orthodoxie, il se fût exposé à subir des attaques plus rudes que celles éprouvées par Sixte V. Mais aussi il était bien éloigné de vouloir augmenter ces secours et leur donner un nouvel essor. Au contraire, il les diminua et les restreignit peu à peu, lorsque l'occasion favorable s'en présenta.

Bientôt il se vit engagé à faire une démarche encore moins équivoque.

Henri envoya, en l'an 1592, le cardinal Gondi en Italie, et le chargea de se rendre à Rome. Le roi inclinait tous les jours de plus en plus vers le catholicisme ; mais sa pensée était de rentrer dans le sein de l'Église catholique, plutôt par une espèce de convention conclue sous la médiation de Venise et de la Toscane, que par une soumission ouverte. — Ce projet n'était-il pas très-agréable au Pape? Le retour du roi n'était-il pas, dans tous les cas, une grande victoire, de quelque manière qu'il s'effectuât? Néanmoins, Clément jugea nécessaire de ne pas se prêter à ces conditions et de ne pas recevoir Gondi. La présence de Luxembourg, il ne l'avait pas oublié, avait causé à Sixte V de trop grands désagréments, sans aucune utilité. Le Pape envoya un moine, Fra Franceschi, à Florence, où le cardinal était déjà arrivé, pour lui annoncer qu'il ne pouvait être reçu à Rome. Clément avait ses raisons pour désirer que le cardinal et le grand duc lui-même se plaignissent ; il souhaitait que son refus eût de l'éclat. Cependant, ce n'est là qu'un seul côté de l'affaire. L'intention du Pape ne pouvait être de rebuter Henri IV et de rejeter toute

chance de rapprochement et de réconciliation. On voit,
dans les relations vénitiennes, que Fra Franceschi ajouta
à sa mission officielle qu'il croyait bien que le cardinal
serait reçu *privatim* et en secret[1]. On suppose que Gondi
a été réellement à Rome ; le Pape lui aurait dit qu'*il devait frapper plus d'une fois à sa porte.* Il est certain du
moins qu'un agent de Gondi se rendit à Rome, et après
avoir eu plusieurs conférences, il déclara à l'ambassadeur de Venise que, grâce à Dieu, il avait tout motif
de concevoir bon espoir, d'être content, mais qu'il ne
lui était pas permis d'en dire davantage ; en un mot, à
côté de ce refus public, s'opérait un rapprochement
secret. Clément VIII ne voulait ni offenser les Espagnols,
ni repousser Henri IV ; sa conduite était calculée sur ce
but de sa politique.

Dans ces circonstances, une nouvelle question, encore plus importante, s'était présentée.

Les États de la France qui appartenaient au parti de
la Ligue se réunirent, en janvier 1593, pour procéder à
l'élection d'un nouveau roi. Comme le seul motif de
l'exclusion de Henri IV était sa religion, le légat du
Pape possédait sur les États une autorité extraordinaire.
Ce légat était encore Sega, évêque de Plaisance, qui
avait été choisi par Grégoire XIV, et possédait toute la
tendance hispano-ecclésiastique de ce dernier règne.
Clément jugea nécessaire de lui faire parvenir des instructions particulières. Il l'exhorta à veiller à ce que ni
la violence, ni la corruption ne pussent influencer les
votes, et le conjura d'éviter toute précipitation dans
une affaire si grave[2].

---

[1] *Dispaccio Donato 23 Ott.* 1592, tiré d'une relation faite à Niccolini, ambassadeur de Florence.

[2] Davila, t. XIII, p. 810, contient un extrait de ces instructions.

Ces instructions auraient été assez significatives pour un ambassadeur décidé à suivre les volontés de son souverain, mais pour un seigneur ecclésiastique qui attendait son avancement bien plus de l'Espagne que du Pape, elles étaient beaucoup trop vagues et ne pouvaient l'éloigner d'un parti auquel il appartenait depuis longtemps, et qu'il regardait comme très-orthodoxe. Le cardinal Sega ne changea donc rien à sa conduite. Il publia de nouveau, le 13 juin 1593, une déclaration par laquelle il invitait les États à élire un roi qui fût non-seulement un vrai catholique, mais bien résolu et capable d'anéantir toutes les entreprises des hérétiques. C'était, disait-il, la chose du monde que Sa Sainteté désirait le plus vivement [1].

Il en était de ces instructions du Pape, comme de toutes ses autres démarches ; il se tenait en général fidèle au parti ecclésiastique-espagnol, au parti orthodoxe sévère, mais sans cette passion et ce dévouement de quelques autres pontifes. Si ces qualités se rencontraient en lui, elles ne se manifestaient activement que dans le mystère ; il lui suffisait de persévérer silencieusement, avec toute la pureté de sa conscience, dans le parti qu'il avait une fois pris et qui lui paraissait le plus conforme aux devoirs de sa dignité. La seule chose qu'il fût possible de remarquer, c'est qu'il ne repoussait pas entièrement le parti opposé, et ne voulait pas l'entraîner à des hostilités ouvertes : c'est par des rapprochements secrets, par des manifestations indirectes qu'il lui présente la perspective d'une future réconciliation ; tout

---

[1] « Qu'il ait le courage et les autres vertus requises pour pouvoir heureusement réprimer et anéantir du tout les efforts et mauvais desseins des hérétiques. C'est la chose du monde que le plus S. S. presse et désire. » (Dans Cayet, 58, 350.)

en le voyant satisfaire les Espagnols, leurs adversaires pouvaient se persuader que le pontife n'était pas tout à fait libre dans ses actions, et s'il ne se déclarait pas davantage en leur faveur, c'était surtout par égards forcés pour l'Espagne. Chez Sixte V, ce furent les luttes de son âme qui l'empêchèrent, dans ses dernières années, de prendre une résolution décisive; chez Clément, ce sont des ménagements pour les deux partis, c'est de la prudence, de l'expérience du monde, une circonspection habile qui veut éviter les hostilités. Mais il en résulta peut-être que lui aussi ne parvint à exercer aucune influence décisive.

Les affaires de la France, abandonnées à elles-mêmes, se développèrent suivant l'énergie de leur propre impulsion intérieure.

Le fait le plus significatif fut la désunion des chefs de la Ligue; les Seize se lièrent étroitement avec l'Espagne; Mayenne poursuivit les projets de son ambition personnelle. Les Seize en devinrent d'autant plus ardents et procédèrent aux attentats les plus cruels contre ceux qui étaient réputés avoir abandonné leur parti, par exemple, à l'assassinat du président Brisson; Mayenne jugea nécessaire de les punir et de faire exécuter les plus fanatiques de leurs chefs. Favorisé par cette division, un nouveau parti, catholique, il est vrai, mais opposé à la Ligue, et surtout aux Seize et aux Espagnols, un parti, politique et religieux modéré, s'était élevé à Paris, dès le commencement de l'année 1592. Les membres conclurent une alliance, peu différente de celle de la Ligue elle-même, qui avait pour but de placer les fonctions de la ville, principalement dans les mains d'hommes modérés et qui faisaient partie de cette union; ils en vinrent facilement à bout pendant le cours de cette année [1]. Des tendances semblables se manifestèrent dans tout le royaume, et influencèrent les élections des États-généraux. Aussi les Espagnols y rencontrèrent une résistance énergique contre toutes leurs propositions. Tandis que les prédicateurs furibonds déclaraient excommunié quiconque parlerait de paix avec l'hérétique, quand bien même il irait à la messe, le Parlement renouvelait les lois fondamentales du pays, en vertu desquelles les princes étrangers sont exclus du trône; on ne peut méconnaître que tout ce parti, appelé des *politiques,* n'attendait que la conversion de Henri IV pour se soumettre à lui [*].

Quelle différence y avait-il donc encore entre ces derniers et les royalistes catholiques qui étaient au camp de Henri IV? Cette seule différence, que ceux-là voulaient, avant leur soumission, voir Henri IV faire une démarche que ceux-ci avaient cru pouvoir attendre. Car les royalistes catholiques s'accordaient avec les *politiques* sur ce point, que le roi devait rentrer dans le sein de l'Église, quoiqu'ils ne fissent pas dépendre son droit, sa légitimité, de cette condition. Ils insistèrent avec plus de vivacité, peut-être aussi par aversion pour les protestants qui entouraient le roi : les princes du sang, les hommes d'État les plus distingués, la plus grande partie de la cour, s'unirent à ce *tiers-parti* [1].

Aussitôt que les affaires eurent pris cette tournure, chacun vit, et les protestants eux-mêmes ne le niaient point, que si Henri voulait devenir roi, il devait se faire catholique. Il n'est pas nécessaire d'examiner les préten-

---

[1] Cayet, lib. IV (t. 58, p. 5), communique les propositions qui furent faites dans la première réunion.

[*] Voir la note n° 13.

[1] Le tableau qu'en fait Sully, v, 249.

tions de ceux qui soutiennent avoir donné l'impulsion
décisive à cet acte ; il fut surtout déterminé par une irrésistible nécessité [1]. En embrassant le catholicisme,
Henri s'unit à ce parti catholique-national représenté
par le *tiers-parti* et les *politiques,* et qui avait la perspective de posséder en France la direction des affaires.

Ce parti n'était au fond que cette opposition catholique , formée et réunie autour de l'étendard de la légitimité et de l'indépendance nationale, pour résister aux
projets du parti ecclésiastique-espagnol. Comme à cette
époque sa puissance et sa considération s'étaient ac-
crues ! il avait pour lui les sympathies et l'opinion du
pays ; dans toute la France on se déclarait pour lui , sinon ouvertement , du moins en secret ; il obtint une
force nouvelle et solide par la conversion de ce prince,
qui était en même temps si brave, si habile guerrier, et
illustré par tant de victoires. C'est au milieu de ces progrès que les catholiques modérés se présentèrent de nouveau devant le Pape pour le prier de les reconnaître, de
les approuver, et de leur donner sa bénédiction. Quelle
gloire, quel surcroît d'influence pour ce parti , si le
souverain Pontife se déclarait ouvertement pour lui !
Les prélats qui avaient reçu leur roi dans le sein de
l'Église , ne l'avaient fait que sous la réserve expresse
de l'absolution du Pape [2]. Les membres les plus puissants de la Ligue, avec lesquels le roi ouvrit des négociations, la provoquaient [3]. Quoique des promesses ne
soient pas toujours religieusement tenues , on ne peut

---

[1] La lettre de Henri au grand-duc de Toscane , en date du 26 avril 1593,
prouve que dès ce même mois il était déjà décidé à cet acte. Galuzzi : *Storia del
granducato*, t. v, p. 160.

[2] Messieurs du clergé luy avoient donné l'absolution à la charge qu'il en-
voyeroit vers S. S. la requérir d'approuver ce qu'ils avoient fait. Cayet, 58, 390.

[3] Villeroy, *Mémoires*, *Coll. univ.*, 62, 186.

cependant pas douter que l'absolution donnée par le
Pape, dans ce moment, n'eût été d'une grande importance pour la marche des affaires. Henri IV envoya un
grand du royaume, le duc de Nevers, la solliciter. On
conclut une trève pour attendre la réponse.

Le Pape était méfiant et inquiet. La crainte d'être
trompé, d'éprouver des désagréments, retint Clément VIII. Il pensait toujours que Henri pourrait bien
retourner de nouveau au protestantisme, comme il l'a-
vait déjà fait; « il ne croirait, disait-il, à la sincérité de
la conversion du roi, que si un ange descendait du ciel
pour le lui dire à l'oreille. » Il regardait autour de lui,
et voyait la plus grande partie de la cour romaine toujours hostile aux Français; des pamphlets paraissaient,
dans lesquels on soutenait que Henri IV, comme hérétique relaps, ne pouvait pas même être absous par le
Pape : Clément ne se sentait pas encore le courage de
résister aux Espagnols placés à la tête de cette opinion [1].
Et puis le parti qui le suppliait d'accorder au roi sa
grâce, n'était-il pas opposé aux prétentions de l'Église
romaine. Les membres qui la composaient n'étaient-ils
pas — « les infidèles de la couronne et de l'Église
(ce sont ses propres expressions), les bâtards, les enfants
de la servante et non de la maîtresse de la maison;
tandis que les ligueurs se sont montrés comme des fils
légitimes [2]. »

---

[1] Des menaces furent faites au Pape Clément VIII par le duc de Sessa : cela
n'est pas très-authentique, et a été imprimé il y a longtemps dans les *Mémoires
de M. le duc de Nevers*, t. II, p. 176, et communiqué cependant comme quelque chose de nouveau dans Capefigue, *Histoire de la Réforme*, t. VII.

[2] *Disp. 29 Ag.* 1595. Nouvelle de la conversion de Henri IV. « Il Papa non
« s'era per tali avisi molto alterato e tuttavia restava con l'animo molto involto
« nelli suoi soliti dubbj e perplessita. » Il dit à l'ambassadeur vénitien, que
Henri est et demeure un *hæreticus relapsus*, que l'on ne peut se fier à sa
conversion.

Le duc de Nevers se présenta à Rome avec le double sentiment et de l'élévation de son rang et de l'importance de sa mission : il ne doutait pas qu'il ne fût reçu avec joie, et s'exprima dans ce sens ; la lettre du roi, dont il était chargé, était rédigée dans le même esprit. Le Pape trouva qu'elle était conçue, non-seulement comme si le roi était catholique depuis longtemps, mais comme si, nouveau Charlemagne, il venait de remporter une victoire sur les ennemis de l'Église. Nevers fut tout étonné de la froideur avec laquelle on l'accueillit et on écouta ses propositions. Comme elles étaient toutes repoussées, il demanda enfin au Pape ce que le roi devait faire pour mériter la grâce de Sa Sainteté. Le Pape répondit : « Il y a en France assez de théologiens pour le lui faire connaître. — Mais Votre Sainteté se contentera-t-elle de ce que les théologiens diront ? » Le Pape refusa de répondre à cette question. Il ne consentit pas même à considérer Nevers comme ambassadeur de Henri, mais seulement comme Louis Gonzague, duc de Nevers : il voulait que tout ce qui avait été dit entre eux ne fût pas regardé comme une négociation officielle, mais uniquement comme un entretien privé : on ne pouvait le décider à donner une résolution par écrit. « Il ne me reste donc, dit le duc de Nevers au cardinal Tolet qui lui communiqua les volontés du Pape, il ne me reste donc qu'à gémir sur les malheurs que la fureur des soldats va répandre sur la France pendant la guerre qui va éclater de nouveau. » Le cardinal ne répondit pas un seul mot : il sourit. Le duc de Nevers quitta Rome et déchargea sa mauvaise humeur dans des relations pleines d'aigreur [1].

[1] Deux écrits contenant à peu près la même chose. *Discours de ce que fit M. de Nevers à son voyage à Rome en l'année 1593*, et *Discours de la légation*

L'homme, suivant l'usage, ne sent vivement que ce qui lui est personnel. La cour romaine n'appréciait que ce qui lui était profitable ; nous trouvons qu'elle n'a pas pris un véritable intérêt au sort de la France.

Nous connaissons à la vérité assez Clément VIII pour croire qu'il n'aura pas entièrement éloigné les partisans de Henri IV, à cette époque bien moins encore qu'auparavant, puisqu'ils étaient beaucoup plus puissants. Il donna au contraire à un agent secret l'assurance que si le roi se montrait un parfait catholique, l'absolution ne lui serait pas refusée.

Ce qui caractérise éminemment ce Pape, c'est que lui, qui repoussait d'une manière si résolue la proposition de confirmer publiquement le retour du roi à la foi catholique, fit savoir en secret au grand-duc de Toscane, qu'il ne s'opposerait pas à ce que le clergé de France voudrait faire. Le grand-duc fut obligé de communiquer ces déclarations tranquillisantes du Pape aux chefs des royalistes catholiques [1].

La trève étant écoulée, l'épée fut tirée de nouveau et le sort de la guerre appelé encore une fois à décider la question.

La supériorité de Henri IV se manifesta aussitôt. Les chefs du parti ennemi n'avaient plus cette assurance d'une conviction inébranlable qui leur avait donné tant de force ; les doctrines des *politiques*, la conversion du roi, la suite non interrompue de ses succès, les avait très-ébranlés dans le fond de leur cœur. Ils se soumirent l'un après l'autre, sans attendre l'absolution du

de M. le duc de Nevers ; tous les deux se trouvent dans les *Mémoires de Nevers* qu'on a cités. Le premier est à peu près mot à mot dans Cayet. Des extraits se trouvent dans de Thou, Davila, et récemment dans Capefigue, comme s'ils avaient été tirés de documents inconnus.

[1] Davila, lib. xiv, p. 989.

Pape. Le commandant de Meaux, nommé Vitri, à qui les Espagnols ne fournissaient plus le paiement de ses troupes, donna l'exemple; il fut suivi à Orléans, à Bourges, à Rouen. Le plus important était toujours de savoir ce qui arriverait à Paris. Le parti politique et national avait obtenu complétement le dessus, après beaucoup d'oscillations, et avait envahi les premières fonctions en les confiant à des hommes pris dans son sein. Déjà la bourgeoisie armée était commandée par des membres de ce parti : l'hôtel-de-ville était gouverné par eux; le prévôt des marchands et les échevins appartenaient tous, à l'exception d'un seul, à cette opinion. Dans ces circonstances, le retour du roi ne pouvait plus souffrir de difficultés. Il eut lieu le 22 mars 1594. Henri IV fut tout surpris de se voir salué avec tant de cris de joie et de *vivat*, par le peuple qui lui avait opposé une si longue résistance : il crut pouvoir en conclure que le peuple avait été jusqu'à ce jour sous une domination tyrannique; ce qui n'était cependant pas tout à fait vrai, car les passions de la Ligue avaient réellement régné sur les esprits. Le retour du roi fut principalement une victoire du parti politique. Les ligueurs éprouvèrent alors les mêmes persécutions qu'ils avaient eux-mêmes si souvent infligées. Les fondateurs de l'Union et les chefs les plus influents, comme le redoutable Boucher, abandonnèrent la ville avec les troupes espagnoles; plus de cent autres, regardés comme les plus dangereux, furent bannis. Toutes les autorités, tout le peuple prêtèrent le serment de fidélité; la Sorbonne aussi, dont les membres les plus récalcitrants, et le recteur de l'Université même, étaient du nombre des bannis, se soumit à la doctrine qui venait de triompher. Combien ses arrêts furent-ils différents, à cette époque, de ce qu'ils étaient en 1589! La Sorbonne consentit à reconnaître que tout pouvoir vient de Dieu, selon saint Paul aux Romains, chap. 13; que celui qui s'oppose au roi, s'oppose à Dieu, et mérite la damnation éternelle; elle rejeta le principe qu'il est permis de refuser l'obéissance à un roi qui n'est pas encore reconnu par le Pape, comme étant soutenu et propagé par des gens malintentionnés et mal conseillés. Tous les membres de l'Université, le recteur, les doyens, les théologiens, les médecins, les artistes, les moines et les conventuels, les écoliers et les fonctionnaires, jurèrent à Henri IV fidélité et obéissance, et s'engagèrent à verser leur sang pour lui. Il y a plus, l'Université commença aussitôt, sur les bases de cette nouvelle orthodoxie, une attaque contre les Jésuites. Elle leur reprocha les principes révolutionnaires qu'elle avait partagés elle-même, et leurs sentiments espagnols. Les Jésuites se défendirent pendant quelque temps, non sans succès. Mais lorsque, dans la même année, un homme qui avait suivi leurs écoles, Jean Chastel [1], entreprit un attentat contre le roi, et avoua dans son interrogatoire avoir entendu souvent les Jésuites dire qu'il est permis de tuer un roi qui n'est pas réconcilié avec l'Église, ils ne purent pas résister plus longtemps au parti qu'ils avaient toujours combattu; à peine put-on empêcher le peuple d'emporter d'assaut leur collége : enfin tous les membres de l'Ordre furent condamnés à sortir du royaume dans

---

[1] Juvencius, *partis* v, *lib.* XII, n° 13, fait le portrait suivant du criminel : « Indoles juveni tristis ac tetrica, mores improbi, mens anxia recordatione criminum atque unius potissimum quod matrem aliquando verberasset. — Conscientia criminum ultrix mentem efferatam diro vexare pergebat metu : quem ut leniret, immane parricidium impos mentis an potius erebi furiis incitatus designat, quo tanquam de religione ac regno bene meritus peccatorum veniam facilius, ut demens reputabat, consequeretur. »

l'espace de quinze jours, comme séducteurs de la jeunesse, perturbateurs du repos public, et ennemis du roi et de l'État [1] [*].

C'est ainsi que ce parti qui avait commencé par n'être qu'une faible opposition, finit par s'emparer de Paris et du royaume, et par chasser tous ses adversaires du champ de bataille. Tous les jours avaient lieu de nouvelles soumissions ; le roi fut couronné et sacré à Chartres : on pria pour lui dans toutes les chaires : les Ordres religieux le reconnurent : il exerça sans résistance les importants priviléges ecclésiastiques de la couronne ; sous ce rapport, il se montra bon catholique ; il chercha à rétablir les rites de l'Église catholique partout où ils avaient été abolis dans les derniers troubles, et confirma par des priviléges solennels le droit d'exercice exclusif de ce culte, partout où ce droit s'était maintenu. Il réalisa toutes ces mesures, sans être encore réconcilié avec le Pape.

Mais elles imposèrent à celui-ci l'urgente nécessité de penser à la réconciliation [2]. S'il s'y était refusé plus longtemps, il eût pu en résulter un schisme, la formation d'une Église française séparée.

Les Espagnols, à la vérité, s'opposaient toujours à cette réconciliation. Ils soutenaient que Henri n'était pas réellement converti ; qu'un schisme serait très à craindre quand il aurait reçu l'absolution [3] : ils indiquaient déjà les circonstances dans lesquelles ce schisme devait écla-

---

[1] *Annuæ litteræ Societatis Jesu*, 1596, p. 850. « Tantā superat adhuc præ« teriti naufragii fluctuatio ut nondum tabulas omnes atque armamenta dis« jecta collegerimus. »

[*] Voir la note n° 14.

[2] Ce n'est que le 5 nov. 1594 que l'ambassadeur vénitien trouva le Pape, au sujet des affaires françaises, « meglio inclinato che nel passato. »

[3] Ossat à M. de Villeroy, Rome, 6 déc. 1594. *Lettres d'Ossat*, 1, 53.

ter. Le Pape hésitait encore à se séparer de ceux dont la puissance l'environnait et le fortifiait, de ceux qui avaient un grand parti à la cour romaine ; à briser avec une opinion qui avait passé pour la plus orthodoxe, pour laquelle ses prédécesseurs avaient si souvent agité leurs armes spirituelles et temporelles, et que lui-même avait aussi approuvée pendant plusieurs années : mais il comprit que chaque retard pouvait devenir fatal ; il n'avait plus rien à attendre de l'autre parti ; il sentit que le pouvoir qui venait de surgir en France, si, dans les matières spirituelles, il se trouvait en quelque sorte en opposition avec les doctrines sévèrement orthodoxes, du moins, dans les matières temporelles, il était en sympathie manifeste avec les intérêts de Rome. Il suffit de dire que dès la première parole qui lui fut adressée au sujet de ce rapprochement, Clément se montra tout disposé. Nous possédons les relations de l'ambassadeur français, d'Ossat, sur ses négociations : elles sont agréables, instructives, dignes d'être lues ; mais je ne vois pas qu'il ait eu de grandes difficultés à vaincre : il serait inutile de suivre le détail de ses démarches : la situation générale des affaires avait déjà déterminé la résolution du Pape. Il ne s'agissait plus que d'obtenir du roi quelques concessions. Ceux qui n'étaient pas favorables à ce revirement, les auraient volontiers portées aussi haut que possible, car l'Église avait besoin, selon eux, dans cette circonstance, des plus grandes sûretés : le Pape s'en tint aux concessions les plus acceptables. Il demanda particulièrement le rétablissement du catholicisme dans le Béarn ; l'introduction des décrets du concile de Trente, en ce qui peut se concilier avec les lois du pays ; la fidèle observation du concordat ; l'obligation d'élever dans la religion catholique l'héritier préromptif du trône, le prince de Condé.

Il était toujours très à désirer pour le roi qu'il se réconciliât avec le Saint-Siége. L'autorité de Henri IV reposait sur son retour au catholicisme; ce n'est que par l'absolution du Pape que cet acte obtint une authenticité complète. Quoique le plus grand nombre se fût soumis, il y en avait cependant toujours quelques-uns qui faisaient valoir comme motif de la continuation de leur résistance, le refus de cette absolution [1]. Henri IV consentit sans beaucoup de difficultés à ces conditions. Déjà il avait spontanément préparé, en partie, leur exécution; il avait à cœur de se montrer bon catholique : quoiqu'il fût bien plus puissant qu'à l'époque de la mission du duc de Nevers, cependant la lettre dans laquelle il pria le Pape de lui accorder l'absolution, est bien plus simple et plus soumise. « Le roi, y est-il dit, revient aux pieds de Votre Sainteté, et la supplie en toute humilité, par les entrailles de Notre-Seigneur Jésus-Christ, de vouloir bien lui accorder votre sainte bénédiction et la suprême absolution [2]. » Le Pape fut complétement satisfait [3].

Il ne restait plus qu'une seule difficulté à vaincre, c'était l'accord du Sacré Collége avec le Pape. Celui-ci

---

[1] Du Perron au roi, 6 nov. 1595 : De toucher icy, combien l'authorité et la faveur de ce siége estant entre vos mains vous peut servir d'un utile instrument non-seulement pour remettre et conserver vos sujets en paix et en obéissance, mais aussi pour vous préparer toutes sortes de grandeurs hors de vostre royaume, et à tout le moins pour tenir vos ennemis en quelque crainte et devoir par l'appréhension de la même authorité dont ils se sont aydez pour troubler vos estats et vos peuples, ce seroit un discours superflu. Les *Ambassades du cardinal du Perron*, 1, 27.

[2] *Requêtes du Roi*, dans les notes d'Amelot sur Ossat, 1, 160.

[3] La cour romaine trouva cependant encore que la résolution était prompte et hasardée.

ne voulut pas avoir recours aux délibérations d'un consistoire régulier ; la conséquence des décrets antérieurs aurait pu facilement amener un résultat très-embarrassant ; Clément invita donc les cardinaux à lui ouvrir individuellement leurs opinions dans des audiences particulières ; expédient dont on s'était déjà souvent servi dans des cas semblables. Après les avoir entendus tous, il déclara que les deux tiers des votes étaient pour l'absolution.

On procéda, le 17 décembre 1595, à l'exécution de la cérémonie. Le trône du Pape avait été élevé devant l'église de Saint-Pierre : les cardinaux et la cour entouraient respectueusement le pontife. On donna lecture de la requête du roi, des conditions sur lesquelles on était tombé d'accord. Le représentant du roi très-chrétien se jeta ensuite aux pieds du Pape qui lui accorda l'absolution, en lui donnant un léger coup avec des verges. Ici le Saint-Siége apparut encore une fois dans toute la splendeur de son antique autorité [1].

Cette solennité manifesta l'accomplissement d'un immense succès. Le pouvoir en France, alors fort par lui-même et bien consolidé, se montrait appuyé sur la religion catholique ; il avait intérêt à rester en bonne intelligence avec le Pape. Il se forma pour le monde catholique un nouveau centre destiné à jouer un grand rôle dans l'histoire de l'Europe.

Ce résultat peut encore être examiné sous deux autres faces.

La France était de nouveau gagnée à la Papauté, non par l'influence du Pape, non par une victoire du parti

---

[1] Ossat, qui du reste donne beaucoup de détails, passe ici, **1**, 168, légèrement sur la cérémonie. Tout s'y est passé, dit-il, convenablement à la dignité de la couronne très-chrétienne. — Tous ne partagèrent pas cette opinion.

rigide, mais par la réunion des opinions modérées, par la supériorité d'un parti qui s'était constitué d'abord comme opposition à la cour romaine. C'est ce qui fit que l'Église de France prit une position tout autre que l'Église d'Italie, que celle des Pays-Bas et celle établie récemment en Allemagne. Elle se soumit au Pape, mais avec une liberté et une indépendance dont le sentiment ne se perdit plus jamais. Sous ce rapport, le Saint-Siége était bien loin de pouvoir considérer la France comme une conquête absolue *.

Mais d'un autre côté, les avantages politiques furent immenses pour la Papauté. L'équilibre perdu était rétabli ; deux grandes puissances, jalouses l'une de l'autre et toujours en rivalité, se trouvaient réciproquement contenues ; toutes les deux étaient catholiques et pouvaient obéir à une même impulsion ; le Pape prit entre elles deux la position la plus indépendante qui eût été possédée par lui et ses prédécesseurs ; il parvint à s'affranchir des liens dans lesquels l'avait tenu jusqu'à ce jour la prépondérance des Espagnols.

Cette direction politique ne tarda pas à se manifester dans le cours des événements. L'influence française se montra de nouveau, pour la première fois, dans les affaires italiennes, à l'époque de la dévolution de Ferrare au Saint-Siége. C'est un événement qui devint d'une grande importance pour le développement de la puissance des États romains ; il détourna momentanément l'attention des affaires de l'Église ; nous allons aussi interrompre notre récit et jeter un coup d'œil sur ce pays, pendant le règne de son dernier prince.

* Voir la note n° 15.

§ VII. — Ferrare sous Alphonse II.

On admet généralement que Ferrare a été dans une
situation particulièrement florissante sous le dernier
d'Este ; cependant c'est une illusion comme tant d'autres, reposant chez ceux qui la partagent sur l'aversion
qu'ils éprouvent pour le pouvoir temporel de Rome.

Montaigne visita Ferrare sous Alphonse II. Il admire
les rues larges, les beaux palais de la ville, mais déjà,
comme les voyageurs de nos jours, il la trouve déserte
et dépeuplée [1]. La prospérité de la province dépendait
de la conservation des digues, de la distribution régulière des eaux, mais ni les digues, ni les rivières et les
canaux n'étaient tenus en bon état ; il y eut souvent des
inondations ; Volana et Primaro furent couverts de sable,
de sorte que la navigation y cessa tout à fait [2].

Ce serait encore une plus grande erreur que de regarder les sujets de cette maison comme ayant été libres
et heureux. Alphonse II faisait valoir avec la plus grande
sévérité les droits de son fisc. Chaque contrat, même
n'ayant pour objet qu'un prêt, payait la dîme au duc ;
il percevait la dîme sur tout ce qui entrait dans la ville ;
il avait le monopole du sel ; il mit de nouveaux impôts
sur l'huile ; enfin, suivant le conseil de Christofano de
Fiume, son administrateur des douanes, il s'empara aussi
du commerce de la farine et du pain ; le représentant
du duc seul avait le droit de les vendre ; aucun voisin

---

[1] Montaigne : *Voyage*, I, 226-231.

[2] Une relation sur les États de l'Église, du commencement du dix-septième
siècle, prétend que le duc a employé pour sa terre de Mesola les paysans destinés à travailler pour améliorer la navigation du Pô, de sorte que tout est
tombé en ruine et jamais il n'a été possible de réparer le mal causé par ce
prince. (*Inf. polit.*, tome IX.)

n'eût osé prêter seulement une écuelle de farine[1]. La chasse n'était permise, même aux gentilshommes, que pour peu de jours, et jamais avec plus de trois chiens. Un jour, on vit sur la place du marché six cadavres pendus : des faisans morts étaient attachés à leurs pieds, pour montrer, disait-on, qu'ils avaient été tués frauduleusement dans la faisanderie du duc.

Ainsi donc, quand on parle de la prospérité et du mouvement de Ferrare, il ne faut entendre ni la campagne, ni la ville, mais seulement la cour.

Au milieu de ces troubles de la première moitié du seizième siècle qui avait vu périr tant de maisons florissantes, tant de puissantes principautés, et l'Italie entière se transformer de fond en comble, la maison d'Este avait su se maintenir par une politique habile et par une défense courageuse. Elle se distingua encore par d'autres qualités. Qui n'a pas lu l'histoire de cette famille, destinée, selon les expressions de Bojardo, à conserver dans le monde les types parfaits de la valeur, de la vertu, de la courtoisie et de l'enjouement[2]? Qui ne connaît aussi l'histoire de cette résidence qu'elle a dotée, comme dit l'Arioste, non-seulement *d'édifices royaux, mais aussi de belles études et d'excellentes mœurs*[3]. Si les d'Este se sont acquis quelque mérite, en favorisant les sciences et la poésie, ils en ont été richement récompensés. Le souvenir si éphémère de leur splendeur et de leur puissance s'est propagé avec la mémoire immortelle des illustres écrivains.

Alphonse II chercha à perpétuer la situation des choses

---

[1] Frizzi : *Memorie per la Storia di Ferrara*, t. IV, p. 364. Principalement Manolesso : *Relatione di Ferrara*.

[2] Bojardo : *Orlando innamorato*, II, 22.

[3] Ariosto : *Orlando furioso*, XXXV, 6.

telle qu'elle avait existé sous les ducs antérieurs. Il poursuivit les mêmes projets.

Il n'avait pas, à la vérité, à se défendre contre des
agitations aussi difficiles que celles qui avaient inquiété
ses prédécesseurs ; cependant, comme il vivait continuellement en mésintelligence avec Florence, et n'était pas
non plus très-sûr du Pape, son seigneur suzerain, lui
aussi se tint toujours préparé à la guerre. Ferrare passait, après Padoue, pour la principale forteresse de
l'Italie : 27,000 hommes étaient inscrits sur les rôles de
la milice : Alphonse chercha à entretenir cet esprit militaire. Ensuite, afin de pouvoir opposer à la faveur
dont la Toscane jouissait auprès de la cour papale, une
amitié d'une importance non moindre, il se tint associé
au parti de l'empereur. Souvent il traversa les Alpes
avec une suite brillante ; il se maria avec une princesse
autrichienne. En 1566, il se rendit en Hongrie, avec
un corps d'armée qui pouvait se monter à quatre mille
hommes, pour secourir l'empereur contre les Turcs.

La littérature se perfectionna également sous son règne, à la cour et dans ses États. Je ne saurais dire si
jamais union plus étroite a régné entre un prince et ses
sujets. Deux professeurs de l'université, Pigna et Montecatino, devinrent successivement les premiers ministres du pays : ils ne renoncèrent pas pour cela à leurs
travaux littéraires : Pigna du moins continua toujours
ses leçons, tout en dirigeant les affaires, et faisait
paraître de temps en temps un livre. Baptiste Guarini,
l'auteur du *Pastor Fido*, fut envoyé comme ambassadeur à Venise et en Pologne. François Patrizi même,
quoiqu'il s'occupât de sujets abstraits, vante beaucoup
l'intérêt qu'on lui témoignait à la cour. Là, aux luttes
de la science succédaient les controverses sur l'amour,

comme celle qui fut soutenue un jour par le Tasse qui
avait aussi enseigné à l'université. Tantôt la cour, tantôt
l'université donnaient quelque représentation théâtrale;
le théâtre avait un attrait tout littéraire, il était toujours à la recherche de nouvelles formes, et perfectionna, précisément à cette époque, la pastorale et
fonda l'opéra. Quelquefois des ambassadeurs étrangers,
des cardinaux, des princes, ou du moins les princes
voisins de Mantoue, de Guastalla, d'Urbin, un archiduc, arrivaient à la cour; alors elle apparaissait dans
toute sa splendeur; on donnait des tournois pour lesquels la noblesse du pays n'épargnait aucuns frais; souvent cent chevaliers à la fois combattaient dans la cour du
château. Ces tournois étaient des représentations tirées de
la fable, imitées de quelque ouvrage poétique, comme
l'indiquent leurs noms, *le Temple d'amour, l'Ile fortu-
née :* des châteaux enchantés étaient défendus et pris [1].

C'était l'union la plus intime de la poésie, de l'érudition, de la politique et de la chevalerie. La magnificence était encore ennoblie par le sens qu'on y attachait, la petitesse des moyens relevée par l'esprit qui
présidait à leur emploi.

Le Tasse nous fait, dans ses rimes et dans son poëme
épique, une peinture animée de cette cour au milieu
de laquelle brillaient ce prince, « qui se distinguait par
l'union de la magnanimité et de la force, dont on ne
savait s'il était meilleur chevalier ou meilleur général, »
son épouse et surtout ses sœurs. L'aînée, Lucrèce, ne
vécut que peu de temps auprès de son époux à Urbin, et
resta toujours fixée à Ferrare où elle exerçait de l'in-

---

[1] Extraits des descriptions qui ont paru à cette époque, par exemple du *Tem-
pio d'amore*, dans Muratori, Serassi et Frizzi.

fluence sur les affaires, et contribuait surtout à donner
un essor et une impulsion aux travaux littéraires et à
ceux de la musique : c'est elle qui protégea le Tasse à
la cour ; la plus jeune, Léonore, vivait plus retirée,
tranquille, maladive, solitaire, mais, comme sa sœur,
douée d'un grand caractère [1]. Toutes les deux se refusèrent à quitter le château, pendant un tremblement de
terre ; au milieu du danger qui les menaçait, Léonore
particulièrement se complaisait dans un calme stoïque ;
lorsqu'elles consentirent enfin à se retirer, il était
temps : la toiture s'enfonça immédiatement derrière
elles. Léonore fut presque regardée comme une sainte ;
la ville ayant été délivrée des ravages d'une inondation,
on l'attribua à l'efficacité de ses prières [2]. Le Tasse leur
avait consacré une vénération appropriée au caractère
de chacune d'elles : pour la plus jeune, ses hommages
étaient rares et réservés, comme s'il avait senti qu'il ne
devait pas aller plus loin ; pour l'aînée, ils étaient beaucoup plus libres, il la compare à une rose exhalant
toute son odeur, et qui, en vieillissant, n'a pas perdu
ses charmes, etc. A côté de ces deux princesses apparaissaient encore quelques autres dames : Barbara Sanseverina, et sa fille Léonore Sanvitale : rien n'égale la
séduction du tableau dans lequel le Tasse représente la
fille et nous peint la confiance tranquille de la mère et
les charmes enjoués d'une beauté juvénile. Puis vient
la description des châteaux de plaisance, des chasses et
des jeux, de tous les plaisirs de cette cour. Comment

---

[1] En 1556, elle avait été régente pendant l'absence du duc, selon Manolessa,
« con infinita sodisfattione de' sudditi. — Non ha preso, » continue-t-il, « nè
« vuol prendere marito, per esser di debolissima complessione : è però di gran
« spirito. »

[2] Serassi : *Vita di Torquato Tasso*, p. 150.

résister à la délicieuse impression produite par cette description qui s'épanche en une si riche et si abondante harmonie !

On ne doit cependant pas se laisser éblouir par cet éclat. Ce même pouvoir qui tenait le pays sous une obéissance si absolue se faisait aussi sentir à la cour.

Ces scènes de poésie et de fêtes furent quelquefois interrompues par des scènes bien différentes. Les grands ne furent pas plus épargnés que le peuple.

Un membre de la famille, un Gonzague, avait été assassiné. Tout le monde accusait de ce meurtre le jeune Ercole Contrario, et du moins les assassins avaient été reçus dans une de ses terres. Le duc demanda leur extradition. Le jeune Contrario, pour ne pas être dénoncé par eux, les fit périr et ne livra au duc que leurs cadavres. Un jour, il fut appelé à la cour et reçut audience, le 2 août 1575. Les Contrari étaient la famille la plus ancienne et la plus riche de Ferrare, Ercole en était le dernier rejeton : peu de temps après être entré dans le palais, il en fut emporté sans vie. Le duc déclara que le jeune homme avait éprouvé subitement une attaque d'apoplexie, en courant avec lui. Mais personne ne le crut, des traces de violence furent aperçues sur le cadavre : les amis du duc avouèrent qu'il l'avait fait mettre à mort, et l'excusèrent en disant qu'il n'avait pas voulu déshonorer ce nom illustre par une mort plus ignominieuse [1].

Cette exécution inspira une terreur générale. Ce qu'il y avait de plus terrible, c'est que tous les biens de la famille devaient tomber en dévolu au duc.

Mais il eût été très-imprudent de s'opposer dans les

---

[1] Frizzi : *Memorie*, IV, 382.

moindres choses à la volonté du prince [1] : au milieu de cette cour le terrain était très-glissant. Malgré toute sa finesse, Montecatino ne put cependant pas s'y maintenir jusqu'à la fin. Panigorla, alors le prédicateur le plus célèbre de l'Italie, avait été attiré, non sans peine, à Ferrare, il en fut subitement banni avec violence; on se demandait quel était son crime, on ne put rien découvrir, si ce n'est qu'il était entré en négociation pour être placé ailleurs. Le Tasse, qui était inconstant, irascible et mélancolique, ne put aussi se conserver longtemps en faveur. Le duc paraissait l'aimer, éprouver du plaisir à l'entendre, souvent il le conduisait avec lui à la campagne, et même ne dédaigna pas de corriger de sa propre main les descriptions de guerre qui se présentent dans la *Jérusalem*. Mais depuis le jour où le Tasse avait fait semblant de passer au service des Médicis, le duc et lui cessèrent d'être amis ; le pauvre poëte s'éloigna, puis attiré par un penchant irrésistible, il revint encore ; alors quelques paroles injurieuses, proférées dans un moment de mélancolie, suffirent pour décider le duc à jeter le malheureux poëte dans une prison et à l'y tenir enfermé pendant sept ans [2].

C'était encore là un de ces types de principauté italienne, telle qu'elle avait été perfectionnée dans le quinzième siècle, reposant sur des relations politiques bien calculées, possédant à l'intérieur une autorité illimitée et violente, entourée de splendeur, protégeant les lettres, jalouse même de l'apparence du pouvoir.

[1] Quand le Tasse n'est pas de bonne humeur, il s'exprime autrement que ci-dessus : « Perchè io conosceva, » dit-il dans une lettre au duc d'Urbin, « il « duca per natural inclinatione dispotissimo alla malignità e pieno d'una « certa ambitiosa alterazza, la quale egli trae della nobiltà del sangue e dalla « conoscenza ch' egli ha del suo valore, del quale in molte cose non si da punto « ad intendere il falso. » (*Lettere*, n° 284. *Opere*, t. IX, p. 188.)

[2] Serassi : *Vita del Tasso*, p. 282.

Alphonse II devait maintenant voir qu'il ne lui était plus possible d'espérer un héritier, après s'être inutilement marié trois fois. Sa conduite, dans cette circonstance, fait connaître toute sa politique.

Il avait deux buts : celui de ne pas laisser croire à ses sujets qu'ils pourraient tomber sous la domination d'un prince étranger à sa famille, ensuite celui de conserver dans ses mains la nomination de son successeur, et de ne pas contribuer lui-même à élever un rival.

Il se rendit, au mois de septembre 1589, à Lorette, où se trouvait la sœur de Sixte V, dona Camilla ; il n'épargna ni les présents, ni les promesses, pour la gagner. Il espérait obtenir par son crédit la liberté de nommer pour son successeur celui de ses parents qu'il regardait comme le plus convenable. Mais à peine les négociations furent-elles entamées, que Sixte V mourut.

C'est par des moyens semblables, par des présents faits à la belle-sœur du Pape, par son empressement à servir le neveu du pontife, qu'Alphonse sut se procurer, en 1591, un accès auprès de Grégoire XIV. Lorsqu'il vit la possibilité de concevoir des espérances, il alla lui-même à Rome pour diriger la négociation. La première question à débattre était de savoir si la bulle de Pie V, qui prohibait la reconcession des fiefs papaux tombés en dévolu, s'appliquait aussi à Ferrare. Alphonse le nia, parce que Ferrare n'était jamais encore tombée en dévolu. Cependant les expressions étaient trop claires ; la congrégation décida que la bulle comprenait aussi Ferrare. Alors la question était seulement de savoir si un Pape n'a pas le pouvoir de donner, dans certains cas, une destination particulière à un fief papal. La congrégation n'osa pas le nier ; toutefois elle y mit la condition d'une nécessité urgente et d'une utilité évidente [1]. Par là, un grand pas se trouvait fait. Il est probable que si on s'était hâté et que l'on eût expédié de suite une nouvelle investiture sur la présentation d'un nom déterminé, l'affaire eût été amenée au but désiré. Cependant Alphonse ne voulait pas nommer son héritier. Il n'était pas, à ce sujet, de la même opinion que les Sfondrati : ceux-ci auraient préféré le marquis Philippe d'Este ; lui aimait mieux César, son plus proche cousin. Au milieu de toutes ces discussions, le temps se passa, et Grégoire mourut aussi, avant que rien n'eût été convenu [2].

Des négociations avaient été également ouvertes avec la cour impériale. Ferrare était, à la vérité, un fief du Pape, mais Modène et Reggio étaient des fiefs de l'empereur. Ici la politique suivie jusqu'à ce jour par le duc lui fut très-utile ; il était dans la meilleure intelligence avec Loup Rumpf, ministre dirigeant de l'empereur. En effet, Rudolphe II lui accorda le renouvellement de l'investiture, et lui donna même un délai, pendant lequel il serait libre de nommer pour son successeur celui qu'il désirait.

Le Pape Clément VIII se montra d'autant plus opiniâtre ; il parut plus conforme aux intérêts catholiques et ecclésiastiques de faire rentrer Ferrare dans le domaine de l'Eglise, que d'en donner de nouveau l'investiture ; c'est ainsi que le Pape Pie V l'avait ordonné.

---

[1] *Dispaccio Donato :* Le cardinal Sanseverina prétendit que c'était lui principalement qui avait fait échouer le projet, quoique avec beaucoup de difficulté et beaucoup d'opposition ; que le Pape aussi s'était repenti de cette opposition.

[2] *Cronica di Ferrara*, Ms. de la Bibl. Albani, rapporte qu'il n'y a aucun doute sur les intentions bienveillantes de Grégoire XIV pour Ferrare ; suivant cette chronique, il sortit en colère de la congrégation, et en fut malade. Alphonse se rendit dans une villa du cardinal Farnèse, « aspettando o vita o morte « di questo Papa. Ven e la morte. Il duca ritorno. »

Clément proposa et fit adopter, en 1592, dans un consistoire secret, la confirmation de cette bulle, avec sa teneur originelle, sans l'addition qui y avait été faite par Grégoire XIV [1].

A cette époque le délai fixé par l'empereur était écoulé. Le duc fut forcé de se décider à nommer son successeur. Alphonse Ier s'était marié, dans un âge avancé, avec Laura Eustochia, dont il eut un fils : c'est de ce fils que descendait don César d'Este, que le duc choisit enfin, après bien des hésitations, pour son successeur. Mais encore il y mit tout le secret possible. Il fit la nomination à l'insu de tout le monde, dans une lettre autographe qu'il adressa à l'empereur, le suppliant en même temps de la manière la plus pressante, de ne la faire connaître à personne, pas même à l'ambassadeur de Ferrare qui était à la cour impériale, et de n'exprimer son approbation que par le renvoi de cette même lettre revêtue de la signature impériale [2].

Il voulait posséder sans partage, dans son petit royaume, la plus grande autorité, jusqu'à son dernier soupir; il ne voulait pas voir sa cour se tourner vers le soleil levant. César lui-même n'apprit rien de la faveur dont il était devenu l'objet; il fut même tenu avec encore plus de sévérité, restreint dans le luxe et la dignité de son entourage (il ne devait jamais avoir plus de trois gentilshommes à sa suite); ce n'est enfin que lorsque la dernière heure du duc eut sonné, lorsque les médecins eurent perdu tout espoir, qu'il fit appeler César pour lui annoncer son bonheur. Le testament fut ouvert en présence des principaux habitants; ceux-ci furent ex-

---

[1] *Dispaccio Donato*, 27 déc. 1592.

[2] *Relatione di quello che è successo in Ferrara dopo la morte del duca Alfonso.* (Ms. Barber.)

hortés par le ministre à rester fidèles à la maison d'Este :
ensuite le duc dit à César qu'il lui laissait le plus bel
État du monde, puissant par ses armes, par ses peuples,
par ses alliés en Italie et en dehors de l'Italie, alliés
dont il pouvait attendre tous les secours. Le même jour,
Alphonse II mourut, le 27 octobre 1597.

§ VIII. — Conquête de Ferrare.

César prit possession, sans opposition, des fiefs impériaux; les fiefs papaux aussi lui rendirent hommage :
il fut revêtu à Ferrare du manteau ducal par le magistrat, et salué comme nouveau prince par les cris de
joie et les vivat du peuple.

Mais si son prédécesseur avait pris soin de lui parler
de la puissance dont il héritait, et des secours étrangers qu'il pouvait espérer, César se trouva aussitôt dans
le cas de les mettre à l'épreuve.

Clément fut inébranlable dans la résolution qu'il avait
prise de confisquer Ferrare. Tant de Papes avaient
tenté avant lui cette entreprise, qu'il croyait acquérir
une renommée éternelle, s'il l'exécutait. En apprenant
la nouvelle de la mort d'Alphonse, il déclara être affligé de voir que le duc ne laissait pas de fils, mais que
l'Église était forcée de reprendre ce qui lui appartenait.
Il ne voulut pas même entendre les ambassadeurs de
César; il appela cette prise de possession une usurpation; il le menaça de la peine de l'excommunication,
si, dans l'espace de quinze jours, il n'avait pas renoncé
à ses prétentions; et, pour donner plus de poids à ses
paroles, il commença à l'instant ses préparatifs. On fit
un nouvel emprunt, on fonda un nouveau *Monte* afin de
n'être pas obligé d'entamer l'argent conservé au châ-

teau : le cardinal Pierre Aldobrandini, neveu du Pape,
se rendit peu de temps après avec des généraux expérimentés à Ancône, pour rassembler une armée : il envoya des enrôleurs de tous côtés : les provinces furent
forcées de faire de grandes fournitures.

César aussi commença par se montrer plein de courage[1]. Il déclara qu'il voulait défendre son bon droit jusqu'à la dernière goutte de son sang, ne croyant pas, pour
cela, manquer à sa religion et compromettre son bonheur éternel ; et il fit entourer ses places de nouvelles
fortifications : les milices du pays prirent les armes : un
corps d'armée s'avança sur les frontières de l'Etat de
l'Église, et même une proposition fut faite à ce corps
d'entrer dans la Romagne où l'on était mécontent de la
domination papale, et où l'on ne désirait qu'une occasion pour la renverser. César eut en outre le bonheur de
voir les États italiens voisins prendre parti pour lui.
Son beau-frère, le grand-duc de Toscane, jura qu'il ne
l'abandonnerait pas. La république de Venise empêcha
le Pape de recruter des soldats en Dalmatie, et lui refusa les munitions de guerre et les armes qu'il voulait
tirer de Brescia. Tous repoussaient l'agrandissement des
États de l'Église.

Si l'Italie s'était trouvée dans la même situation que
cent ans auparavant, c'est-à-dire à peu près indépendante des influences étrangères, et abandonnée à elle-
même, Clément VIII n'eût probablement pas mieux
réussi que Sixte IV à cette époque. Mais ces temps
étaient passés : tout dépendait, dans ce nouveau siècle,

---

[1] Niccolo Contarini, *delle Historie Venetiane*, Ms., t. 1, lib. 1. Le récit de
Contarini contient un très-grand nombre de renseignements exacts sur cet
événement.

des relations générales de l'Europe et des deux grandes
puissances dominantes, la France et l'Espagne.

Les dispositions des Espagnols n'étaient pas très-dou-
teuses; César d'Este avait une si grande confiance dans
Philippe II, qu'il le proposa au Pape comme arbitre :
le gouverneur du roi à Milan se déclara ouvertement
pour César et lui offrit des garnisons espagnoles pour
ses places fortes. On ne pouvait cependant pas méconnaître que le roi, qui avait empêché, pendant sa vie,
l'explosion de tous ces mouvements en Italie, hésite-
rait, dans l'âge avancé où il était parvenu, à soulever
une nouvelle guerre; en effet, il se conduisit avec une
circonspection extraordinaire. Son ambassadeur à Rome
se conforma à la même politique.

Dans ces circonstances, tout dépendait de la décision
que prendrait Henri IV : on vit de quelle importance
devait être pour l'Italie la restauration d'une France catholique et puissante. C'était avec le secours des princes
italiens que Henri IV avait conquis son trône, ils ne
doutaient pas qu'il ne se montrât reconnaissant, et que,
dans leur différend avec le Saint-Siége, il ne s'empres-
sât de prendre leur parti; d'ailleurs la couronne de
France avait de grandes obligations envers la maison
d'Este. Pendant la guerre civile, les d'Este avaient
avancé plus d'un million de scudi à la maison royale,
qui n'avaient pas encore été remboursés, et qui auraient
suffi maintenant pour enrôler une armée à laquelle aucun Pape n'aurait pu résister.

Cependant Henri IV ne fit pas toutes ces réflexions.
En dépit de son retour au catholicisme, il avait été
obligé de prendre encore beaucoup trop de mesures
qui ne pouvaient que déplaire à la cour de Rome : il ne

vit dans l'affaire de Ferrare qu'une occasion de faire oublier ces actes, *de relever de nouveau les Lys auprès de la cour de Rome,* ainsi que s'exprimaient ses hommes d'État. Il fit offrir, sans retard et sans hésiter, le secours de la France au Saint-Père. « Il était prêt, disait-il, non-seulement à envoyer une armée au delà des monts, si le Pape le désirait, mais encore à venir en personne à son secours, en cas de besoin, avec toute son armée. »

Ce fut cette déclaration qui décida la question. La cour de Rome, qui prévoyait déjà avec crainte tous les embarras dans lesquels la haine de ses voisins et la résistance ouverte de Ferrare pouvaient la jeter, commença à respirer. « Je ne puis exprimer, écrivit Ossat au roi, combien de bienveillance, de louanges et de bénédictions votre majesté s'est acquise par ses offres. » Il promit à son maître, si elles étaient exécutées, qu'il obtiendrait près de l'Église une position semblable à celle d'un Pepin, d'un Charlemagne. De son côté, le Pape se prépara aussitôt à excommunier son adversaire.

Les princes, profondément surpris et effrayés, s'élevèrent contre la noire ingratitude d'Henri IV, et perdirent le courage de soutenir Ferrare, ce qu'ils eussent certainement fait, de toutes leurs forces, ouvertement ou en secret.

Une réaction en résulta immédiatement sur Ferrare. Le règne sévère d'Alphonse avait nécessairement suscité beaucoup de mécontents. César était neuf dans les affaires du gouvernement, sans véritables talents et sans aucune expérience ; il avait à peine eu le temps de faire une connaissance plus intime avec les membres du conseil privé, dans les séances qu'il eut à tenir comme

prince¹ : or, comme il avait envoyé dans les diverses
cours ses anciens amis, ceux qui le connaissaient le
mieux, sur lesquels il se reposait avec le plus de confiance, il ne conserva autour de lui personne sur qui
il pût compter, avec qui il pût s'entendre convenablement. Dans cette situation, il était inévitablement destiné à faire de faux pas ; une incertitude, telle qu'elle
a coutume de précéder une ruine imminente, s'empara
de lui ; les grands qui possédaient une part au pouvoir,
réfléchissaient déjà sur ce qu'ils pouvaient gagner à un
changement, et cherchèrent à traiter en secret avec le
Pape : Antoine Montecatino se rendit à Rome. Mais ce
qu'il y avait, sans aucun doute, de plus surprenant et
de plus fatal, c'est qu'une scission se manifesta dans la
maison d'Este même. Lucrèce qui avait été pleine
de haine contre le père de César, ne haïssait pas moins
son fils, et ne voulait pas être sa sujette : elle-même,
la sœur du duc précédent, ne fit aucune difficulté
d'entrer en alliance avec le Pape et le cardinal Aldobrandini.

En attendant, le Pape avait fulminé l'excommunication. Le 22 décembre 1597, il se rendit processionnelle-
ment à Saint-Pierre et monta avec toute sa suite dans
la *loggia* de cette église. Un cardinal lut la bulle. Don
César d'Este y était déclaré ennemi de l'Église romaine, coupable de lèse-majesté, tombé dans les censures majeures et dans la sentence de malédiction : ses
sujets furent déliés du serment de fidélité, les fonction-

---

¹ Niccolo Contarini. Ossat, *Lettres*, ı, 495, cite une des causes du malheur
du duc, « le peu de fidélité de ses conseillers mêmes, qui, partie pour son peu
de résolution, partie pour avoir des rentes et autres biens en l'État de l'Église
et espérer et craindre plus du Saint-Siége que de lui, regardoient autant ou
plus vers le Pape que vers lui. »

naires de son royaume exhortés à quitter son service. Après la lecture de la bulle, le Pape, avec un regard plein de colère, jeta en bas, sur la place, un grand cierge allumé ; le son des trompettes et des tambours se fit entendre, on tira le canon, le peuple couvrit tout ce bruit par ses cris.

. Les circonstances étaient telles, que cette excommunication devait produire son effet plein et entier. Un Ferrarais même apporta dans la ville un exemplaire de la bulle, cousu dans son habit, et le remit à l'évêque[1]. Le lendemain, 31 décembre 1597, on devait faire l'enterrement d'un chanoine ; l'église était tendue en noir ; le peuple s'assemblait pour entendre l'oraison funèbre. L'évêque monta en chaire et commença à parler de la mort. « Mais ce qui est bien pire encore que la mort du corps, s'écria-t-il tout à coup, c'est la perte de l'âme qui nous menace tous dans ce moment..... » Il s'arrêta, et fit donner lecture de la bulle dans laquelle tous ceux qui ne se sépareraient pas de don César étaient menacés « d'être retranchés de l'arbre de vie spirituelle, comme des branches desséchées. » On afficha ensuite la bulle aux portes de l'église : elle se remplit de cris et de gémissements : l'agitation se propagea dans toute la ville.

Don César n'était pas un homme capable d'arrêter un pareil mouvement. On lui avait conseillé d'enrôler des Suisses et des Allemands, mais il n'avait pu prendre une résolution. Il ne voulait pas des catholiques, parce

---

[1] Un certain Coralta. « Ributtato al primo ingresso da' soldati se escusò che « lui ivi dimorava nè era ancora partito per Bologna » (d'où cependant il venait d'arriver : il était descendu de cheval à une certaine distance des portes de la ville), « e ragionando si pose fra loro a sedere, finalmente assicurato si « licentiò della guardia, entrò nella città, presentò il vescovo la scommunica « con la lettera del arcivescovo di Bologna. » (*Relatione di quello che*, etc.)

qu'ils étaient partisans du Pape, et il voulait encore
moins des protestants, parce qu'ils étaient hérétiques :
« comme s'il lui appartenait, dit Niccolo Contarini, de
remplir l'office d'un inquisiteur. » Il demanda à son
confesseur ce qu'il avait à faire : c'était Benedetto
Palma, un jésuite, qui l'engagea à se soumettre. Don
César en fut réduit au point d'être obligé de s'adresser
précisément à celle qu'il savait être sa plus violente
ennemie, pour faire cette soumission à des conditions
favorables : il fut forcé de profiter de l'alliance secrète,
et en quelque sorte perfide, que Lucrèce avait contractée
avec Rome, pour obtenir un accommodement suppor-
table. Chargée de ses propositions, elle se rendit, non
sans sa pompe habituelle, dans le camp ennémi.

Les partisans de César ont toujours prétendu qu'elle
aurait pu obtenir de meilleures conditions, mais
qu'ayant été gagnée par la promesse de la possession
viagère de Bertinoro avec le titre de duché, et que, de
plus, éprise du jeune et spirituel cardinal, elle avait
accordé tout ce que l'on avait demandé. Le 12 janvier
1598, on rédigea la convention en vertu de laquelle
César devait renoncer à Ferrare, à Comacchio, à la partie de la Romagne qu'il possédait, et obtenir en retour
son absolution. Il avait espéré sauver au moins une
petite portion de son royaume, une perte aussi complète lui fut très-dure. Il convoqua de nouveau les principaux magistrats de la ville, quelques docteurs et
quelques gentilshommes, pour entendre leur avis ; ils
ne lui donnèrent aucune consolation : chacun ne pensait déjà plus qu'à se mettre en bonne position vis-à-vis
le nouveau pouvoir qu'on attendait ; partout on rivalisait pour arracher les armoiries des d'Este et chasser
leurs fonctionnaires ; il ne resta plus d'autre ressource

au prince que de signer et d'abandonner l'héritage de ses pères.

C'est ainsi que les d'Este perdirent Ferrare ; les archives, le musée, la bibliothèque, une partie de l'artillerie fondue par Alphonse 1er, furent transportés à Modène : tout le reste périt. La veuve d'Alphonse II avait emporté ses richesses sur cinquante voitures ; la sœur de celui-ci, mariée en France, réclama les créances que sa maison possédait sur cette couronne ; Lucrèce n'eut pas le temps de prendre possession de son duché, elle mourut un mois après avoir conclu cette convention, le 12 février. Lorsqu'on ouvrit son testament, on vit qu'elle avait institué pour légataire universel le cardinal Aldobrandini qui avait expulsé sa famille de ses anciennes possessions. Elle lui avait légué aussi ceux de ses droits qui restaient à débattre contre César même. C'était vouloir laisser après elle un ennemi destiné à rendre encore plus amère la vie de ce pauvre prince. Il y a quelque chose de satanique dans cette femme conduisant avec joie sa propre famille à sa ruine.

Voilà de quelle manière la domination de l'Eglise remplaça celle du duc. Le Pape lui-même arriva à Ferrare le 8 mai. Il voulut aussitôt jouir de sa nouvelle conquête et l'attacher à l'Église par des institutions convenables.

Il procéda d'abord avec douceur et par des faveurs. Un grand nombre de chefs ferrarais furent dotés des dignités ecclésiastiques[1] ; les chapeaux de cardinal, les

----

[1] Contarini.

évêchés, les auditoriats leur échurent en partage : le
jeune Bentivoglio, entre autres, devint l'historiographe,
le camérier privé du Pape. Le pouvoir du duc avait été
basé sur la destruction des priviléges municipaux ; le
Pape résolut de rendre aux bourgeois leurs anciens
droits. Il forma un conseil composé de trois classes,
celle de la petite noblesse et des bourgeois distingués
avec quarante-cinq places, et celle des corporations
avec dix-huit places. Leurs droits étaient soigneusement
séparés : la première classe possédait les plus importants, cependant la nomination aux places dépendait
surtout du Pape. Celui-ci abandonna à ce conseil la surveillance des vivres, des rivières, la nomination des
juges et du podestat, même celle aux fonctions de l'université : c'étaient autant de droits que le duc s'était
réservés avec une sorte de jalousie ; et comme on peut
le penser, cette liberté enfanta une vie nouvelle pour
Ferrare ; on s'occupa également d'améliorer le sort de
la basse classe : on se relâcha beaucoup de la sévérité
des ordonnances fiscales [1].

Toutes les affaires ne pouvaient pas être dirigées
dans le même esprit. La domination de l'Église n'était
pas non plus la douceur même. L'administration de la
justice par des fonctionnaires ecclésiastiques devint
très-importune à la noblesse : Montecatino, trouvant
inconvenant qu'on restreignît les droits de sa dignité,
donna sa démission. Un mécontentement général fut
cause que Clément jugea nécessaire d'assurer sa conquête par l'érection d'un château-fort ; les représentations des habitants contre ce projet, toutes leurs supplications furent inutiles : une des parties les plus habitées

[1] Frizzi : *Memorie*, t. v, p. 25.

en France les Jésuites , afin de procurer plus de liberté
à la propagation des doctrines romaines, en dépit de la
marche des faits et des idées en France.

Il fut favorisé , sous ce rapport, par un mouvement
qui eut lieu dans l'Ordre des Jésuites , et quoiqu'il se
fût produit dans l'intérieur de l'Ordre même , il avait
cependant une grande analogie avec le changement
opéré dans la tendance générale de la cour de Rome.

Les affaires de ce monde se compliquent souvent
d'une manière si singulière , que dans le moment où
l'Université de Paris reprochait avec tant de vivacité
aux Jésuites leur alliance avec l'Espagne, dans le moment où l'on prétendait en France qu'un jésuite était
obligé de prier tous les jours pour le roi Philippe , et
de s'engager par un cinquième vœu à un dévouement
absolu pour sa monarchie , dans ce moment même ,
l'Institut de la Société, en Espagne , éprouvait les attaques les plus violentes de la part de quelques membres
mécontents , de la part de l'Inquisition , de la part d'un
autre Ordre , et enfin de la part du pouvoir royal lui-
même.

Ce revirement avait plus d'une cause , voici comment
il se manifesta :

Dans le principe, les hommes les plus âgés et les plus
instruits qui entrèrent dans la Société , étaient, en
grande partie, des Espagnols : parmi les autres nations,
il n'y eut guère que des hommes plus jeunes qui entrèrent dans l'Ordre , et qui avaient encore leur instruction à terminer ; naturellement, il s'ensuivit que le
gouvernement de la Société tomba de préférence, pendant les premières années du siècle , dans les mains des
Espagnols. La première congrégation générale se composa de vingt-cinq membres, dont dix-huit étaient Es-

pagnols [1]. Les trois premiers généraux appartenaient à cette même nation : après la mort du troisième général, nommé Borgia, laquelle eut lieu en 1573, un Espagnol, nommé Polanque, possédait encore une fois la plus grande chance d'arriver à cette dignité.

Mais on s'aperçut qu'en Espagne même, on ne verrait pas avec plaisir la nomination de Polanque. Il y avait dans la Société de Jésus beaucoup de nouveaux convertis, des juifs qui s'étaient faits chrétiens : Polanque aussi appartenait à cette classe : on ne souhaitait pas que le pouvoir suprême, dans une Société si puissante et organisée si monarchiquement, tombât en de pareilles mains [2]. Le Pape Grégoire XIII, ayant été instruit de ce fait, jugea aussi, par d'autres motifs, qu'un changement était utile. Lorsqu'une députation de la congrégation assemblée pour l'élection se fit présenter à lui, il lui demanda combien de voix avait chaque nation : il se trouva que la nation espagnole en avait plus que toutes les autres nations réunies. Il demanda ensuite parmi quelle nation on avait choisi, jusqu'à ce jour, les généraux de l'Ordre : on lui répondit qu'on avait déjà eu trois généraux, que tous les trois avaient été Espagnols. « Il est juste, répliqua Grégoire, que vous choisissiez une fois aussi un général d'une autre nation, » et il leur proposa lui-même un candidat.

Les Jésuites repoussèrent, pendant un instant, cette proposition, parce qu'elle lésait leurs priviléges ; mais

---

[1] Sacchinus, v, 7, 99. Dans la seconde congrégation générale, ce rapport avait déjà diminué, quoique faiblement encore. Sur 39 membres, il y avait 24 Espagnols.

[2] Sacchinus, *Historia Societatis Jesu*, pars IV, sive Everardus, lib. I « Ho-« rum origo motuum duplex fuit, studia nationum et neophytorum in Hispa-« nia odium. »

ils finirent par nommer le candidat du Pape, c'était Eberhard Mercurianus.

Il résulta de cette élection de graves changements; Mercurianus, homme faible et dépendant, abandonna de nouveau les affaires à un Espagnol, puis à un Français; des factions se formèrent; l'une chassa l'autre des emplois supérieurs : la faction dominante rencontra aussi une certaine résistance dans les degrés inférieurs.

Mais un événement bien plus important, c'est qu'à l'époque de la vacance suivante, qui eut lieu en 1581, Claudius Aquaviva, Napolitain, issu d'une famille qui avait été du parti français, homme d'une trempe énergique, âgé seulement de trente-huit ans, obtint la dignité de général.

Les Espagnols s'imaginèrent que leur nation, qui avait fondé la Société et l'avait soutenue, se trouvait pour toujours exclue du généralat : ils en devinrent mécontents, récalcitrants [1], et conçurent la pensée de se rendre plus indépendants de Rome, d'une manière quelconque, peut-être en établissant un commissaire-général particulier pour les provinces espagnoles. Aquaviva, au contraire, n'était pas disposé à laisser entamer le moins du monde l'autorité que la constitution de l'Ordre lui attribuait. Pour maintenir les malintentionnés, il leur donna des supérieurs sur le dévouement personnel desquels il pouvait compter : c'étaient des hommes jeunes qui se rapprochaient davantage de lui par l'âge et les sentiments [2] : des membres d'un mérite inférieur, des coadjuteurs qui ne jouissaient pas de tous les priviléges de l'Ordre et qui plaçaient tous leur appui

---

[1] Mariana, *Discurso de las enfermedades de la Compania*, c. **XII.**

[2] Mariana, c. **XII.**

dans le général ; enfin c'étaient des compatriotes , des Napolitains [1].

Les anciens Pères, instruits, expérimentés, se virent éloignés, non-seulement de la plus haute fonction de la Société , mais encore des emplois supérieurs dans les provinces. Aquaviva donna pour prétexte leurs défauts : l'un était colérique , l'autre mélancolique ; naturellement , dit Mariana , les gens distingués ont aussi leur défaut. Cependant le véritable motif de cet éloignement , c'est qu'Aquaviva les craignait et voulait avoir des instruments plus maniables pour l'exécution de ses ordres. Il est dans les habitudes de l'homme d'aimer à prendre une part active aux affaires publiques , et il ne se laissera pas tranquillement enlever sa part d'autorité. Ces mesures d'Aquaviva produisirent des froissements dans tous les colléges. Les nouveaux supérieurs furent reçus avec une silencieuse antipathie; aucun acte essentiel ne put être exécuté par eux avec succès ; très-satisfaits seulement quand ils étaient parvenus à s'en tirer sans exciter des troubles. Cependant , ils avaient encore assez de pouvoir pour se venger. Eux aussi firent occuper les emplois inférieurs uniquement par leurs partisans personnels ; car ils ne pouvaient manquer d'en recruter, avec la constitution monarchique de l'Ordre et l'ambition des membres ; ils renvoyèrent leurs adversaires les plus opiniâtres , et choisirent surtout le moment où une délibération importante était agitée, et ils les firent passer dans d'autres provinces. C'est ainsi que tout ne se décida plus que par action et réaction de personnalités. Chaque membre avait non-seulement le

[1] Outre Mariana, les requêtes adressées à ce sujet à Clément VIII sont encore importantes : elles sont imprimées dans la *Tuba magnum clanyens sonum ad Clementem XI* , p. 387.

droit, mais même le devoir de dénoncer les défauts qu'il remarquait dans les autres ; c'était là une règle qui, dans l'état normal et d'innocence d'une petite Société, avait un but moral ; mais, dans les circonstances présentes, elle ne servit qu'à favoriser la délation la plus dégoûtante, à fournir un instrument à l'ambition cachée, à la haine déguisée sous le masque de l'amitié : « Si on voulait fouiller les archives de Rome, s'écrie Mariana, on ne trouverait peut-être pas un seul honnête homme, du moins parmi nous qui sommes éloignés ; » une défiance universelle s'introduisit : aucun n'aurait osé ouvrir son cœur à son frère.

Ajoutez qu'on ne pouvait déterminer Aquaviva à quitter Rome et à visiter les provinces, comme l'avaient fait Lainez et Borgia. On l'excusa parce qu'il y voyait l'avantage de recevoir tous les renseignements par écrit, sans aucune interruption, sans être troublé par les accidents d'un voyage. En tout cas, il s'ensuivit que les provinciaux entre les mains desquels se trouvait toute la correspondance, acquirent encore une plus grande indépendance. En vain s'en plaignait-on ; ils pouvaient facilement prévoir et détruire d'avance l'objet de ces réclamations ; d'ailleurs Aquaviva les favorisait, et ils possédaient leurs places, pour ainsi dire à vie.

Dans ces circonstances, les anciens Jésuites d'Espagne, ressentant cette situation comme une tyrannie, convaincus qu'elle ne pourrait être jamais changée dans l'intérieur et les limites de la Société elle-même, résolurent d'avoir recours à une autorité étrangère.

Ils s'adressèrent d'abord au pouvoir ecclésiastique national de leur pays, à l'Inquisition. L'Inquisition avait réservé, comme on sait, beaucoup trop de délits pour son tribunal. Un Jésuite mécontent, déterminé par des scrupules de conscience, ainsi qu'il le déclara, accusa son Ordre de cacher et même de juger lui-même les délits commis par ses membres et qui rentraient sous la juridiction de l'Inquisition. Elle fit subitement arrêter le provincial, qui était accusé d'un acte de ce genre, et quelques-uns de ses compagnons les plus actifs [1]. Comme d'autres accusations suivirent celle-ci, l'Inquisition se fit délivrer les statuts de l'Ordre, et procéda à de nouvelles arrestations. Il en résulta une agitation d'autant plus vive parmi les Espagnols qu'on ignorait le motif de ces rigueurs, car l'opinion se répandit que les Jésuites avaient été arrêtés pour cause d'hérésie. Mais l'Inquisition n'aurait pu qu'infliger une punition ; elle n'avait autorité pour prescrire aucun changement. Les choses étant poussées si loin, les mécontents s'adressèrent aussi au roi. Ils l'assaillirent de plaintes confuses sur les vices de leur constitution. Elle n'avait jamais convenu à Philippe II ; il avait coutume de dire *que, de tous les Ordres religieux, celui des Jésuites était le seul auquel il ne pouvait rien comprendre.* Ce qui lui parut clair surtout, c'est ce qu'on lui disait de l'abus du pouvoir absolu et du désordre des accusations secrètes. Au milieu de la grande lutte européenne dans laquelle il était engagé, il trouva moyen de donner son attention à cette affaire ; il chargea l'évêque Manriquez de Carthagène de soumettre l'Ordre à une enquête, principalement par rapport aux faits précédemment mentionnés.

C'est une attaque qui, comme on voit, était dirigée contre le caractère de l'Institut, contre le chef même : elle était d'autant plus grave qu'elle partait précisément du pays où la Société avait pris naissance et tout son développement.

[1] Sacchinus, pars v, lib. VI, n° 85.

Aquaviva ne se montra nullement effrayé. C'était un homme qui cachait sous l'apparence d'une grande douceur extérieure et de mœurs simples et calmes, une fermeté d'âme inébranlable; une de ces natures à la façon de Clément VIII lui-même, et telles qu'on les vit généralement surgir dans ce siècle, résolue, modérée, prudente, discrète. Jamais il n'eût voulu se permettre de prononcer un jugement définitif, et il ne souffrait pas qu'on en exprimât un semblable en sa présence, bien moins sur tout une nation : ses secrétaires avaient reçu l'ordre formel d'éviter toute parole offensante, toute parole amère. Il aimait la piété, même dans son apparence extérieure; à l'autel, ses gestes, sa physionomie, toute sa pose, exprimaient un bonheur plein d'abandon, en prononçant les paroles de la messe; toutefois, il repoussait tout ce qui pouvait paraître de l'exagération. Il ne permit pas l'impression d'un commentaire du Cantique des cantiques, parce qu'il en trouvait choquante l'expression qui flottait entre les limites de l'amour sensuel et de l'amour spirituel. Il savait gagner les hommes, même quand il leur faisait des reproches; apparaissant toujours avec la supériorité que donne le calme du cœur et de l'intelligence, il savait redresser par des raisons pleines de sens ceux qui étaient dans l'erreur; la jeunesse s'attachait à lui avec enthousiasme. « On est forcé de l'aimer, écrit Maximilien de Bavière à son père, en date de Rome, seulement à le voir. »

Ces qualités, son activité infatigable, même sa naissance distinguée, l'importance toujours croissante de son Ordre, lui firent une haute position à Rome. Si ses adversaires réussirent à mettre de leur côté les pouvoirs nationaux de l'Espagne, il avait pour lui la cour de

Rome, qu'il connaissait depuis sa jeunesse, — il était déjà camérier lorsqu'il entra dans l'Ordre, — et qu'il savait diriger avec l'influence irrésistible d'un talent naturel et exercé [1].

Connaissant le caractère de Sixte V, il était particulièrement facile à Aquaviva de réveiller les antipathies de ce Pape contre les projets des Espagnols. Sixte voulait, comme nous l'avons vu, concentrer à Rome, encore plus qu'il ne l'était déjà, le gouvernement de la chrétienté; Aquaviva lui représenta qu'en Espagne on ne cherchait qu'à se rendre plus indépendant de Rome. Sixte ne haïssait rien autant qu'une naissance illégitime: Aquaviva lui apprit que cet évêque Manriquez, nommé *Visiteur,* était un bâtard. Aux yeux du Pape, c'était un motif suffisant pour retirer l'autorisation de l'enquête qu'il avait déjà accordée. Il évoqua à Rome le procès du provincial. Sous Grégoire XIV, le général parvint à obtenir une confirmation positive des instituts de l'Ordre.

Mais les adversaires aussi étaient opiniâtres et rusés. Ils voyaient bien qu'il fallait attaquer le général auprès de la cour de Rome elle-même. Ils profitèrent d'un moment d'absence de celui-ci, — il était chargé de vider un différend entre Mantoue et Parme, — pour gagner Clément VIII. Clément ordonna la réunion d'une congrégation générale, à l'insu d'Aquaviva, pendant l'été de 1592, sur la proposition des Jésuites espagnols et de Philippe II.

Aquaviva, tout étonné, se hâta de revenir. Une congrégation générale était aussi incommode pour les chefs

---

[1] Sacchinus et surtout Juvencius, *Hist. Societ. Jesu, partie quintæ tomus posterior,* XI, 21, et XXV, 33-41.

suprêmes des Jésuites, qu'un concile pour les Papes. Si tous les autres généraux avaient déjà cherché à éviter ces assemblées, combien à plus forte raison Aquaviva devait-il les repousser, lui contre lequel se manifestait une haine si vive. Voyant que l'ordre de Clément était irrévocable, il se contint et dit : « Nous sommes des fils obéissants ; que la volonté du Saint-Père soit faite. » Et il se hâta de prendre ses mesures.

Il commença par exercer une grande influence sur les élections. Il parvint à faire écarter, même en Espagne, plusieurs de ses adversaires les plus dangereux, par exemple Mariana.

Lorsque la congrégation fut assemblée, il n'attendit pas qu'on l'attaquât. Il déclara, dès la première séance, qu'ayant le malheur de déplaire à quelques-uns de ses confrères, il demandait, avant toutes les autres affaires, une enquête sur sa conduite. On nomma une commission ; les griefs furent énumérés ; mais comment aurait-on pu découvrir la transgression d'une seule loi positive? il était beaucoup trop prudent pour commettre une pareille faute ; aussi fut-il justifié de la manière la plus éclatante.

Personnellement rassuré, il procéda avec la congrégation à l'éclaircissement des propositions concernant l'Institut.

Le roi Philippe avait fait quelques demandes et avait recommandé différentes questions à l'examen de l'assemblée. Il avait demandé deux choses : 1° la renonciation à certains priviléges, par exemple, de lire des livres défendus, d'absoudre du crime d'hérésie; et 2° une loi en vertu de laquelle chaque novice qui entrerait dans l'Ordre devait abandonner tous les majorats qu'il possédait, même tous ses bénéfices. C'étaient là des su-

jets de conflit entre la Société, l'Inquisition et l'administration de l'État. Après quelques réflexions, ces demandes furent accordées, principalement par l'influence
personnelle d'Aquaviva.

Mais les questions que le roi avait recommandées à
l'examen étaient encore bien plus importantes. Il s'a-
gissait surtout de savoir s'il ne fallait pas limiter, pour
un temps déterminé, le pouvoir des supérieurs, s'il ne
fallait pas ordonner une réunion périodique et à des
époques fixes des congrégations générales. C'était mettre
en question la base fondamentale de l'Institut, les droits
de domination absolue. Sur ces points, Aquaviva ne
se montra pas si bien disposé. La congrégation rejeta ces
propositions du roi, après de vifs débats. Mais le Pape
aussi était convaincu de la nécessité de ces modifica-
tions, et il ordonna ce qui avait été refusé au roi : par
la plénitude de son pouvoir apostolique, il décida que
les supérieurs et les recteurs seraient changés tous les
trois ans, et que les congrégations générales s'assemble-
raient une fois tous les six ans [1].

A la vérité, l'exécution de ces ordonnances ne produisit pas tout l'effet qu'on en avait espéré, les congrégations pouvaient être gagnées ; les recteurs furent changés, il est vrai, mais bientôt les mêmes revinrent.
Toutefois c'était un coup grave porté à la Société, que
ce changement de ces lois par la force d'une révolte
intérieure et d'une influence étrangère.

Un autre orage s'éleva encore dans les mêmes pays.

Les Jésuites avaient adopté, dans le principe, la doctrine des Thomistes, telle qu'elle dominait en général

---

[1] Juvencius contient dans son premier livre, *Societas domesticis motibus agitata*, des documents détaillés à ce sujet.

dans les écoles de ce temps. Ignace avait formellement recommandé à ses disciples la doctrine du docteur Angélique.

Mais bientôt ils crurent observer qu'avec elle ils ne pourraient pas arriver complétement à leur but, par rapport aux protestants. Ils voulaient être indépendants dans leurs doctrines comme dans leur vie. Ils se sentaient gênés de suivre les Dominicains, auxquels saint Thomas avait appartenu, et qui étaient regardés comme les interprètes naturels de ses opinions. Après avoir déjà précédemment donné plusieurs preuves de cette manière de penser, tellement qu'il était quelquefois question, à l'Inquisition, de la liberté des idées des Pères Jésuites [1], Aquaviva produisit ouvertement, en 1584, sa doctrine, dans son réglement des études. Suivant lui, saint Thomas était, à la vérité, l'auteur le plus digne d'approbation, cependant ce serait un joug insupportable que d'être obligé de suivre ses traces en toutes choses, et de n'avoir aucune opinion indépendante; plusieurs anciennes doctrines ont été développées par des théologiens modernes et présentées d'une nouvelle manière très-utile pour combattre les hérétiques, et à laquelle on pouvait s'attacher. Cette déclaration suffit seule pour occasionner une violente tempête en Espagne, où les chaires de théologie étaient encore, en grande partie, occupées par des Dominicains. Le réglement des études fut dénoncé comme le livre le plus téméraire, le plus présomptueux et le plus dangereux dans son genre [2] : on s'adressa, à ce sujet, au roi et au Pape. Mais la réaction devait éclater avec bien plus de force, quand le système des Thomistes fut réellement aban-

---

[1] Lainez même était suspect à l'Inquisition espagnole. Llorente, III, 63.
[2] Pegna in Serry, *Historia congregationum de auxiliis divinæ gratiæ*, p. 8.

donné par les Jésuites sur un des points de doctrine les plus importants.

Dans toute la théologie, dans la théologie catholique comme dans la théologie protestante, les controverses sur la grâce et le mérite des bonnes œuvres, sur le libre arbitre et la prédestination, étaient toujours les plus graves et les plus actives; elles absorbaient encore l'esprit et l'érudition des ecclésiastiques comme des laïcs. Du côté des protestants, les doctrines rigoureuses de Calvin sur la volonté particulière de Dieu, d'après laquelle « quelques-uns sont prédestinés à la félicité éternelle et les autres à la damnation, » rencontraient la plus grande approbation : les luthériens, avec leurs opinions plus douces à ce sujet, obtenaient moins de succès et perdaient du terrain. Un développement contraire eut lieu du côté des catholiques. Partout où se montrait quelque penchant pour les idées des protestants même les plus modérés, même pour les opinions les plus rigoureusement comprises de saint Augustin, comme par exemple dans Baïus, à Louvain, cette tendance fut combattue et étouffée. Les Jésuites particulièrement se montrèrent ardents dans cette lutte. Ils défendirent la doctrine posée par le concile de Trente, laquelle avait été établie non sans l'influence de leurs confrères Lainez et Salmeron : et même ce système ne satisfit pas toujours leur zèle pour la polémique.

En 1588, Louis Molina fit paraître à Évora un livre dans lequel il se proposait de traiter ces questions controversées et d'essayer de résoudre d'une nouvelle manière les difficultés qui n'avaient pas été vaincues [1]. Son

---

[1] *Liberi arbitrii cum gratiæ donis concordia.* Dans les controverses on a toujours jugé nécessaire de distinguer les éditions de Lisbonne de 1588, d'Anvers, de 1595, et de Venise, parce qu'elles diffèrent toutes les unes des autres.

principal but était de conquérir pour le libre arbitre de
l'homme une latitude plus grande encore que celle ad-
mise par la doctrine des Thomistes ou du concile de
Trente. A Trente, on avait basé l'œuvre de la sanctifica-
tion principalement sur la justice inhérente du Christ,
laquelle, répandue en nous, provoque l'amour, conduit
à toutes les vertus et aux bonnes œuvres, et produit
enfin la justification. Molina va plus loin ; il prétend que
le libre arbitre peut produire, sans le secours de la
grâce, des œuvres moralement bonnes, qu'il peut résister aux tentations, s'élever de lui-même aux actes d'espérance, de foi, de charité et de contrition [1] ; quand
l'homme en est venu à ce point, alors Dieu lui accorde
la grâce, à cause du mérite de Jésus-Christ [2], par laquelle il éprouve les effets surnaturels de la sanctifica-
tion ; mais le libre arbitre n'est pas moins suffisamment
actif, même après la réception et pendant les progrès de
la grâce ; tout dépend du libre arbitre, de notre volonté,
qui peut rendre efficace ou inefficace le secours de
Dieu : la justification repose sur l'union de la volonté et
de la grâce, unies comme deux hommes qui tirent une
barque pour la faire marcher.

On voit que Molina n'admet pas l'idée de la prédestination, telle qu'elle se trouve dans saint Augustin ou
dans saint Thomas.

---

[1] On présuppose toujours ici le *concursus generalis Dei*, mais par là on ne
désigne proprement que l'état naturel du libre arbitre qui, assurément, ne
peut exister, tel qu'il est, sans Dieu : « Deus semper præsto est per concursum
« generalem libero arbitrio, et naturaliter velit aut nolit prout placuerit. »
C'est une identification à peu près analogue à celle du droit naturel et du droit
divin, dans Bellarmin, parce que Dieu est l'auteur de la nature.

[2] Il comprend cette grâce comme agissant aussi très-naturellement : *Dis-
put.* : 54. « Dum homo expendit res credendas — per notitias concinatoris aut
« aliunde comparatas, influit Deus in easdem notitias influxu quodam parti-
« culari quo cognitionem illam adjuvat. »

Suivant lui, elle était trop dure, trop cruelle. Il ne veut entendre parler d'aucune autre prédestination que de celle qui est, à proprement parler, une prévoyance. Dieu sait d'avance, par une vue suprême de la nature de chaque volonté, ce que cette volonté fera dans un cas donné, quoique le contraire eût pu être aussi exécuté par celle-ci ; mais elle ne se détermine nullement par la raison de la prévoyance de Dieu ; Dieu voit d'avance l'acte consommé, parce que telle sera la détermination que prendra la volonté de l'homme.

Cette doctrine était la première qui tentait de rationaliser, pour ainsi dire, le mystère des rapports de l'homme avec Dieu. Claire, ingénieuse et superficielle, c'est précisément par ce motif qu'elle ne pouvait manquer d'exercer une certaine influence. On peut très-bien la comparer avec la doctrine de la souveraineté du peuple, que les Jésuites développaient aussi à la même époque [1].

Ils devaient nécessairement soulever une résistance dans le sein de leur propre Église ; déjà, parce qu'ils s'écartaient du docteur Angélique dont la Somme formait toujours le manuel principal des théologiens catholiques, quelques membres de l'Ordre même, Henriquez, Mariana, exprimèrent ouvertement leur blâme.

---

[1] Cette tendance rationaliste se produisit aussi ailleurs, par exemple, dans les assertions des Jésuites Less et Hamel, en 1584, à Louvain : « Propositiones « in Lessio et Hamelio à theologis Lovaniensibus notatæ : ut quid sit scriptura « sacra, non est necessarium singula ejus verba inspirata esse a Spiritu « sancto. » Ils procèdent de suite des paroles aux vérités : « Non est necessa- « rium ut singulæ veritates et sententiæ sint immediate a Spiritu sancto ipse « scriptori inspiratæ. » Les assertions essentielles de Molina se trouvent déjà, du moins en partie, dans ces propositions : on y attire aussi l'attention sur leur différence absolue d'avec les opinions protestantes, « hæc sententia — « quam longissime a sententia Lutheri et Calvini et reliquorum hæreticorum « hujus temporis recedit, a quorum sententia et argumentis difficile est alte- « ram sententiam » (l'opinion de saint Augustin et de saint Thomas) « vindi- « care. »

Mais les Dominicains prirent bien plus vivement la défense de leur patriarche. Ils écrivirent, prêchèrent contre Molina, l'attaquèrent dans leurs leçons. Enfin, on établit, le 1ᵉʳ mars 1594, à Valladolid, une discussion solennelle entre les deux partis. Les Dominicains, qui se croyaient en possession de l'orthodoxie, se montrèrent violents. « Les clefs de la sagesse, s'écria un Jésuite, sont-elles donc, par hasard, entre vos mains ? » Les Dominicains poussèrent un cri d'indignation, cette apostrophe leur paraissant une attaque contre saint Thomas lui-même.

Depuis cette époque, ces deux Ordres religieux furent complétement séparés. Les Dominicains ne voulurent plus conserver de relations avec les Jésuites. Ceux-ci, presque tous, prirent fait et cause pour Molina ; Aquaviva lui-même et ses partisans étaient déclarés pour son système.

L'Inquisition alla, dans cette circonstance, au delà de ses attributions. Le grand inquisiteur — c'était précisément ce Jérôme Manriquez qui avait été désigné pour inspecter l'Ordre des Jésuites — fit semblant de condamner Molina, et lui observa que son livre pourrait bien ne pas en être quitte pour une simple réprobation, mais condamné à être brûlé. Il refusa de recevoir les plaintes de Molina contre les Dominicains.

Cette lutte mit en mouvement tout le monde catholique, tant à cause des doctrines débattues, qu'à cause de ceux qui la défendaient ; elle fortifia beaucoup l'attaque qui s'était élevée en Espagne contre l'Institut des Jésuites. C'est précisément ce qui produisit ce phénomène singulier des Jésuites, tout à la fois chassés de la France, à raison de leurs sympathies pour l'Espagne, et subissant dans ce dernier pays même l'attaque la plus dangereuse qui eût été entreprise contre eux. Dans les deux pays, la politique et la doctrine concoururent à cette persécution; il s'agissait d'une opposition nationale contre les priviléges et les franchises de cet Ordre : en France, elle était plus ardente, plus violente; en Espagne, plus personnelle, mieux fondée. Sous le rapport de la doctrine, ce furent les nouvelles théories qui attirèrent la haine et la persécution contre les Jésuites; en France, leurs doctrines de la souveraineté du peuple et du régicide; en Espagne, leurs opinions sur le libre arbitre, leur furent fatales.

Cette crise, dans l'histoire de la Société, est d'une grande importance pour expliquer la direction qu'elle prit.

Aquaviva chercha dans le centre même de l'Église, auprès du Pape, le secours qui lui était nécessaire contre les attaques des pouvoirs nationaux, du Parlement et de l'Inquisition.

Il profita du moment favorable, lorsque le grand inquisiteur était mort et sa place encore vacante, pour déterminer le Pape à évoquer à Rome la décision de la controverse engagée sur la foi. C'était déjà beaucoup de gagné que d'avoir obtenu le retard immédiat de cette décision.

Combien alors il se rencontra facilement à Rome d'autres influences qui firent valoir leur crédit dans une situation aussi critique ! Le 9 octobre 1596, les pièces du procès furent expédiées pour Rome. Les théologiens les plus savants des deux partis s'y trouvèrent pour soutenir leur controverse sous les yeux du Pape.

Au sujet de la question française, Clément prit parti pour les Jésuites. Il ne trouva pas justifiable l'expulsion d'un Ordre entier pour un seul de ses membres qui pouvait avoir mérité une punition, et précisément l'expulsion de l'Ordre qui avait le plus fait pour l'entier rétablissement du culte, qui était une si puissante colonne de l'Église. Cet Ordre n'avait-il pas souffert aussi pour son dévoûment au Saint-Siége, pour l'ardeur avec laquelle il avait soutenu les prétentions de ce Siége à un pouvoir suprême sur la terre? Tout devait exciter le Pape à achever d'éteindre l'opposition qui se maintenait encore en France contre les Jésuites. Plus l'alliance qu'il contracta avec Henri IV devint intime, plus la politique de ces deux princes s'accorda, plus aussi les représentations du Pape devinrent efficaces : Henri donna successivement des explications de plus en plus conciliantes [1].

La conduite prudente de l'Ordre fut d'un secours extraordinaire en cette circonstance pour les négociations du Pape.

Les Jésuites se gardaient bien de montrer de la colère ou du mécontentement envers le roi de France; ils n'étaient pas davantage disposés à se précipiter plus avant dans le danger pour la cause de la Ligue, cause qui était perdue ; aussitôt qu'ils eurent connaissance de la direction qu'avait prise la politique du Pape, ils suivirent la même voie.

Le Père Commolet, qui, même après la conversion de Henri IV, s'était écrié dans les chaires qu'on avait besoin d'un *Jehu* contre ce roi, et qui, après le triomphe de Henri, s'était vu forcé de prendre la fuite, avait changé de sentiments quand il arriva à Rome, et se déclara pour l'absolution.

---

[1] Les Jésuites pouvaient nier que leur cause se fût liée avec la politique; cependant on voit par les *Memorie de Bentivoglio*, II, 6, p. 395, combien le cardinal Aldobrandini eut égard à leurs intérêts, lors des négociations de Lyon : et le roi s'empressa de donner une explication favorable. (Le roi au cardinal Ossat, 20 janvier 1601.)

Parmi tous les cardinaux, aucun autre ne contribua autant à cette absolution par son esprit de conciliation, par ses démarches, et par son influence personnelle sur le Pape, que le jésuite Tolet [1]. Ils agissaient ainsi, pendant que le parlement rendait toujours contre eux de nouveaux arrêts, arrêts dont Aquaviva se plaignait, sans se laisser entraîner à aucune récrimination. Tous les Jésuites n'avaient pu être chassés : ceux qui étaient restés se déclarèrent pour le roi, et exhortèrent le peuple à lui être dévoué, à l'aimer. Déjà quelques-uns avaient commencé à se rapprocher des localités qu'ils avaient abandonnées, mais Aquaviva n'approuva pas cette précipitation et les invita à attendre la permission du roi. Henri ayant été instruit de cette conduite s'en montra extrêmement satisfait, il en remercia le général dans une lettre particulière. Les Jésuites ne négligèrent aucun moyen de le fortifier dans cette bonne disposition. Le Père Rochcome, que l'on appelait le *Cicéron* français, composa une apologie populaire de l'Ordre, évidemment destinée surtout à éclairer le roi [2].

A cette double impulsion, de la part du Pape et de l'Ordre, se joignirent à cette époque des considérations politiques de la part de Henri IV lui-même. Il vit, ainsi qu'il l'a dit dans une dépêche, que par la persécution d'un Ordre qui compte tant de membres spirituels et érudits, qui a tant de pouvoir et de partisans, il se conserverait des ennemis irréconciliables dans l'Église catholique, et ferait éclater des conspirations; il ne pouvait pas les expulser des localités où ils étaient encore, il aurait eu à redouter l'explosion d'un mouve-

---

[1] Du Perron à Villeroy, *Ambassades*, 1, 23. « Seulement vous diray-je que M. le Cl. Tolet a fait des miracles et s'est monstré bon François. »
[2] Gretser l'a traduite en latin. *Gretseri Opera*, t. XII, p. 280.

ment populaire [1]. D'ailleurs Henri IV avait fait aux huguenots des concessions si larges par l'Édit de Nantes, qu'il devait aussi de nouvelles garanties au catholicisme. On murmurait déjà à Rome : quelquefois le Pape donnait encore à entendre qu'il craignait d'avoir été trompé [2]. Enfin, la position du roi fut assez forte pour mieux apprécier la situation générale des affaires que ne le faisait son parlement, et pour ne pas craindre l'alliance des Jésuites avec l'Espagne. Le Père Laurent Maggio se rendit à la hâte en France, au nom du général, pour assurer le roi par des serments solennels de la fidélité de la Société : « Si les choses se passaient autrement, on devait le considérer, lui et ses confrères, comme les traîtres les plus odieux [3]. »

Il parut donc plus prudent au roi de mettre à l'épreuve leur amitié que leur inimitié. Il considéra qu'il pourrait utilement se servir d'eux contre l'Espagne.

Déterminé par tant de motifs de politique extérieure et de nécessité intérieure, Henri déclara, dès l'année 1600, à l'époque des négociations de Lyon, qu'il était prêt à recevoir de nouveau l'Ordre des Jésuites. Lui-même choisit le jésuite Cotton pour son confesseur. L'édit par lequel les Jésuites furent rétablis en France, fut publié en septembre 1603; ils avaient antérieurement reçu plusieurs autres témoignages de bienveillance.

On leur imposa quelques conditions, dont la plus importante était que les chefs et les membres de la Société en France ne pourraient être dorénavant que des

[1] *Dispaccio del re de' 15 Agosto 1603 al re Jacopo d'Inghilterra*, se trouve par extraits dans Siri, *Memorie recondite*, t. 1, p. 345.

[2] Ossat à Villeroy, t. 1, p. 503.

[3] Sully, lib. XVII, p. 307.

Français [1]. Henri ne doutait pas qu'il eût tout arrangé d'une manière qui l'autorisait à une confiance parfaite.

Il leur accorda sans hésiter sa faveur, et vint à leur secours pour leurs propres affaires, dans leur discussion avec les Dominicains.

Clément VIII manifesta pour cette lutte un vif intérêt théologique. On tint en sa présence soixante-cinq assemblées, trente-sept disputes sur tous les points qui pouvaient être en question : lui-même a beaucoup écrit sur ce sujet, et autant que nous pouvons en juger, il inclina pour la doctrine ancienne, pour une décision favorable aux Dominicains. Bellarmin lui-même disait : « Je ne nie pas que le Pape soit disposé à se déclarer contre les Jésuites, mais je sais que cela ne se fera cependant pas. » En effet, il eût été trop dangereux, à une époque où les Jésuites étaient les principaux apôtres de la foi dans tout l'univers, de rompre avec eux pour un seul article de foi [*] : déjà ils faisaient semblant de demander un concile : le Pape, dit-on, s'écria : « Ils osent tout, tout ! »

Les Français aussi prirent fait et cause d'une manière trop décidée. Henri IV, nous l'avons vu, s'était déclaré pour les Jésuites, soit parce que leur doctrine lui paraissait être plus claire, soit parce qu'il était porté de préférence pour l'opinion de l'Ordre qui faisait la plus rude guerre au protestantisme, afin de mettre son orthodoxie hors de doute. Le cardinal du Perron prit part aux congrégations, et défendit avec un zèle habile le parti des Jésuites. Il dit au Pape qu'un protestant pour-

---

[1] *Edictum regium* dans Juvencius, p. v, lib. XII, n° 59. On trouve dans Juvencius tout ce qui fut dit à cette époque en faveur des Jésuites, et dans l'*Historia jesuitica*, Basileæ, 1627, lib. II, c. II, de Ludovicus Lucius, tout ce qui fut dit contre eux.

[*] Voir la note n° 16.

rait signer aussi les doctrines des Dominicains, et il est très-possible qu'il ait produit par cette parole une vive impression sur Clément.

La lutte entre l'Espagne et la France se mêla à ces différends. Les Dominicains trouvaient autant de protection chez les Espagnols, que les Jésuites chez les Français [1].

Ce fut aussi la cause pour laquelle Clément VIII ne prit effectivement aucune décision ; il aurait été impliqué dans de nouveaux et trop graves embarras, s'il s'était exposé à blesser l'un ou l'autre de ces Ordres si puissants, et de ces princes si redoutables.

§ X. — Situation politique de Clément VIII.

Une des principales tactiques de la politique du Saint-Siége était, en général, de ne s'aliéner ni l'une ni l'autre des deux puissances sur lesquelles reposait l'équilibre du monde catholique, d'apaiser les différends qui surgissaient entre elles, ou du moins de ne les laisser jamais éclater en une guerre ouverte, et de conserver son influence sur toutes les deux.

La Papauté nous apparaît ici dans sa mission la plus

---

[1] Passage principal dans du Perron : *Ambassades et Négociations*, liv. VIII, t. II, p. 839. Lettre du 23 janvier 1606 : « Les Espagnols font profession ouvertement de protéger les Jacobins (les Dominicains), en haine, comme je croy, de l'affection que le Père général des Jésuites et presque tous ceux de son Ordre, excepté ceux qui dépendent des Pères Mendozze et Personius comme particulièrement les Jésuites anglois, ont monstré de porter à Vostre Majesté ; et semble que d'une dispute de religion ils en veuillent faire une querelle d'Estat. » On voit par là que les Jésuites, à l'exception d'une petite fraction, passaient alors pour être du parti français. On trouve dans Serry, p. 440, que les Dominicains furent exilés à cette époque de la cour de France : « Prædicatores « tum temporis in Gallia minus accepti et a publicis curiæ muneribus nuper « amoti. »

digne d'éloges, comme médiatrice, comme pacifica-
trice.

L'Europe était surtout redevable à Clément VIII de la
paix de Vervins, conclue le 2 mai 1598. Le Pape sut
habilement saisir le moment favorable, lorsque le roi
de France, par le mauvais état de ses finances, et le roi
d'Espagne, par les infirmités croissantes de sa vieillesse,
se trouvaient forcés de songer à un accommodement. Il
prépara cette paix, et fit lui-même les premières ouver-
tures : le général des Franciscains, Fra Bonaventura
Calatagirona, qu'il avait heureusement choisi pour
cette affaire et qu'il avait envoyé en France, termina
les premières et les plus grandes difficultés. Les Espagnols, en possession d'un nombre considérable de places
en France, étaient prêts à les rendre, cependant ils ex-
ceptaient Calais; les Français insistaient sur la restitution de cette ville; ce fut Fra Calatagirona qui décida
les Espagnols à céder. C'est alors que les négociations
furent positivement entamées à Vervins; un légat et un
nonce les présidèrent; le général des Franciscains continua à s'entremettre de la manière la plus habile : son
secrétaire, nommé Soto, s'acquit aussi, dans cette circonstance, un grand mérite. L'objet essentiel était de
décider le roi de France à se séparer de l'Angleterre
et de la Hollande, ses alliées; cette condition était en
même temps considérée comme un avantage pour le catholicisme, puisque, par elle seulement, la séparation
de Henri IV d'avec le système protestant, paraîtrait
complète et définitive. Henri y consentit, après de longues hésitations. Alors les Espagnols rendirent réellement toutes leurs conquêtes : la possession des places
qu'ils occupaient fut rétablie telle qu'elle avait été en
1559. Le légat déclara que Sa Sainteté éprouverait une

plus grande joie pour cette heureuse conclusion que
pour la prise de Ferrare ; cette paix qui embrasse toute
la chrétienté et lui rend le repos, serait, à ses yeux,
d'une importance bien autrement grande que la conquête temporelle de cette ville italienne [1]. Dans ce traité
de paix, un seul point seulement, le différend entre la
Savoie et la France, était resté non vidé. Le duc de Savoie s'était emparé, ainsi que nous l'avons mentionné,
de la ville de Saluces, et ne voulait pas la restituer ;
après bien des négociations inutiles, Henri IV se décida
enfin à se la faire rendre par la force des armes. Maintenir la paix était ce qui importait avant tout au Pape,
auquel d'ailleurs on avait solennellement confié à Vervins le rôle de médiateur dans cette affaire. Dans toutes
les occasions, dans toutes les audiences, il insistait sur
la nécessité d'une réconciliation ; chaque fois que le roi
le faisait assurer de son dévoûment, il réclamait cette
paix comme une preuve de la sincérité de ses paroles,
comme un service qu'il demandait et qu'on devait lui
rendre. La difficulté réelle consistait en ce que la restitution de Saluces paraissait blesser les intérêts généraux
des Italiens. On ne voyait pas avec plaisir les Français
devenir possesseurs d'une province italienne. Si je ne
me trompe, le franciscain Calatagirona fut le premier
qui proposa l'expédient de laisser Saluces au duc, et
d'indemniser la France en lui donnant la Bresse et quelques contrées savoyardes voisines [2]. Le cardinal Aldobrandini s'acquit, en 1600, à Lyon, l'honneur de con-

---

[1] A la suite de l'édition des *Mémoires d'Angoulême*, Didot, 1756, se trouve,
I, 131-363, sous le titre *Autres Mémoires*, un rapport détaillé sur les négociations de Vervins, remarquable par son exactitude et son impartialité, et dont
sont extraits les faits rapportés ici : la dernière notice se trouve p. 337.

[2] Ossat à Villeroy, 25 mars 1599.

vertir cette proposition en un arrangement effectif. Les Français l'en remercièrent : Lyon obtint par là une circonscription plus étendue, telle qu'elle l'avait désirée depuis longtemps [1].

Voulant profiter de circonstances si heureuses, le Pape Clément songeait quelquefois à donner au monde catholique, réuni sous sa haute influence, une direction commune contre l'ancien ennemi de la chrétienté. La guerre contre les Turcs avait éclaté de nouveau en Hongrie : déjà, à cette époque, on croyait s'apercevoir que l'empire ottoman s'affaiblissait de jour en jour : l'incapacité personnelle des sultans, la corruption du sérail, et surtout les révoltes incessantes en Asie, paraissaient rendre possible le succès de cette guerre. Du moins le Pape ne négligea rien, de son côté, pour parvenir à ce but. La somme qu'il avait destinée à cette expédition s'élevait déjà, en 1599, à un million et demi de scudi. Bientôt après nous voyons une armée papale de 12,000 hommes réunie sur le Danube. Mais on pouvait espérer des résultats bien autrement importants, si un jour on réussissait à rassembler sur une grande échelle les forces de l'Occident pour recommencer une nouvelle croisade contre l'Orient ; si Henri IV, en particulier, se décidait à unir ses armes à celles de l'Autriche. Le Pape ne cessa pas un instant de l'exciter à prendre ce parti ; et en effet, Henri écrivit aux Vénitiens, immédiatement après la paix de Vervins, qu'il espérait s'embarquer sous peu à Venise, ainsi que l'avaient fait autrefois les Français, pour tenter une expédition contre Constantinople. Il réitéra sa promesse, à l'époque de la conclusion de la

---

[1] Bentivoglio rapporte en détail ces négociations dans le principal chapitre du second livre de ses *Mémoires* (c. 2-c. 6).

paix avec la Savoie [1]. Mais l'exécution de ce projet aurait dû être précédée sans doute d'une alliance plus intime qu'il n'était possible de l'obtenir entre les divers États européens, si peu de temps après des secousses aussi fortes.

L'opposition et la rivalité qui continuèrent à subsister entre les deux principales puissances, furent plus d'une fois favorables au Saint-Siége lui-même.

Au milieu de tant de brillantes entreprises, au milieu de tant de progrès à l'extérieur, le Pape Clément sut aussi exercer à sa cour et dans ses propres États une autorité forte et très-monarchique.

La nouvelle organisation que Sixte V avait donnée au Collége des cardinaux paraissait appelée à lui assurer une influence active et régulière sur la direction des affaires. Cependant, il arriva tout le contraire; la marche lente des questions litigieuses, l'immobilité à laquelle est condamnée une assemblée délibérante, à cause des opinions opposées qui ont coutume de se produire en son sein, rendirent impossible à Clément VIII la faculté de confier les questions importantes aux diverses congrégations. Dans le commencement, il les consultait encore, mais déjà il s'écartait souvent de leurs décisions; plus tard, il en vint à ne leur faire de communications qu'au moment où tout était à peu près conclu; les consistoires servaient plutôt à la publication qu'à la délibération des affaires : enfin il arriva à les occuper seulement de matières de second ordre ou de simples formalités.

Sans doute la nouvelle direction donnée par Clément

---

[1] *Lettre du Roy*, dans l'appendice du deuxième livre des *Lettres d'Ossat*, p. 11.

à la politique de la cour de Rome, lui imposa la nécessité de cette conduite; mais il faut convenir qu'il avait un penchant tout particulier pour cette autocratie. Le pays était administré dans le même esprit; de nouveaux impôts furent établis, sans avoir consulté aucun des contribuables, les revenus des communes placés sous une inspection spéciale, les barons soumis à l'administration de la justice la plus sévère; on ne faisait plus aucun cas ni de la naissance ni des priviléges.

Cet état de choses allait bien tant que le Pape dirigeait personnellement toutes les affaires. Les cardinaux, du moins, quoiqu'ils ne manifestassent pas toutes leurs pensées, restèrent soumis, pleins d'admiration et de respect.

Mais la possession et l'exécution de ce pouvoir monarchique passèrent insensiblement, à mesure que le Pape avançait en âge, entre les mains de Pierre Aldobrandini, neveu du Pape. Il était le fils de ce Pierre Aldobrandini qui s'était distingué parmi ses frères par la pratique de la jurisprudence. Il avait d'abord donné peu d'espérances, n'avait aucune dignité, était marqué de la petite vérole, souffrait d'un asthme, toussait toujours, et dans sa jeunesse il n'avait fait aucun progrès dans ses études. Mais lorsque son oncle le fit entrer dans les affaires, il montra une habileté et une expérience auxquelles personne ne s'attendait. Il sut non-seulement très-bien se conformer au caractère du Pape, adoucir sa sévérité, rendre moins choquantes et non nuisibles les faiblesses qui quelquefois aussi se montraient chez ce pontife, malgré lui; mais encore acquérir la confiance des ambassadeurs étrangers, au point que tous désiraient voir les affaires passer dans ses mains. Au commencement, il avait dû partager les pouvoirs de l'administration avec son oncle Cinthio, qui, lui aussi, n'était pas sans esprit, principalement en littérature, mais Pierre parvint à se débarrasser très-vite de cet associé. En l'an 1603, nous voyons le cardinal Pierre tout-puissant à la cour. « Toutes les négociations, dit une relation à la date de cette année, toutes les faveurs et toutes les grâces dépendent de lui ; la prélature, la noblesse, les courtisans, les ambassadeurs remplissent sa maison. On peut dire qu'il prend connaissance de tout, que tout est soumis à son approbation, les premières démarches viennent de lui, l'exécution est dans ses mains. »

Un tel pouvoir, si illimité, si énergique, si étendu, et nullement légal, éveilla, malgré les amis dont il put s'entourer, une opposition secrète, profonde et générale ; elle se manifesta d'une manière inattendue, dans une circonstance peu importante.

Un homme que l'on avait arrêté pour ses dettes, parvint à rompre ses fers et à se sauver dans le palais Farnèse, devant lequel on venait de le faire passer.

Depuis longtemps les Papes n'avaient plus voulu entendre parler du droit qu'avaient les familles distinguées de donner dans leurs maisons un asile aux criminels. Le cardinal Farnèse, quoique allié avec le Pape par le mariage d'un membre de sa famille avec une Aldobrandina, réclama de nouveau ce droit. Il fit chasser les sbires qui voulaient chercher leur prisonnier dans son palais, et répondit au gouverneur qui se présenta chez lui à ce sujet, que sa famille n'était pas dans l'usage de livrer les accusés ; il répondit aussi par un refus au cardinal Aldobrandini qui désirait éviter un éclat et qui vint en personne pour arranger l'affaire à l'amiable ; il lui donna à entendre qu'après la mort du Pape, à laquelle on pouvait s'attendre bientôt, un Farnèse aurait plus d'importance qu'un Aldobrandini.

Ce qui lui donna le courage d'une conduite aussi arrogante, ce fut surtout son alliance avec les Espagnols. On avait conclu de la renonciation de Henri IV au marquisat de Saluces, renonciation qui, à Rome, avait paru un acte de faiblesse, que ce prince ne voulait plus se mêler des affaires italiennes ; la considération pour les Espagnols en avait augmenté. Comme les Aldobrandini montraient un grand penchant pour la France, leurs adversaires s'allièrent avec l'Espagne. L'ambassadeur espagnol, Viglienna, donna son approbation entière à la conduite de Farnèse [1].

L'appui d'une puissance étrangère, la protection d'une grande famille, en fallait-il davantage pour faire éclater le mécontentement de la noblesse romaine ? Les *cavalieri* et les *nobili* affluèrent au palais Farnèse. Quelques cardinaux se déclarèrent ouvertement pour eux ; d'autres les favorisèrent en secret. Tout le monde criait qu'il fallait délivrer le Pape et l'Eglise de la captivité dans laquelle les tenait le cardinal Aldobrandini. Le Pape ayant appelé des troupes à Rome, l'ambassadeur espagnol conseilla aux mécontents alliés, auxquels il promit même des récompenses, de faire venir également quelques bandes armées, qui se montraient, dans le moment même, sur les frontières napolitaines. Il s'en fallut peu qu'une lutte ouverte, dans le genre de celles des siècles précédents, n'éclatât dans Rome même.

Mais le cardinal Farnèse ne voulut pas laisser aller les

---

[1] Contarini, *Historia veneta*, t. III, lib. XIII, Ms. Parmi tous les auteurs de cette époque c'est celui qui donne le plus de détails à ce sujet et qui est le plus digne de foi.

choses aussi loin. Il lui suffisait d'avoir manifesté son
indépendance, sa puissance, la possibilité d'une résistance. Il se décida à se retirer à Castro, qui lui appartenait en propriété. Il exécuta cette retraite dans le
grand style; s'assura d'une porte, la fit occuper, et
abandonna la ville, avec une suite de dix voitures
et trois cents chevaux. En effet, toute cette conduite
lui réussit : une négociation fut entamée ; on fit semblant de faire dépendre la chose du gouverneur, et on
ménagea une réconciliation de ce fonctionnaire avec la
famille Farnèse. Alors le cardinal revint, avec une solennité non moins brillante que lorsqu'il était parti.
Toutes les rues, toutes les fenêtres, les toits étaient
remplis de monde. Jamais les Farnèse n'avaient été reçus d'une manière aussi éclatante, du temps de leur
domination, et n'avaient été salués par de si grandes
acclamations.

Mais si le cardinal Aldobrandini tolérait ces manifestations, ce n'était pas seulement par faiblesse et par une
condescendance forcée ; les Farnèse étaient proches parents de la famille du Pape ; de plus, il eût été très-
inutile de se montrer irréconciliable ; il fallait avant
tout détruire la cause du mal qui existait dans les intrigues diplomatiques. On ne pouvait obtenir des Espagnols aucun changement dans leur système et pas même
le rappel d'un ambassadeur aussi embarrassant que celui
qui représentait, à cette époque, la cour d'Espagne ;
Aldobrandini n'eut d'autre parti que de déterminer
Henri IV à intervenir activement dans les affaires de
l'Italie.

Lorsqu'en décembre 1604, arrivèrent à la fois trois
cardinaux français, tous hommes distingués, leur présence apporta le calme et la confiance dont on avait

besoin ; il devint de nouveau possible de former un parti français à Rome. Ils furent reçus avec joie. La sœur du cardinal, la signora Olympia, déclara mille fois aux trois prélats que sa famille se mettrait sans condition sous la protection de la France. Baronius prétendait avoir appris par l'histoire de l'Église que le Saint-Siége n'a reçu d'aucune autre nation autant de services éminents que de la nation française : lorsqu'il vit un portrait du roi, il s'écria avec enthousiasme : « Vive le roi ! » Il chercha à s'assurer si les Français n'avaient conservé aucun passage à travers les Alpes, après avoir perdu Saluces. Baronius était non-seulement l'historiographe, il était le confesseur du Pape, et le voyait tous les jours. Clément et Aldobrandini observaient plus de réserve ; toutefois, quand ceux qui les approchaient de plus près s'exprimaient aussi ouvertement, ils paraissaient, aux yeux de tous, ne répéter que les sentiments des maîtres. Henri IV s'étant décidé à payer des pensions, il eut bientôt un parti qui fit contre-poids au parti espagnol.

Les projets d'Aldobrandini visaient encore bien plus loin. Il représentait souvent aux ambassadeurs vénitiens et aux cardinaux la nécessité de mettre des bornes à l'arrogance des Espagnols : « Peut-on tolérer, disait-il, qu'ils veuillent commander dans la maison d'un étranger, malgré lui ' ? Il est dangereux, il est vrai, continuait-il, pour une personne qui, bientôt, doit rentrer dans la vie privée, de s'attirer la haine de cette puissance ; cependant, dans l'intérêt de mon honneur, je ne puis pas souffrir que la Papauté soit avilie sous le règne de mon oncle ! » Il proposa aux Vénitiens une alliance

---

[1] Du Perron au roi, 25 janvier 1605. (*Ambass.*, I, 509.)

des États de l'Italie, sous la protection française, contre l'Espagne.

Il avait déjà entamé des négociations avec les autres principautés. Il n'aimait pas la Toscane ; il avait des différends continuels avec Modène ; Parme était impliquée dans la querelle du cardinal Farnèse ; mais il parut oublier tout pour se venger de l'Espagne. Il se voua avec passion à l'accomplissement de cette résolution ; c'était l'objet exclusif de ses pensées et de ses conversations. Pour être plus rapproché des États avec lesquels il voulait s'allier, il se rendit à Ancône, au commencement de l'année 1605.

Il n'avait obtenu encore aucun résultat, lorsque son oncle mourut le 5 mars 1605 ; son pouvoir expira en même temps.

Cependant l'inspiration de cette pensée politique, cette rénovation préméditée de l'influence française à Rome et en Italie, était déjà d'une grande portée, elle désignait une tendance de toute la politique des Aldobrandini.

Souvenons-nous de la situation originelle de cette famille à Florence. Elle avait toujours appartenu au parti français ; Messer Salvestro avait été un des principaux auteurs de la révolte de l'année 1527, dans laquelle les Médicis furent chassés et les Français appelés. C'est aussi pour cette cause qu'il avait été obligé d'abandonner sa patrie, lorsque ses adversaires, les Espagnols et les Médicis, reprirent le pouvoir. Le Pape Clément devait-il avoir oublié ces faits, devait-il avoir jamais aimé les Espagnols et les Médicis ? Il était naturellement taciturne et réservé, s'ouvrait rarement à ses confidents, et quand il leur parlait, il prononçait cette sentence : « Interroge tes prédécesseurs, et ils t'indiqueront

ta route. » Ce qu'il y a de certain , c'est qu'il se proposa , un jour, de réformer l'État de Florence. Son
penchant pour la France était évident ; ayant trouvé la
Papauté étroitement liée avec l'Espagne , il parvint à
faire entrer la cour romaine dans une alliance avec la
France contre l'Espagne. Si le rétablissement d'un pouvoir national en France était dans l'intérêt de l'Église ,
ce rétablissement était aussi pour Clément une affaire
d'inclination , de satisfaction personnelle. Cependant ce
Pape était réfléchi , prévoyant, circonspect ; il ne commençait jamais que ce qui pouvait s'exécuter. Au lieu
de réformer Florence , il réforma , comme dit un Vénitien , ses propres pensées, lorsqu'il vit que la chose ne
pouvait se faire sans danger. Il ne fut jamais d'avis d'appeler les armes françaises en Italie. Il lui suffisait de
rétablir l'équilibre, de se débarrasser de la prépondérance des Espagnols , de donner une base plus large à
la politique de l'Église , sans ébranlement , sans éclat ,
successivement , par des moyens pacifiques , mais plus
sûrs et plus infaillibles.

§ XI. — Élection et premiers Actes de Paul V.

L'influence des Français se manifesta aussitôt dans le
conclave. Aldobrandini s'allia avec eux. Unis, ils étaient
invincibles ; ils élevèrent à la dignité papale un cardinal que le roi d'Espagne avait nominativement exclu ,
un Médicis, proche parent de la reine de France. Les
lettres dans lesquelles du Perron annonce ce succès inattendu à Henri IV, sont pleines de la joie la plus expres-
sive : on le célébra en France par des fêtes publiques [1].

_____

[1] *Histoire de la Vie de messire Philippe de Mornay, seigneur du Plessis*,
p. 805. « Ce Pape de la maison des Médicis, dit Léon XI, qui avoit cousté au

Mais ce fut un bonheur de courte durée. Léon IX, c'était le nom de ce Pape, mourut vingt-six jours après son élection. On prétend que la pensée de sa dignité, le sentiment des difficultés qu'elle présentait, achevèrent d'étouffer ses forces vitales affaiblies par l'âge.

L'agitation des luttes électorales se renouvela avec d'autant plus de vivacité, qu'Aldobrandini n'était plus si étroitement uni avec les Français. Montalto s'opposa avec force au neveu de Clément. Une lutte semblable à celle qui avait eu lieu pour les élections antérieures, commença entre les créatures du dernier Pape et celles du précédent. Chacun, entouré de ses fidèles, conduisait l'homme de son choix, le présentait dans l'une des chapelles.

Baronius aussi, malgré son énergique résistance, fut conduit un jour à la chapelle Pauline : mais toutes les diverses tentatives furent inutiles ; chaque fois, l'opposition se montrait plus forte ; aucun ne put être élu. Dans les élections papales, comme dans toute autre élection, il importait plus de savoir qui aurait le moins d'ennemis que de connaître celui qui aurait le plus de mérite.

Enfin, Aldobrandini jeta les yeux, parmi les créatures de son oncle, sur un homme qui s'était acquis l'estime générale et avait su éviter des inimitiés dangereuses ; c'était le cardinal Borghèse. Aldobrandini parvint à gagner pour son candidat les suffrages des Français ; Montalto fut aussi du même avis : Borghèse fut

---

roi 300,000 escus à faire, en la faveur duquel il faisoit grand fondement, et pour l'élection duquel par un exemple nouveau furent faits feux de joie et tiré canon en France, qui vescut peu de jours et ne laissa au roy que le reproche par les Espagnols d'une largesse si mal employée et le doute de rencontrer une succession, comme il advint, plus favorable à l'Espagnol. »

élu, avant même que les Espagnols eussent appris qu'il avait été proposé : c'était le 16 mai 1605.

Cette fois, il arriva encore que le neveu du dernier Pape décida l'élection du nouveau. Les Borghèse étaient d'ailleurs, sous le rapport de la famille, dans une position semblable à celle des Aldobrandini ; ils avaient quitté Sienne, comme les Aldobrandini avaient abandonné Florence, pour ne pas être soumis à la domination des Médicis. On parut pouvoir en conclure que le nouveau gouvernement serait la continuation du précédent.

Cependant Paul V développa, dès les premiers actes de son règne, un caractère rude et sévère.

De la profession d'avocat il s'était élevé à tous les degrés des dignités ecclésiastiques [1] : il avait été vice-légat à Bologne, auditeur de la Chambre, vicaire du Pape, et inquisiteur : il avait vécu silencieusement enseveli dans ses livres et dans ses actes, ne se mêlant d'aucune affaire politique ; c'est précisément pour ce motif qu'il n'avait soulevé aucune inimitié contre lui : aucun parti, ni Aldobrandini, ni Montalto, ni les Français, ni les Espagnols, ne virent un adversaire dans sa personne, et ce fut ce qui plaça la tiare sur sa tête.

Lui, toutefois, comprit autrement son élection. Étant arrivé à la Papauté, sans sa propre participation, sans aucune intrigue, sans aucun moyen artificiel, il regarda son avénement comme une grâce toute particulière du Saint-Esprit. Plein de cette idée, il se sentit pour ainsi dire élevé au-dessus de lui-même ; le changement qui s'opéra dans sa tenue, ses mouvements, ses gestes et

---

[1] *Relatione di IV ambasciatori mandati a Roma*, 15 *Genn.* 1605, m. V, c'est à-dire 1606.

son langage, surprit même cette cour qui était cependant habituée aux métamorphoses de tout genre. Il se proposa de remplir la suprême dignité avec cette même inflexibilité qu'il avait mise à maintenir la lettre de la loi dans les emplois qu'il avait jusqu'à ce jour exercés.

Les autres Papes avaient coutume, le plus souvent, de signaler par des grâces leur avénement au trône. Paul V débuta par un jugement dont le souvenir, encore aujourd'hui, nous fait frémir.

Un pauvre auteur nommé Piccinardi, natif de Crémone, s'était occupé dans sa solitude, je ne sais par quel dépit, à composer une biographie du Pape Clément VIII, dans laquelle il comparait ce Pape à l'empereur Tibère, quoique ces deux souverains eussent bien peu de ressemblance entre eux. Non-seulement il n'avait pas fait imprimer ce singulier ouvrage, mais l'avait exclusivement gardé pour lui et ne l'avait, pour ainsi dire, communiqué à personne : une femme qu'il avait eue chez lui, le dénonça. Paul V s'expliqua tout d'abord à ce sujet avec beaucoup de calme, et cette affaire parut être d'autant moins inquiétante, que des personnes puissantes, même des ambassadeurs, s'y intéressaient. Quel ne fut pas l'étonnement général lorsqu'un jour on vit Piccinardi décapité sur le pont Saint-Ange ! Il avait commis le crime de lèse-majesté, pour lequel les lois ordonnent la peine de mort ; aucune grâce n'était à espérer d'un Pape aussi inexorable que Paul V ; les biens du pauvre auteur furent également confisqués.

Il renouvela de suite les décrets du concile de Trente sur la résidence, déclarant que c'était un péché mortel de rester éloigné de son évêché et d'employer ses revenus pour des jouissances personnelles. Les cardinaux eux-mêmes ne furent pas exceptés ; il ne voulut pas da-

vantage recevoir pour excuse la nécessité des places à
remplir dans l'administration ; plusieurs retournèrent à
leur résidence, d'autres ne sollicitèrent qu'un délai [1] ;
d'autres encore, pour ne pas être obligés de quitter
Rome, et cependant pour ne point paraître manquer à
leur devoir, donnèrent leur démission.

Dans ses études du droit canon, Paul V avait puisé
une idée immense de la mission réservée à la Papauté [2].
Il prétendait maintenir dans toute sa rigueur la doctrine
que le Pape est l'unique vicaire de Jésus-Christ, que le
pouvoir des clefs a été confié à son arbitre souverain,
qu'il doit être vénéré en toute humilité par tous les
peuples et les princes. Il disait : « J'ai été élevé à ce
Siége non par les hommes, mais par l'Esprit divin, avec
le devoir de conserver les immunités de l'Église, les
priviléges de Dieu : dans ma conscience, je suis tenu
de consacrer toutes mes forces à délivrer l'Église de
l'usurpation et de la violence ; j'aime mieux exposer ma
vie, que d'être obligé de rendre compte un jour de la
négligence de mes devoirs, lorsque je serai appelé à
comparaître devant le trône de Dieu. »

Avec toute la pénétration d'esprit d'un habile jurisconsulte, il considérait comme des droits inaliénables
toutes les prétentions de l'Église, et, suivant lui, sa conscience était engagée à les conserver et à les faire valoir
dans toute leur intégrité.

---

[1] Du Perron à Villeroy, 17 mai 1606. « Le Pape ayant fait entendre ces
jours passez que sa volonté estoit que tous les cardinaux qui avoient des eves-
chez y allassent ou bien les résignassent ou y missent des coadjuteurs, — j'ai
pensé. »

[2] *Relatione di IV ambasciatori.*

§ XII. — Différends avec Venise.

Le pouvoir papal était parvenu à reprendre l'offensive contre le protestantisme, et à restaurer les principes qui sont la base de la hiérarchie catholique ; il
voulut aussi faire respecter de nouveau tous ses priviléges canoniques vis-à-vis les États catholiques eux-
mêmes.

En triomphant de ses adversaires, il accrut nécessairement son autorité sur ses partisans.

Quand les évêques eurent été ramenés à une obéissance plus sévère, quand les Ordres monastiques eurent
été étroitement liés à la cour romaine, quand, enfin,
toutes les réformes eurent été exécutées dans le but de
fortifier le pouvoir suprême de la Papauté, des nonciatures régulières établirent leur siége dans toutes les
capitales de l'Europe ; ces nonciatures joignaient à la
considération qui s'attache aux honneurs d'une ambassade, des droits de juridiction qui leur procuraient une
influence réelle sur les gouvernements et leurs sujets.

Même dans les pays où, d'accord avec l'État, l'Église
avait vaincu le protestantime et s'était rétablie, les relations formées par ces nonciatures ne tardèrent pas à en-
fanter des mésintelligences.

La cour de Rome donna un soin particulier, à cette
époque, comme elle le fait encore aujourd'hui, à maintenir ses prétentions en Italie. C'est pourquoi nous
voyons continuellement les États italiens en lutte avec
le pouvoir de l'Église. Les anciens différends entre ces
États et le Pape n'avaient été terminés ni en vertu d'un
nouveau principe général et décisif, ni par des conven-

tions particulières. Les Papes eux-mêmes ne se ressemblaient pas toujours. Pie V, Grégoire XIII persistèrent de la manière la plus opiniâtre, du moins pendant la première moitié de leur règne, dans leurs prétentions; Sixte V était beaucoup plus indulgent dans les cas individuels; d'un autre côté, dans les moments difficiles, les États et leurs ambassadeurs cherchaient à se tirer d'affaire sans désavantage, et à saisir les occasions favorables, à leur profit; ils réussirent quelquefois. Les Papes passent et changent, les intérêts des États subsistent toujours. En tout cas, les questions que l'on avait à décider étaient devenues bien moins soumises aux règles du droit canonique et de la jurisprudence, qu'aux considérations de la politique, aux nécessités d'une exigence et d'une condescendance mutuelle.

Mais Paul V comprit les prétentions de la Papauté dans un esprit tout juridique : il regarda les ordonnances canoniques des Décrétales comme des lois de Dieu, attribuant non à la force des choses mais à la négligence de ses prédécesseurs les actes de condescendance et d'indulgence qui avaient eu lieu; il se considérait comme appelé à réparer cette faute. C'est pourquoi nous le trouvons, presque immédiatement après son avénement au trône, impliqué dans des différends avec tous ses voisins de l'Italie.

Le régent Ponte, président du conseil du roi à Naples, avait condamné aux galères un notaire ecclésiastique, pour avoir refusé au tribunal civil l'information demandée sur une affaire de mariage, et avait aussi condamné aux galères un libraire, pour avoir publié, contrairement à une ordonnance royale, le livre de Baronius contre la monarchie sicilienne : un monitoire de Clément VIII lancé contre cette sentence était demeuré sans effet. Le Pape Paul V n'hésita pas un instant à fulminer l'excommunication[1].

Le duc de Savoie avait conféré quelques bénéfices, à la collation desquels la cour de Rome élevait des prétentions ; Gênes avait prohibé les assemblées tenues chez les Jésuites, parce qu'on y essayait d'influencer les élections aux divers emplois ; Lucques avait absolument interdit l'exécution des décrets des fonctionnaires du Pape, lorsque ces décrets n'avaient pas été préalablement approuvés par les magistrats du pays ; à Venise enfin, quelques ecclésiastiques qui s'étaient rendus coupables de grands crimes, furent traduits devant le tribunal civil. C'est précisément cette résistance générale au pouvoir de l'Église qui échauffa le zèle du Pape et l'irrita. Partout il fit entendre des ordres sévères et des menaces. Même dans ces circonstances, il éleva encore plus haut les prétentions de l'autorité ecclésiastique ; entre autres choses, il disait : qu'il n'appartient pas à l'État de défendre à ses sujets d'avoir des relations avec les protestants ; c'est exclusivement le droit de l'Église et de sa juridiction.

La plupart des gouvernements italiens regardèrent ces procédés comme des exagérations momentanées qui passeraient avec les leçons d'une plus grande expérience. Aucun ne désirait être le premier à rompre avec le Pape. Le grand-duc de Toscane disait : « qu'il avait des projets qui devaient mettre le Pape hors de lui-même, mais il les garderait pour une autre époque. Paul V était un homme qui jugeait le monde d'après une ville des États de l'Église, où tout se passait suivant la lettre des lois ; il faut que tout cela change bien-

---

[1] Les *Ambassades du cardinal du Perron*, II, 683, 736.

tôt; les Espagnols se compromettront eux-mêmes, ou bien ils déchireront de leur propre main le filet dans lequel on les tient enlacés; pour résister, il fallait attendre un pareil exemple[1]. » Les autres pensèrent aussi à peu près de la même manière, et cédèrent pour la première fois. Gênes révoqua son ordonnance; le duc de Savoie fit transmettre les bénéfices en litige à un neveu du Pape; les Espagnols eux-mêmes consentirent à ce que le régent demandât et obtînt l'absolution devant de nombreux témoins.

Les Vénitiens seuls, ordinairement si prudents et si traitables, dédaignèrent de suivre cette politique.

Dans le fait, Venise était plus excitée à cette résistance que les autres États. Elle présente un exemple frappant des torts que pouvaient causer à un peuple limitrophe les empiétements de la cour de Rome.

Ce voisinage lui-même se montra extrêmement incommode pour Venise, surtout après la conquête de Ferrare par l'Église. Les différends sur la délimitation des frontières, différends que la république avait eu à soutenir avec les ducs, se continuèrent encore plus vivement avec la cour de Rome; celle-ci troubla Venise dans l'ancienne possession de ses pêches, dans les travaux qu'elle exécutait à grands frais, à cette époque même, pour régulariser le cours du Pô; elle ne pouvait en finir qu'en protégeant ces travaux avec des navires armés, et en faisant saisir quelques sujets du Pape pour des barques de pêcheurs enlevées par le légat de Ferrare.

Paul V réclama les droits régaliens que Venise exerçait paisiblement sur Ceneda depuis des siècles; il fit une tentative pour attirer à Rome les appels du tribunal

---

[1] *Relatione di IV ambasciatori.*

épiscopal auquel appartenait la juridiction sur Venise. On s'attaqua très-vivement à ce sujet ; le nonce du Pape ayant procédé aux excommunications, le sénat de Venise eut soin qu'elles n'entraînassent aucun effet civil.

Les contestations sur la dîme du clergé n'étaient pas moins vives. Les Vénitiens prétendant avoir perçu antérieurement la dîme, sans consulter le Pape, ne voulaient pas reconnaître la nécessité de son consentement pour toucher cette taxe. Mais ce qui leur était encore plus sensible, c'est que la cour de Rome étendait de jour en jour les exemptions de cet impôt ; les cardinaux qui possédaient des bénéfices très-riches, les chevaliers de Malte, les couvents d'hommes étaient exemptés de la moitié ; les Ordres mendiants, de plus tous ceux qui étaient employés au service de l'Église, ou comptés, sous quelque titre que ce fût, parmi les gens de la cour du Pape, enfin ceux aussi auxquels la cour avait assigné des pensions sur des bénéfices vénitiens, furent déclarés exempts de la dîme. Il s'en suivit que les riches n'avaient plus rien à payer, et que toute la charge pesait sur les pauvres qui ne pouvaient pas acquitter les droits. Les revenus du clergé vénitien étaient évalués à onze millions de ducats ; la dîme n'en rapportait pas plus de douze mille.

A ces motifs de plaintes se joignirent encore, à cette époque, d'innombrables questions litigieuses qui intéressaient plus les particuliers que l'État lui-même. Je n'en citerai qu'une seule.

On sait combien étaient florissantes les imprimeries vénitiennes, au commencement du seizième siècle : la république était fière de cette honorable branche d'industrie : mais insensiblement elle fut ruinée par les ordonnances de la cour romaine ; on ne cessait pas à Rome de prohiber des livres : d'abord on mit à l'*Index* les livres protestants, puis les écrits contre la moralité des ecclésiastiques, contre les immunités de l'Église, tous les livres qui s'écartaient aussi peu que possible du dogme, tous les ouvrages d'un auteur qui avait une fois encouru le blâme. Le commerce de la librairie ne pouvait plus se faire qu'avec des publications irréprochablement catholiques ; sous le rapport du gain, ce commerce ne se rétablit un peu que par la vente des missels et des bréviaires magnifiques, faits avec beaucoup d'art, qui étaient très-recherchés à l'époque de la restauration religieuse. Mais cette industrie finit aussi par s'épuiser ; on fit à Rome une correction de ces livres qui, dans leur nouvelle forme, ne pouvaient plus être vendus qu'à Rome même : les Vénitiens s'aperçurent, avec ce sentiment de colère toujours produit par la vue d'un emploi de la force publique dans un intérêt tout privé, que quelques fonctionnaires occupés auprès de la congrégation de l'*Index* chargée de surveiller les livres, participaient au gain perçu par les imprimeries de Rome.

Dans ces circonstances, il se manifesta de la contrainte et de l'antipathie dans les rapports entre Rome et Venise.

Combien cette situation devait favoriser, au sein de la république, le parti de l'opposition qui, en 1589, vint au secours de Henri IV. Le triomphe de Henri, la marche suivie par les affaires européennes, consolidèrent ce parti et lui donnèrent de l'influence. Ses représentants arrivèrent peu à peu à prendre la direction des affaires, surtout à cause de ces différends qui éclatèrent avec·le Pape. Léonardo Donato, le chef de ce parti anti-romain, fut élevé, en 1606, à la dignité de doge. Il fit entrer aux affaires tous ses amis qui l'avaient aidé à remporter la victoire dans la lutte des factions intérieures.

A l'époque où paraissait un Pape qui outrait avec un zèle aveugle les prétentions litigieuses de son pouvoir, le gouvernement de Venise tombait entre les mains d'hommes qui avaient transformé en sentiments d'inimitié personnelle leur opposition contre la domination de Rome; ces hommes arrivés au pouvoir au moyen de cette opposition, défendaient leur principe avec d'autant plus d'énergie, qu'il leur servait en même temps à écarter et à opprimer leurs propres adversaires dans l'intérieur de la république.

Il était dans la nature des deux puissances de voir les frottements entre elles de jour en jour devenir plus hostiles et prendre plus d'extension.

Le Pape insista non-seulement sur l'extradition des criminels ecclésiastiques, mais il demanda l'abolition de deux lois récemment renouvelées par les Vénitiens, lesquelles lois défendaient au clergé l'aliénation des biens fonds, et faisaient dépendre de l'approbation de l'État l'érection de nouvelles églises. Il déclara qu'il ne voulait pas tolérer des dispositions si ouvertement en contradiction avec les décrets des conciles, avec les constitutions de ses prédécesseurs et toutes les règles du droit canonique. Les Vénitiens ne cédèrent en rien; ils disaient que c'étaient des lois fondamentales, faites ainsi par leurs prédécesseurs qui avaient rendu de si grands services à la chrétienté, et qu'elles étaient inviolables pour la république.

On ne s'en tint pas longtemps à ces premières contestations; les deux partis se cherchèrent bientôt d'autres difficultés. Du côté du Pape, on trouva que la constitution vénitienne était généralement préjudiciable aux droits et aux intérêts de l'Église. La république défendait le recours à Rome, elle excluait, sous le titre de papistes, de la délibération des affaires religieuses, ceux qui par leurs emplois ecclésiastiques étaient entrés en relation avec la cour romaine; elle accablait le clergé d'impôts. Les Vénitiens, au contraire, prétendaient que ces restrictions apportées à l'autorité des souverains pontifes, étaient encore bien loin d'être suffisantes; ils demandaient que les bénéfices ecclésiastiques ne fussent accordés qu'aux indigènes, que ceux-ci seuls fissent partie de l'inquisition, que chaque bulle fût soumise à l'approbation de l'État, que chaque assemblée ecclésiastique fût surveillée par un laïque, et que tout envoi d'argent à Rome fût défendu.

On ne s'arrêta pas encore dans cette voie; de ces questions secondaires on arriva à débattre les principes mêmes.

Depuis longtemps les Jésuites avaient déduit de leur doctrine sur le pouvoir du Pape, les conséquences les plus graves pour le droit ecclésiastique, et ils ne négligèrent pas de les répéter.

« L'esprit, dit Bellarmin, dirige et modère la chair; mais non réciproquement. Il n'est pas permis davantage au pouvoir temporel de vouloir s'élever au-dessus du pouvoir spirituel, de vouloir diriger ce pouvoir, lui commander et le punir : ce serait une rébellion, une tyrannie toute païenne [1]. Le sacerdoce possède son prince qui lui commande non-seulement dans les affaires spirituelles, mais aussi dans les affaires temporelles; il lui est impossible de pouvoir encore reconnaître un supé-

---

[1] *Riposta del Cl. Bellarmino ad una lettera senza nome dell' autore* (pamphlet de 1606).

rieur temporel particulier; personne ne peut servir deux maîtres. C'est au prêtre à juger l'empereur, et non à l'empereur à juger le prêtre : il serait absurde que la brebis voulût juger le berger[1]. Il n'est pas permis non plus au prince de percevoir les taxes des biens ecclésiastiques; il peut seulement recueillir les impôts des laïques; les ministres du Seigneur lui prêtent une assistance bien autrement grande, celle de la prière et du sacrifice. L'ecclésiastique est exempt de toutes les charges personnelles, et de celles qui pèsent sur les propriétés; il fait partie de la famille du Christ. Quand même cette exemption ne reposerait pas sur un commandement formel de l'Écriture-Sainte, elle se fonde encore sur une conséquence du texte sacré et sur l'analogie : les ecclésiastiques du Nouveau Testament ont précisément le même droit que possédaient les lévites de l'Ancien[2]. »

C'était là une doctrine qui accordait à la république spirituelle et une immense influence sur l'État, et une indépendance complète contre ses réactions : c'était une doctrine que l'on chercha à consolider à **Rome** par des preuves innombrables tirées de l'Écriture-Sainte, des conciles, des constitutions impériales et papales, et que l'on regardait comme irréfutable. Qui devait oser, à Venise, s'opposer à un Bellarmin, à un Baronius?

Les Vénitiens possédaient dans Paul Sarpi, leur *consultor* d'État, un homme que la nature et les circonstances avaient formé à des sentiments et placé dans une position qui lui donnaient l'audace nécessaire pour prendre les armes contre le pouvoir spirituel.

---

[1] Bellarminus, *de Clericis*, 1, c. 30.

[2] Ces propositions se trouvent mot à mot soit dans la *Riposta* ci-dessus mentionnée, ou dans le livre de Bellarmin, *de Clericis*, surtout lib. 1, c. 30.

Paul Sarpi était le fils d'un marchand qui avait quitté Saint-Vit pour émigrer à Venise; sa mère était de la maison Morelli, famille vénitienne qui jouissait des priviléges de la bourgeoisie. Le père était un homme d'une petite taille, noir, impétueux, querelleur, qui devint malheureux par de fausses spéculations. La mère était une de ces belles blondes vénitiennes, comme on n'en recontre pas souvent dans cette ville, d'une taille élevée, pleine de modestie et de raison. Le fils ressemblait à la mère par les traits du visage [1].

Un des frères de la mère, Ambroise Morelli, se trouvait, à cette époque, à la tête d'une école jouissant d'une renommée particulière, et qui servait principalement à l'éducation de la jeune noblesse. Tout naturellement, le neveu de l'instituteur entra dans son école. Niccolo Contarini, Andrea Morosini furent les condisciples de Sarpi et contractèrent avec lui des liaisons intimes.

Cependant, ni sa mère, ni son oncle, ni ces amitiés, ne purent le détourner de suivre son penchant pour la solitude et d'entrer dans un couvent de Servites, à l'âge de quatorze ou quinze ans.

Il parlait peu, était toujours sérieux. Il ne mangea jamais de viande; jusqu'à sa trentième année il n'avait jamais bu de vin; il détestait les conversations grossières : « Voilà la vierge qui arrive, disaient ses camarades, quand ils le voyaient, parlons d'autre chose. » Tout ce qu'il pouvait y avoir en lui de désirs était porté vers l'étude, pour laquelle il avait de grandes dispositions.

---

[1] Sarpi, né le 14 août 1552. Son père s'appelait François, sa mère, Élisabeth. Fra Fulgentio, *Vita di Paolo Sarpi*. Griselini, *Memorie di Fra Paolo Sarpi*, traduit en allemand par Lebret, p. 13.

Il était doué du talent inappréciable d'une conception sûre et prompte : il reconnaissait quiconque il avait vu une seule fois ; quand il entrait par hasard dans un jardin, il avait aussitôt examiné et remarqué tout ce qui s'y trouvait ; pour l'esprit comme pour le corps, il possédait un œil bon et perçant. Il se voua avec un bonheur particulier aux sciences naturelles.

Ses admirateurs lui attribuent la découverte des valvules dans les veines et les artères, des remarques savantes sur la contraction et l'expansion de la pupille [1], la première observation qui ait été faite de l'inclinaison de l'aiguille aimantée, et d'un très-grand nombre d'autres phénomènes magnétiques ; on ne peut nier qu'il ait pris une part active et créatrice aux travaux d'Aquapendente et surtout à ceux de Porta [2]. Il joignait à l'étude de la physique, celle du calcul, des mathématiques et des phénomènes intellectuels. On conservait à la bibliothèque des Servites, à Venise, un exemplaire des ouvrages de Vieta sur lequel les diverses erreurs de cet auteur étaient corrigées de la main de Fra Paolo ; on possédait encore dans la même bibliothèque un petit mémoire de lui sur l'origine et la décadence des opinions humaines, lequel mémoire, à en juger par les extraits que Foscarini en donne, renfermait, sur l'entendement, une théorie qui lui donnait pour base la *sensation* et la *réflexion*, et avait du moins beaucoup de ressemblance avec la théorie de Locke [3], si elle n'était pas aussi absolument d'accord avec elle qu'on l'a prétendu. Fra Paolo n'écrivait que quand c'était une

---

[1] Voyez Fischer, *Histoire de la Physique*, 1, 167.

[2] Porta, *Magiæ nat.*, lib. VII, præf. Griselini, 1, § 20, 24.

[3] Griselini, 1, p. 46 de la traduction. Locke, *Humane understanding*, B. 11, ch. 28.

chose nécessaire ; il n'avait naturellement pas de goût pour la production ; lisant toujours, s'appropriant ce qu'il lisait, et observant ; son intelligence était saine et vaste, méthodique et audacieuse, il marchait dans les voies du libre examen.

C'est avec ces facultés qu'il se livra à l'étude des questions de théologie et des droits de l'Église.

On a dit qu'il avait été protestant en secret ; cependant il est difficile d'admettre que son protestantisme ait dépassé les premières propositions de la confession d'Augsbourg, si toutefois il y adhérait. Fra Paolo du moins a dit la messe, tous les jours, pendant toute sa vie. On ne peut donner de nom à la croyance qu'il avait intérieurement embrassée. Son opinion était celle qui s'est manifestée très-souvent, à cette époque, surtout parmi les hommes livrés aux sciences naturelles ; elle ne se rattachait à aucune des doctrines existantes ; indépendante et toujours à la recherche, elle n'était cependant ni bien arrêtée, ni complétement formée.

Mais ce qui est certain, c'est que Fra Paolo avait voué la haine la plus irréconciliable à l'influence temporelle de la Papauté. C'est peut-être la seule passion qu'il ait eue. On a voulu en trouver l'origine dans le refus d'un évêché pour lequel il avait été proposé. Et qui pourrait nier l'empire exercé sur le cœur d'un homme par un refus qui ferme la carrière ouverte à son ambition légitime ? L'antipathie de Paolo contre la Papauté avait cependant une cause bien plus profonde ; elle se rattachait à une cause politico-religieuse, identifiée avec toutes ses autres convictions, fortifiée par ses études et l'expérience, partagée par ses amis, par ces hommes qui s'étaient réunis autrefois chez Morosini, et qui étaient parvenus à la direction des affaires.

Ce ne fut pas sans peine que Sarpi réussit à convaincre les jurisconsultes de son pays du peu de solidité des preuves par lesquelles les Jésuites cherchaient à soutenir les prétentions du Saint-Siége. Les uns regardaient l'exemption accordée aux ecclésiastiques, suivant la doctrine de Bellarmin, comme une règle du droit divin ; les autres soutenaient que le Pape avait pu l'ordonner. Ils s'appuyaient sur les décrets des conciles dans lesquels cette exemption a été prononcée : mais ce qu'un concile a pu faire, à plus forte raison le Pape peut-il le faire. Il était facile de réfuter les premiers ; quant aux autres, Fra Paolo voulut leur prouver surtout que les conciles dont il s'agissait, avaient été convoqués par les princes et devaient être regardés comme de véritables assemblées de diètes dans lesquelles avait été porté également un grand nombre de lois politiques [1]. C'est sur ce raisonnement que se fondait particulièrement la doctrine de Fra Paolo et de ses amis.

Ils partaient d'un principe qui avait triomphé en France, à savoir : « que le pouvoir du prince vient immédiatement de Dieu et n'est soumis à personne. Le Pape n'a pas même le droit de rechercher si les actions d'un gouvernement sont criminelles ou non. Car où cette enquête pourrait-elle conduire ? Existe-t-il une seule action qui ne puisse pas être regardée comme criminelle, du moins quant à son but ? Le Pape aurait donc le droit de tout examiner, d'empiéter sur tout ; ce serait la ruine de toute puissance temporelle.

« Les ecclésiastiques, aussi bien que les laïques, sont soumis à cette puissance. Tout pouvoir vient de Dieu, dit l'apôtre. Personne n'est excepté de cette obéissance

---

[1] Lettre de Sarpi à Lechasser, en date du 8 janvier 1606, dans le *Magasin* de Lebret, I, 479.

à l'autorité, pas plus que de l'obéissance à Dieu. Le prince fait les lois, il juge tout le monde, il fait lever les impôts; en tout cela, le clergé lui doit la même soumission que les laïques [1].

« Le Pape sans doute possède aussi une juridiction, mais elle est purement spirituelle. Jésus-Christ a-t-il donc exercé une juridiction temporelle? Il n'a pu transmettre ni à saint Pierre ni à ses successeurs un droit que lui-même n'avait pas réclamé.

« L'exemption du clergé ne peut par conséquent nullement être dérivée d'un droit divin originel [2] elle repose uniquement sur les concessions du prince. Le prince a concédé à l'Église la possession et la juridiction, il est son protecteur, son patron général; c'est de lui que dépend, à juste titre, la nomination des ecclésiastiques, la publication des bulles.

« Le prince ne peut pas renoncer à ce pouvoir, même quand il le voudrait, c'est un fidéi-commis à lui confié : il est obligé en conscience de le transmettre intact à son successeur. »

C'est ainsi que les prétentions et la théorie de l'État s'opposèrent audacieusement aux prétentions et à la théorie de l'Église. Les tendances des deux puissances combattantes se formulèrent en systèmes opposés. Dans cette association intime des intérêts spirituels et temporels, telle qu'elle existait au sein des gouvernements européens, il y avait une vaste part des actions de la vie humaine où ces deux intérêts se touchaient, se con-

[1] « Riposta d'un dottore in theologia ad una lettera scritta gli sopra il breve « delle censure. »

[2] *Difesa di Giovanni Marsilio a favore della riposta delle otto proposi-tioni, contra la quale ha scritto l'ill. e rev. S. Bellarmino. Venezia* 1606, p. 62.

fondaient ; depuis longtemps , l'Église avait réclamé toute cette part pour elle, et c'est ce qu'elle faisait de nouveau. De son côté, l'État avait élevé parfois des prétentions semblables , mais jamais peut-être d'une manière aussi audacieuse, aussi systématique. A aucune époque, il ne fut possible de concilier juridiquement ces réclamations contraires ; elles ne pouvaient l'être politiquement que par des concessions réciproques ; mais du moment que l'on cessa d'avoir l'un pour l'autre cet esprit de condescendance , la lutte recommença. Puisqu'elle était engagée sur le droit d'obéissance, il fallait montrer lequel des deux partis était en état de se faire obéir.

Le 17 avril 1606 , le Pape prononça dans la forme sévère des siècles précédents, s'appuyant sur l'exemple d'Innocent III, l'excommunication contre le doge , le sénat, tous les pouvoirs de la république de Venise, et expressément contre les *consultores*. Il n'accorda aux excommuniés, pour le cas de rétractation, que les délais les plus courts : trois de huit jours, et un délai de trois jours. Après leur expiration , toutes les églises du territoire vénitien , sans en excepter celles des monastères et les chapelles privées , devaient être interdites. On imposa aux ecclésiastiques du pays l'obligation de publier ce bref de l'excommunication en présence des fidèles assemblés et de le faire afficher aux portes des églises [1] ; on leur enjoignit à tous, sans exception, depuis le patriarche jusqu'aux curés, sous des peines sévères, divines et humaines, de s'y conformer.

---

[1] « Mentre in esse si troverà adunata maggior moltitudine di popolo per sentir li divini officj. » Ainsi que cela s'était fait avec tant de succès à Ferrare. *Breve di censure e interdetto della S. di NS. P. Paolo V, contra li S. Venetiani* 1606.

Telle fut l'attaque. La défense ne s'y prit pas d'une manière aussi violente.

On avait proposé dans le sein du conseil à Venise de rédiger une protestation solennelle, comme on l'avait fait dans des temps antérieurs; cette proposition ne fut pas acceptée, par la raison que le jugement du Pape était considéré comme nul et non valable et n'ayant pas même l'apparence de la justice. Léonardo Donato fit connaître aux ecclésiastiques, par un petit édit écrit sur le quart d'une feuille de papier, la résolution prise par la république de maintenir son autorité, « laquelle ne reconnaît, en matières temporelles, aucun supérieur, excepté Dieu. » « Le fidèle clergé de la république, disait cet édit, appréciera de lui-même la nullité des censures portées contre lui, et continuera sans interruption ses fonctions, le soin des âmes et le service divin. » On ne prononça aucune menace, mais il est possible que verbalement on ait dit quelque chose de plus [1].

Le clergé vénitien, appelé à des démonstrations d'obéissance par ses deux chefs, par le Pape et par la république, fut obligé de décider et de choisir auquel des deux il obéirait.

Le clergé n'hésita pas : il obéit à la république. Pas un seul exemplaire du bref ne fut affiché [2]. Les délais fixés par le Pape s'écoulèrent. Le service divin fut continué partout, suivant les habitudes ordinaires, les monastères suivirent l'exemple des prêtres séculiers.

Les Ordres religieux nouvellement fondés, qui repré-

---

[1] Cet édit du 6 mai 1606 est imprimé par Rampazetto, *Stampaior ducale*. On voit sur le frontispice l'évangéliste saint Marc tenant le livre des Évangiles et le glaive levé. On discuta au sénat, comme dit Priuli, « le nullità molte e « notorie » du bref du Pape.

[2] P. Sarpi, *Historia particolare*, lib. 11, p. 55, assure que des gens ayant voulu afficher les bulles avaient été arrêtés par les habitants eux-mêmes.

sentaient particulièrement le principe de la restauration
de l'Église, ces Ordres seuls, les Jésuites, les Théatins et
les Capucins, firent exception. Les Jésuites n'étaient pas
aussi décidés; ils consultèrent d'abord leur provincial à
Ferrare, leur général à Rome, et celui-ci s'adressa même
au Pape. La réponse de Paul V fut : qu'ils devaient ou
observer l'interdit, ou secouer la poussière de leurs
pieds et quitter Venise. C'était une résolution grave, car
on leur déclara nettement qu'on ne leur permettrait jamais d'y revenir : mais leurs principes ne leur laissaient
pas le choix : ils se retirèrent sur quelques barques dans
les domaines du Pape [1]. Leur exemple entraîna les deux
autres Ordres avec eux [2]. Les Vénitiens ne jugèrent pas
à propos de prendre le terme moyen proposé par les
Théatins; ils ne voulurent pas de schisme dans l'intérieur de leur pays; ils exigèrent ou la soumission ou
l'éloignement; les églises abandonnées furent occupées
par d'autres prêtres; on prit soin que personne ne pût
s'apercevoir de l'absence d'ecclésiastiques. La première
Fête-Dieu fut célébrée avec une pompe extraordinaire
et par une procession très-nombreuse [3].

Néanmoins on ne put éviter de tomber dans un
schisme complet.

Le Pape était tout étonné; il voyait ses idées exagérées énergiquement combattues. Quel était le moyen de
les faire triompher?

Paul V songea bien à l'emploi de la force des armes;
cette disposition belliqueuse entraîna même, un mo-

[1] Juvencius, *Hist. Soc. Jesu V*, II, p. 93.

[2] V. Sandi (VI, 1110) fait encore mention de « I Reformati di S. Francesco, »
beaucoup d'autres auteurs partageant cette erreur; elle repose sur ce que les
Capucins sont précisément des Franciscains réformés, et qu'ils sont désignés
ainsi dans cette occasion, par A. Morosini.

[3] A. Maurocenus, *Historia Ven.*, t. III, p. 350.

ment, les congrégations ; le cardinal Sauli s'écria : « Il faut châtier les Vénitiens. » On députa des légats, une armée fut équipée. Mais, au fond, on ne pouvait oser aller jusqu'à cette extrémité. La cour romaine eût craint de voir Venise chercher le secours des protestants, et répandre la plus dangereuse perturbation dans le monde catholique.

Enfin, il fallait essayer de nouveau, comme on l'avait fait autrefois, un accommodement par les voies de la politique : seulement, cet arrangement ne put s'effectuer entre les deux parties elles-mêmes, ce rôle échut à la médiation des deux grandes puissances, l'Espagne et la France, dont les intérêts particuliers devaient aussi se mettre en jeu dans cette occasion.

Ces deux royaumes avaient un parti qui souhaitait l'explosion des hostilités. Parmi les Espagnols, c'étaient les catholiques ardents qui espéraient enchaîner de nouveau le Saint-Siége à la monarchie, c'étaient les gouverneurs des provinces italiennes, dont la puissance devait s'accroître par la guerre ; l'ambassadeur Viglienna, à Rome, nourrissait aussi ce désir, espérant pouvoir, par cette lutte, faire parvenir sa famille aux dignités de l'Église. En France, au contraire, c'étaient les protestants zélés. Sully et ses partisans auraient vu avec plaisir une guerre en Italie, parce qu'elle eût laissé respirer les neerlandais qui étaient vivement pressés, à cette époque, par Spinola. Ces deux partis poussèrent leur gouvernement à des démonstrations actives.

Le roi d'Espagne envoya une lettre au Pape, dans laquelle il lui promettait, du moins en termes généraux, son secours. En France, l'ambassadeur de Venise reçut des offres par des hommes considérables ; il aurait pu, pensa-t-il, réunir en un mois une armée de 15,000 Français. Cependant ces impulsions violentes ne triomphèrent pas.

Les ministres dirigeants, Lerme en Espagne, Villeroy en France, désiraient conserver la paix. Le premier faisait surtout consister sa gloire dans le rétablissement de cette paix : le second appartenait au parti catholique austère, il n'eût jamais consenti à laisser attaquer le Pape par la France [1]. Les princes partagèrent les mêmes sentiments. Henri IV observait avec raison que, s'il tirait l'épée pour la république, il mettrait en jeu sa réputation de bon catholique. Philippe III envoya une nouvelle explication au Pape : il lui disait qu'il voulait bien le soutenir, mais non sans la garantie de la restitution des frais, et pour défendre une bonne cause et non pas une mauvaise [2].

Ainsi se dissipèrent toutes les chances de guerre. Les deux puissances rivalisèrent à laquelle des deux appartiendrait l'honneur de contribuer le plus à la paix et de consolider le plus sûrement son influence : c'est dans ce but que François de Castro, neveu du duc de Lerme, partit d'Espagne, et le cardinal Joyeuse partit de France pour se rendre à Venise.

Je ne veux ni ne puis expliquer toute la marche de leurs négociations; il suffira d'en exposer les phases les plus importantes.

La première difficulté consistait dans l'exigence du Pape, qui demandait avant tout l'abolition des lois vénitiennes qui avaient excité, à ses yeux, un si grand

---

[1] *Relatione di Pietro Priuli ritornato di Francia*, 6 Sett. 1608, renferme une exposition détaillée de la part que les Français priren ces différends.

[2] *Francesco Priuli*, *Relatione di Spagna*, 30 Ag. 1608.

scandale ; il faisait dépendre de cette condition le retrait des censures de l'Église.

Mais les Vénitiens avaient coutume, non sans un certain orgueil républicain, de déclarer leurs lois saintes et inviolables. Lorsqu'au mois de janvier 1607, on délibéra pour la première fois sur cette question, si elle ne fut pas précisément rejetée dans le conseil, elle le fut dans le sénat [1]. Les Français, qui avaient donné au Pape leur parole, réussirent à faire mettre de nouveau cette affaire en délibération, au mois de mars. A cette époque, un des quatre opposants du conseil se retira ; après avoir discuté pour la seconde fois les raisons pour et contre dans le sénat, on n'en vint pas à une rétractation formelle et expresse, mais on prit un arrêté dans lequel on disait « que la république se conduirait avec sa piété accoutumée. » Malgré l'obscurité de ces paroles, l'ambassadeur et le Pape voulurent bien y voir la concession qu'ils demandaient ; Paul V suspendit ses censures.

Aussitôt s'éleva une autre difficulté très-inattendue. Les Vénitiens refusèrent de recevoir les Jésuites, qui, après leur éloignement, avaient été expulsés de la république par un décret solennel.

Le Pape devait-il laisser porter un si grand préjudice à ceux qui lui étaient restés fidèles, qui n'avaient commis aucun autre crime, que celui de lui être inviolablement attachés?

Il employa tous les moyens pour faire changer la résolution des Vénitiens. Les Jésuites avaient aussi les Français pour eux, s'étant assurés, dans cette circonstance, de la faveur du roi par une ambassade particulière ; Joyeuse s'intéressa vivement à cette affaire. Mais les Vénitiens restèrent inébranlables.

---

[1] Ger. Priuli, *Cronica Veneta*, 20 Zener 1606-1607.

Ce qu'il y eut de surprenant, c'est que les Espagnols se déclarèrent contre l'Ordre des Jésuites. En Espagne, l'intérêt des Dominicains était resté prédominant : le duc de Lerme n'aimait point la Société de Loyola, et en général il ne voulait pas qu'un État fût forcé de recevoir en son sein des sujets désobéissants; François de Castro évita, dans le commencement, de parler des Jésuites, puis enfin il s'opposa directement aux démarches des Français.

C'était là un fait, fondé, à la vérité, sur la situation intérieure de l'Espagne, mais au premier abord si singulier, que le Pape lui-même en fut surpris, et comme il présumait quelque mystère profondément caché, il renonça à insister sur le rétablissement des Jésuites.

Mais cette résolution devait lui coûter beaucoup. Il avait paru déterminé à mettre le monde en feu pour quelques lois de peu d'importance, et maintenant il consentait à ce que ses plus fidèles partisans fussent bannis pour toujours d'un pays catholique, d'une province de l'Italie.

La république, à son tour, n'hésita plus à livrer les deux ecclésiastiques qu'elle avait fait arrêter.

Seulement, elle prétendait faire une protestation dont le Pape ne voulut absolument pas entendre parler. Toutefois, l'expédient que l'on se décida à prendre mérite d'être signalé. Le secrétaire du sénat de Venise conduisit les prisonniers dans le palais de l'ambassadeur français, et les lui remit, « par égard, dit-il, pour le roi très-chrétien, et avec les réserves que le droit acquis à la république de juger ses ecclésiastiques ne sera pas affaibli par cette restitution. » — « Je les reçois à cette condition, » répondit l'ambassadeur, et il les conduisit devant le cardinal, qui se promenait de long en large dans une galerie. « Voilà les prisonniers, dit-il, qui doivent être livrés au Pape, » et il ne fit aucune mention des réserves. Le cardinal, sans ajouter un mot, les fit remettre au commissaire du Pape, qui les reçut en faisant le signe de la croix.

On était cependant très-éloigné de s'entendre; les deux partis ne voulaient pour le moment que rétablir une bonne intelligence apparente et provisoire.

Il fallait encore l'abolition des censures et l'absolution.

Les Vénitiens avaient, à ce sujet, des objections à faire, ils persistèrent à soutenir que la censure avait été nulle et non valable en elle-même, et que par conséquent ils n'avaient besoin d'aucune absolution. Joyeuse leur déclara qu'il ne lui était pas donné de changer les formes de l'Église. On décida enfin que l'absolution ne serait pas prononcée avec la solennité et la publicité ordinaires; Joyeuse se présenta dans le conseil et la prononça, pour ainsi dire *privatim*. Les Vénitiens paraissaient s'être tirés d'affaire sans aucune absolution [1]. Il est vrai qu'elle ne fut point donnée suivant toutes les formalités habituelles, mais très-certainement ils la reçurent.

On voit donc bien que les questions débattues ne furent pas aussi complétement terminées à l'avantage des Vénitiens, que les historiens l'ont généralement prétendu.

Les lois dont le Pape s'était plaint étaient suspendues; les ecclésiastiques dont il avait demandé l'extradition lui étaient livrés; l'absolution même avait été reçue.

---

[1] Daru cite à la fin de son 29e livre la lettre de Joyeuse, qui est sans doute la seule pièce importante qu'il produit dans cette affaire; il fait quelques objections qui ne paraissent pas très-solides.

Cependant toutes ces mesures avaient été prises avec des restrictions extraordinaires. Les Vénitiens procédèrent dans cette circonstance comme pour une affaire d'honneur, avec des soins inquiets et minutieux pour leur réputation ; ils avaient enveloppé de réserves, et autant que possible caché chacune de leurs concessions. Quant au Pape, il avait le dessous, puisqu'il se vit forcé de consentir à l'expulsion des Jésuites, ce qui causa une vive sensation dans toute l'Europe chrétienne. Dès cette époque, les relations entre Rome et Venise redevinrent, du moins en apparence, ce qu'elles avaient été autrefois. Paul V dit au premier ambassadeur que Venise lui envoya : Les anciens différends sont vidés, il faut vivre comme de nouveaux amis. Il se plaignit quelquefois de ce que Venise ne voulait pas oublier ce qu'il avait oublié, lui, depuis longtemps ; il se montra aussi doux, aussi conciliant qu'aucun de ses prédécesseurs [1].

Cette politique ne servit qu'à empêcher l'explosion de nouvelles inimitiés ; les oppositions intérieures n'en subsistèrent pas moins ; une confiance franche et entière ne fut pas de si tôt rétablie [*].

§ XIII. — Arrangement de l'affaire des Jésuites.

Le différend qui existait entre les Jésuites et les Dominicains fut terminé de la même manière.

Clément mourut, comme nous l'avons vu, avant d'avoir prononcé un jugement. Paul V, qui s'occupa de cette affaire avec toute l'ardeur et le zèle qui distinguèrent les commencements de son administration (dix-sept congrégations avaient été tenues en sa présence,

[1] *Relatione di Mocenigo*, 1612.
[*] Voir la note n° 17.

depuis le mois de septembre 1605 jusqu'en février
1606), n'inclina pas moins que ses prédécesseurs vers
l'ancien système, pour les Dominicains. En octobre et
en novembre 1606, des congrégations furent assemblées
pour déterminer la forme sous laquelle les doctrines
des Jésuites devaient être condamnées : les Dominicains
se croyaient sûrs de la victoire [1].

Mais, précisément à cette époque, avaient éclaté les
difficultés avec Venise ; les Jésuites avaient donné au
Saint-Siége des preuves d'un attachement qui surpassait
de beaucoup celui de tous les autres Ordres : et Venise
le leur fit expier.

Dans ces circonstances, le Saint-Siége eût paru commettre une cruauté, s'il avait voulu punir ses serviteurs
les plus fidèles par un décret de condamnation. Le Pape
s'arrêta donc lorsque tout était préparé pour la prononcer. Pendant quelque temps, il laissa dormir l'affaire ;
enfin, le 29 août 1607, il publia une déclaration par
laquelle les *disputatores* et les *consultores* furent renvoyés chez eux : la décision devait être promulguée plus
tard ; et en attendant, le désir de Sa Sainteté était
qu'aucun des deux partis ne cherchât à dire du mal l'un
de l'autre [2].

C'était pour les Jésuites une compensation de la perte
qu'ils avaient éprouvée à Venise. Il y avait un grand
avantage pour eux à voir leurs doctrines sinon confirmées, du moins n'être pas condamnées. Ils se vantèrent
même de leur victoire. Leur orthodoxie n'étant plus
mise en doute, ils continuèrent activement à suivre les
doctrines qu'ils avaient adoptées.

---

[1] Serry, *Historia congregationum de auxiliis*, p. 561 et suiv. « Gratiæ
« victriei, » dit-il lui-même, « jam canebatur *lo triumphe*. »

[2] Coronelli, secrétaire des congrégations, dans Serry, p. 589.

Il ne s'agissait plus que de savoir s'ils réussiraient à terminer avec autant de succès leurs divisions inté-rieures.

Il y avait toujours de la fermentation dans leur So-ciété. Les changements exécutés dans la constitution de l'Ordre étaient insuffisants, et l'opposition espagnole ne renonça pas à arriver à son but, c'est-à-dire à éloigner Aquaviva. Enfin les *procuratores* de toutes les provinces déclarèrent, ce qui n'était encore jamais arrivé, qu'une congrégation générale était nécessaire. Elle se réunit en l'année 1607, et il fut de nouveau question de modifi-cations radicales.

Nous avons déjà fait remarquer l'alliance intime des Jésuites avec la France, et les faveurs qu'ils reçurent de Henri IV. Ce prince prit aussi part aux divisions inté-rieures de l'Ordre : il s'était entièrement prononcé pour Aquaviva, auquel il écrivit pour l'assurer de ses bonnes grâces ; il fit également connaître à la congrégation son désir qu'il ne fût entrepris aucun changement dans la constitution de la Société [1].

Aquaviva sut parfaitement utiliser une protection aussi puissante.

L'opposition qu'il éprouvait venait principalement des congrégations provinciales. En conséquence, il par-vint à faire décider, premièrement : qu'aucune propo-sition émanée d'une congrégation provinciale ne devait être considérée comme adoptée, si elle n'avait pas été approuvée par les deux tiers de toutes les voix ; secon-dement : qu'une proposition même adoptée de cette manière, ne pourrait être soumise à la délibération de la congrégation générale, qu'autant que préalablement

---

[1] *Litteræ christianissimi regis congregatos patres*, **IV** *Kal. Dec.* 1607, **dans** Juvencius V, **II**, lib. **IX**, n° 108.

la majorité de cette congrégation aurait donné son assentiment. Par ces nouvelles décisions, comme on le voit, l'influence des congrégations provinciales se trouva extraordinairement affaiblie.

Mais il y a plus : une sentence formelle de condamnation fut prononcée contre les adversaires du général, et on intima aux supérieurs l'ordre précis de procéder contre les perturbateurs. Insensiblement la paix finit par se rétablir. Les membres espagnols se soumirent et cessèrent de résister à la nouvelle direction de leur Ordre. Une génération plus maniable s'éleva sous l'influence dominante. Le général chercha, par reconnaissance, à répondre aux faveurs signalées de Henri IV, en redoublant de dévouement pour ce monarque.

———

CONCLUSION.

Toutes ces divisions rentrèrent donc encore une fois dans le repos.

Si nous réfléchissons à leur développement et à leur résultat, nous voyons qu'ils manifestent l'introduction d'un très-grand changement dans le sein de l'Église catholique.

Nous sommes partis de l'époque où la Papauté engagée dans une lutte victorieuse, s'avançait vers une plénitude de pouvoir toujours plus éminente. Étroitement unie avec la politique espagnole, elle forma le projet d'entraîner toutes les puissances catholiques vers un même but, et de terrasser d'un seul coup tous les dissidents. Si elle avait réussi, elle eût élevé l'Église à une souveraineté absolue, tous les États catholiques auraient été réunis dans une communauté d'idées, de foi, de vie, et la Papauté eût acquis une influence prédominante sur la politique intérieure des États.

Mais à cette époque aussi surgirent les plus énergiques oppositions au sein de l'Europe catholique.

Dans les affaires de la France, le sentiment de la nationalité se souleva contre les prétentions ultramontaines. Les catholiques ne voulaient pas dépendre absolument, dans tous leurs actes, de la direction du chef suprême de l'Église. Il existait des principes de politique temporelle, d'indépendance nationale qui s'opposaient avec une énergie universelle aux vues de la Papauté. Nous pouvons dire en général que ces principes ont conservé la victoire; le Pape fut obligé de les respecter; et c'est en se fondant sur eux que l'Église de France opéra son rétablissement.

Il s'ensuivit que la France continua à se jeter dans des hostilités contre la monarchie espagnole, et que deux grandes puissances, naturellement ennemies l'une de l'autre, et toujours disposées à se combattre, entrèrent en lutte au milieu de l'Europe catholique. Tant il était impossible de maintenir l'unité! Les affaires de l'Italie eurent pour résultat que l'équilibre de ces deux imposantes forces rivales créa, même au Saint-Siége, une situation avantageuse.

Dans le même temps, de nouvelles querelles théologiques éclatent. Elles ne peuvent être évitées, malgré toute la prévoyance et la précision des canons du concile de Trente; le champ était large encore pour de nouvelles controverses dans le cercle même des limites tracées par le concile. Les deux Ordres les plus puissants entrent dans la lice l'un contre l'autre : la France et l'Angleterre prennent parti en quelque sorte : à Rome on n'a pas le courage de prononcer une décision.

A ces luttes, se joignirent les différends sur les limites de la juridiction spirituelle et temporelle : différends qui avaient le plus souvent une origine locale et s'élevaient avec un voisin, non pas précisément très-redoutable, mais lequel soutenait ses prétentions avec une énergie qui leur donnait un grand retentissement. C'est avec raison que dans tous les États catholiques la mémoire de Sarpi est très-vénérée. Il a fait triompher les priviléges ecclésiastiques que ces États possèdent. Le Pape ne put détruire ces priviléges.

Ce sont toutes ces oppositions entre la constitution civile et le pouvoir ecclésiastique, qui, à cette époque, ruinèrent cette unité spirituelle-temporelle que les Papes cherchaient à rétablir.

La marche des affaires montra cependant que la force était encore une fois du côté des idées de paix. Il ne fut pas possible de réconcilier l'antipathie qui existait dans les cœurs, mais on réussit à éviter la lutte. La paix entre les grandes puissances fut rétablie et maintenue : l'Italie n'était pas encore parvenue à avoir une conscience entière de ses intérêts et à leur faire prendre une active influence ; on imposa silence aux Ordres qui disputaient entre eux ; les différends de l'Église et de l'État ne furent pas poussés aux dernières extrémités ; enfin, Venise accepta la médiation qui lui fut offerte. La politique de la Papauté était de prendre autant que possible position au-dessus des partis, d'apparaître comme médiatrice au milieu des divisions. Elle possédait encore une assez grande autorité pour accomplir cette mission.

Ce qui, sans doute, favorisa cette réaction, ce fut la

continuation non interrompue de la grande œuvre extérieure dans laquelle on était engagé, œuvre qui marchait en pleins progrès : nous voulons parler de la lutte
contre le protestantisme.

Il nous faut revenir maintenant à cette lutte et à son
développement *.

* Voir la note n° 18.

OBSERVATIONS HISTORIQUES ET CRITIQUES

SUR LE SIXIÈME LIVRE.

N° 1 (page 295).

L'auteur revient à ses assertions exagérées au sujet des *tendances profanes qui dominaient dans la littérature et dans l'art, des principes d'une morale païenne ouvertement étalés.....* Voir les notes 25 à 30 à la suite du livre premier.

N° 2 (page 298).

L'Église catholique sait parfaitement s'accommoder avec toutes les formes de gouvernement, monarchiques, aristocratiques, bourgeoises, démocratiques, héréditaires, électives ; M. Ranke démontre avec une grande force cette vérité, et il faut le louer de sa franchise, mais la conclusion à laquelle il arrive est au moins étrange. Parce que l'Église, sous l'autorité des Papes, sait se soumettre à toutes les formes de gouvernement, il en résulte que *ses prétentions et ses principes menacent les empires de bouleversement intérieur et leur font craindre pour leur indépendance.....* Que resterait-il à dire si, au contraire, l'Église s'établissait en lutte avec toutes les formes de gouvernement ? Ce langage de M. Ranke s'applique à l'état de la France sous la Ligue ; or, nous verrons qu'à cette époque *les prétentions et les principes* de l'Église se bornèrent à défendre ses droits, et ses attaques contre l'*indépendance des empires* à défendre et sa liberté et l'intégrité de la foi *des catholiques* français.

—

N° 3 (page 299).

M. Ranke qualifie de *nouvelle* la doctrine qui proclame *non-seulement le droit mais le devoir, pour une nation, surtout quand le Pape a parlé, de refuser obéissance à un prince qui s'est séparé de l'Église catholique.* — Cette doctrine n'était que la conséquence nécessaire d'un état social et politique exclusivement fondé sur le catholicisme. M. Ranke lui-même finit par reconnaître (page 301 en note) l'ancienneté de ces doctrines dites ultramontaines : « Elles ne sont que le résumé des propositions enseignées dans le treizième siècle, » et il cite saint Tomas d'Aquin. Bellarmin, ajoute M. Ranke, nomme plus de soixante-dix auteurs de différentes nations qui comprennent le pouvoir du Pape à peu près de la même manière que lui.

Les Jésuites réclamèrent immédiatement la souveraineté ILLI-MITÉE *de l'Église sur l'État.* — Cette assertion est fausse à force d'exagération, et l'exposé de M. Ranke le prouve. Les Jésuites, c'est-à-dire les défenseurs des doctrines ultramontaines, proclamèrent la souveraineté *illimitée* de l'Église dans le domaine spirituel; nous allons constater, à propos de Henri IV, que du moment où l'intégrité et la liberté de ce domaine spirituel ont été garanties, les Jésuites ont été les premiers à reconnaître, à soutenir l'autorité du roi.

Ce n'est pas ici le lieu d'exposer la doctrine catholique sur les rapports entre les deux puissances, il me suffira de renvoyer le lecteur aux ouvrages suivants : Fénelon, *Dissertation sur l'autorité du souverain Pontife,* voir surtout le chap. 39; De Maistre, *le Pape,* livre deuxième; l'abbé Rohrbacher, *Des rapports naturels entre les deux puissances, d'après la tradition universelle,* 2 vol. in-8°; le même, *Hist. de l'Église,* t. XIX, livre 77, p. 377 et suiv. Le lecteur trouvera de précieuses lumières sur cette question dans un savant travail publié par le journal l'*Univers* à propos de l'examen du rapport de M. Liadières concernant le projet de loi d'instruction secondaire. — V. *Univers,* n°⁸ des 7, 9, 12, 16, 19, 24, 29 septembre; 1, 3, 6, 15, 17, 24 octobre, 1847.

N° 4 (page 305).

Dans les deux premiers paragraphes de ce sixième livre le caractère véritable de la Ligue est entièrement méconnu. Il est permis de ne pas aimer et de ne pas approuver la Ligue, mais il n'est plus possible de contester la nature si essentiellement religieuse, nationale et populaire de ce grand mouvement. Cette vérité a été mise en évidence par M. Capefigue dans son *Histoire de la Réforme et de la Ligue.* Henri IV et ses amis les protestants, les parlementaires, les légistes et les politiques avaient compris combien leur nuirait, dans l'histoire, l'authenticité de ce triple caractère de la Ligue ; c'est pourquoi, en habiles sinon en honnêtes gens, ils prirent leur précaution contre le jugement de la postérité, et anéantirent tous les documents publics qui concernaient les actes de la Ligue. Il en est un cependant qui a échappé à cette destruction systématique, c'est le recueil des *Procès-verbaux des États-généraux de* 1593; ils ont été publiés récemment par ordre du ministre de l'instruction publique (M. Villemain), et font partie de la collection des documents inédits sur l'histoire de France. Il est assez curieux que la connaissance d'un document qui venge avec tant d'éclat la Ligue des accusations portées contre elle par les protestants, les parlementaires, les doctrinaires-politiques et les légistes, que cette connaissance soit due à un ministre-littérateur représentant des traditions et de l'esprit des ennemis de la Ligue. La préface de l'éditeur, M. Auguste Bernard, porte la lumière sur toutes les révélations instructives qui sortent de la lecture de ces procès-verbaux. Le fait de la destruction systématique des documents concernant la Ligue est constaté dans les pag. III, LXIII, LXIV. Les Ligueurs étaient alliés avec l'Espagne, mais ils n'étaient point payés par elle (p. xxv). Le reproche adressé à la Ligue d'avoir recours aux armes de l'étranger est injuste, car tous les partis employaient ce moyen de défense; Henri IV combattait avec des troupes anglaises (p. xL). Lisez aussi dans les *Procès-verbaux,* pages 75, 391, 392, 393, de belles réponses des États à ce reproche d'avoir recours à l'étranger. L'unanimité populaire du mouvement de la Ligue est démontrée, page xxxv; et M. Ranke prétend qu'elle était anti-nationale ! Et les partisans rationalistes de la souveraineté populaire n'hésitent pas à se prononcer contre la Ligue catho-

lique, en faveur de la minorité des nobles, des protestants, des légistes, des politiques et des intrigants! Sur l'autorité, la popularité
et l'influence des États de la Ligue, V. p. LII. — Sur la réception
du concile de Trente, le rôle joué, dans cette grande question catholique, par les légistes et la noblesse, V. page LIII de la préface,
pages 77, 78, 344, 396, des Procès-verbaux.— Page 32, le chef de
la Ligue déclare qu'elle est prête à reconnaître Henri IV roi de
France s'il se convertit à la religion catholique, ce qui prouve et
le désintéressement des chefs de la Ligue et le triomphe qu'elle a
obtenu. — La fierté du sentiment national de la Ligue se montre
dans la séance où l'ambassadeur d'Espagne est introduit ; celui-ci
affecte de vanter les services rendus par son pays à la France, de
la présenter comme ne pouvant se passer de l'Espagne ; le président des États répond avec indépendance, dignité et fermeté, rappelant tout ce que l'Espagne doit à la France. V. pages 109, 134,
144 note.— Les sentiments d'indépendance nationale de la Ligue
se manifestent encore dans la persévérance et l'énergie avec lesquelles elle repousse les diverses propositions de l'Espagne pour
faire élire un prince étranger comme roi de France ; les États dé-
clarent ne vouloir faire leur choix que parmi des princes français.
V. pages 184, 185, 281, 293.

La lecture de ces procès-verbaux nous montre les députés du
clergé et du tiers-état assidus, dévoués, fidèles à la cause catholique et nationale ; les députés de la noblesse, au contraire, sont
en très-petit nombre, assistent très-irrégulièrement aux séances,
manifestent le plus d'empressement à faire trève avec Henri IV et
à traiter avec lui.

Cette simple analyse des procès-verbaux des États de 1593 suffit,
je l'espère, pour mettre hors de contestation les véritables sentiments de la Ligue, sa fidélité à la foi catholique, comme à l'indépendance nationale.

Je recommande instamment la lecture attentive de ce précieux
recueil.

N° 5 (page 307).

*C'est ainsi que l'indépendance de la nationalité s'opposa puis-
samment à l'idée de la religion sacerdotale.*

Cette indépendance de la nationalité était représentée par les
protestants, légistes et politiques partisans de Henri IV. Dans la

note qui précède on a vu si, à plus juste titre, cette indépendance nationale n'était pas représentée par la Ligue.

N° 6 (page 308).

Pour assurer la couronne de France à leur co-religionnaire Henri IV, les protestants formulèrent la théorie du droit divin des princes, telle qu'elle est exposée par M. Ranke, pages 307, 308, 309, 310. En vertu de cette théorie, les rois sont placés au-dessus et en dehors de la loi de Dieu, bonne seulement pour le reste de l'espèce humaine. Les peuples peuvent faire des lois qui règlent et limitent la puissance royale, ce droit n'appartient pas à Dieu ! Il n'est pas libre à une société dont toutes les institutions sont exclusivement fondées sur le principe catholique, d'imposer pour condition au prince qui la gouverne que lui-même sera catholique, et que s'il trahit le principe fondamental de la société il cesse d'être roi ! Théorie dégradante qui justifie l'absolutisme monarchique des Henri VIII, des Elisabeth, des Gustave Wasa, de tous les princes auxquels on reconnaît le droit d'opprimer les consciences, de disposer de la foi des peuples comme d'une propriété du domaine privé, sans que ces consciences et ces peuples puissent dire à ces apostats : Vous vous révoltez contre celui qui vous a fait rois, nous ne vous connaissons plus et vous avez cessé de régner.

Afin cependant que les peuples ne s'aveuglassent pas sur les égarements de leurs princes, que la passion ne vînt pas à précipiter et à ensanglanter les conflits, à occasionner des perturbations nuisibles à tous les droits et à tous les intérêts, l'Église, consultée, se plaçait, par son chef, comme arbitre entre les rois et leurs sujets, et prononçait si l'obéissance était encore due. Dans une société toute catholique, cette organisation des rapports entre les princes et les peuples n'était-elle donc pas raisonnable, légitime, prévoyante, pleine de respect pour la dignité humaine, pour les droits de la royauté, pour la conscience des peuples ? C'est là ce que M. Ranke appelle l'*union monstrueuse des deux souverainetés sacerdotale et populaire* (p. 307). Vous remarquerez que ce sont les protestants, les rationalistes, tous les révolutionnaires religieux et politiques, dont les principes et la vie ont été et sont en insurrection contre toute autorité, ce sont ces hommes qui, dans tous les temps et dans tous les pays, prétendent imposer aux catholiques l'*obéissance passive;*

en leur ôtant même la volonté de se défendre, on sera, en effet, plus assuré de les opprimer et d'étouffer la liberté de l'Église.

Nº 7 (page 310).

Une partie des catholiques français se trouvèrent d'accord avec les protestants (p. 308), pour propager la nouvelle théorie du droit divin des princes. — On les connaît ces catholiques qui s'accordent avec les ennemis de l'Église pour livrer la foi des peuples au bon plaisir des souverains, qu'ils soient rois comme Louis XIV ou assemblées représentatives comme la Constituante; c'est toujours le même principe, subordonner la loi divine à la loi humaine. — Plus loin (p. 310), M. Ranke dit que ces *théories étaient encore peu perfectionnées.* — Les légistes, les parlementaires gallicans et jansénistes se sont chargés de *perfectionner*, sous le nom de libertés de l'Église gallicane, la servitude de l'Église catholique. Le code de cette législation *perfectionnée* a été publié, de nos jours, sous ce titre : *Manuel du Droit public ecclésiastique français*, par M. Dupin. Je recommande la lecture du mandement de son Eminence Mgr le cardinal de Bonald, portant condamnation de ce *Manuel*. On sait que la presque unanimité de l'épiscopat français a prononcé la même condamnation, laquelle a été sanctionnée par le Saint-Siége ; ce qui n'empêche pas l'auteur de ce *Manuel* et ses adhérents de se dire catholiques.

Nº 8 (page 312).

Au nombre des catholiques alliés de Henri IV, M. Ranke cite Fra Paolo Sarpi ! Nous connaissons maintenant ce Fra Paolo et son catholicisme (V. Appendice du tome Iᵉʳ), nous allons encore le voir à l'œuvre dans le paragraphe xɪɪ de ce sixième livre. Voilà les hommes que l'on prétend opposer aux catholiques dits ultramontains comme les seuls et véritables catholiques ! les hérétiques, rationalistes et radicaux de tous les temps et de tous les pays sont toujours trop heureux de pouvoir compter dans leurs rangs quelques-uns de ces catholiques qui servent à masquer les projets des ennemis de l'Église, à faciliter son oppression et sa ruine.

No 9 (page 314).

Tandis que la politique moderne, fondée par les protestants et les catholiques défenseurs du droit divin des princes, se constituait en Europe, la livrait à la culture exclusive des intérêts égoïstes de dynastie et de nation, les Papes seuls continuaient à vouloir pratiquer la politique chrétienne, la politique des intérêts généraux par l'union des rois, des princes et des peuples ; les Papes seuls songeaient encore à protéger l'Europe contre l'Islamisme, à fonder en Orient les principes et les intérêts de l'Occident catholique, à joindre la mer Rouge à la Méditerranée, à conquérir le SAINT-SÉPULCRE. Voilà les idées auxquelles Sixte-Quint avait la *singularité*, dit M. Ranke, de s'arrêter. Singularité bien honorable, dans tous les cas, pour le Pape, car il ne savait pas encore à quel degré la politique moderne était devenue incapable de générosité et de grandeur.

No 10 (page 322).

Pour tout lecteur qui aura suivi avec attention l'exposé fait par M. Ranke de la conduite de Sixte-Quint dans ses rapports avec la Ligue et Henri IV, il sera évident que ce grand Pape n'a obéi ni à aucune vue personnelle [1], ni à aucun esprit de parti, ni à aucune préoccupation de politique humaine. Tous ses actes sont dignes d'un Vicaire de Jésus-Christ, il ne cherche que le triomphe de la religion, et du jour où Henri IV se montre disposé à rentrer dans le sein de l'Église, Sixte-Quint n'hésite pas, malgré les plus vives résistances, à se prononcer en faveur du roi de Navarre. M. Ranke a donc tort, et il est réfuté par son récit même, quand il veut expliquer la conduite du Pape en le présentant comme effrayé de la prépondérance des Espagnols. Les véritables sentiments de Sixte-Quint apparaissent dans l'audience donnée à M. de Luxembourg (p. 322) ; mais ils sont plus clairement manifestés encore dans d'autres documents officiels. Après avoir conféré avec l'envoyé de

---

[1] Page 345, M. Ranke raconte, sans paraître y croire, que le Pape aurait fait proposer son neveu pour héritier du trône de France. Cette assertion est démentie par toute la conduite de Sixte-Quint.

Henri IV, Sixte-Quint rendit compte de cette conférence au consistoire des cardinaux, en ces termes :

« Nous voulons assurément les écouter tous, et nous devons
« tous les écouter, puisque nous sommes le père de tous, et le Vi-
« caire de Jésus-Christ. Dieu veuille que la princesse qui prend le
« titre de reine d'Angleterre, le duc de Saxe et le Turc nous de-
« mandent la même chose, nous nous empresserons de les ac-
« cueillir avec toute la charité imaginable. » L'ambassadeur de la
Ligue lui demandant des secours en argent, il lui dit : « Tant que
« nous avons cru que la Ligue était destinée à défendre la cause
« de la religion, nous l'avons soutenue, et nous la soutiendrions
« encore, si cette destination était aussi réelle que nous l'avions
« d'abord pensé ; mais maintenant, comme nous sommes con-
« vaincu qu'il n'y a dans tout cela qu'une ambition fondée sur un
« faux prétexte de religion, vous ne devez plus espérer de nous
« aucune protection [1]. » Avec de pareils sentiments, Sixte-Quint
ne pouvait pas se livrer entièrement aux vues de Philippe II, qui
se montrait plus zélé catholique que le Pape afin de réaliser ses
desseins particuliers.

N° 11 (page 325).

*La conduite de ce Pape, si célèbre par son activité et sa ré-
solution, nous remplit d'étonnement.*

M. Ranke *s'étonne* parce qu'il n'a voulu voir dans la conduite
du Pape que des mobiles politiques. Sixte-Quint voulait seulement
maintenir la constitution catholique de la société française, et en
vertu de cette constitution, son droit à n'avoir pour roi qu'un
prince catholique. Henri IV prend l'engagement de se faire catholique, le Pape n'a plus à résister. S'il eût agi autrement,
M. Ranke aurait eu légitime sujet de *s'étonner.* L'auteur dit,
page 323, *le Pape était favorable à un protestant.* — Non, le Pape
était favorable à un protestant qui avait promis de se faire catholique.

---

[1] Tempesti, *Vie de Sixte-Quint*, t. ii, p. 280, 391. Tempesti a suivi les
actes du Consistoire et des manuscrits de la Bibliothèque Barberini.

N° 12 (page 337).

Dieu retire, coup sur coup, le Pontificat aux Papes Urbain VII, Grégoire XIV et Innocent IX, qui se montraient contraires à la conduite suivie par Sixte-Quint à l'égard de Henri IV. Par ces morts rapides, comme par l'élection de Clément VIII, Dieu a voulu donner raison à la sagesse et à la prévoyance du grand Pape Sixte.

N° 13 (page 351).

M. Ranke attribue au parti des *politiques* dans les États-généraux de 1593 l'exclusion donnée aux princes étrangers comme candidats au trône de France. Les procès-verbaux de cette assemblée (V. note 4) prouvent que cette assertion n'est pas exacte. Cette exclusion a été donnée par les chefs de la Ligue et ses membres les plus ardents.

N° 14 (page 358).

Un homme qui avait suivi les écoles des Jésuites, Jean Chastel, entreprit un attentat contre le roi, et avoua dans son interrogatoire avoir entendu souvent les Jésuites dire qu'il est permis de tuer un roi qui n'est pas réconcilié avec l'Eglise.

Ces quelques lignes contiennent toutes les calomnies exploitées contre l'Église et les Jésuites par leurs ennemis. Il est vrai que Chastel avait étudié chez les Jésuites ; mais, au moment où il venait de commettre son crime, il sortait des *cours de l'Université,* fait avoué par Chastel et les historiens contemporains, passé sous silence par tous les historiens ennemis des Jésuites. Quant à la doctrine du tyrannicide, les mêmes historiens affectent de l'attribuer exclusivement aux Jésuites ; or, cette doctrine était professée par les plus célèbres docteurs et par la Sorbonne elle-même, avant la fondation de la Compagnie de Jésus ; en vertu de cette doctrine, l'Université avait glorifié l'attentat de Jacques Clément. Les motifs donnés à l'expulsion des Jésuites, dans cette circonstance, comme dans toutes les autres, étaient donc faux, calomnieux, iniques.

Les preuves historiques surabondent pour attester la vérité des assertions qui précèdent. Le lecteur qui désire consciencieusement connaître ces preuves peut consulter : les *Documents historiques, critiques, apologétiques, concernant la Compagnie de Jésus*, 3 vol, in-8°; sur l'attentat de Jean Chastel, le tome 1er, deuxième partie; sur la doctrine du tyrannicide, le tome ii. — Feller, *Dict. hist.*, article *Chátel*, les sources contemporaines sont citées; Crétineau-Joly, *Hist. de la Comp. de Jésus*, in-18, tome ii, ch. vii; Capefigue, *la Ligue et Henri IV*, in-18, ch. x.

Si l'absurdité d'une calomnie contre les Jésuites pouvait suffire pour la faire repousser, il faudrait rappeler qu'ils étaient, auprès de Sixte-Quint et de Clément VIII, les plus énergiques défenseurs de Henri IV, il n'avait pas de partisans plus zélés que les célèbres cardinaux Jésuites Tolet, Bellarmin, Possevin.

Ce fait n'empêche pas les mêmes calomnies de se répéter d'historien en historien, de génération en génération, jusqu'au jour où le règne du mensonge aura sa fin et le règne de la justice son commencement, ce qui ne sera jamais en ce monde.

N° 15 (page 362).

M. Ranke considère la conversion de Henri IV, l'absolution qui lui est donnée par le Pape, comme le résultat *des opinions du parti qui s'était d'abord constitué en opposition avec la cour Romaine.* — Il s'agit ici des *politiques*. M. Ranke ajoute : *La France se soumit au Pape, mais avec une liberté et une indépendance dont le sentiment ne se perdit plus jamais. Sous ce rapport, le Saint-Siége était bien loin de pouvoir considérer la France comme une conquête absolue.*

Il est vrai, les *politiques* ont aidé à la réconciliation entre le Saint-Siége et Henri IV, parce qu'ils ont vu qu'il n'y avait aucun moyen de succès, sans cette réconciliation. Mais ces hommes qui fesaient passer l'habileté avant la loyauté, l'intérêt de domination politique avant l'intérêt religieux, travaillèrent à tourner contre le Saint-Siége sa modération et sa tolérance, à diminuer sa part légitime d'autorité en France, à briser les liens qui unissaient les catholiques à la Papauté, afin de constituer sur les consciences l'omnipotence absolue des rois et des parlements. L'absolutisme monarchique de Louis XIV, l'absolutisme philosophique du dix-huitième siècle, l'absolutisme des assemblées représentatives, depuis 1789, tel a été le produit social du triomphe de ces opinions, qui n'ont vu, dans la conversion de Henri IV, qu'un moyen de se tirer d'embarras avec le chef de l'Église et un avertissement pour n'avoir plus à lui demander des concessions.

Sur la ruine de ces trois absolutismes fonder le règne de la liberté pour tous, tel est le rôle réservé aux générations nouvelles.

N° 16 (page 403).

Il eût été dangereux de rompre avec les Jésuites pour un seul article de foi. — Il y a trois observations à faire sur ces mots de M. Ranke. 1° Un seul article de foi est beaucoup pour les catholiques, d'après cette parole des Écritures : *qui deliquit in uno factus est omnium reus*, et d'après cet axiome qui appartient à la théologie comme à la philosophie : *bonum ex integra causa, malum ex quocumque defectu.* C'est déchoir totalement de cette foi sans laquelle on ne saurait plaire à Dieu que de nier ou de dédaigner une seule des vérités imposées à notre croyance. Malheureusement M. Ranke ne peut juger comme nous, parce que le temps est venu où ses co-religionnaires, pour employer les expressions de l'un d'entre eux, écrivent sans peine tout leur symbole sur l'ongle de leur petit doigt, à force de compter pour rien et de réduire successivement les articles de foi. 2° Dans ces convictions la Papauté rompait avec l'univers entier pour un seul article de foi, si elle pouvait avoir l'univers entier contre elle en un pareil sujet. Quand l'Allemagne se leva pour soutenir les nouveautés luthériennes et présenta la bataille à la Papauté, la Papauté ne craignit pas de rompre, par la raison que son devoir est toujours son plus grand intérêt. Au reste, quelque valeur qu'on attache à l'Ordre des Jésuites, la Papauté avait déjà vécu quinze siècles et fait d'assez grandes choses quand ils apparurent; ils n'ont de force que par elle, et du jour où ils oseraient s'en séparer, il lui suffirait d'un mot d'anathème pour les frapper d'une impuissance irrémédiable. 3° Il s'agissait bien dans le tournoi théologique des Jésuites et des Dominicains de questions touchant à la foi, mais non pas d'articles de foi, ce qui est bien différent. En expliquant chacun à leur manière l'alliance du libre arbitre et de la grâce divine, les deux parties proposaient des opinions, mais n'établissaient et ne niaient pas des articles de foi. La preuve, c'est que les théologiens purent au gré de leur conscience personnelle se déclarer *thomistes* ou *molinistes* indifféremment, comme ils le peuvent encore aujourd'hui. — Pour toutes ces raisons, comme on le voit, les expressions de M. Ranke manquent de rigueur et d'exactitude.

N° 17 (page 442).

Tout ce paragraphe xii est le complément très-curieux et très-édifiant de l'appendice du tome 1ᵉʳ. On apprend à connaître ce bon catholique Fra Paolo qui pratiquait et propageait le protestantisme et qui *n'en a pas moins dit la messe tous les jours, pendant toute sa vie.* On voit formulées par ce catholique *modéré* les théories du droit divin des princes et des gouvernements temporels ; Fra Paolo est un des premiers et des plus dignes inventeurs du gallicanisme.

Il y aurait beaucoup de détails très-instructifs à ajouter au récit de M. Ranke. Le lecteur trouvera ces détails, extraits des documents diplomatiques, dans les chap. ii et iii de la seconde partie de l'excellent ouvrage intitulé : *Les Jésuites par un Jésuite* (le R. P. Cahour.)

N° 18 (page 448).

La conclusion de M. Ranke revient sur les assertions que j'ai réfutées dans les notes qui précèdent ; il prétend que *le sentiment de la nationalité se souleva, en France, contre les prétentions ultramontaines et que ces principes d'indépendance ont conservé la victoire.* — La conversion et l'absolution de Henri IV ont été le triomphe du sentiment catholique, qui était le sentiment national. Ce sont les légistes et les intrigants politiques qui, plus tard, sous prétexte d'indépendance, ont travaillé à altérer ce grand acte national et se sont préparés, en affaiblissant, en France, l'autorité du Saint-Siége, les moyens de se passer un jour de l'absolution du Pape et de choisir des rois qui ne seraient pas réduits à la nécessité de se convertir et de se *confesser*. C'est là ce que M. Ranke appelle *la ruine de l'unité spirituelle-temporelle de la Papauté ;* ruine, mais à quel profit ? au profit de l'athéisme légal, au profit de l'oppression ou de l'anéantissement des croyances religieuses. Glorifiez-vous de vos œuvres !

FIN DU TOME SECOND.

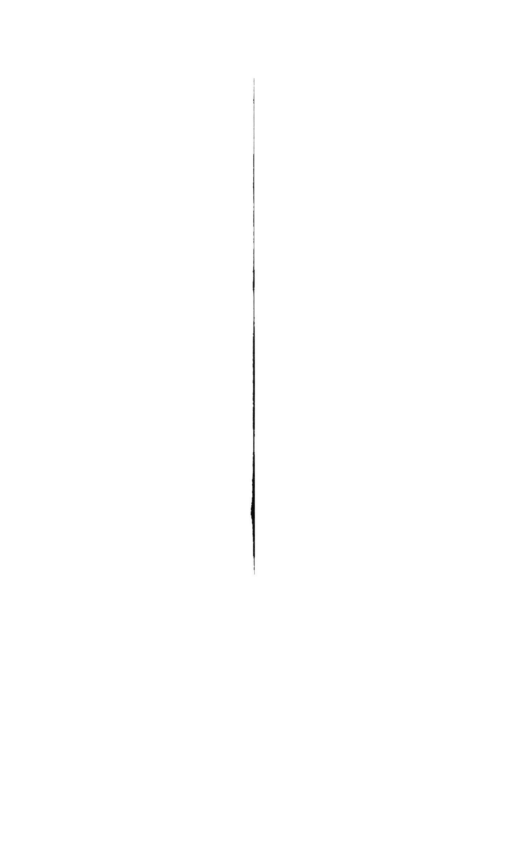

TABLE.

QUATRIÈME LIVRE.

CINQUIÈME LIVRE.

SIXIÈME LIVRE.

FIN DE LA TABLE DU TOME SECOND.

Lightning Source UK Ltd.
Milton Keynes UK
UKHW011604181218
334174UK00010B/973/P